U0839527

世界大变局

The World In Transition

◎中国现代国际关系研究院

时事出版社

谨祝中国现代国际关系研究院建院 **30** 周年

主　编： 崔立如

副主编： 傅梦孜

撰稿者：（按文章顺序排列，合撰取第一作者）

王在邦　林利民　季志业　陈凤英
高祖贵　刘军红　袁　鹏　冯仲平
冯玉军　李绍先　李　荣　吴洪英
杨明杰　田文林　唐　岚　李　伟
江　涌　魏宗雷　赵宏图　梁建武
王　珊　张运成

目 录

全球化时代与多极化世界(代序) /1

上 篇

第一章 金融危机对国际政治的影响 /3
一、加快国际战略格局多极化进程 /4
二、促使大国加快战略与相互关系调整 /6
三、推动全球治理体制机制改革取得进展 /12
四、推动发展模式更趋多元 /14
五、中外互动进入新阶段 /17
第二章 国际地缘政治变局及其对中国的影响 /20
一、非西方国家群体性崛起及其地缘政治影响 /21
二、中国面临新的战略挑战 /28
三、对 21 世纪中国地缘战略的思考 /34
第三章 大国关系迈入新阶段 /39
一、大国俱乐部发生重大变化 /39
二、大国经济实力差距明显缩小 /41
三、大国相互依存进一步增强 /43
四、大国关系模式加快转变 /47

五、大国竞争领域不断扩大 /51
第四章 未来10年世界经济形势 /56
一、新兴经济体异军突起,全球经济基础嬗变 /56
二、发达经济面临诸多难题,结构调整难度大 /65
三、全球经济增势趋缓,多元发展趋势明显 /70
第五章 国际战略与安全环境发展趋势 /77
一、国际多极格局开始形成,战略关系孕育新形态 /78
二、国际体系进一步重构,规制权博弈持续深化 /83
三、国际安全形势更趋复杂严峻,安全模式亟待创新 /89
第六章 全球化的历史命运 /94
一、全球化及其目标 /95
二、金融市场的全球化与国际金融体制改革方向 /101
三、全球化进程中的国际货币体制改革 /107
第七章 美国经济霸权的命运 /111
一、关于美国经济霸权命运的不同认知 /112
二、政治经济学的解读 /115
三、奥巴马“新政”成败攸关 /124
第八章 北约的演变及其发展前景 /128
一、冷战结束和“9·11”以来北约的演变 /128
二、美欧对北约的战略考虑 /131
三、北约发展受内外因素制约 /135
四、北约的发展前景 /138
第九章 上合组织的战略定位与发展前景 /143
一、上合组织:欧亚大陆的“稳定器” /144
二、新欧亚思想:上合组织的核心价值观 /148

三、上合组织的发展前景 /154

第十章 “9·11”后的中东新乱局 /158

一、中东乱局的背景 /158

二、“中东问题”的演变 /160

三、中东新乱局 /161

四、中国与中东 /165

第十一章 非洲迎来和平发展的新机遇 /167

一、自主发展的“内动力”增强 /168

二、外部对非洲“关注”和“借重”提升 /173

三、加强与新兴大国合作成为促进发展的新动力 /177

四、非洲实现“复兴梦想”任重道远 /181

第十二章 拉丁美洲面临的挑战及未来发展趋势 /184

一、近十年拉美发生的深刻变化 /185

二、拉美发生深刻变化的主要原因 /191

三、拉美面临的主要挑战 /193

四、拉美未来发展的主要趋势 /197

下 篇

第十三章 国际核军控机制调整与中国 /205

一、当前国际核军控机制调整的背景 /205

二、国际核军控格局的新特点 /209

三、国际核军控机制转型面临障碍 /213

四、中国的作用与未来压力 /216

第十四章 国际政治中民族分离问题的多维分析 /221

一、世界地缘政治版图的碎片化 /222
二、民族分离运动的理论根基存在先天局限 /223
三、“民族自决权”渐成西方大国削弱对手的战略手段 /228
四、模式选择影响对民族分离主义的“免疫力” /232

第十五章　“网络权势”及全球竞争态势 /237
一、“网络权势”的内涵和实质 /238
二、美国引领全球“网络权势”竞争 /243
三、各国围绕“网络权势”的博弈日益激烈 /248

第十六章　国际恐怖主义与反恐怖斗争 /253
一、国际恐怖主义持续演变 /254
二、加强反恐各扫自家门前雪 /258
三、国际反恐道路仍任重道远 /263

第十七章　全球化时代的金融安全问题 /266
一、金融安全在国家安全中的地位愈发突出 /266
二、金融市场化改革与金融稳定基础 /270
三、金融自由化与外部金融风险 /274
四、未来中国金融领域安全隐患 /279

第十八章　全球气候变化谈判前景展望 /284
一、当前气候谈判争议焦点 /285
二、未来气候谈判的前景与挑战 /289
三、主要国家的谈判目标与选择 /294

第十九章　国际新能源发展态势 /300
一、当前发展态势 /301
二、问题及挑战 /306
三、前景展望 /308

第二十章　全球水资源危机及应对 /313

一、对全球水资源状况的再认识 /313

二、水资源危机的影响 /316

三、全球水资源争夺新态势 /320

四、解决国际水资源危机、争端的做法 /323

第二十一章　国际海权竞争与中国国家安全 /329

一、当前国际海权竞争的新特点、新趋势 /330

二、国际海权竞争下的中国安全利益 /335

三、构建体现时代特征的中国海洋大战略 /340

第二十二章　港澳台关系发展态势 /345

一、港澳台关系的新发展及新特点 /345

二、推进港澳台关系的三大动因 /348

三、当前制约港澳台关系的政经因素 /352

四、进一步加强和拓展港澳台关系前瞻 /355

编后记 /359

全球化时代与多极化世界*（代序）

我们正在经历前所未有的世界政治经济大变局。大变局的实质是世界告别后冷战时期步入全球化时代，国际政治经济从单极格局向多极格局转变。

“后冷战时期”结束

世界终于告别了“后冷战时期”，没有任何告别仪式。当代历史的一个特殊时期悄然离我们而去，没有任何重要人物或机构，以任何令世人注意到的方式对此作过什么宣示、讨论或哪怕是某种表示。只是不知从何时起，人们很少再提“后冷战时期”这个词儿，

---

* 崔立如：中国现代国际关系研究院院长，研究员。

有识之士关注的新话题已成为“世界正在发生巨大而深刻的变化”。冷战结束以来那么多年，人们如此热烈、频繁地玩味、咀嚼“后冷战时期”概念，转瞬间即弃之如敝屣。我们在历史的时间坐标轴上甚至找不到“后冷战时期”结束的确切标记。“后冷战时期”以这样的方式收场，成为过去的历史，绝不仅是一种历史的嘲讽，而是具有重要的现实含义。它以特殊的方式昭示世界正在经历的重大转变所具有的某种内在特质。

世界政治经济的发展出现根本性转变。转变似乎来得相当突然，昨天的世界还是一切照旧，今天的世界已经面目全非了。人们真正认识到历史性转变的来临，也就是近两三年的事情。其实变化早就悄然进行着。历史性的转变从来都不是突然降临的。就像巨轮在海上转变航向，只能是绕大弯缓行渐进，而且船上的旅客若没有其他参照物，往往感觉不到轮船在转向。今天我们能够感觉到的巨大变化是发端于“后冷战时期”蓬勃展开的全球化进程。

现在回头看历史，冷战结束以来世界政治经济发展的大脉络就十分清楚了。“后冷战时期”在现代世界历史进程中，是一个十分独特的国际政治经济发展阶段。冷战结束是以极其戏剧性方式突然降临的。超级大国苏联突然解体，两极体制顷刻垮塌，世界进入“后冷战时期”。毫无悬念，后冷战时期的国际政治经济基本格局不能不是以美国为首的西方主导的国际体系一统天下。

全球经济一体化进程因为冷战结束和信息技术革命的发生而实现飞速发展。冷战的结束也同时终结了世界上两个体系并存的状况，以苏联为首的东方政治经济体系（以“经互会”和“华沙条约组织”作为基本架构的“社会主义阵营”）瓦解，以美国为首的西方政治经济体系（也称为“资本主义阵营”）成为唯一全球性的国际政经体系。没有了政治藩篱的阻碍，西方发达国家利用驾轻就熟的国际经济体制和游戏规则，借助信息技术革命的“风火轮”，全力推动经济一体化进程。美欧等国的金融与产业资本以前所未有的速度和规模进入广大的发展中国家，充分利用其廉价劳动力和自然资源，形成能创造更大价值的产业分工，实现了全球产销一体化。西方发达国家因此而享有战后最长时间的增长和低通货膨胀并行的经济繁荣；加入经济全球化进程的众多发展中国家也取得前所未有的经济增长。一时间，经济全球化带来皆大欢喜的局面。大家共享经济增长的好处，西方东方南北方，大国小国中等国，你中有我，我中有你，相互依赖地球村。

在此期间，世界政治进程呈现的完全是后冷战时期的特征。美国作为拥有经济、科技、军事、政治和文化诸方面巨大优势的唯一超级大国，以前所未有的雄心企图塑造美国治下的世界。两极体制解体后形成新的力量格局：美国高高在上，欧洲、日本、俄罗斯和中国等居中间，其他中小国家处于世界权力金字塔的基层。美国拥有的超大权力和影响力可达到全球每一个角落，一些政治学家和战略人士认为世界已处在“单极时刻”。更多的国际问题学者并不认可“单极世界”的提法，强调美国尽管是权势盖世的超级大国，但依然受到多方制约，不能为所欲为，尤其不应低估其他大国的作用和对国际事务的影响力。但他们中的多数也不认可“多极世界”提法。在中国国际政治与战略研究界，多数人采用“一超多强”格局的提法，似乎表示介于单极和多极之间一种状态，一方面承认美国拥有远超过其他大国的绝对全面优势和对国际政治的主导地位，另方面十分看重日益发展的“多极化趋势”。或许可以认为“一超多强”格局其实是“单极”格局或“准单极”格局的变相说法。无论如何，美国的综合实力和影响力在后冷战时期达到历史的巅峰。与此同时，欧洲一体化进入快车道，实力迅速增长，对美独立性明显增强。在大西洋两岸的竞争日益明显的同时，全球范围内西方主导国际经济政治的基本态势有增无减。

世界力量格局提法上的分歧，缘于对力量对比的不同评估，但也和美国的对外政策取向密切相关。坐收冷战红利的克林顿政府，以经济扩张为主要外交目标，政治上较重视维护西方伙伴关系，也日益重视与中国和印度等发展中大国的关系。经济全球化与美国在第三世界的经济扩张和政治渗透携手共进，并成为美国外交的主导格调。美国明确摆出要建立单极世界的架势是在小布什政府时期。新保守主义势力入主白宫，决心要最大限度地利用冷战后时期美国所享有的全面优势和对国际政治的主导地位，打造由美国统领的新世界。“9. 11”恐怖袭击震惊了美国和世界，也给了新保守派大肆推进美国全球称霸战略冠冕堂皇的借口。将“改造中东”作为战略目标的伊拉克战争，以罕见的入侵性方式扫除异己，“单边主义”、“志愿者联盟”成为其标志性牌照，也成为后冷战时期国际政治出现危险倾斜的独特产物。物极必反，如日中天的美国过度膨胀，滥用权势，力量透支，内外矛盾激化，政治形象大损，一时间华盛顿成了国内外同声讨伐的孤家寡人。新保势力名誉扫地，黯然下台。布什政府称霸战略的严重后果，引发美国上下深刻反省，成为美国政治变革和外交转型的重要催化剂。与此同时，在全球化进程中迅速崛起的新兴经济体显出日益增长的活力和政治影响力。同样是全球化造就的西方世界的金融繁荣开始出现问题。后冷战时期开启的世界政治经济发展进程来到了历史的拐点。与此大形势密切相关，或许我们可以把2008年打着“变革”旗号的奥巴马当选美国总统，作为后冷战时期结束的重要标志。

上述国际政治经济发展，从不同方面推动形势发生转变，使后冷战时期悄然走向终结。后冷战时期是当代世界历史中一个特殊时期。其开始和结束都标志着世界力量格局的转变：先是因为超级大国苏联的突然解体导致由两极变为单极，之后是因为经济全球化使一些发展中大国迅速崛起成为日益举足轻重的新兴经济体，超级大国美国的霸权地位难以为继，力量格局从单极转向多极。2008年法里德·扎卡利亚的新书《后美国世界》一经问世，立刻成为人们争相阅读的畅销书。此书显然是针对当下所进行的关于“美国是否在衰落”的大辩论而作。扎氏的观点很明确，美国没有衰落，其地位相对下降是由于其他大国的崛起，中国和印度是主要代表。扎氏的结论是，“我们正在经历着现代历史上第三次权力大转移”，“阔步迈向一个‘后美国世界’，许多国家和个人都在对它进行塑造，为它确定方向。”① 在我看来，这个“后美国世界”其实就是多极化世界。

多极化世界来临

全球化时代与多极化世界是一个硬币的两面。前者主要以世界经济关系变化为依据展示一个新经济秩序时代，后者主要从国际政治战略角度注解世界秩序的转变；前者是讲经济基础，后者是谈上层建筑。其实措辞也可以换位，或称为全球化世界与多极化时代。

后冷战时期的结束同时意味着多极化时代的到来。多极化时代的含义要比力量格局的变化更加丰富。后冷战时期的国际经济政治基本上还是按旧的体制和秩序运作，包括不可避免地带有冷战时期的某些遗产；全球化时代意味着世界经济政治新秩序时代的开始，其最主要的政治标志是多极格局的出现。

如同经济发展是人类社会发展最基本的动力，经济全球化是冷战结束以来国际政治经济演变最基本的动力学。世界进入多极化时代的主要条件是，经济一体化在全球范围内达到普遍程度，出现前所未有的长期全球经济增长；一大批发展中国家成长为新兴经济体，中国、印度、巴西等国更是从全球化进程的跟随者转变为重要的推动者，成为世界经济增长的火车头；国家之间普遍形成广泛深入的相互依赖的经济关系；美国次贷危机引发全球金融危机，动摇了二战结束以来西方在国际金融领域的主宰地位；以中国、印度和巴西为代表的新兴经济体在国际经济新机制中成为重要角色，世界政治经济的多极格局开始形成。

经济力量对比的变化是格局转变的基础，但同样不能忽视转变实

---

① 法里德·扎卡利亚著，赵广成、林民旺译：《后美国世界》，中信出版社 2009 年 7 月第 1 版，前言。

现的方式对国际政治发展进程具有的重要意义。全球化进程是产生力量对比变化的原动力，也是政治格局转变以前所未有的平稳方式实现的助产婆。两者的结合体是一批新兴经济体的崛起。这是多极化时代的主要标志。新兴经济体的崛起，是在美国为首的西方发达国家主导的现行国际经济体制下发生的，是西方推动的经济全球化的直接产物。他们崛起的途径是融入现行的国际经济体系，与西方发达国家开展合作，形成广泛深入的相互依赖关系的过程。在这样一种过程中，“和平崛起”与其说是明智的选择，不如说是自然的途径。所以，中国坚持走“和平崛起”道路绝不是宣传口号，而是中国改革开放事业与全球化进程相结合所产生的必然结果。正因为如此，中国作为最大的发展中国家和最重要的新兴经济体，成为全球经济中重要的“利益攸关方”或“持股人”（stakeholder）。这是多极化时代国际政治经济发展的主要特征之一。

2005年9月，当时的美国常务副国务卿佐利克，在纽约美中关系全国委员会举办的一次讲演会中首次使用“利益攸关方”说法。作为新时期大国关系的一种特定表述，一经提出就受到热烈追捧，很快成为各方都青睐的词汇。佐利克首创这一说法，当然有针对中美关系的精心考虑，其良好的效果表明他敏锐地抓住了全球化条件下大国关系的特质。经济一体化进程日益将中、美这两个最重要的参与者紧紧地联系起来。总的趋势是，国家关系中政治和经济之间的界限日益模糊，竞争与合作越来越交织在一起。新兴经济体的崛起促进多极化的发展，但在全球化时代，多极化格局并非就等于大国之间更激烈的竞争。各种“伙伴关系”与多极格局并行发展，构成多极化世界特有的国际政治态势。

发展模式多样化是多极化时代的国际政治经济另一重要发展。应该指出的是，发展模式问题是与新兴经济体的崛起密切相关的。冷战结束后的相当长时期内，西方鼓吹的自由主义市场经济模式一直占据统治地位，也是美欧发达国家在全球化进程中大力推行的基本经济发展模式。以中国、印度、巴西等为代表的发展中大国，坚持探索有别于欧美自由主义市场经济模式的发展道路，多年来遭到种种指责和非难。直到近年来，新兴经济体越来越显示出带动全球经济增长的内在力量和持续活力，西方的权威机构和人士才开始承认，这些国家各具特点的发展道路已在很大程度上取得成功，是具有重要理论和实践价值的发展模式，尽管相当多的人依然抱着怀疑的态度。金融危机爆发以来，新兴经济体的表现更令世人刮目相看，成为不同发展模式各得其道的有力现实例证。发展模式多样化与新兴经济体崛起之间的这种共生关系，使全球化时代的多极化世界必然也是多样化的世界。这对于已经开始的政治经济秩序重建具有重要意义。

多极化世界来临的标志是G20机制的确立。二战结束以来最严重的金融危机造就了G20机制，以中国、印度和巴西等发展中大国作为新兴经济体的代表，与发达世界主要经济体成员共同组成处理当今世界最重要经济问题的最高决策机制。如同“后冷战时期”悄然成为过去的历史，G8作为西方发达国家的核心成员俱乐部黯然退居幕后，成为世界政治经济发展昂然迈进多极世界的绝妙注释。在应对金融危机、带领世界经济走出衰退过程中，以中国为首的新兴经济体发挥着最为显著的作用。随着多伦多峰会的闭幕，G20开始从作为应对金融危机的紧急机制转向以促进世界经济可持续发展的长期机制。首尔G20峰会可望成为标志这一转变的里程碑。而世界银行投票权的调整则表明，国际经济新秩序时代已拉开序幕。

全球化时代的挑战

全球化改变了以往的世界。人们在享受其巨大好处的同时，也越来越感受到变化带来的种种问题和挑战；国际政治经济的新发展、新挑战和国家关系中的老问题、老矛盾之间，又形成新的复杂关联。眼前的世界是前所未有的多姿多彩又纷乱复杂。一方面人们对人类的前途感到前所未有的乐观，另方面人们又对世界的未来感到前所未有的困惑。这就是全球化世界的现实。

所谓世界进入全球化时代，是指全球化成为当今世界政治、经济、安全、文化等国家关系发展的主导趋势。全球化时代的到来是全球经济一体化的深度发展和社会高度信息化的自然结果。经济全球化创造了巨大的财富，同时也产生巨大的不平衡。最大的问题是发展失衡，其结果是地球上存在着两个不同的世界：一体化世界和边缘化世界，现代化世界与非现代化世界，相互依赖的世界和相互对立的世界……但是两个世界之间的时空界限却不易划分，实际上经常处于交织状态。“南北问题”在全球范围内依然存在，在不少发展中国家变得更为突出。边缘化国家、失败国家的队伍甚至有扩大之势。宗教与民族冲突呈现与经济一体化进程逆向发展态势。一面是工业化、现代化，人类文明高度物质化、科技化、电子化，而精神家园日益空虚成为海市蜃楼；另面是经济社会发展的长期停滞，基本生活物质匮乏，学校教育和清洁饮水仍是奢求，精神寄托被愚昧和迷信所把持。全球化时代依然要面对着长期困扰人类社会的基本问题。

与国际政治经济发展相比，国际安全领域的发展进程明显滞后，挑战更具复杂性。虽然国家之间传统安全威胁明显降低，但安全问题的特殊性决定了各国对传统威胁的防范并没有放松。为最坏的可能做准备和追求尽可能充分的军事优势，仍然是军事部门的基本目标。历史遗留下来的领土和领海争端仍然是最敏感的安全问题，任何时候都可能成为内政外交的焦点话题，导致紧张局势或意外冲突。地缘政治和地缘经济在国家安全战略中的重要性，并不因为经济全球化而减弱。意识形态与政治制度不同依然是国家之间建立战略互信的严重障碍，并难免会增加发生冲突的风险和危机管理的难度。

与此同时，非传统安全问题大幅度上升。经济安全，尤其是金融安全，成为国家安全的核心问题。随着国家间经济和金融关系日益紧密，如何建立有效的安全防范体系和机制，已成为全球化时代各国都面临的严峻挑战。能源安全和资源安全问题，更因为和领土领海权问题发生牵扯而变得更加敏感复杂。外空安全和网络安全作为新时期日益凸显的安全领域受到高度关注，但对相关问题的研究和国家间必要的政策层面讨论，无疑远远落后于实际的需要。

恐怖主义和核不扩散问题，是世界进入新世纪以来国际社会最关注的全球性安全问题。这些年的经验证明，仅从安全角度来应对和寻找解决方案，只能是治标不治本。相关国家和国际社会如何从政治、经济和安全诸方面一起努力，以公正合理的方式寻求现实有效的治理途径，是我们必须面对的根本性挑战。

在全球化时代，与传统安全问题相比，非传统安全问题无论是在各国政府的会议室里，还是在媒体报道或公众讨论中，往往更加具有争议性。因为这类问题既是安全问题也是发展问题，与国家的政治、经济和社会现实更密切相关，更涉及方方面面利害关系。气候变化和碳减排问题是最典型的例子。国家领导人要在国际论坛上应对唇枪舌剑，争取最佳妥协方案，还要在国内会议上平衡各方，凝聚共识。实际上，不管是在国家还是在世界范围，安全与发展越来越难以分割；不管是安全还是发展问题，任何国家都越来越难以独善其身。全球化时代的新挑战越来越具有国际性，旧的问题也必须以新的视角来审察，都要用全球化的思维来寻求解决之道。

我们将越来越多地面临这样的局面：要么是共赢，要么是都输。在应对全球金融危机中，“同舟共济”成为东西南北领导人共用的词语。这表明，尽管各方之间的重大分歧和矛盾不会轻易消除，但大家至少开始找到共同的语汇了。这是世界的希望所在。

2010年7月22日于万寿山庄

上　篇

第一章 金融危机对国际政治的影响*

在人类社会迈进21世纪短短10年间，世界先后经历“9·11”恐怖袭击和金融经济危机这两件大事的冲击。如果说“9.11”恐怖袭击的影响多涉及国际安全领域主要矛盾的变化，那么金融经济危机的后果和影响却要广泛、深刻而持久得多。毕竟，经济关系是所有社会关系的基础。因此，危机发生后，世界各国多数有识之士把它视为“冷战后具有划时代与分水岭意义的重大事件”，“百年一遇”，势必极大地影响人类社会发展的历史进程。固然，如此重大罕见历史事件的影响需要相当长时期才能充分显现出来，眼下就试图

---

* 王在邦，中国现代国际关系研究院副院长，研究员；陈向阳，中国现代国际关系研究院世界政治研究所副研究员。

对其做出全面的评判或许为时过早。但社会科学的本质特性也要求我们持续不断地追踪研究，最大限度地增强战略与政策自觉。因此，依据政治经济发展的一般逻辑，大体梳理一下这场危机对国际政治的直接与间接影响及其未来趋势，都有其必要性。

一、加快国际战略格局多极化进程

历史地看，重大国际政治经济事变往往引发或加速国际力量对比变化或权力转移的进程。此番经济金融危机从美国迅速蔓延西方发达国家并波及全球，导致世界经济经历自上世纪 30 年代大萧条以来最严重的经济衰退。受其影响，主要战略力量对比发生显著变化，国际战略格局多极化进程进入加速发展的新阶段。

首先，美等主要发达国家普遍遭遇金融经济危机重创，相对实力地位明显下滑。2009 年，美国、英国、德国、日本和法国 GDP 分别负增长 2.4%、4.9%、5%、5.1%和 2.2%。其工业产值分别下降 10.7%、12.3%、19.5%、22.6%和 12%。[①] 经济衰退使相关国家经济总量锐减，财富大幅缩水，大量金融机构破产，财政系统瘫痪。以美国为例，仅 2008 年，其家庭财富就缩水 12.3 万亿美元，绝大多数州市政府面临前所未有的财政困难，举债无门。本来，美布什政府倾力推行“单极世界”战略，反恐与谋霸并举，幻想建立超越罗马帝国的“美国世纪”，但未曾想到阿富汗战争与伊拉克战争久拖不决，致使美国软硬实力受损。金融经济危机无疑加剧美国过度扩张的战略困境。

为应对危机与缓解经济衰退，主要发达国家政府不得不推出前所未有的救市和经济刺激计划，又导致国家财政赤字猛增，通胀隐患聚积。再以美国为例，布什政府末年和奥巴马政府初年，美先后出台

① “欧美日等主要经济指标”，《国际贸易》2010 年 3 月号，第 66 页。

7000亿美元金融救援计划与7870亿美元经济刺激计划，美联储也向金融市场大举注资1.75万亿美元。巨额金融救市和财政刺激计划的后果必然是财政赤字猛增。2009—2011年三个财政年度，美国财政赤字将分别达到1.42、1.56和1.27万亿美元。预计，未来10年美财政赤字累计将达到9.1万亿美元。[①] 长期财政高赤字势必催生通胀与美元贬值及对美政府融资能力的怀疑。奥巴马政府推出振兴实体经济和促进出口等措施，表面上有助于重振美国经济，但高成本又将是一个难以跨越的障碍。尽管2010年美、欧、日都可能实现正增长，但其起点毕竟只是2009年负增长的水平。

从中长期看，主要发达国家已呈现相对下滑趋势。我们记得，日本20世纪70—80年代曾在汽车与半导体产业独领风骚。美国90年代曾在IT领域拥有独一无二的垄断优势。眼下，美、欧、日三方都试图在发展新能源、新材料和生物医药等领域下大赌注，但任何一方都没有前述日本和美国曾经拥有的技术优势。它们都不同程度地面临“三高一低”（高赤字、高失业、高成本与低增速）问题的困扰，总体相对缓慢增长和实力地位相对下滑趋势似乎是其难以避免的命运。

其次，新兴大国在抵御金融经济危机过程中普遍展现出巨大的经济活力与发展潜力。固然，这些国家都不同程度地遭遇金融经济危机的冲击，尤其俄罗斯遭遇石油价格下跌的拖累，新兴和发展中国家2009年经济增长从2008年的6%下滑到2009年的1.7%，俄罗斯和墨西哥甚至出现超过7%的负增长。但是，这些国家摆脱危机较快，2010年经济复苏势头也比发达国家强劲得多。据高盛公司报告：2009年和2010年，“金砖四国”（中国、印度、俄罗斯与巴西）对世界GDP增长的贡献率都超过美、欧、日，高达50%。从中长期看，危机加快全球产业转移，多数新兴大国无论在科技教育还是产业基础等方面虽与发达国家相比仍有较大差距，但它们在相当长时期内仍将拥

① “美国10月份联邦财政赤字达1764亿美元”，新华社华盛顿2009年11月12日电。

有巨大低成本优势，发展潜力可观。它们努力克服金融危机，加强金融衍生工具监管，可望确保经济稳定健康发展。至少在未来 10 年，新兴经济将继续呈现强劲上升的发展势头，综合实力地位将有新跃升。

最后，与发达国家和新兴大国力量对比变化同步，世界地缘经济与地缘政治格局演变也明显加快，美、欧、亚三足鼎立的格局更加清晰。2009 年，中国、印度和印度尼西亚分别实现 8.5%（实际为 8.7%）、5.4%和 4%的高增长。如果算上日本，亚洲地缘经济板块对世界经济增长的贡献率已不止“三分天下有其一”。2010 年 4 月 IMF 发表《地区经济展望》指出：“亚洲正在引领世界经济复苏”，这是亚洲首次对全球复苏做出巨大贡献，且此次亚洲本身复苏是靠内需驱动而不是像过去那样靠出口拉动，并吸引国际资本返流亚洲激增。[①] 如果说第一次工业革命确立起欧洲中心时代，第二次工业革命、30 年代大萧条和两次世界大战催生欧美中心时代，那么金融经济危机就强化了中、印两国与亚洲在全球化加速发展背景下同时崛起的势头，亚洲日益与欧、美两大地缘经济政治板块齐肩，在很大程度上宣告欧美中心时代的终结和多中心时代的来临。或许正是在这个意义上，美国前副财长罗杰·奥尔特曼在《外交》双月刊 2009 年第一期撰文指出：“金融经济危机是美国和欧洲遭遇的重大地缘政治挫折，世界重心加速偏离美国，全世界正脱离单极体系。”美国外交学会高级研究员查尔斯·库普钱也认为：“仅凭少数富有的自由民主国家集团推动世界发展的时代已经结束，世界秩序将朝着多极化体制发展。”

二、促使大国加快战略与相互关系调整

面对国际金融危机严重冲击与世界格局深刻重组，主要大国都以

① http：//www.imf.org/external/chinese/np/sec/pr/2010/pr10175c.pdf。

应对金融危机为当务之急，加紧战略调整，力图在新一轮大国综合国力竞争中抢“先机”、争“主动”，大国关系呈现新变局，酝酿新形态。

一是大国战略调整不同程度地兼顾内外，重视长远可持续发展。

美国战略调整涉及面最广，幅度最大。美多年反恐成效不彰，伊拉克与阿富汗战争久拖不决，金融经济危机加剧美战略困境，促使美举国上下期待改变。奥巴马政府高举“变革”大旗，多管齐下，力图扭转颓势、重振霸权。综合看，奥巴马政府战略调整有些是对布什政府内外战略的纠偏，金融经济危机使某些调整更显必要与紧迫。对内，奥巴马政府应对危机与谋求长远可持续发展并举，大刀阔斧实施经济社会改革。一方面，果断实施大手笔金融援助计划与经济刺激计划，整顿金融市场秩序。另一方面，着眼增强“后危机时代”美经济竞争力，全力推动国会通过医疗改革法案，力争实现全民医疗保障；大力支持构建物联网，实施新能源战略，恢复开采近海石油，鼓励社会储蓄，振兴实体经济，加大基础设施投资，促进对外出口。

对外，注重运用“巧实力”和实施“多伙伴世界”计划。一是更新“世界观”与外交理念。奥巴马多次发表文章和讲话，对金融危机肇始美国公开认错，强调“世界各国的命运息息相关”，承诺美将带头全面改革其金融监管机制。他强调指出：当今时代，“权力不再依从你死我活的法则。没有哪一个国家能够或应该试图主宰另一个国家。”“我们必须迎接一个在共同利益和相互尊重的基础上进行接触的新纪元。”①

二是分议题有选择地发展与其他大国的伙伴关系。根据对外关系议题的轻重缓急，优先应对金融危机与经济衰退。美国家情报总监布莱尔在参议院作证时表示，全球经济危机及其引发的不稳定已超过恐

① “奥巴马总统在第六十四届联合国大会发表讲话”，美国国务院国际信息局 2009 年 9 月 23 日，http：//www. america. gov/mgck。

怖主义成为美国面临的头号威胁。正因为金融危机动摇美国霸权根基，奥巴马政府将经济问题作为“第一要务”，大搞财经外交，与主要债权国主动“搞好关系”，积极参与G20系列金融峰会，在推动国际货币金融体系改革中维护美主导地位。而在军事安全与反恐领域，则扬长避短，软硬兼施，务实灵活运用“巧实力”，[①] 重视维护与传统盟友的互信与合作，强化美前沿军事存在。奥巴马政府一改其前任外交“单干”、“硬干”、“蛮干”的简单粗暴作风，放低身段，注重“倾听”，敢于对话，即使是对手与敌人，也不排除与之灵活接触。奥巴马明确放弃前任“反恐战争”的说辞，极力改善与伊斯兰世界的关系。反恐重心“东移”南亚后，其“阿富汗—巴基斯坦新战略”重视军事打恐、经济援助、社会建设、分化极端势力并举，强调综合治理。

三是争夺全球热点议题主导权，抢占产业与道义制高点。在气候变化与能源安全问题上改弦更张，公开表示准备承担“领导责任”和大幅降低温室气体排放，借哥本哈根气候大会，重点向“新兴大国”施压，促其承担更多减排义务。在核安全问题上，奥巴马在捷克首都布拉格发表“无核武世界”演说，签订美俄核裁军新协议，出台《核态势评估报告》、首次宣布不对遵守《不扩散核武器条约》的无核国家使用核武器，主办“核安全峰会”，等等。

欧盟战略调整主要表现为各国“抱团取暖”，加大财经政策协调，全面推进一体化，对外凸显“一个声音”，维护国际话语权，着重在国际金融、气候、能源新秩序构建中争取战略主动。其中，法国将金融危机视为削弱美元霸权、增强欧元地位的难得机遇。法国总统萨科齐反复强调，“多极化的世界政经格局迟早要在货币层面上得到体现，多极化的世界不能建立在单一储备货币的基础上。”英国外交大臣米

① “希拉里·克林顿国务卿在对外关系委员会发表讲话”，全面阐述“巧实力”，美国国务院国际信息局2009年7月15日。

利班德强调应制定欧洲能源政策，促进能源种类与供应多样化，确保能源安全；他主张，欧盟能够且应该在应对气候变化方面发挥“最重要”的作用，欧盟成员国应大力强化外交与防务政策协调。面对金融经济危机发生后中、美合作强化及“两国集团论”（G2）风起云涌的新形势，意大利外长公开警告，如果没有独立武装力量，欧盟就将面临被边缘化的危险。随着欧盟二十七国全部签署《里斯本条约》，特别首脑会议协调确定欧盟理事会常任主席（欧盟“总统”）和欧盟共同外交与安全政策高级代表（欧盟“外长”）人选，欧盟一体化进入新阶段。希腊主权债务危机爆发后，再次触发全球尤其欧盟的敏感金融神经，促使相关国家与机构紧急出手，设立7500亿欧元稳定基金，捍卫欧元区金融一体化。总之，正是百年不遇的全球金融经济大危机为欧盟一体化提供新动力。

俄罗斯战略调整表现为痛定思痛，大幅调整完善发展战略，努力延续强国崛起进程。金融危机使经济高度依赖原材料出口的俄罗斯损失惨重，普京任总统时开始实施的能源强国战略遭遇重挫。全球金融经济形势充满不确定性，全球应对气候变化已然形成趋势，各国实施新能源战略方兴未艾，都促使俄罗斯进行痛苦而深刻的反思，调整发展思路与部署。从2009年5月俄出台《2020年前国家安全战略》，到2009年底俄总统梅德韦杰夫发表“国情咨文”，俄罗斯战略调整的重点是坚定强国意志，全面谋划俄复兴大业，努力充当多极格局中的重要一极。包括力拼“新经济”，在技术创新基础上建设全新经济框架，逐步摆脱依赖能源出口的发展模式；大力“强军”，计划在2010年完成军事改革，组建一支现代化与信息化军队，加快换装新式武器；在集体安全条约组织和欧亚经济共同体框架内，发展独联体范围的地区次地区一体化；开展“多极外交”，推动制定确保欧洲安全的新条约，与国际社会协调应对伊朗和朝鲜核问题、阿富汗、中东和平等；对美国“两手并用”，在共同利益上开展诸多合作，同时确保与美“核均势”。

危机也促使日本新政府尝试改变“战略基调”。金融危机严重冲击日本出口导向型经济，其僵化的国内政治体制在全球大变局面前也顿显失灵与“疲劳”。面对美国实力地位相对式微、亚洲在中、印带动下集体崛起的势头，日本民主党在危机深重时上台执政，决心“另起炉灶”，大幅调整前自民党政权的外交安保政策，与自民党对美“一边倒”的政策立场明显拉开距离，转而重视亚洲并高调提出“东亚共同体”设想。本来，民主党政府与自民党执政理念素有差异，金融经济危机和大国普遍谋划“后危机时代”发展战略，促使日本新政府调整战略的决心更加坚定。当然，民主党对外战略调整备受多方制约，内有在野自民党与右翼势力掣肘，外有美国反复“敲打”，以及日本与邻国存在诸多固有矛盾，其战略调整难免“打折扣”。如：日本2010年度防卫预算“基本指针”仍重申，要“深化日美安保合作”。

此外，印度和巴西等新兴大国成功抵御金融经济危机冲击，保持较高增速，战略自信明显增强，发展意志更加坚定，对外更富进取心。

其次，大国关系加快结构重组与形态转换。主要大国实力地位变化及程度不同地调整内外发展战略，使大国关系呈现不少新变化。

一是主要大国协调与合作明显加强。金融经济危机波及全球，凸显全球性挑战更加紧迫和各国一损俱损、一荣俱荣的严酷现实，促使主要大国“同舟共济”、协调应对，危机因此成为推动大国合作的加速器。奥巴马总统在首轮中美战略与经济对话中便明确指出，“我们所面临的最紧迫威胁不再是大国间竞争”，而是21世纪的各类跨国威胁，大国竞争应摆脱“零和游戏”。本来，国际社会多年来日益形成如下共识，即全球化促使各国日益相互依存，大国竞争应不再是恶性的与“零和博弈”的，而主要表现为和平竞争、发展竞争，竞争变得理性可控。与20世纪30年代大萧条导致大国竞争加剧引发第二次世界大战不同，在全球化加深各国相互依存的背景下，我们有理由相信，此次危机必将成为大国关系更加成熟发展的新起点。

二是大国关系结构重组与相互渗透并存。金融危机使多数发达国家遭遇重创，实力地位相对下滑。多数新兴大国成功抵御金融经济危机冲击，群体性崛起态势更加明朗。守成大国与新兴大国的结构分野初步成型。在围绕应对气候变化、改革国际经济金融体制机制等方面，两大集团的立场和政策主张泾渭分明。但总体而言，与两次世界大战前守成大国排斥新兴大国的情况不同，此次危机促使发达国家更加重视新兴大国崛起，注重以理性和开放态度承认和接纳新兴大国。2009 年 7 月 15 日，美国务卿希拉里·克林顿在对外关系委员会发表演讲称，美“将特别强调鼓励主要和新兴的全球大国……在处理全球议程方面成为全面的合作伙伴”。与此同时，在发达国家和新兴大国内部，共同利益增多，矛盾和分歧也有所发展。在促使新兴大国减排和开放市场等方面，发达国家有共同利益。在改革国际金融体制机制、向新兴大国出让权力问题及争夺未来全球产业制高点等方面，它们也存在深刻矛盾与激烈竞争。新兴大国在改革国际金融体制机制方面有共同点，“金砖四国”峰会及《联合声明》明确强调，“支持建立一个更加民主和公正的多极世界，支持联合国在应对全球性威胁和挑战方面发挥中心作用”，“金砖四国”对话与合作“有利于建设和谐世界”。这些国家间的矛盾与竞争主要围绕市场份额、能源资源价格和吸引资金技术展开，焦点是谋求可持续发展优势，所以才有印度、巴西两国外长公开配合美在人民币汇率问题上对中国施压。同时，为有效应对危机，最大发达国家美国与最大新兴大国中国强化合作，引发国际舆论热炒“两国集团”，招致不少发达国家和新兴大国疑虑与不满。总之，当下新兴大国组合刚刚起步，北约和美日同盟等旧式冷战集团陷入某种“失灵”与“迷茫”。发达国家与新兴大国交叉互动，竞争与合作同步发展。大国关系组合依议题而定，敌我友界限更趋模糊。凡此种种，都预示某种大国关系新形态正在加速酝酿，认识和把握其性质特点与规律，需要进一步观察与思考。

三、推动全球治理体制机制改革取得进展

祸福相依，否极泰来。在国际关系史上，重大灾难往往是巨大进步的阶梯或助产婆。此番金融经济危机充分暴露出现存国际体制机制严重滞后市场经济全球化发展进程，推动国际金融经济体制机制变革调整进入新阶段，实现某种实质性或突破性进展已不再是少数社会政治精英超越现实的想象。

首先，强化全球治理成为国际共识。全球治理的本意是管理国际社会的无政府混乱状态，减少或避免无约束恶性竞争引发大规模战乱等人类灾难。从拿破仑战争后的欧洲大国协调、第一次世界大战后的国际联盟到第二次世界大战后以联合国为核心的国际体制机制，都是大规模政治经济灾难推动国际社会积极寻求通过全球治理避免灾难发生的尝试。随着冷战后市场经济全球化加速发展，大国战争的危险性下降，由气候变化等引发的自然灾害、由无节制与非理性发展导致的环境灾难以及恐怖主义和跨国有组织犯罪等全球性挑战日益突出，全球治理理念的影响力日益上升。此番金融经济危机波及空间与领域范围之广前所未有，强化了国际社会对全球经济相互依存现实的认知和各类国家间的共同利害感觉。在抵御危机过程中，"同舟共济"成为国际舆论主题词，强化全球治理成为国际政治经济领域的流行语。在抵御危机过程中，相关国家不免多少有些病急乱投医，但从整体而言，与邻为壑、保护主义并没有像以往历次危机时那样泛滥成灾，全球宏观经济政策协调达到前所未有的高度。

其次，既有国际经济体制机制改革调整取得突破性进展。与国际联盟的昙花一现不同，第二次世界大战后形成的国际政治经济体制迄今已运营半个多世纪。其间，虽有包括关贸总协定升格为世贸组织、IMF 与 WB 扩员及八国集团成立，但总体架构特别是权力结构并未发生根本改变。尤其 IMF 和 WB 基本上沦为美等西方大国推行冷战政策

的工具，具有很大的片面性与局限性。冷战后市场经济在空间、广度与深度上迅速拓展，国际经济关系日益复杂与既有国际经济体制机制相对陈旧滞后的矛盾日益突出，要求改革国际体制机制的呼声不断高涨。早在危机爆发前，随着新兴大国加快群体崛起，八国集团的局限性日益受到国际舆论关注与批评，美等西方大国才羞答答地将八国集团峰会扩展为“8＋5”对话会。上世纪90年代发生多次局部金融危机，IMF等国际体制机制应对乏力，遭到广泛质疑与批评，曾经推动IMF考虑股权与投票权调整，但始终未能付诸实施。此番全球金融经济危机爆发，使调整改革国际金融经济体制机制成为刻不容缓的事情。正是在此背景下，二十国集团峰会（G20）应运而生，短短一年多时间，已成功举行三次峰会，围绕应对金融经济危机和强化全球治理达成许多重要共识和决定。如：伦敦峰会决定IMF增资、扩大特别提款权的作用，成立全球金融稳定委员会。匹茨堡峰会承诺将发展中国家在IMF的份额至少提高5％，一致决定以二十国集团作为强化全球经济治理的主要平台。2010年春季二十国财长与行长会议决定调整WB股权结构，将发展中国家的份额提高到47％。再加之两大金融机构高层人选已开始打破概由美、欧分别垄断的惯例，故与危机前相比，调整改革后的国际体制机制无疑更具代表性，比较真实地反映了国际战略力量对比的最新发展，有望更具执行力和可靠性。

值得关注的是，此波国际体制机制改革调整虽然受抵御金融经济危机的需要所驱动，不少人曾经存疑，美等发达国家会否在危机过后好了疮疤忘了痛，丧失对改革调整国际体制机制的兴趣，致使改革调整进程放缓或半途而废。令人欣慰的是，最新情况似乎并不完全支持这种怀疑。随着二十国集团机制化成为国际共识，该集团的建章立制包括是否设立某种形式的秘书处或工作机制等问题，也已经提上日程，二十国集团加拿大峰会亦取得某种具体进展。

最后，随着国际经济体制机制改革调整取得实质性进展，作为国际战略力量对比变化的政治反映，联合国改革特别是安理会扩容改革也更显紧迫，尤其是印度和巴西等新兴大国争取安理会常任理事国席位的问题将更加难以回避。

当然，国际体制机制改革调整毕竟涉及权力和利益再分配。与以往战后建立体制机制的过程相比，和平时期的权力利益再分配要困难复杂得多。例如：传统既得利益者尤其是欧盟国家面临出让权力份额时难免有些不情愿，美国更不愿放弃长期享有的否决权。原则性协议达成后，具体落实过程仍难免充满矛盾与摩擦。同时，西方大国却十分关心如何促使新兴大国在强化全球治理各领域承担更多责任，较少顾及由此可能对后者可持续发展带来的影响和制约。在改革调整过程中，还有一个如何处理传统治理架构与新建体制机制的关系问题，尤其是八国集团与二十国集团的关系。有些八国集团成员国可能仍钟情旧框架，对二十国集团兴趣不大。部分二十国集团成员国则恰恰相反。即使在二十集团内部，也有个如何保持代表性与提高决策效率二者平衡的问题。无论未来改革调整过程如何复杂艰难，改革调整的车轮毕竟已经启动。只要各方着眼全球治理大局与各国长远可持续发展，积极沟通，理性磋商，适时妥协，就能够把改革调整逐步推向前进。如果发达国家好了疮疤忘了痛，在危机过后丧失推进国际体制机制改革调整的兴趣与意愿，那将犯下不可原谅的错误。

四、推动发展模式更趋多元

从某种程度上说，此波金融经济危机暴露出市场经济全球化进程与各国具体国情多样性结构间的矛盾，促使国际社会普遍反思既有发展理念，积极、冷静和理性探索各自发展模式。

首先，国际社会普遍质疑“华盛顿共识”，新自由主义经济理念与模式威信扫地。长期以来，美国凭借其超强实力地位，借助冷战后市场经济体制的拓展与深化，在世界范围内推销大市场、小政府和少监管的新自由主义经济理念，导致美国经济金融化、金融自由化、消费借贷化的畸形模式，美国金融寡头在全球呼风唤雨、攻城略地。但物极必反，美次贷危机引起全球性金融崩溃并拖累实体经济衰退，美式发展模式遭遇普遍批评，其西方“教师爷”地位彻底动摇。美诺贝尔经济学奖得主保罗·克鲁格曼在《纽约时报》上撰文称，金融危机使美国丧失了名誉与可信度。英国《金融时报》首席经济评论员马丁·沃尔夫撰文指，西方资本主义经济自由化时代金融危机格外频发，其中蕴含着“自我毁灭的种子”。美国《大西洋月刊》载文指，金融危机证实了马克思关于资本主义内在矛盾的预言。

其次，西方传统制度优越感下降，危机感倍增。国际社会对美式经济理念与模式的批评如此广泛深入，已引起对西方经济与政治体制的整体性质疑，迫使西方主要大国政要和精英集体反思摆脱和预防未来危机之道。巴西总统卢拉在《金融时报》上发表《资本主义并不重要》一文，公开表达对资本主义经济教条所谓“绝对真理”的鄙视。在2009年1月于法国巴黎召开的“新世界、新资本主义”研讨会上，法国总统萨科奇、英国前首相布莱尔、德国总理默克尔等展开激烈的讨论。英国《金融时报》刊发“资本主义的未来”系列文章，多位国际知名学者和政要撰文深入探讨金融危机的根源与拯救资本主义的出路所在。金融危机蔓延之际恰逢作为冷战标志的柏林墙倒塌二十周年，美籍日裔学者弗朗西斯·福山在冷战结束时提出的西方自由民主体制至高无上的“历史终结论”遭遇国际社会普遍质疑。新加坡国立大学的马凯硕指出，“历史终结论”已经被金融危机与多个国家的民主乱象所“证伪”，西方已丧失道德权威。

最后，重调控与严监管成为共识，发展模式多样化方兴未艾。围绕金融经济危机原因的探讨最终都指向政府调控与市场监管滞后问题。《金融时报》在巴黎讨论会后刊发《让我们汲取资本主义的教训》的社论，明确指出金融危机源自各国金融监管框架无法管理全球性的金融体系，“当前全球化金融和国家治理间的错配难以持续”，应提高全球治理水平，需要包括新兴国家在内的各国更紧密的合作。巴西总统卢拉在其《资本主义并不重要》文中也主张，金融部门应接受国家和国际机构的严格监管，多边组织改革应更多地支持新兴经济体，认为“一个崭新、民主的全球治理体系将会出现”。在瑞士达沃斯 2010 年“世界经济论坛”年会上，中国国务院副总理李克强发表题为《合作包容，共创未来，促进世界经济健康复苏和持续发展》的特别致辞，深刻阐述了国际社会应从金融危机中汲取的经验教训。他郑重指出：“历史是一面镜子，人类总是在反思过去中寻求进步，在应对挑战中实现发展。经历国际金融危机的洗礼，人们对发展理念、经济模式、治理结构、全球性挑战等问题，都需要重新认识、认真思考，以谋划好后危机时代世界经济发展之路。国际社会应对这次危机的一条宝贵经验，就是携手合作、共同应对，这弘扬了合作包容的理念。当今时代，各国的命运紧密相连，需要进一步共担责任、精诚合作，继续发扬同舟共济的精神，在错综复杂的环境中形成合力、实现互惠。各国的利益紧密相连，需要进一步加强交流、倡导包容，共同把‘蛋糕’做大，在丰富多彩的世界中求同存异、实现共赢。”

随着对发展理念与模式的反思不断深入，新兴大国成功抵御金融经济危机的冲击，非西方发展模式受到普遍关注，影响力大幅上升。美国亚洲协会中美关系中心主任撰文说：“当西方陷入瘫痪时，中国却因为有能源、资金、计划和有效的领导而继续稳步前进，民主资本主义现在似乎辜负了我们。”美国国家情报委员会《2025 年全球趋势》报告也指出，中国、印度、俄罗斯采取了有别于西方自由主义的“国家资本主义”并发展壮大，其对外吸引力将不断增强。同时，新兴大国在抵御金融经济危机冲击过程中，普遍注重研究美等发达国家经验教训，更加主动自信地探索自身发展道路，强化国内经济调控与金融监管，积极推动国际金融货币体系改革。越来越多的发展中国家不再盲目迷信西方模式，积极研究借鉴新兴大国各具特色的发展模式与经验，决心走出一条符合本国国情的发展路径。

总体看，此次金融经济危机是在市场经济成为全球性经济体制不久后发生的，全球市场经济体制条件下经济运行的特点与规律尚未充分展开。在此背景下，各类国家如何有效参与国际竞争，如何对这种新的国际竞争实施有效的国际管理，都是短期难以回答的尖锐问题。当美等西方国家模式“绝对真理”的神话破灭后，发展模式的多样化还有很长的路要走，且难免曲折与反复。真理总是相对的，多样性统一本来就是世界发展的真谛所在，真正合理有效的模式或许恰恰就在探索过程的本身。

五、中外互动进入新阶段

如前所述，金融经济危机的国际政治影响广泛而深刻。无论是国际战略力量对比变化、大国战略与相互关系调整，还是国际体制机制变革调整与发展模式转换，都打着深深的中国烙印，显示中国与外部世界关系开始步入高位阶、高频度和高强度的新阶段，主动谋划和推进中外关系积极健康发展，成为新时期中国对外战略面临的紧迫课题。

首先，中国在抵御金融经济危机冲击中实现较高速增长，成为区域乃至全球反危机、抗衰退与保增长的中流砥柱。危机发生后，中国政府审慎科学研判内外形势，有效统筹国内国际两个大局，书写出化挑战为机遇的成功篇章。国际金融危机发生后不久，中国政府就在2008年12月果断提出了“坚持扩大内需为主和稳定外需相结合，加快发展方式转变，推进经济结构战略性调整”的工作方针，迅速推出一系列扩大内需、调整结构、促进增长、保障民生的有力举措，实施4万亿元人民币两年期新增投资计划，仅2009年便新增信贷近10万亿元人民币。中国通过迅速制定产业振兴规划、大力推进科技创新、适时推进结构调整和强化民生保障，以提振内需弥补外需急剧萎缩，迅速拉动自身经济增长，在全球率先实现强劲复苏，也有力地拉动了周边国家特别是日、韩等国的经济恢复。

当多数发达经济体遭遇金融经济危机重创而实力地位相对下滑时，中国却继续保持高增长，在世界经济格局中的份量进一步增大。2009年，中国实现GDP增速、外贸出口和外汇储备三个世界第一，GDP世界排名“坐三望二”。

同时，中国成功抵御金融经济危机，凸显以中央统筹、集中高效、自主创新、科学发展、和谐社会为特征的“中国发展模式”的生机与魅力。美经济学家斯蒂芬·罗奇认为：在经济困难时期，中国的指挥和控制体系比其他市场经济体系更有效。①

其次，中国的国际影响力与责任压力水涨船高，内外磨合强度前所未有。如前所述，全球反危机、抗衰退与保增长推动国际经济金融体制改革调整，国际战略力量对比消长则要求实现权力与利益再分配。在这个过程中，中国在全力抵御金融经济危机的同时，还大力开展反危机外交，包括积极参与G20系列峰会，支持IMF增资和成立金融稳定委员会以加强全球金融监管，促进国际货币体系多元化与合理化，主张加强对主要储备货币发行国货币政策监督、提高发展中国家在IMF与世行中的代表性和发言权，坚决反对贸易保护主义等，都引起广泛共鸣。作为中国国际地位提高的体现，2010年4月25日世界银行宣布将中国在世行投票权从2.77%提高到4.42%，仅次于美国和日本，这反映出国际社会理性看待中国实力地位上升的积极趋向。另一方面，中国国际地位的提高增强了民众的民族自豪感与自信心，维护本国核心与重大利益的意志更加坚定。面对中国强势崛起，美等发达国家甚至个别新兴大国的危机感与焦虑感倍增，其传统对华政策消极面仍有惯性，少数保守派精英的思维定势根深蒂固，对中国民众自豪感与自信心增强难免神经过敏、反应过度。不少中小发展中国家对中国的期望值也达到前所未有的高度。用发展的观点看问题，当前围绕应对气候变化和人民币汇率等问题，国际社会要求中国承担

① 任仲平：“迎战国际金融危机的‘中国答卷’”，《人民日报》2010年1月5日。

更多国际责任的压力空前高涨，而且恐怕还只是序幕。

最后，新时期中外关系的特殊敏感性与复杂性，呼吁加快战略创新与政策储备。总体看，三十多年来，中国外交适应改革开放的战略需求，奉行实事求是的思想路线，开拓创新，成就斐然，也存在预见不足、仓促应急与错失机遇的缺憾。面对当前与今后中外高位、高频与高强度互动新态势，需要更加冷静地观察世界，更具前瞻性地分析问题，只有把困难与挑战估计得更严峻些，把政策创新与预案准备得更充分些，才能谱写中国和平发展与中外关系新篇章。

第二章 国际地缘政治变局及其对中国的影响*

地缘政治是个常话常新的话题。由于地缘政治研究方式具有工具性特点，借助其功能优势，“从空间的或地理中心论的观点”对国际局势及其背景进行“整体性认识”，不仅有理论意义，也有很强的现实意义。[①]鉴此，本文拟借助地缘政治研究工具，对未来5—10年的国际战略形势变化及其对中国国际战略环境的影响进行宏观分析，弄清中国的机遇与挑战，并就制订适应中国和平崛起要求的地缘战略进行若干思考。

---

* 林利民，中国现代国际关系研究院《现代国际关系》主编，研究员。

① 关于地缘政治研究的功能优势，请参见［英］杰弗里·帕克著，李亦鸣、徐小杰、张荣忠译：《20世纪的西方地理政治思想》，解放军出版社1992年2月版，第2—3页。

一、非西方国家群体性崛起及其地缘政治影响

未来5—10年，国际地缘政治形势最大的变局将表现为国际经济及政治力量对比进一步发生有利于非西方国家而不利于西方国家的决定性变化。对此，福格森（Niall Ferguson）在英国《金融时报》撰文指出，西方对国际政治“历时500年”之久的长期垄断地位“正在终结”，非西方国家将在国际舞台上实现“群体性崛起”。①

首先，未来5—10年，发展中国家实力、地位的上升与西方发达国家实力、地位的跌落将形成对照。相较于西方发达国家，发展中国家在经济政治实力方面曾长期居于劣势。二战结束后，尤其是进入21世纪以来，发展中国家经济增速普遍高于西方发达国家，其与西方发达国家的发展差距不断缩小。据美国中央情报局编制的《世界手册》统计：2009年发展中国家GDP总量约20万亿美元，占世界总额的36%，② 较1980年增加约10个百分点，较1970年增加约15个百分点，较1950年增加约20个百分点。③ 在达沃斯世界经济论坛2010年春季年会期间，更有专家认为目前发展中国家经济产出已占世界份额的差不多一半，而在1990年这一比值仅约1/3。④

经合组织专家麦迪逊对发展中国家经济实力上升趋势的估计甚至比前两组数据更高。据他统计：1950年西方核心国家西欧及其“后裔

---

① Niall Ferguson，“The decade the world tilted east”，Financial Times，December 27，2009.

② From Wikipedia，“the free encyclopedia，List of countries by GDP（nomil）”，http：//www.en. wikipedia. org/wiki/.（2010年4月15日）

③ 关于1992、1980、1970年发展中国家经济总量占世界比重，可参见：［美］塞缪尔·亨廷顿著，周琪等译：《文明的冲突与世界秩序的重建》，新华出版社2005年5月版，第83页。

④ Jack Ewing，“Davos 2010 special report：Emerging economies gain place at the table”，International Herald Tribune，January 27，2010.

国”（指澳、新、加、美）等24国的GDP之和约为30300亿国际元，占世界同比的57%；包括亚非拉及东欧和前苏联等在内的100多个国家的GDP之和仅为21800亿国际元，约占世界同比的43%。而到了2001年，西欧及其“后裔国”的GDP之和约为167065亿国际元，占世界同比降至约45%，亚非拉及东欧和前苏联等国GDP之和则超过前述西方国家。[①]

虽然上述几种数据统计因分别依据不同的数据来源、不同的统计口径与方法，其统计结果的绝对值差异较大，基于汇率法的统计结论与基于购买力平价法的统计结论二者间的差异尤其大，后者甚至被认为夸大了发展中国家的经济实力，但这些统计结论反映的基本趋势却具有一致性，即发展中国家与发达国家之间的经济实力差距正在急剧缩小，甚至已经处于大逆转前夜。

2008年国际金融危机以来，由于西方发达国家经济普遍呈负增长，发展中国家在经济发展方面“赶超”西方发达国家的步伐进一步加快。当前世界经济复苏出现“三速并行”现象，其中发展中国家，尤其是中、印等发展中大国处于复苏最快的第一梯队，而美、欧则分别居于第二梯队和第三梯队。[②] 英国《经济学家》预测，2010年、2011年美、日及欧元区经济增长率除美国可能高于2%以外，日、欧均将在2%以下。西方发达国家经济平均增长率不但远低于世界平均增长率，更将比发展中国家低3到4个百分点。[③] 更重要的是，这反映的是一种长期趋势。因此，如无意外，今后10—20年的某一个时间点，发展中国家的经济总量将超过发达国家。福格森甚至明确提出，目前这10年将是国际力量对比进入“向东方倾斜的10年”。[④] 从

① ［英］安格斯·麦迪逊著，伍晓鹰、施发启译：《世界经济千年统计》，北京大学出版社2009年1月版，第236页。

② Emily Kaiser, “The morden recovery comes in 3 speeds”, International Herald Tribune, April 12, 2010.

③ “Economic and financial indicators”, The Economist, April 10, 2010, p. 93.

④ Niall Ferguson, “The decade the world tilted east”, Financial Times, December 27, 2009.

这个意义上讲，麦迪逊并没有夸大发展中国家的经济总量，其对世界政治经济基本趋势的判断并无大错。他只是按照购买力平价统计方法，把发展中国家经济实力超过发达国家的时间点提前了一二十年而已。

其次，未来5—10年，发展中大国的经济政治实力急剧上升，将打破西方大国长期垄断国际政治经济主导权的局面，大国格局与大国关系由此将出现重大变化。

发展中大国“群体”的第一梯队包括“金砖四国”。其中，俄罗斯虽然长期定位为西方国家，且迄今仍不肯明确放弃西方国家身份，但其与美、欧的政治经济共性及认同度越来越低，其国家行为越来越像一个非西方国家。囊括中、俄、印、巴的“金砖四国”，疆域总和近4000万平方公里，占世界陆地面积的1/4；人口之和约28亿，占世界人口之和的40%；GDP总量近90000亿美元，进出口贸易总量则已超过美国。[①] 四国疆域辽阔、资源丰富、人力充沛，分别占据世界重要区位，发展前景不可限量。

冷战结束后尤其是进入21世纪以来，“金砖四国”经济增长率长期高于西方“七国集团”4—5个百分点，其对世界经济增长的贡献率不断增大，1990—2000年为32.2%，2000—2008年为40.3%，预计2008—2014年将为61.3%。与之适成对照，“七国集团”对世界经济增长的贡献率则直线滑落，1990—2000年为41.1%，尚高于“金砖四国”。但到了2000—2008年，已跌至19.8%。预计2008—2014年，其对世界经济增长的贡献率将进一步跌至12.8%，远低于“金砖四国”。[②]

---

① Alan Beattie，“Changing face of power：stars shine bright but fail to transform the world”，Financial Times，January 18，2010；the CIA World Factbook，http：en. wikipedia. org/.（上网时间：2010年4月15日）

② Alan Beattie，“Changing face of power：stars shine bright but fail to transform the world”，Financial Times，January 18，2010.

此次国际金融危机期间，在美、欧、日等西方大国普遍负增长的情况下，“金砖四国”除俄罗斯外，经济表现普遍较好，中、印两国继续保持高增长，成为世界经济复苏的领军国家。[①] 2010年、2011两年，中、印增长率将比美、欧、日高出5—6个百分点，巴、俄增长率也将比美、欧、日高出2—3个百分点。[②] 这一趋势如能继续保持下去，则今后5—10年，“金砖四国”与“七国集团”的实力对比必将发生更深刻变化。美国国家情报委员会2008年11月发表的一份重要研究报告预测：到2025年，中、印两国将超过日本跃居世界大国实力排行榜的前三甲，而俄、巴也将超越“七国集团”中的加拿大、意大利等，跃入世界前七行列。[③]

在认识发展中大国“群体性崛起”时，还要看到，除了处于第一梯队的“金砖四国”等崛起外，处于第二梯队的印度尼西亚、伊朗、土耳其、越南、尼日利亚、埃及、南非及墨西哥等人口多、经济规模较大、增长较快、区域辽阔且占有重要区位的亚非拉美区域型发展中大国也在加速崛起。这些第二梯队国家疆域面积之和超过1000万平方公里、人口之和约8亿、GDP总量约达40000亿美元，同样资源丰富、人力充沛，发展前景广阔，且其发展中国家身份、定位明确，是对第一梯队实力的重要补充。正因为有第二梯队国家加速崛起，才构成了发展中国家“群体性崛起”的波澜壮阔画卷。“金砖四国”、“钻石五国”、“新钻十一国”、“它者的崛起”等新概念，正是对发展中大国两个梯队百舸争流、竞相崛起的生动表述。

再次，未来5—10年，亚太将进一步崛起并将引起所谓“权力东

---

① Emily Kaiser, “The morden recovery comes in 3 speeds”, International Herald Tribune, April 12, 2010.

② “Economic and financial indicators”, The Economist, April 10, 2010, p. 93.

③ 美国国家情报委员会编，中国现代国际关系研究院美国研究所译：《全球趋势2025：转型的世界》(NIC, *Global Trends 2025: A Transformed World*)，时事出版社2009年9月版，第45页。

移”，即“国际权力中心”和地缘政治重心由欧洲-大西洋地区东移至以东亚为核心的亚洲-太平洋地区[①]。

亚太不仅是发展中国家和发展中大国最集中的区域，也是未来国际地缘政治竞争的焦点区域。自20世纪初以来，一直存在有关亚太崛起为世界“权力中心”和地缘政治中心的观念，如日本有一种地缘政治观点，宣称19世纪是所谓“海蛇时代”（即大西洋时代），20世纪是“太平洋时代”。德国地缘政治学家豪斯浩弗则在其论著中宣称“印度洋-太平洋空间”将是未来权力中心，并注定要取代欧洲成为世界事务的主宰者。[②] 但这些均未成为现实。

进入21世纪以来，尤其是此次全球性金融危机期间及危机过后，“权力东移”说风生水起，日甚一日。英国《经济学家》载文称之为“亚洲的崛起”、“太阳重新升起”；[③] 美国《新闻周刊》载文称21世纪是“亚洲世纪”。[④] 日本外相冈田克也则宣称“从今往后，世界将进入‘亚洲时代’”。[⑤]

尽管目前世界上对“权力东移”说还有不同声音，[⑥] 但确认世界“权力东移”已是主要共识，分歧点只在于“权力东移”的幅度、速度、性质及利害认同。有人认为“权力东移”过程已经完成，有人则

---

① 本文“亚太”与“东亚”不作严格区分，其区域范围包括传统东亚概念中的东北亚、东南亚，也包括印度半岛和大洋洲国家。这样定义亚太概因“东亚”崛起促使原先不属于东亚的印度半岛及大洋洲国家越来越认同东亚，并与东亚在经济、政治、安全等方面融为一体；而东亚要实现崛起，也不可能与印度半岛及大洋洲国家切割开。参见：[英] 安格斯·麦迪逊著：《世界经济千年统计》，第150—154页。

② [英] 杰弗里·帕克著：《20世纪的西方地理政治思想》，第79页。

③ “The balance of economic power: East or famine”, The Economist, February 27, 2010, pp. 71—72.

④ Katie Baker, “Still betting on Asia’ s growth”, Newsweek, March 8, 2010, p. 8.

⑤ Gideon Rachman, “Why Japan is edging closer to China”, March 9, 2010.

⑥ The Economist, “The balance of economic power: East or famine”, The Economist, February 27, 2010, p. 71.

判断这一过程尚在进行中。[①]

目前，在世界经济区域平衡图表上，以东亚为核心的亚太地区发展迅猛，其所占世界经济份额持续大幅上扬。根据麦迪逊统计：1950年，东亚国家GDP总量约8400亿“国际元”，占世界同比的16%，约相当于欧洲-大西洋地区同比的28%、西欧同比的60%；1970年，东亚GDP总量增至27000亿“国际元”，占世界同比的20%，相当于欧洲-大西洋地区同比的38%、西欧同比的75%；而到了2000年，东亚GDP总量进一步增至122000亿“国际元”，占世界的份额增至34%，约相当于欧洲-大西洋地区同比的76%、西欧同比的1.6倍。即是说，此时东亚（扩大版东亚）经济总量已超过西欧，而东亚在世界经济图谱中比重的上升与欧洲-大西洋地区比重的下降正好形成对照。[②]

麦迪逊的统计结论得到不少国际权威机构和经济学家认同。著名经济学家弗里德里希·纽曼估算认为：2008年欧盟、美国及亚洲（指“扩大版东亚”）所占世界GDP比重分别为30%、26%、33%，[③] 这与麦迪逊的长时段估算结论大体一致，只是在时间点上晚10年而已。由美国次贷危机引爆的这场全球性金融危机进一步推动了亚洲-太平洋地区与欧洲-大西洋地区经济实力的此涨彼消。2009年，尽管亚太经济增长率略有下滑，但由于欧洲-大西洋地区普遍呈负增长，亚太与美、欧的增长速度差反而拉大。一些国际主要经济机构普遍预测2010年、2011年亚洲（除日本外）经济增长率将保持在7%左右，较

① 关于“权力东移”说，还可参见：Martin Wolf，“An ambitious agenda”，Financial Times，January 26，2010；Kevin Brown，“Consumer Spending starts slow shift east”，Financial Times，January 27，2010；Yoichi Funabashi，“Forget Bretton Woods Ⅱ：the Role for U. S.-China-Japan Trilateralism”，The Washington Quarterly，April 2009，p. 11；Patrice Houdayer，“Imagination and effort needed to woo China”，Financial Times，March 22，2010. etc.

② ［英］安格斯·麦迪逊著：《世界经济千年统计》，第85、236页。

③ Kevin Brown，“Consumer Spending starts slow shift east”，Financial Times，January 27，2010.

欧元区同期分别高约 5 个百分点，较美国同期分别高约 4 个百分点，这意味着亚太经济实力和影响力还将继续上升。[①] 弗里德里希·纽曼预言：由于亚太增长率远高于美、欧，尤其是中、印及东盟有 30 亿人口，中、印增长率更是遥遥领先于世界，2014 年该地区经济总量将占世界同比的 40%左右，开始拉开与美、欧的距离。[②]

不仅如此，在贸易、金融、生产、消费等领域，亚太赶超欧洲-大西洋地区的速度也在加快。目前亚太贸易总量已超过北美，直逼欧洲。世界头号出口大国的称号已“花落亚洲”。[③] 尤要指出的是，美国与亚太的外贸增速较其与欧洲及与世界任何其他地区的外贸增速都快得多，亚洲已超过欧盟成为美最大商品出口市场。[④] 之所以特别强调这一点，是由于美国介于两洋之间，当其在亚太的贸易、投资和其他商业利益超过欧洲-大西洋地区时，美国由大西洋国家“变脸”、“变身”为太平洋国家的进程就会大大加快，而美国“变脸”、“变身”正是亚太成为世界地缘政治中心的重要条件之一。

在金融方面，亚太成为世界上外汇储备最多的地区，东亚中、日、韩、台、新以及香港等国家和地区拥有世界外汇储备总和的 2/3 以上。2009 年，亚太资本投资额占世界投资总量的 40%，股票成交量达到 186000 亿美元，较欧洲成交量多出约 1/3，成为股票成交量最多的地区。在生产与消费领域，该地区 2009 年手机销售量占世界销售总量的 43%，能源消费量及汽车销售量分别占世界总量的 35%，

---

① 参见：International Herald Tribune，“News Reports，I. M. F. chief expects Asia toexceed 7% growth rate”，International Herald Tribune，January 21，2010；Kitie Baker，Still Betting on Asia’s Growth，Newsweek，March 8，2010，p. 8；“Economic and financial indicators”，The Economist，March 20，2010，p. 105.

② Kevin Brown，“Consumer Spending starts slow shift east”，Financial Times，January 27，2010.

③ Raiph Atkins，“China to overtake Germany as world’s leading exporter”，International Herald Tribune，January 10，2010.

④ Merle David Kellerhalw Jr.，“Strong U. S. Engagement with Asia-Pacific Region Is Vita”，Washington File，March 5，2010，p. 3.

均超过美、欧。[1] 世界上三个最大的汽车生产和销售国均在太平洋两岸，其中两个在太平洋西岸（中、日），中国已在2009年超过美国成为世界第一大汽车生产和销售国。亚洲国家2009年合计有14枚卫星升空，2倍于欧洲，中、印等亚洲大国都在着手雄心勃勃的航天工程；[2] 世界上最主要的石油、煤炭、铁矿石和粮食、木材等大宗产品进口国也集中在亚太。亚洲的“富源”已成为“后金融危机时代”世界经济恢复与增长的主要动力，[3] 也意味着亚洲成为世界上最大的工业品生产商和集散地，以及世界最主要的物流和船运中心。世界上最繁忙的海陆空航线都集中到了亚太。

以世界进入21世纪为起点，亚太已迈开了打造世界地缘政治中心的步伐。在环太平洋层面，APEC聚集了环太平洋21个成员，其经济总量约占世界的50%，其功能也日趋成熟。[4] 在亚太各次区域，各种纵、横地缘政治塑造活动已全面铺开。上海合作组织、东盟加N、东盟地区论坛、博鳌论坛等各类经贸、安全组织和各类双边、多边活动日趋活跃。在全球，亚太与其他地区的合作关系也在加强，其中最典型的是亚欧会议。曾经居高临下的欧洲已开始学习与亚洲对等交往。

二、中国面临新的战略挑战

在认识国际地缘政治新变局时，还要考虑中国加速崛起因素。中

---

① The Economist，“The balance of economic power：East or famine”，The Economist，February 27，2010，p. 71；Jeremy Grant，“Trading on Asia-Pacific exchanges overtakes Europe”，Financial Times，March 3，2010.

② Kathrin Hille and Amy Kazmin，“Asian jocked for influence in orbit”，Financial Times，March 18，2010.

③ Haig Simonian，“Asia’ s wealthy drive a fragile recovery”，Financial Times，March 19，2010.

④ Christopher Connell，“Free Trade Focus Shift to Asia and the Pacific”，Washington File，January 14，2010，p. 6.

国既是亚太主要大国，也是主要的发展中大国，甚至被认为是发展中国家的“领袖”及“金砖四国”之首。讨论发展中国家、发展中大国“群体性崛起”以及亚太崛起和“权力东移”，离不开讨论中国崛起问题。中国加速崛起是发展中国家“群体性崛起”和亚太崛起及“权力东移”的主要驱动力。发展中国家崛起、亚太崛起及由此引起的国际地缘政治格局变化，一方面将给中国带来重要的战略机遇，同时也不可避免地给中国带来了新的挑战。

从机遇看，主要有三点需要提及：一是发展中国家崛起和亚太崛起将导致西方逐步丧失其对国际政治历时数百年的垄断性控制权，美国尤其将丧失其冷战后新攫取的一超独霸地位。当美国及西方国家与中国发生重大矛盾甚或冲突时，他们更难动辄利用其对国际机制的控制权以及利用其国际政治经济和军事优势纠集力量，组织庞大阵营对中国进行全面打压甚至遏制。二是西方国家几百年来所倡导的以追求国际“政治权力”及“霸权”、甚至追求“阳光下的地盘”为目标、以战争为推行国家政策的工具，坚持“弱肉强食”、“大国主宰”，坚持寻找控制世界的所谓“枢纽区”，坚持“民主优越论”、“西方优越论”及坚持以西方民主划线、非敌即友的善恶“二元论”等传统地缘政治观念将逐步式微并最终退出历史舞台。这有利于崛起的发展中国家及亚太国家将和平观念、发展观念、合作观念等推向国际政治领域，因而有利于中国坚持和平发展战略，为中国战略崛起创造和平的国际环境，同时还有利于中国建设“和谐世界”的国际理念进一步向全世界推广。三是发展中国家的崛起及亚太崛起扩大了中国的国际政治基础和国际回旋空间，使中国实现和平发展有了更牢固的政治经济依托。尤其是亚太崛起有利于中国积极营建“和谐周边”，使中国实现战略崛起有一个更可靠的周边依托带。

与此同时，国际地缘政治新变局也将给中国带来新的地缘战略挑战。首先，美国及西方不会自动放弃其数百年来一以贯之的国际政治主导权。面对非西方崛起和亚太崛起，他们会以各种方式进行反制，以尽可能多、也尽可能久地保持其国际主导地位。对西方而言，加速崛起的中国“既是他们最大的希望所在，也是他们最大的恐惧所在”。[①] 因此，他们对非西方国家“群体性崛起”和国际政治经济“权力东移”的战略反弹有可能集中发泄在加速崛起的中国身上。这种针对中国的具体反弹模式可能多种多样，但最主要的模式将体现为在“中国威胁论”和“中国责任论”上做文章。近几年“中国威胁论”和“中国责任论”在西方战略界、学术界及媒体舆情中轮番上演就是明证。今后随着发展中国家“群体性崛起”及亚太崛起、尤其是中国“超日赶美”步伐进一步加快，“两论”还会继续轮番上演，其中“中国责任论”进一步上扬尤其值得关注。[②]

其次，由于非西方国家的“群体性崛起”及亚太崛起，尤其是非西方大国及亚太大国纷纷崛起，导致国际力量对比和利益布局发生重大调整。不仅如此，未来 5—10 年，各种全球性问题，如环境问题、资源问题、人口问题、灾难性事件、传染性疾病流行以及其他各种传统和非传统安全问题相互交织，更要求全球合作、大小国家平等参与，共同寻找应对之道。在此情形下，原有的国际机制显然越来越“不合身”，要求重新“量身打造”。如：联合国及安理会的组成与运作、世界银行、国际货币基金组织等，都可能要根据非西方国家及非西方大国崛起的现实，做有利于非西方国家而不利于西方国家的大规模调整、改造。这种从旧体制向新体制的转换过程一定是非常艰难、复杂甚至是漫长的，可能要经过激烈的国际斗争，很难一蹴而就。在旧的国际体制尚未完全“脱胎换骨”，而新的国际体制一时又“难产”的过渡时期，世界可能出现难以避免的政治、经济及安全乱局。维护旧体制的力量与支持新体制的力量之间，西方与非西方之间，有可能

---

① Katrin Bennhold，“West unread and uneasy as China boldly emerges”，International Herald Tribune，January 27，2010.

② Peter Mandelson，“We want China to lead”，International Herald Tribune，February 12，2010.

展开激烈、长期的斗争。最近在哥本哈根会议上发展中国家与西方发达国家围绕全球环境问题的激烈斗争，正是对这种国际政治前景的真实“预言”。

第三，在非西方国家实力上升过程中，不但西方国家与非西方国家的矛盾会上升，非西方国家内部各种力量间的关系，也不会永远像牧歌一样和谐、宁静。尤其是随着中国发展加快和综合实力上升，中国与发展中国家间的关系也可能出现一些复杂因素，相互间竞争的一面有可能上升，这将使国际地缘政治组合更加复杂。就中国与其他发展中国家的关系而言，经济上可能出现对发展资源的竞争，政治上可能出现谁是发展中国家代言人的主导权之争。一些发展中国家可能对中国崛起有疑虑，因而附和“中国威胁论”；另一些发展中国家则可能附和“中国责任论”，要求中国对发展中国家的和平与发展承担更多“责任”。在一定条件下，一些发展中国家可能从自己的狭隘利益出发，呼应美国及西方大国，在不放弃渲染“中国威胁论”的同时，要求中国承担更多的“国际责任”，以致使中国陷入政治被动。就中国与“金砖四国”其他成员国的关系而言，也存在谁是集团“老大”等问题，但更重要的是中国与其他三国（俄、印、巴）之间的经济政治互补性可能下滑，冲突面有可能上升。如：中、俄关系近年虽然总体上以合作为主，但不稳定因素时隐时现。中、俄石油管线谈判虽然最终达成了协议，但谈判过程很艰难，屡谈屡变，并不完全是经济利益分歧使然。“中国威胁论”在俄仍有一定市场，俄对与中国开展军售合作保留较多，远不如其与印度的军售合作来得痛快。又如：中、印之间也存在进一步推进相互关系的障碍，双方都有人视对方为战略威胁，印度方面尤甚。印度不少人尤其对 1962 年中印边界冲突的结局耿耿于怀，这不利于两国解决边界划分问题上的分歧。两国由于发展阶段相近，都处于国际分工链的中下游，今后在国际市场上的竞争也可能增大。

第四，在中国周边，中国也将面临新的地缘战略挑战。在一定程度上，前述几种挑战，包括与西方大国及与发展中国家的复杂关系，在周边尤其有集中表现。中国周边集中了世界上前10个人口大国中的8个（中、印、美、俄、日、巴、孟及印尼）、5个安理会常任理事国中的3个（中、美、俄）、9个有核国中的6个（中、美、俄、印、巴、朝）、前四大经济体中的3个（美、中、日）、世界上10支最强大军队中的7支（中、美、俄、日、印、韩、朝）。目前中国周边的四大战略方向中，北部相对稳定，东南亚、东北亚及西部（包括西南与西北方向，即中亚与南亚）三大方向不同程度呈现乱局，包括阿富汗战争胜负未定、巴基斯坦不稳定、印巴克什米尔争端尘埃未定、泰国红衫军几落几起、缅甸局势晦暗不明、朝核问题尚未解决、吉尔吉斯斯坦再现“颜色革命”回潮迹象、美日俄印加紧渗透蒙古、一些国家间的领土领海争端暗潮涌动、军备竞赛方兴未艾[①]，等等。一些与中国存在领土、历史纠葛的邻国，如印度、日本等用传统地缘政治思维及战略应对中国崛起，而一些域外大国尤其是美国等国，更是本能地运用权力政治、海权、空权、霸权、“势力范围”等西方地缘政治理念及战略，与中国争夺在亚太的主导权，应对中国崛起。美国在与中国“接触”、鼓吹“G2”的同时，从未放弃对中国的“防范”。2009年末以来，美国不但在人民币汇率、台湾、西藏等问题上挑战中国的“核心利益”，而且加紧在中国周边投棋布子。[②] 从中亚到阿富汗再到南亚、东南亚、东北亚，美国积极构筑防波堤以“防范”中国，并与中国争夺亚太主导权的蛛丝马迹随处可见。

第五，军事安全竞争将出现新的态势，需要中国有更长远的地缘战略视野和军事战略思维。军事斗争历来是地缘政治竞争的最高和最

---

① Kathrin Hille，“Arms purchases by China’s neighbours fuel fears of clashes”，Financial Times，March 14，2010.

② Ian Bremmer，“China knows the time for lying low has ended”，Financial Times，March 29，2010；Charles A. Kupchan，“Soothing China-U. S. tensions”，International Heralcd Tribune，March 31，2010；Geoff Dyer，“Relations with US come under new strain”，Financial Times，January 27，2010.

后表现形式。英国地缘政治学家麦金德提出，数千年来的地缘政治史就是一部“陆上人”和“海上人”之间“反复斗争”的军事斗争史。[①]飞机出现后，麦金德也没有改变这种陆海“二分论”观点，他认为飞机的出现不过是陆权的延伸，“是陆上强国可以用来对付海上强国的一种武器”。[②]直到冷战结束，虽然人们已经开始讨论“币权”、“制天权”、“制网权”，但陆海“二分论”仍然是战略界进行地缘政治分析的金科玉律，也是军事准备的重点。美国从斯皮克曼到布热津斯基，都是陆海“二分论”者。冷战后美国一直维持世界上最强大的海上力量，力求从海上控制欧亚大陆。以此为战略指导，美国近年特别加强了在中国周边的军事集结，并对引发中国周边的军备竞赛潮负有主要责任。但是，在21世纪，有两个新因素将对未来军事斗争的内容与形态产生深刻影响，其一是空-天技术的成熟和空-天力量的空前发展；其二是时速数百公里的高铁技术成熟并开始普及。关于前者，美国正在研制时速5—10倍音速甚至更高速的空-天实战武器，谋求实现1—2小时“全球打击能力”。关于后者，建筑从上海到新德里、新加坡，从北京到德黑兰以及莫斯科、柏林的高速铁路网已纳入战略家的视野。从技术可行性看，建设连接欧、亚、非甚至连接南北美洲的高速铁路并非高不可攀。[③]这二者——空-天武器和高速铁路——皆以高速度、大纵深见长，在战略上意味着“海权论”将落后于时代。在军事安全上，这对中国的挑战意味着，中国一方面不能不尽可能投入力量应对传统军事威胁，另一方面又必须积极应对新军事技术、尤其是空-天技术的新发展及其对中国军事安全的新威胁。

此外，虽然以追求国际“政治权力”及“霸权”为目标、以战争为推行国家政策的工具、坚持“弱肉强食”、坚持以西方民主划线、

---

① ［英］杰弗里·帕克著：《20世纪的西方地理政治思想》，第17页。

② ［英］麦金德著，武原译：《民主的理想与现实》，商务印书馆1965年版，第104页。

③ Keith Bradsher，“China hopes to be driving as U. S. rails are revives”，International Herald Tribune，April 8，2010.

坚持非敌即友的善恶“二元论”等西方传统地缘政治观正在式微，但西方国家依然实力强大，传统地缘政治观念完全退出历史舞台需要一个过程，其间还可能出现反复，甚至不排除某个特定时期旧的地缘政治观再度泛起并对国际安全产生消极影响的可能性。当前美国及西方对中国又“接触”又“防范”的双轨政策，实质上是这种新旧地缘政治观相互缠斗在政策层面的具体反映。即是说，今后 5—10 年甚至更长的历史时期，以战争手段追求国际“政治权力”的传统地缘政治竞争方式并不能完全排除。与此同时，对于中国自己，如何彻底摒弃传统地缘政治观的影响、如何以 21 世纪全新的地缘政治观指导国家战略和对外政策，也不是一个已经完全解决好了的问题。

三、对21世纪中国地缘战略的思考

一国的地缘战略选择要以国家的大战略目标为起点，并服从、服务于国家的大战略目标。中国 21 世纪的大战略目标是要保障和平崛起，这不仅指为中国崛起创造和平的国际环境，也指中国崛起后要成为一个和平国家，奉行和平的对外战略。这是对邓小平同志反复强调的中国永不称霸、即使中国强大起来了也不搞霸权主义的战略思想的地缘政治解读[①]，也是胡锦涛同志在十七大报告中强调中国“永远不称霸，永远不搞扩张”的地缘政治内涵。[②] 而这些，正是中国制订 21 世纪地缘战略的基本指导思想，中国 21 世纪地缘战略必须、也只能由此而展开。

首先，在理念上，中国既然要做和平大国、争取在和平的国际环境中崛起，就要有超越传统地缘政治理念的勇气与智慧。一方面，中国 21 世纪地缘战略环境极为复杂。虽然中国的实力及“国运”是在

① 《邓小平文选》第三卷，人民出版社 1993 年版，第 158 页。

② 胡锦涛：《在中国共产党第十七次全国代表大会上的报告》，人民出版社 2006 年 10 月版，第 48 页。

沿上升路线发展，但中国的发展还面临不少瓶颈。与美国及西方大国相比，中国的实力尚存在诸多弱项。政治上，国际社会尤其是美国及西方国家对中国崛起还存在疑虑与防范心理，他们甚至经常把中国崛起与19世纪德国的崛起相提并论。[①] 另一方面，中国面临的地缘战略环境也有不少积极因素。世界地缘政治重心东移及地缘政治观念的变化，为中国实现战略崛起的“最后起跳”提供了机遇。尤其重要的是，中国因自身幅员、规模和实力不断上升而形成巨大的国际影响力，开始有能力影响、引导国际潮流，冲击西方传统的地缘政治思维。世界不少国家，尤其是新兴国家、周边国家对中国崛起开始趋于认同。中国与美国等西方大国也形成了复杂的依存关系，二者间虽然冲突不断，但合作是主页。因此，中国有条件用超越传统的、对抗性的、以争霸为指向的地缘政治理念应对各种地缘政治挑战。

其次，在战略安排上，应分清主次，明确重点。在世界权力东移背景下，中国的地缘战略无疑应以集中经营亚太为重点，围绕亚太谋篇布局。亚太的地缘战略重要性、不可限量的发展前景及其对全球的政治、经济磁吸作用，使之成为21世纪国际地缘政治竞争的“枢纽区”。可以说，在21世纪，谁能主导亚太事务，谁就能主导世界权力中心，增大在世界事务中的发言权。鉴于中国处于俯瞰亚太、总揽亚太全局的亚太地缘政治枢纽位置，中国实现全球大国目标的路径不在于直接经略全球，而在于集中经营亚太。因此，中国在战略上要收拢拳头，稳住重心，力戒目标太大、太多，谨防拉长战线，分散力量，尤其要避免四面树敌。最少在一代人之内，中国应立足于做一个亚太大国，尽力抵挡刻意和急于追求全球大国地位的战略诱惑，以求立于不败之地。

在经营亚太过程中，要注意理清与亚太几种主要力量的关系，搞

---

① G. John Ikenberry, “The Rise of China and the Future of the West”, Foreign Affairs, January/February, 2008, p. 27.

分层管理。一是要以建立周边依托带为重中之重，尤其要加固“老东亚”核心圈，巩固“东盟＋1”、“东盟＋3”，并以此为基础，稳步推进亚太多个“同心圆”。二是在亚太一盘棋的大格局中分片经营。在未来一代人之内，中国亚太地缘战略重点应向东南亚、东北亚及中国西部方向集中。中亚、南亚直至波斯湾的西部大周边地区，人口众多，地域广阔，油气资源丰富，尤其是未来5—10年国际地缘战略竞争的新重点，需要中国进行更大的战略投入。三是解决好与日、印、俄、澳、美等周边大国的关系。其中对日战略要着眼于亚太合作大局，不忘历史旧账但又不受历史旧账困扰，鼓励日本进一步“脱美入亚”。对印、澳、俄、美战略要持开放姿态，着眼于其亚太身份认同问题，欢迎、鼓励这些国家“变脸”、“变身”为亚太国家。如：继续支持“东盟＋6”、帮助俄罗斯进一步开发远东等。对美国由于历史原因在亚太形成的特殊地位和特殊利益关切，不应一概采取直接挑战姿态。对美在亚太的地缘战略活动也要具体分析，搞清楚哪些是刻意针对中国的战略“防范”，哪些是出于其他原因，不必风声鹤唳，事事回应，搞得漫天风雨。四是积极推进以东亚为圆心的亚太多层次、多样式区域一体化进程，由近及远，由易及难，包括上合组织合作、东北亚一体化合作、湄公河流域合作和“东盟＋1”、“东盟＋3”、“东盟＋6”甚至“东盟＋8”，以及“东亚共同体”、“亚太共同体”、“亚太经合组织”等。在区域一体化问题上，尤其要持开放心态，不搞关门主义，不谋求把美、俄、印、澳等排除在外。

第三，在重点经营亚太的基础上，着眼长远，注意全球布局。非洲、拉美和中东是世界主要资源区，也是新兴国家的主要分布区，是中国扩展地缘政治影响的主要区域。但目前中国对上述地区仍应以经济合作和低位政治合作、尤其应以资源开发合作为主，少唱战略高调。欧洲在经济、贸易上与中国的摩擦将会增多，其“后现代主义”的国际思维也将与中国产生冲突。但中、欧摩擦总体上以议题摩擦为主，双方发生战略冲突、成为战略对手的可能性不大。中国对欧战略仍以合作为主轴，尤其要注意加强与欧盟各个大国的双边合作。中国在2010年超过日本成为世界第二大经济体后，美国警惕中国经济、贸易总量及国际影响力超过美国的警戒心理还会增强。中、美在战略性领域存在发生冲突的隐患，如亚太主导权、发展模式竞争、经贸竞争和汇率之争、战略安全等问题，都是战略问题。如不妥加管理，中、美在亚太的地缘战略竞争可能会不断强化。[①] 中国在寻求与美合作的同时，也应加强对美地缘战略防范，尤其要防范美在中国周边的地缘政治"塑造"及谋求控制世界资源等战略动向。

第四，在军事战略安排上保持内敛，既要有所准备，又要避免张扬。超越传统地缘政治观不等于放弃必要的战略警惕和战略准备，"居安思危"、"为了和平，就要备战"等观念在当前历史条件下仍有其生命力。必要的战略警惕、战略准备和充分的战略能力，恰恰是超越传统地缘政治观的前提条件与战略保障。为保障贯彻以和平、睦邻为基调、以亚太为经营重点的全球地缘战略，中国不能不拥有让任何和平破坏者望而却步的、不可侮的战略能力，包括必要的核威慑能力。但这种战略能力又是取守势的、防御性的、不张扬的，因而具有"外柔内刚"特性。美国实际上大大加强了针对中国的军事能力，但其针对中国军事力量的绝对数量并未明显增加，其接触距离还有所调整，如战略重心由日本撤到了关岛。中国既然以经营亚太为21世纪地缘战略目标，而经营亚太的主要阻力在于美国及西方大国，中国在军事准备上就要以此为重点，包括保持必要的战略反击能力、适当加强海空军，尤其要大力加强收发自如的远程空中打击能力。作为一个以亚太为重点的亚太大国，在发展目标庞大、反应笨拙、成本高昂、建设周期过长、比较张扬，战略上又因空-天力量及高铁技术的大发展而略显过时的超级大海军问题上，则要保持谨慎。在战略部署上，

---

① Robert D. Kaplan, "The geography of Chinese power", International Herald Tribune, April 20, 2010.

要面向东南及西南，重点加强面对濒海带的战略能力。

最后，坚持科学发展观，保持经济长期稳定发展，夯实实力基础。中国冷战后之所以能够在没有大幅增强军事力量，没有从事任何战争活动的条件下，战胜美国及西方压力，地缘战略环境不断改善，除战略得当外，一个关键原因就在于中国经济实力一路攀升。中国经济总量1990年为3903亿美元，仅相当于美国的6.7%；2000年攀升至11985亿美元，相当于美国的12.2%；而到了2008年，中国经济总量增至44016亿美元，相当于美国的30.9%。[①] 2009年，中国GDP达340507亿元人民币，按汇率计价约为5万亿美元，已超过美国GDP总量的1/3。[②] 中国不但是世界第一外汇储备大国，也成为第一出口大国、第一汽车产销大国。正是在这种背景下，美国在2005年把中国视为“利益攸关方”、2007年提出“G2”概念。2008年发生国际金融危机后，国际上甚至把“拯救”世界经济的希望寄之于中国。[③] 换言之，保持经济长期稳定发展，不仅是个国计民生问题，更是保障中国国际地位不断攀升，地缘战略环境不断优化、改善的大战略问题。今后一代人时间内，中国如能继续保持8%左右、长期稳定的发展速度，中国早则将在2026年前后，迟则将在2037年前后，就可能超过美国成为世界第一经济大国。[④] 有此实力基础，届时中国的地缘战略地位和环境还将有更大的改善，也将握有更大的“战略塑造”主动权和挥洒空间。

---

① 清华大学国际战略与发展研究所：“上升中的中国国力”，《新华文摘》，2010年4月，第47页。

② 刘铮：“中国经济去年增速上调为9.1%”，《人民日报》（海外版），2010年7月3日。

③ David Pilling, “China will not be the world's deputy sheriff”, Financial Times, January 28, 2010.

④ 清华大学国际战略与发展研究所：“上升中的中国国力”，《新华文摘》，2010年4月，第47—48页。

第三章 大国关系迈入新阶段*

进入21世纪，特别是始于2008年的世界金融危机，促使大国关系发生深刻变化，这一变化虽不如苏联解体、冷战结束那么富有突发性和戏剧性，但对国际格局变化的影响同样深刻。如果说冷战结束标志着两极世界的终结，那么尚未告终的金融危机则预示着世界多极化不可逆转，大国关系变化正是这种趋势的“迎春花”。

一、大国俱乐部发生重大变化

什么样的国家被称为“大国”，学术界并无明确界定。从国际关系实践看，一个国家的

* 季志业，中国现代国际关系研究院副院长，研究员。

面积、人口、经济、军事实力固然是“大国地位”的重要标志，但似乎国际影响力显得更重要。国际影响力是软性的，并无具体标准，因而就看现有大国俱乐部在多大程度上接纳一个国家，或者在多大范围内与其商讨国际事务。以此判断，近10年有世界影响力的“大国”明显增多。

从七国集团到八国集团是大国俱乐部扩大的第一步。冷战结束后的第一个10年，国际事务基本上由加拿大、德国、美国、法国、意大利、日本、英国组成的七国集团所掌控。虽然1997年七国集团正式接纳俄罗斯，将1994年开始的“7＋1”机制转变为八国集团，但由于俄罗斯债务沉重不能参加财长会议，它并非严格意义上的八国集团成员。实际上，重大国际事务，尤其是国际经济和金融事务仍是由七国说了算。

从八国集团到“8＋5”机制是大国俱乐部扩展的第二步。进入21世纪后，世界发生了三大变化：一是全球化进程进一步加快，各国间经济、贸易、人文联系更加密切；二是恐怖主义、环境污染、传染性疾病流行、自然灾害等非传统安全问题日益突出，对全球治理的呼声越来越高；三是中国、印度、巴西等一批新兴经济体迅速崛起，它们对国际事务的影响力增强，解决全球性问题也需要它们参与。八国集团在解决重大国际事务时越来越显得力不从心，自2003年法国埃维昂峰会起，它根据不同议题邀请发展中国家代表进行对话。到2005年，形成了较为固定的八国集团与中国、印度、巴西、南非、墨西哥5个发展中国家进行对话的“8＋5”机制。这是发达国家对新兴大国影响力的一种认可，也是发展中国家参与国际事务的新形式。

从“8＋5”机制到二十国集团实现了大国俱乐部的大发展。2008年下半年，随着美国金融危机爆发并向全世界蔓延，肇始于1999年的二十国财长和央行行长会议发生了两大变化：会议级别从财长、行长上升为国家元首；会议性质由国际经济合作论坛上升为解决全球金融和经济问题的政策协调会。2008年11月28日的华盛顿二十国元首会议，把二十国集团推到了国际政治的舞台中央。二十国集团除了美国、日本、德国、法国、英国、意大利、加拿大、俄罗斯等八国集团成员外，增加了来自五大洲的阿根廷、澳大利亚、巴西、印度、印度尼西亚、中国、墨西哥、沙特阿拉伯、南非、韩国和土耳其等 11 个新兴经济体，欧盟也是会议的独立成员，另外国际货币基金组织和世界银行列席会议。二十国集团代表了世界 2/3 人口和世界 3/4 生产总值，具有十分广泛的代表性。2009 年 9 月 25 日，在美国匹兹堡召开的第三次二十国集团峰会决定，它将取代八国集团峰会。尽管现在还不能确定，未来二十国集团能在多大范围内、多大程度上解决国际事务，但至少未来的重大国际事务将不再由少数几个发达国家说了算，而是让更多的新兴力量参与进来，更具代表性。

在大国俱乐部的新成员中，亚洲代表占据绝对优势，在 11 个新兴经济体国家中，就有 6 个亚洲国家；3 个拉丁美洲国家也具有较强的代表性；非洲地区 53 个国家中，仅南非 1 个国家入围，其代表性明显不足；澳大利亚作为大洋洲的代表，比较符合该地区国家数量和总体状况。二十国集团的组成体现了当今世界发展总体态势，发展速度快的地区进入大国俱乐部的成员也就多，反之则较少。但从国际权力角度看，现有大国俱乐部仍不能充分体现国际事务的平等和民主。

二、大国经济实力差距明显缩小

美国不仅保持世界最强经济体的地位，而且还是增长较快的经济体之一。冷战结束后的头 10 年，美国作为世界上唯一的超级大国，充分享用“冷战红利”，在世界排名前 10 个国家的经济总量中，它所占的比重由 1990 年的 35.8%，猛增至 2000 年的 42.3%。进入 21 世纪后，美国的经济总量虽继续保持领先地位，但在前 10 个经济体中的比重却降至2009年的37.1%。[①] 必须强调，美国的经济实力并没有削弱，2000—2009年美国GDP由9.8万亿美元增加到14.3万亿美元，增长了约31%。但与多数大国相比，其相对速度放慢，其经济在各大国中的比重下降，相对实力下降。

发达国家的相对经济实力增长超过美国。除日本经济实力明显下降外（2000年日本经济为美国经济的49.9%，2009年降到35.4%），其余各国经济与美国相比均有所上升。2000年，德国经济是美国经济的19.1%，英国是14.4%，法国是13.2%，意大利是10.9%，加拿大是7.0%，西班牙是5.7%；而到2009年，德国经济是美国经济的22.7%，法国是18.5%，英国是15.4%，意大利是14.4%，西班牙是10.1%。可见，近10年来，美国在发达国家中的实力地位下降。

新兴国家经济增长速度不仅超过美国，而且超过一般发达国家。中国的GDP在2000年为10799亿美元，是美国GDP98374亿美元的11%；2009年迅速增加到47577亿美元，为美国142662亿美元的33.3%。巴西的GDP2000年为5955亿美元，仅为美国的6.1%；2009年达到14815亿美元，为美国的10.4%。俄罗斯的GDP在2000年为2511亿美元，仅占美国经济的2.6%；2009年增长到12546亿美元，达到美国的8.8%。印度的GDP在2000年为4570亿美元，为美国的4.6%；2009年达12426亿美元，上升为美国的8.7%。墨西哥2000年的GDP为5745亿美元，相当于美国的6.0%；2009年增长至8663亿美元，为美国的6.1%。韩国2000年的GDP为4572亿美元，是美国的4.6%；2009年达到8003亿美元，是美国的5.6%。澳大利亚的GDP从2000年的3901亿美元上升到2009年的9200亿美元，占

① 这些数字是根据《国家统计局网站》的下列数据计算而成：《国内生产总值（美元）（1995年）》，http：//www.stats.gov.cn/tjsj/qtsj/gjsj/1995/t20020307_402280031.htm；《国内生产总值（美元）（2002年）》，http：//www.stats.gov.cn/tjsj/qtsj/gjsj/2002/t20031218_402193562.htm；《国民生产总值》，http：//www.stats.gov.cn/ndsj/information/zh1/b101a；《人民币对主要外币年平均汇价》，http：//www.stats.gov.cn/ndsj/information/zh1/p021a。

美国经济的比重从 4%增加到 6.4%。这些数据表明，在冷战结束后的第二个 10 年中，新兴经济体国家普遍加快了发展速度，他们不仅缩小了与美国的 GDP 差距，也缩小了与其他发达国家的经济实力差距。

新兴经济体的发展还可以从它们在世界经济排名中的位置提升显现出来。以 2000 年与 2009 年相比，中国从世界经济排名第 7 位提升至第 3 位，而且与排名第 2 位的日本相差不到 3000 亿美元；巴西从第 9 位上升至第 8 位；俄罗斯从第 16 位上升至第 10 位；印度则从第 12 位上升至第 11 位。[①] 这些国家的总体经济实力正在不断地与发达国家接近。

经济增长速度的快慢尚未根本改变大国实力对比。尽管中国、印度、巴西等国的总体实力迅速增强，但这些国家人口众多，许多民众尚未摆脱贫困，中国的人均 GDP 刚超过 3000 美元，在世界 209 个国家和地区中排列第 132 位，按联合国确定的标准，还有 1 亿多人口生活在贫困线以下；印度人均产值刚达到 1000 美元，12 亿人口中超过 3 亿人处于贫困线以下；巴西的人均产值虽超过 6000 美元，但其发展水平还赶不上委内瑞拉；俄罗斯略强一些，人均产值约 8000 美元，但还不到韩国的一半。这些数据表明，新兴经济体与发达国家仍存在巨大差距，还有巨大的发展空间。

三、大国相互依存进一步增强

在全球化背景下，大国间的相互依存度上升，经济联系加强表现

---

① 这些数字是根据《国家统计局网站》的下列数据计算而成：《国内生产总值（美元）（1995 年）》，http：//www.stats.gov.cn/tjsj/qtsj/gjsj/1995/t20020307_402280031.htm；《国内生产总值（美元）（2002 年）》，http：//www.stats.gov.cn/tjsj/qtsj/gjsj/2002/t20031218_402193562.htm；《国民生产总值》，http：//www.stats.gov.cn/ndsj/information/zh1/b101a；《人民币对主要外币年平均汇价》，http：//www.stats.gov.cn/ndsj/information/zh1/p021a。

得最为突出。

在大国经济联系中，贸易发展较为迅速，尤以中国与各主要大国的贸易关系增长最快。2000 年，中国与欧盟贸易额为 723.3 亿美元，中、美为 744.7 亿美元，中、日为 831.7 亿美元，中、俄为 80 亿美元，而中、印仅为 29.1 亿美元。[①] 到 2008 年，中国与欧盟的贸易额增至 4255.8 亿美元，比 8 年前增长了 5.9 倍；中、美为 3337.4 亿美元，增长了 4.7 倍；中、日为 2667.9 亿美元，增长 3.2 倍；中、俄为 568.3 亿美元，增长约 7 倍；中、印为 517.8 亿美元，增长了 17.8 倍![②] 尽管 2009 年遭遇金融危机冲击，中国与各国贸易额比 9 年前仍分别增长了 5 倍、4 倍、2.8 倍、4.9 倍、15 倍。

大规模相互投资也是体现各国相互依存的重要方面。同样以中国为例，1979—2007 年中国实际使用外资 7602 亿美元；[③] 截至 2009 年底，中国累计对外直接投资也超过了 2200 亿美元。[④] 如果以年份来观察中国吸收外资的情况看，则从 2000 年的 407.15 亿美元增长到 2009 年的 900.33 亿美元[⑤]，增长了 1.2 倍；而中国对外投资则从 2003 年的 28.5 亿美元增长到 2007 年的 265.1 亿美元，在短短 4 年内增长了 8.3 倍。

中、美紧密的经济联系成为双边关系中的“压舱石”。近年来，中国约以全部外汇储备的 1/3 购买美国国债，成为美国最大的债权国，中、美互为第二大贸易伙伴，美国对华直接投资累计超过 610 亿

---

① 中国商务部网站：《我对亚洲国家地区贸易统计》，http：//yzs.mofcom.gov.cn/date/date.html。

② 中国商务部网站：《2008 年 1—12 月中国与欧洲国家贸易统计表》，http：//ozs.mofcom.gov.cn/date/date.html。

③ 中国国家统计局网站：《按主要国别（地区）分对外直接投资》，《中国统计年鉴 2008》，http：//www.stats.gov.cn/tjsj/ndsj/2008/indexch.htm。

④ 中国商务部网站：《2009 年我国对外投资合作业务简况》，http：//www.hzs.mofcom.gov.cn/aarticle/date/201001/20100106752425.html。

⑤ 中国商务部网站：《2009 年 1—12 月全国吸收外商直接投资情况》，http：//www.mofcom.gov.cn/aarticle/tongjiziliao/v/201002/20100206785656.html。

美元，中国对美直接投资约为19亿美元。金融海啸后，中、美相互依赖比重已经从世纪之交的65∶35，变为60∶40，或55∶45。[①] 正是这种密切的经济关系，使得中、美双方在产生利益冲撞时，不得不采取冷静态度。2010年3月，针对人民币汇率问题，上百名美国国会议员提出议案，要求把中国确定为“汇率操纵国”，对中国实施“最严厉的惩罚”。但美国哈佛大学商学院高级教授罗伯特·波泽恩却认为：“即使人民币升值10%—15%，对平衡美中贸易逆差的作用也微乎其微。”[②] 而英国皇家国际关系研究所的专家维尼萨·罗斯认为：人民币升值会造成欧元跟随美元贬值，从而导致欧元区经济复苏更加困难，处于欧洲的英国不会支持美国的做法。[③]

欧盟因依赖俄罗斯能源供应而充当俄、乌矛盾调停者。自2006年起，每年年初因乌克兰拖欠俄罗斯的天然气款，或因俄罗斯要提高天然气价格，两国闹得不可开交。俄罗斯减少或停止对乌克兰供气，乌克兰则以截留俄罗斯运往欧洲的天然气进行报复，引发俄、乌之间的尖锐矛盾。尤其是2009年1月，欧洲经历百年未遇的寒冬，俄、乌再次“斗气”并关闭气阀，导致欧洲17个国家的数百万家庭挨冻。面对这一状况，欧盟多次出面协调，分别做俄、乌工作，并与俄罗斯和乌克兰单独签署协议，推动恢复供气。虽然出面调停的捷克、波兰等国对俄罗斯极不信任，甚至推动乌克兰加入北约，但是由于它们的天然气供应基本依靠俄罗斯，所以在关键时刻仍不得不出面调停。目前，欧洲进口的油气资源中，俄罗斯分别占了石油进口量的26%与天然气进口量的约40%。

国际恐怖主义的共同威胁促使利益相左的美、俄两国开展安全合作。2001年“9·11”事件后，美国决定武力打击阿富汗的塔利班政权和藏身在那里的国际恐怖组织——“基地”组织，得到了各大国的

① 刘鸣：“中国外交思维需要突破”，新加坡《联合早报》，2010年3月19日。

② “美国参议员向中国咆哮”，《环球时报》，2010年3月18日。

③ “中美汇率争吵牵动世界”，《环球时报》，2010年3月19日。

道义、资金和军事支持。尽管当时美俄关系正面对北约继续东扩、美国退出反导条约、美国驱逐51名俄罗斯外交官等恶劣气氛，但普京仍在美国作出决定后的第10天发表声明，决定向美国提供情报支持、开放领空、联合搜救、后勤援助、默认美军进入中亚等5项帮助。进而，普京还主动撤离驻越南的金兰湾海军基地和驻古巴的无线电通讯基地。不幸的是，布什将普京的善意视为服软，不仅单方面退出反导条约，而且继续推动北约东扩，并不顾俄、德、法等国反对，2003年将所谓的“反恐战争”扩大化，发动了伊拉克战争，使美俄关系再次陷入低潮。接着，2003年在格鲁吉亚、2004年在乌克兰、2005年在吉尔吉斯斯坦接连爆发“颜色革命”，在格、乌两国形成了亲美政权，布什不仅向这些所谓“民主政权”提供资金帮助，而且还亲自到访第比利斯，给予鼓励和支持。美国在原苏联地区挤压俄罗斯战略空间的政策间接地引发了2008年8月俄罗斯与格鲁吉亚的军事冲突。美国虽然谴责了俄罗斯，并向格鲁吉亚提供了援助，但没有直接介入冲突，而欧盟则扮演了调停的角色。个中原因就是美俄、欧俄在反恐、防扩散等安全领域的相互需求远大于它们在南奥塞梯和阿布哈兹的利害冲突。尽管俄、格冲突后，俄美关系处于冻结状态，但是当阿富汗局势不断恶化，美国奥巴马政府决定将反恐重心转向阿富汗时，俄罗斯“不计前嫌”，再次为美国和北约向阿富汗运送物资提供过境通道，并引发了中亚各国纷纷仿效，开通或扩大运输通道。这一事实再次表明，尽管俄罗斯对美国加大在中亚的军事存在心存忌惮，但在防止阿富汗局势失控、塔利班卷土重来的问题上与美国利益相同。

中、俄在中亚地区的合作是大国依存关系的集中体现。中国在中亚地区的影响不断扩大，引起一些人对中、俄在中亚产生冲突的担心。然而事实是中、俄密切合作，并与中亚国家共同建立了“上海合作组织”，共同维护地区稳定、促进地区发展。出现这一局面主要是由于中亚形势给两国安全造成严重挑战。苏联解体后，刚独立不久的中亚各国面临恐怖主义与极端势力的威胁。乌兹别克斯坦、塔吉克斯坦、吉尔吉斯斯坦三国交界的费尔干纳盆地成为国际恐怖势力与宗教极端势力出没之地，中国的东突厥斯坦分裂势力也趁机与之合流。它们频繁制造恐怖事件，劫持人质、恐怖爆炸、袭击国家领导人，给当地及周边安全造成极大危害。在这样的背景下，中、俄在“上海五国机制”基础上，于2001年与中亚4国共同建立了“上海合作组织”。各国通过建立地区反恐中心、信息交流机制、共同培训专业人员、联合举行反恐演习等方式，保障地区安全和稳定。为保障地区持久稳定，在上合组织框架下，中国与俄罗斯发挥各自优势，积极推动地区经济合作。当国际金融危机给中亚各国造成困难时，中、俄提供了资金和技术支持，共克时艰。有人把中国从中亚引进石油和天然气的管道建设视为中、俄“地区争夺”的焦点。然而，中、俄两国则以加强双边能源合作的方式，回应了这种挑拨。2009年10月，俄罗斯总理普京访华时，两国政府签署了向中国出售3亿吨原油、建设输油管道的协议，还签署了建设2条年供气量达700亿立方米的天然气管道合作备忘录。

大国利益相互交织、相互依存的不断深化，给大国关系的发展带来新的变化，促使大国间相互沟通与合作加强。

四、大国关系模式加快转变

进入21世纪，一方面，大国作为国际政治的主体，成员增多、实力接近、利益交叉；另一方面，全球化进程带来了国际恐怖主义、大规模杀伤性武器扩散、金融危机、跨国犯罪、气候变暖、流行性疾病等任何大国都无力单独应对的问题。正是这些新的因素使得大国之间正从以拼实力、建同盟、搞对抗为主的关系，向以对话、协调、合作、竞争为主的关系转变。

各大国在双边关系中建立多层次、多领域的会晤、对话、合作机制成为当前大国关系中一道亮丽的风景线。

在现有大国关系中，中、俄双边机制可以用层次最多、会晤最频、机制最全、效果最佳来予以评价。从会晤层次看，中、俄之间存在着最高领导人会晤机制、总理会晤机制、议会领导人会晤机制、副总理领导的跨政府委员会、国务委员的战略磋商机制、部门和地方的工作协调机制，等等；从会晤频率看，两国最高领导人每年会晤 4—6 次，两国总理每年至少会晤 2 次，副总理级官员会晤 60—70 次，副部长以上官员的会晤 400—500 次。这种多层次、高频率的会晤，使得中、俄双方能够及时发现双边关系中出现的问题，不断协调各自立场，找到解决问题的办法和开辟新的合作领域，保证中俄关系的健康发展。

中、美之间也建立了一系列会晤和对话机制。2009 年中国国家主席胡锦涛与美国总统奥巴马实现了 3 次会晤，创下了中、美两国元首年会晤次数的最高纪录。此外，中、美还有高层战略对话机制。2005 年 8 月，中、美启动战略对话，中方对话主持人从外交部长到国务委员，美方对话主持人从副国务卿到常务副国务卿，共举行了 6 轮对话；随后开始的中、美战略经济对话共进行了 5 轮，中方主持人为国务院副总理，美方主持人为财政部长。2009 年 7 月，中、美对话升格为战略与经济对话，主持经济对话的代表，中方是国务院副总理王岐山，美方是财政部长蒂莫西·盖特纳；主持战略对话的代表，中方是国务委员戴秉国，美方是国务卿希拉里·克林顿。中、美战略对话的主要议题包括中美关系、国际和地区以及全球性问题；经济对话的主要议题涵盖反金融危机政策措施、经济可持续增长、金融体系改革、贸易投资合作等。双方通过对话协调立场。

美、俄领导人会晤也同样变得频繁起来。2009 年，美国总统奥巴马与俄罗斯总统梅德韦杰夫先后在伦敦、莫斯科、新加坡、哥本哈根进行了 4 次正式会晤。双方讨论了签署进一步削减进攻性战略武器条约、阿富汗和伊朗等地区热点，以及美、俄双边合作等问题。在奥巴马访问莫斯科期间，双方决定建立合作发展总统委员会，由两国总统亲自领导，包括13个工作组，负责两国在核能和核安全、武器和国际安全监控、外交和反恐、禁毒、企业联系与经贸关系发展、能源和环境、农业、科技、太空合作、医疗保健、紧急情况预警及应对、公民社会、教育文化交流各领域的合作。该委员会还计划成立国防与军事、对外侦查、体育交流等工作组，进一步扩大合作领域。

俄罗斯—欧盟首脑会议自1998年形成以来，每半年召开一次，从未间断，即使在2008年8月俄、格冲突后，该机制继续发挥对话、沟通的作用，保障了俄欧关系的长期稳定发展。俄、欧首脑会议重点讨论双边关系，例如：2005年5月莫斯科峰会上，双方通过了建立欧、俄经济、安全、法律、文化“四个统一空间”的一揽子文件；2009年11月斯德哥尔摩峰会上，双方重点讨论了共同应对气候变暖、加强能源合作、推动双边经贸关系发展、促进投资和高新技术交流等问题，并在俄罗斯加入世贸组织问题上形成共识。

美欧、美日、中日、美印、日印等大国之间均存在着各种各样的双边对话、合作机制。各国之间还建立了首脑、外交、军方的热线联系，在遇到问题时能够及时沟通。这些机制不仅保障了大国之间双边关系的稳定，也保障了大国关系的整体稳定。

各大国用层层叠叠的多边机制与某个或某几个大国裹挟在一起，以保持力量平衡，也是大国关系模式变化的亮点。

上世纪90年代后半叶，中国开始重视多边合作，先后参与建设数十个多边机制，从不同角度为中国营造良好的国际合作氛围。中、俄两国与中亚国家共同创建上海合作组织，不仅有利于两国在当地联合打击“三股势力”，维护地区安全与稳定，推动经济发展，也有利于两国在中亚与其他大国的博弈中增强平衡性。中国与日本、韩国在东盟“10＋3”的机制中相互协调与配合，共同推动地区经济与安全合作，既有利于地区稳定，也有利于中日、中韩之间增加合作议题、扩大合作领域。中、欧之间不仅有中国与欧盟峰会这样的双边对话与合作机制，还有亚欧会议。该机制自1996年成立以来，成员国从最初的25个扩展到目前的45个，人口占世界的39%，GDP占世界的一半多。亚欧会议通过首脑会议、外长会议、高官会议、部长级会议和后续行动等形式，推动成员国开展合作。中国与欧盟、日本、印度在这一机制中增进了相互了解，也扩大了合作领域。亚太经济合作组织也是中国与美国、日本、俄罗斯等大国开展合作的重要机制。另外，中国还在地区热点机制中与各大国开展合作。朝核问题六方会谈、伊朗核问题的“6+1”机制等都是中国与美、俄、日、英、法等大国就重大地区安全问题进行沟通、协调的重要机制。

俄罗斯与欧盟除了双边的俄欧峰会外，还在欧洲安全合作组织、俄罗斯—北约理事会等机制中开展合作；俄罗斯与美国则在北约伙伴关系计划、亚太经济合作组织、八国集团等机制中开展对话与合作；美国、欧盟、日本均拥有各种多边机制。尽管各大国的利益不尽相同，有时甚至相互冲突，但多边机制把各大国紧紧地网在一起，总能找到对话渠道，总能找到平衡框架，这也是近20年来，大国之间未发生激烈冲突的重要原因之一。

大国关系模式转变的另一个特点是传统的同盟关系出现了某种松动，正在酝酿新的变化。

北约内部的一致性已经不是“牢不可破”。2003年，美国发动伊拉克战争，德国、法国等北约成员国竟与俄罗斯组成反战“三驾马车”，迫使美国不得不临时组建“志愿者同盟”。近年来，美国积极推动北约吸纳乌克兰和格鲁吉亚，但以德国、法国为首的“老欧洲”考虑到与俄罗斯的关系，以种种理由予以推延。

美日军事同盟正面临调整。2009年9月，日本结束了半个多世纪自民党一统天下的政坛格局，民主党党首鸠山由纪夫组建联合政权，对日美同盟提出了“紧密而对等”的新思路，争取在同盟内部获得更多平等权益。鸠山内阁单方面中止了在印度洋为美军舰只提供燃油的行动；公布了自民党政府违背“无核三原则”，允许美舰携带核武器进入日本港口的“核密约”；推迟执行2006年日、美达成的搬迁冲绳普田间军用机场的协议。

五、大国竞争领域不断扩大

大国之间的竞争并没有因为上述变化而放缓，军事实力、地缘政治影响力的竞争仍在继续，同时又在涉及各国未来生存能力的新领域展开竞争。

其一，军事实力仍是大国竞争的重要领域，它突出表现为新一轮军备竞赛的加剧。美国庞大的军费开支占到全世界军费开支的70%，虽然遭遇金融危机和财政困难，但2010年国防预算仍达6800亿美元，比上年增加了10%；俄罗斯受金融危机打击最沉重，但2010年国防预算仍增加到1.25万亿卢布（约430亿美元），比上年增加了3.4%；日本2010年国防预算4.7万亿日元（约523亿美元），比上年增长3%；印度是军费增幅最大的国家，2010—2011年国防预算相对上年增长了近20%；[①] 韩国将2010年军费开支增加8%。

各国增加军费主要用于新型技术装备的研发和配备。美国继续谋划在全球部署导弹防御系统，成功试飞F—35垂直起降战斗机，进一步向前沿部署F—22隐形轰炸机；俄罗斯在增加新型战略导弹的同时，加大“伊斯坎德尔”战术导弹的部署，建造新型航母群和核潜艇，研制第五代战机，部署格洛纳斯定位导航系统；日本则计划建造比现役“日向”级直升机驱逐舰性能更好的直升机航母；印度不仅大量购置航母和新型战机，还自行建造核潜艇、航空母舰，与俄罗斯联合研制第五代战机。[②]

其二，大国地缘博弈仍在继续，非洲和中亚高加索成主战场。进

① 新华网：《2010年度各国国防预算扫描》，2010年2月2日，http://news.xinhuanet.com/mil/2010—02/02/content_12918125.htm。

② 新华网：《2010年度各国国防预算扫描》，2010年2月2日，http://news.xinhuanet.com/mil/2010—02/02/content_12918125.htm。

入21世纪，北约和欧盟通过不断东扩，把中东欧尽收囊中。同时新兴经济体与非洲的合作加快，非洲资源进一步得到开发，大国对非洲的关注度明显上升。美国总统布什、奥巴马都访问了非洲，宣示了美国对非洲政策。2009年8月，国务卿希拉里·克林顿先后访问了安哥拉、尼日利亚等7国。目前美国进口石油的7%来自安哥拉，8%来自尼日利亚。法国总统萨科齐二访非洲，许以未来5年拨款25亿欧元，为近2000家非洲企业提供资助。2008年日本提出了政府开发援助、无偿援助和技术合作、企业投资的对非“三倍增”计划。目前日本对非援助占其外援总额的10%，居西方援助前茅。俄罗斯对非洲的影响力也在恢复。2006年普京总统、2009年梅德韦杰夫总统先后访问非洲，免去了当地上百亿美元的债务，就航天、原子能、钻石勘探及能源合作签署了数十亿美元的合同。印度也摩拳擦掌，制定了“聚焦非洲”计划，大力支持企业投资非洲，2008年印度进口的石油中10%来自尼日利亚。

中亚和高加索地区因阿富汗战争和里海能源开发成为大国关注的焦点。“9·11”事件后，美国发动了阿富汗战争，并在乌兹别克斯坦和吉尔吉斯斯坦建立了军事基地。进而美国提出“大中亚计划”，把中亚与阿富汗、巴基斯坦进行地缘整合，以削弱俄罗斯对中亚的影响。俄罗斯希望借助美国的军事力量打击阿富汗的基地组织与塔利班政权，同时对美国在中亚的战略意图存有疑虑。俄罗斯在加大对中亚经济和文化投入的同时，恢复在当地的军事存在，将驻扎在塔吉克斯坦的201摩托化步兵师改建为永久性军事基地，在吉尔吉斯斯坦离马纳斯美军基地25公里处建立了坎特空军基地，并计划在该国奥什地区建立集体安全条约组织快反部队基地。同时，美国计划在奥什地区建立“反恐特种部队训练营”。美、俄的博弈心照不宣、一目了然。

围绕里海油气资源的争夺同样十分激烈。在美欧推动下，2005年，年运油量5000万吨的巴库—第比利斯—杰伊汗输油管道建成，此后又建成了巴库—第比利斯—埃尔祖鲁姆天然气管道，打破了俄罗斯对里海油气资源外运的垄断。虽然俄、格冲突不是由这两条管道直接引起的，但不能说它们之间没有联系。目前，欧盟部分国家正积极筹划从里海到欧洲绕开俄罗斯的“纳布科”天然气管道。这一计划得到了美国财团和能源集团的支持，俄罗斯与美欧之间的矛盾将再度加深。

其三，大国着眼于未来，寻求在新领域抢占先机和制高点。海洋争夺已在大国之间展开。在3.6亿平方公里海洋中，有2.5亿平方公里为国际公共海域，[①] 随着通讯、导航、船舶、海水淡化、深海勘探等科学技术发展，各大国纷纷把目光转向海洋，制订新的海洋战略，优先发展“蓝水”海军，竭力抢占有争议海域并拓展海上专属经济区，加紧开发深海资源，抢占海峡、海湾、海角等海上通道。人类的生产活动使得陆地资源越来越少，其开发难度越来越大，海底资源也就越来越受关注。有专家认为，北极地区拥有世界9%的煤炭资源，石油和天然气含量占世界未开发油气资源的1/4，还有大量的金刚石、黄金、铀等矿藏和水产资源。近年来，俄罗斯、美国、加拿大等国围绕北冰洋的主权之争越来越激烈。日本与中国争夺东海专属经济区，因为在东海的中方一侧发现了大量天然气田。英国与阿根廷围绕马尔维纳斯群岛的主权之争再次爆发，因为地质学家的研究结果显示，附近海域蕴藏约600亿桶石油。海洋战略通道对大国的吸引力也同样不能低估。随着气候变暖，北冰洋的通航期延长，作为运输通道的商业价值凸显，即使在美国和加拿大这两个盟国之间，围绕北冰洋主权之争也毫不相让。

太空不仅成为大国显示科技实力的竞技场，也是大国争夺未来军事主动权的新战场。进入21世纪，美国加快太空军事化步伐，出台了“先发制人”的太空战略，大幅增加太空军事技术投入，研制太空反通信系统、卫星拦截技术，甚至进行大规模的太空战模拟演习。俄

---

① 张世平著：《中国海权》，人民日报出版社2009年版，第41页。

罗斯、印度、以色列等国也努力提高太空卫星监视和干扰能力，并开发摧毁卫星的激光技术。自2008年以来，大国还掀起了新一轮探测月球热。印度、中国、日本、美国先后将探测卫星撞击月球。各国探测火星计划也在加紧落实。2004年以来，美国的“勇气”、“机遇”、“凤凰”探测器先后将火星照片传回地球。中国、印度与俄罗斯计划联合发射火星探测器。俄罗斯与欧洲航天局正在实施“火星500”计划，为人类登陆火星模拟体验。

网络攻防能力成为大国竞争新焦点。网络将决定一个国家在未来世界中的实力地位，这个虚拟世界越来越成为大国竞争的现实战场。网络攻击可以让现代军事装备变成一堆废铜烂铁，可以让工厂停产、银行歇业、交通瘫痪，可以“一呼百万应”制造社会动乱、威胁国家政权。各国均把掌控“制网权”视为维护国家安全、保障国家竞争能力的基本任务。美国是世界上第一个提出网络战概念、第一个将其应用于实战的国家。美国在全球88个国家和地区的4000多个军事基地内拥有超过1.5万个电脑网络，2009年6月正式成立了拥有作战指挥权的网络司令部。组建网络司令部，意味着美国为争夺网络霸权准备行动。2009年6月，英国首相布朗宣布设立网络安全办公室和网络安全行动中心。2009年7月，韩国也宣布，计划在2012年前创建一个拥有400—500人的网络司令部。

创新经济是当前各大国竞争的优先领域。2005年10月，欧盟委员会通过“研究与创新战略”，其宗旨是继续推进欧洲科技大联合，创建世界上最具活力和竞争力的知识社会。2007年6月，日本内阁通过《创新25战略》，包括“社会体制改革战略”和“技术革新战略路线图”，前者强调培养人才和改善社会环境，后者包含新能源与节能技术、纳米和新材料、生命科学、数字化技术等战略研发。2009年9月，美国总统行政办公室、国家经济委员会和科技政策办公室联合发布《美国创新战略》，其主要内容包括：恢复美国在基础研究方面的领先地位，催生新兴产业，增加就业岗位；培养具备新世纪知识和技能的人才，建设世界一流的劳动力大军；建设先进的物质基础设施；发展先进的信息技术生态系统。2009 年 11 月，俄罗斯总统梅德韦杰夫发表《国情咨文》，强调发展创新型经济，把使用最新的医学、能源和信息技术，发展太空通信系统，提高能源使用效率作为创新主要领域。虽然创新战略的重点领域与实施办法各有千秋，但各国目标如出一辙，即保证本国在世界上的领先地位。

总之，具有世界影响力的大国不断增多，它们之间的实力差距不断缩小，传统的实力竞争仍在继续，同时不断开辟新的竞争领域，然而美国作为世界上唯一超级大国的地位，在未来一个时期内任何一个大国都难以企及。在全球化不断深化、非传统威胁不断增强的背景下，大国利益交织更为紧密，主从关系难以为继，阵营分野变得模糊，相互沟通、对话、合作制约着相互磨擦、对抗、威胁，一个大国单方面决定重大国际事务的可能性越来越小。这一切正平稳地推动现有国际关系体系朝着更加多元、平衡的方向进化。

第四章 未来10年世界经济形势*

一、新兴经济体异军突起，全球经济基础嬗变

过去 10 年，作为一支新生力量，新兴经济体活跃于全球经济舞台，影响并改变着世界经济。未来 10 年，新兴经济体的整体影响力将持续上升，成为推动世界经济发展的重要动力。

1. 推动经济全球化向纵深发展。虽然受金融危机影响，但全球化仍是后危机时代世界经济发展的总趋势。与 20 世纪 80—90 年代不同，当时全球化的主导力与推动者主要来自美

---

* 陈凤英，中国现代国际关系研究院世界经济研究所所长，研究员。

国，新兴市场只有少数经济体参加，绝大多数国家被边缘化。进入21世纪以来，全球化的驱动力发生变化，新兴市场尤其是新兴大国日益成为全球化的积极参与者与重要推动力，使全球化的质与量发生前所未有的新变化。

一方面，新兴经济体积极参与全球化，使全球化进程明显加快，惠及国家不断增加；另一方面，信息技术与网络经济日益普及，使国际经贸交易成本明显下降，直接影响全球通胀率、公司利润率、央行利率、债券收益率、大宗商品价格走势。凡此种种都与新兴经济体融入世界经济紧密关联。然而，越来越多的低成本国家参与经济全球化，增强后发国家全球竞争力的同时，也给发达国家的竞争优势构成严重挑战，其制造业面临中国等低成本劳动力的激烈竞争，服务业因遭印度等新兴市场的强大压力而“外包”。结果导致发达国家内部对全球化的恐惧与担忧，诱发所谓的“经济爱国主义”和贸易保护主义浪潮。

金融危机爆发后，全球保护主义盛行，贸易战、货币战、资本战硝烟四起，又以危机发源地美国为更严重。事实上，保护主义是危机的伴生物，何况全球经历百年一遇的大危机，保护主义抬头在所难免。毫无疑问，危机前世界经济异常繁荣主要得益于全球化，危机中全球经济同步收缩同样与全球化直接相关。尤其是，全球化将所有国家/地区无一幸免地推入因美国次贷危机引爆的金融风暴。危机后，人们开始怀疑全球化，自然会影响全球化未来进程。但笔者认为，华尔街金融风暴霎那间席卷全球，暴露出经济全球化下的全球治理严重滞后，深层根源在于全球“经济基础”（力量格局）已经嬗变，但“上层建筑”（全球治理机制）严重滞后，是“上层建筑”与“经济基础”脱节的总爆发。按美国总统奥巴马的话，是“20世纪的金融监管不适用于21世纪的市场”。

后危机时代，经济全球化方向需要纠正，使其发展更公平、公正、透明，但全球治理机制必须改革，应与危机后世界经济发展趋势、力量格局变迁相一致。新兴经济体虽受危机冲击，但经济率先复苏，新兴大国则因祸得福地被提前推入全球治理的重要位置。金融危机使发达国家意识到，单靠西方力量已不可能战胜全球化环境下的金融经济危机，让渡部分话语权给新兴大国、改革国际金融体系势在必行。结果，二十国集团（G20）领导人峰会应运而生，替代八国集团（G8）成为全球合作主要舞台。G20的出现从一个侧面说明，经济全球化加速世界力量多极化，开始凸显中国、印度、巴西、俄罗斯（金砖四国）等新兴力量在管理世界中的重要性。

后危机时代全球化趋势不会中断。因为，推动全球化的基础与动因没有发生根本性变化，但管理全球化的主体更加多元化，将由发达大国与新兴大国共同治理，而全球化发展进程应能更有序，利益更均衡共享。依据是：当今时代主题依然是和平、发展与合作，一国经济发展离不开国际市场，全球化仍是配置国际资源的最佳途径，迄今我们尚没找到更好的替代方式。事实上，危机爆发以来，在国际机构尤其是G20内，发达国家与新兴经济体频繁接触，在处理危机方面进行密切合作。从积极方面看，危机亦会创造契机，让发达国家与新兴经济体共同治理世界，携手推进全球化向有序和健康方向发展。当然，它需要发达国家的让渡诚意，新兴经济体的自强不息。

2. 改变世界经济发展态势。进入21世纪以来，世界经济的最大特点是新兴经济体群体性崛起。其经济进入稳定快速发展期，且所有地区、绝大多数发展中国家的经济同步扩张，实属罕见。特别是“金砖四国”成为新兴市场乃至世界经济的领头羊，在增强自身经济实力同时，改写了全球经济发展蓝图（见图1）。

今天，全球经济发展离不开新兴市场。据国际货币基金组织（IMF）统计：按购买力平价（PPP）计算，最近五年世界经济增长的70%来自新兴市场与发展中国家，其中“金砖四国”的贡献占半壁江山。以2007年为例，按PPP汇率计算，中、印、俄、巴西与石油出口国对世界经济增长的贡献超过50%，美国、欧元区和日本不足

20%；按市场汇率计算，前者超过40%，后者不足35%。据此，IMF曾在2007年秋季《世界经济展望》报告中专设章节，阐述新兴经济体快速发展如何使世界经济周期变易。报告认为：近几年世界经济强劲增长，为20世纪70年代初以来之最快。扩张高点虽未超过历史巅峰，但全球经济增长面拓宽，易变性下降，扩张期延长。

图1：1980—2015年世界、新兴市场*与发达国家经济增长

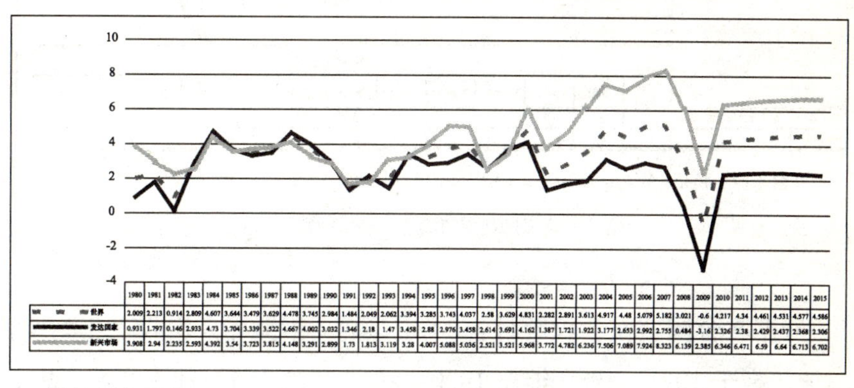

	1980	1981	1982	1983	1984	1985	1986	1987	1988	1989	1990	1991	1992	1993	1994	1995	1996	1997
世界	2.009	2.213	0.914	2.809	4.607	3.644	3.479	3.629	4.478	3.745	2.984	1.484	2.049	2.062	3.394	3.285	3.743	4.037
发达国家	0.931	1.797	0.146	2.933	4.73	3.704	3.339	3.522	4.667	4.002	3.032	1.346	2.18	1.47	3.458	2.88	2.976	3.458
新兴市场	3.908	2.94	2.235	2.593	4.392	3.54	3.723	3.815	4.148	3.291	2.899	1.73	1.813	3.119	3.28	4.007	5.088	5.036

	1998	1999	2000	2001	2002	2003	2004	2005	2006	2007	2008	2009	2010	2011	2012	2013	2014	2015
世界	2.58	3.629	4.831	2.282	2.891	3.613	4.917	4.48	5.079	5.182	3.021	-0.6	4.217	4.34	4.461	4.531	4.577	4.586
发达国家	2.614	3.691	4.162	1.387	1.721	1.922	3.177	2.653	2.992	2.755	0.484	-3.16	2.326	2.38	2.429	2.437	2.368	2.306
新兴市场	2.521	3.521	5.968	3.772	4.782	6.236	7.506	7.089	7.924	8.323	6.139	2.385	6.346	6.471	6.59	6.64	6.713	6.702

资料来源：IMF，*World Economic Outlook*，April，2010.

单位：百分比（%）。

* 新兴市场包括IMF定义的所有新兴市场与发展中国家。

与二战后第一轮发展黄金期（20世纪50—60年代）不同，最近10年新兴市场与绝大多数发展中国家均能分享到世界经济发展的成果，尤其是最不发达国家。据IMF统计：2004—2006年，世界人均GDP年均增长3.6%，高于过去30年的3.2%，超过20世纪60年代的3.4%，主要得益于新兴经济体的人均GDP增长明显加快。另据IMF统计：20世纪90年代，发达国家人均GDP年增2.1%，新兴市场与发展中国家仅增2%。进入21世纪以来，后者人均GDP增长明显高于发达国家，尤其是爆发危机前的四年（2004—2007年）的人均GDP年增6.4%，是发达国家的2.8倍。据IMF预测：后危机时代（2010—2015年），新兴市场与发展中国家的人均GDP增长率仍会遥遥领先于发达国家，高达3—3.4倍（见图2）。这是世界经济近代史上难得现象。

图2：1991—2015年发达国家与新兴市场人均GDP增长

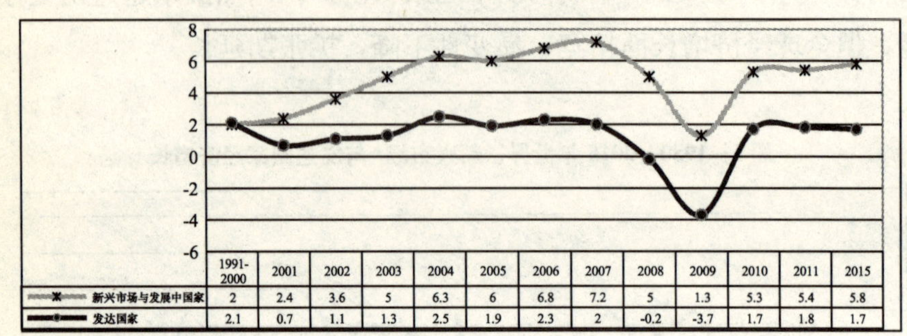

	1991-2000	2001	2002	2003	2004	2005	2006	2007	2008	2009	2010	2011	2015
新兴市场与发展中国家	2	2.4	3.6	5	6.3	6	6.8	7.2	5	1.3	5.3	5.4	5.8
发达国家	2.1	0.7	1.1	1.3	2.5	1.9	2.3	2	-0.2	-3.7	1.7	1.8	1.7

资料来源：IMF，*World Economic Outlook*，April，2010.

注：新兴市场包括所有IMF定义的新兴市场与发展中国家。

另据联合国贸发会议统计：2003—2007年世界人均收入年均增长2.3%，高于1981—1989年与1990—2002年的1.4%和1.2%。期间，非洲增长由－0.5%、0.3%提高到3%；拉美由－0.3%和1.1%升至3.5%；中东由－1.7%和1.1%升到4.1%；东南亚则更为突出，由5.1%和5.3%提高到6.3%，期间累计增长317.5%，成为全球增长最快地区（见表1）。联合国指出：1980年发达国家的人均GDP是发展中国家的23倍，2007年缩小到18倍，东南亚地区的人均收入与发达国家差距由1980年的48倍缩小到2007年的19倍，收幅达到29倍。近10年，拉动新兴市场人均GDP快速发展的一个重要原因是，中国等新兴大国经济先后起飞，其引领与溢出效应扩散到所有发展中地区，带动后发国家经济持续发展，形成新兴经济体内部你追我赶的良性竞争局面。估计：后危机时代，中国、印度、巴西甚至俄罗斯等新兴大国经济仍能保持较好发展态势，将使全球大宗商品价格维持较好价位，发展中资源国将继续从中获益，人均收入增长将依然快于发达国家，尤其是亚太地区仍将是全球最看好的地区。

表1：1981—2007年世界各地区人均收入增长

世界/地区	年均增长			累计增长
	1981—1989	1990—2002	2003—2007	1981—2007
世界	1.4	1.2	2.3	41.4
发达经济体	2.5	1.8	2.0	67.5
转型经济体	1.9	−4.0	7.3	−25.8
发展中经济体	1.7	3.0	5.0	112.5
非洲	−0.5	0.3	3.0	16.4
拉美	−0.3	1.1	3.5	22.7
西亚	−1.7	1.1	4.1	16.0
东南亚	5.1	5.3	6.3	317.5

资源来源：UNCTAD，*Trade and Development Report 2007*，September，2007，p. 3.

单位：百分比（%）。

3. 加速全球力量格局调整。进入21世纪，特别是金融危机爆发以来，国际经济多极化趋势明显加快。全球三组力量——“旧与新”（美、欧、日与新兴市场）、G7与BRICs、三大经济板块（北美、西欧、亚洲）激烈碰撞，并加速调整，前者存量影响依然大，但后者增量上升快。这一此消彼长的状况将加剧全球力量格局、国际经济关系与经济秩序的变迁。

国际社会普遍认为，“金砖四国”的崛起是国际力量格局变化的催化剂。这些国家经济加速发展，使国际经济力量对比悄然生变。外围国家开始向中心靠拢，中心国家加速分化，G7影响力趋于减弱，BRICs作用日益凸显，全球经济治理已离不开BRICs等新兴国家的参与和合作。英国《经济学家》杂志文章指出：“世界正在经历一场历史上最伟大的革命之一，经济权力正由发达国家向中国和其他新兴大国转移。”该杂志将新兴大国称为“新兴巨人”，将其分为两个梯队：中国、印度、俄罗斯与巴西；墨西哥、韩国、南非、波兰、土耳其、埃及等。高盛公司报告认为：BRICs崛起将成为决定未来国际经济变化的主要因素。

然而，在20世纪最后20年（1980—2000年）中，发达国家在世界经济中不但占绝对优势，而且比重上升。据IMF统计：发达国家占世界经济比重由1980年的68.5%升到2000年的76.2%，增加了7.7个百分点，新兴市场与发展中国家则由31.5%降到23.6%（见表2）。但是，进入21世纪以来，世界经济发展态势出现有利于新兴市场与发展中国家的转变。据IMF统计：按市场汇率计算，2000—2009年新兴市场与发展中国家在世界经济的比重累计增加10.1个百分点，增至33.6%，发达国家降到66.4%；按购买力平价（PPP）计算[①]，新兴市场与发展中国家经济占全球产出的比重增加9.3个百分点，由40.7%升至50%，发达国家则由59.3%降至50%；期间，新兴市场与发展中国家的商品出口占国际商品出口的比重增加13.8个百分点，达到43.5%（2001年只占29.7%）。这一“北降南升”格局正因金融危机而加剧。另外，从消费需求看，新兴市场占全球大宗商品消费的比重明显上升。如：新兴市场原油消费占世界比重由1993年的43.5%增到2002年的45.8%和2008年的51.8%；铝消费的比重由32.4%升到42.8%和59.2%；铜消费的比重由35.2%上升到49.3%和61.7%。据IMF预测：危机结束后的前6年（2010—2015年），无论按市场汇率还是PPP计算，发达国家在世界经济中的比重都将持续下降，前者将降至58.1%，后者降至41.9%，将分别下降5.7个百分点和3.5个百分点（见表2）。到2020年，即使按市场汇率计算，全球经济版图亦将出现新兴经济体与发达经济体平分秋色的格局。

---

① PPP汇率为2007年12月修正后数据。根据IMF2010年4月《世界经济展望》报告初步统计，按新的PPP汇率计算，2009年发达国家的GDP规模占世界的50%，新兴市场和发展中国家亦占50%，两股力量并驾齐驱。

表2：1980—2020年发达国家与新兴经济体①GDP占世界比重

	1980	1990	2000	2009	2015	2020
按市场汇率计算（美元）						
发达经济体	68.5	75.1	76.2	66.4	58.1	50
新兴经济体①	31.5	24.9	23.6	33.6	41.9	50
按购买力平价计算（美元）						
发达经济体	62.4	61.4	59.6	50	44	39
新兴经济体①	37.6	38.6	40.7	50	56	61

根据IMF《世界经济展望》2010年4月数据库资料整理。

注：2020年是笔者根据之前10年新兴经济体与发达经济体经济增长率推算而成。

单位：百分比（%）。

①新兴经济体包括新兴市场与发展中国家。

从两组力量看，“金砖四国”趋升，美、欧、日趋降。IMF预测：按市场汇率计算，到2015年，美、欧、日经济占世界的比重将比2009年减少7.8个百分点，由54.9%降到47.1%，“金砖四国”所占比重将增加5.7个百分点，由15.4%增到21.1%。当然，国际力量格局变迁是一个长期而缓慢的过程，但只要新兴大国经济持续快速发展，那么后危机时代的国际力量变化将依然向有利于新兴大国的方向倾斜，世界经济发展将更加多元并趋于均衡。

从板块经济看，在当前国际力量格局调整中，亚洲经济整体崛起最为明显，尤其是亚洲新兴经济体占世界经济的比重在上升：按市场汇率计算，由2000年的10.8%提升到2009年的16.2%；按PPP计算，由20%升到26.3%；日本经济所占比重则由14.5%降到8.7%。在地区板块中，北美、欧洲与亚洲三大经济板块日益凸显（见图3），其中亚洲实力上升空间广，欧洲区域整合麻烦多，北美结构调整难度大。

图 3：2009 年欧盟、北美、亚洲经济占世界经济比重

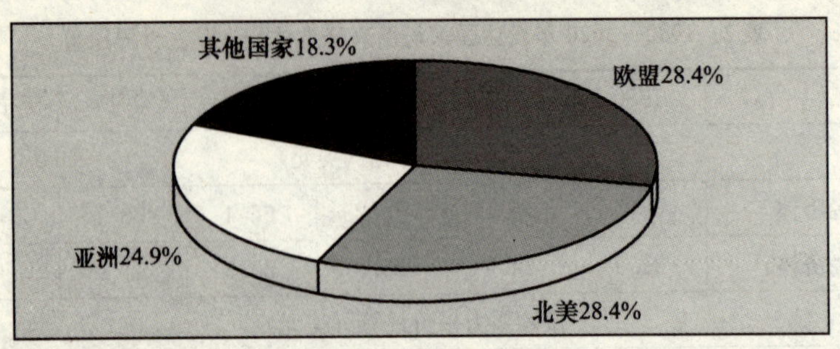

资料来源：IMF，*World Economic Outlook*，April，2009.

从主要经济体看，未来全球前十大经济体排列将发生巨大变化，新兴大国量增位升，发达国家量减位退。最近，全球著名会计师事务所普华永道报告预测：到 2030 年，全球十大经济体依次将是中国、美国、印度、日本、巴西、俄罗斯、德国、墨西哥、法国和英国。假如普华永道的预测正确，届时新兴大国将占全球前十大经济体的一半，发达国家仅美国和日本能进入前五位。由此可见，在未来 20 年中，全球力量格局将出现天翻地覆的巨变。

从国际贸易看，进入 21 世纪以来，全球贸易发展明显呈现“北低南高”态势。世界贸易组织（WTO）统计：2000—2008 年，国际商品进出口总额年均增长 12%，其中北美（美、加、墨）年均增长 7%，欧盟为 12%，独联体地区的进出口年均分别增长 25%和 22%，非洲和中东分别增长 17%和 18%，亚洲进出口分别增长 14%和 13%，中国进出口分别增长 22%和 24%①。可见，新兴经济体的商品进出口增长均高于北美与欧洲等发达经济体，由此推动国际贸易向“北降南升”格局转变。下述统计数字很能说明这一格局的变迁：2003—2008 年，北美地区的商品进口占全球比重由 22.5%降到 18.1%，欧洲从 45%降到 42.3%，亚洲则由 23.5%升到 26.4%，拉美由 2.5%升到

① WTO，*International Trade Statistics 2009*，January. 2010.

3.7%，非洲由2.1%升到2.9%，中东由2.7%升到3.6%[①]；发达国家（包括美、加、欧洲、日本及澳、新）占国际商品出口的比重由2003年的67.1%减到2009年的55.4%[②]，同期新兴市场与发展中国家由32.9%升到44.6%，累计增加11.7个百分点，进口则累计增加7.1个百分点。

上述数据说明，新兴市场的出口竞争力普遍上升，进口能力亦在逐年增强；亚洲地区（包括发达国家）的进口需求明显好于出口潜力。例如：2003—2008年，亚洲的商品出口占世界比重仅增1.5个百分点，进口则增2.9个百分点。后危机时代，由于亚洲经济率先复苏，其进口能力将进一步提高。WTO最新统计数据可以证明上述判断的正确性。在2009年第四季度，全球贸易量同比恢复性增长26.2%，其中新兴经济体进口增长达到32.2%，而亚洲新兴经济体进口增长高达41.5%，发达国家进口增长为16.6%[③]。另外，随着国际大宗商品价格恢复性上扬，发展中资源出口国的外贸能力将再次增强，其在国际贸易中的地位可望缓慢而稳步上升。

二、发达经济面临诸多难题，结构调整难度大

未来10年，世界经济面临的最大风险是：发达国家如何摆脱危机后遗症。其经济深受危机打击，结构调整难度大于上世纪70年代第一次石油危机。前者只需制造业转型，后者需要金融改革，结构调整难度大且时间长。

1. 危机后遗症影响长期发展。一是“无就业”复苏。后危机时代，发达国家普遍面临周期性与结构性失业问题。据OECD预测：发

---

① WTO，*International Trade Statistics 2009*，January. 2010.

② 包括加入欧盟的东中欧新兴经济体。

③ WTO、OECD、UNCTAD，*Report On G20 Trade and Investment Measures*，March，2010.

达国家失业人数增加将持续到2010年底，届时失业人口将比危机前的2007年增加2100万，失业率将升到9%，美国、欧元区和日本将分别达到9.9%、10.6%和5.6%。估计：近中期发达国家就业形势很难明显好转，完全恢复到危机前水平需要很长时间。2010年3月，美国《大西洋月刊》刊登唐·佩克《一个新的无就业时代如何改变美国》的文章，认为到2011年甚至2014年，美国的失业率只会略有下降，要使失业率回到危机前的5%，就业岗位缺口达1000万个。由于人口增加，新人不断涌入就业市场，仅为不使缺口扩大，美国每年需要创造150万个就业机会。由于各国面临周期性与结构性失业，又以结构性为甚，无就业复苏现象将持续较长时间，结果导致低消费与低增长趋势。

二是资产重建与去杠杆化。危机使西方国家的银行资产与家庭财富严重缩水，修复资产负债表需要很长时间，这肯定会直接影响到私人消费。据IMF统计：截至2009年底，全球银行减记达1.5万亿美元，尚剩8000亿美元的有毒资产未暴露[①]。据OECD统计：房价与股市下跌，使美国家庭净资产占居民可支配收入比重由危机前的6.3倍降到2009年第二季度的4.9倍，累计缩水14.2万亿美元，相当于当时美国的GDP规模（14.266万亿美元）。如此庞大的财富损失，将导致居民储蓄与消费行为发生巨大变化。据OECD估计：修复资产负债表将使美私人储蓄率提高3个百分点，欧元区提高1.5个百分点，日本提高1个百分点[②]。另外，与典型周期不同，金融危机后的经济复苏受去杠杆化严重影响，信贷市场疲软将持续相当长时间，成为抑制经济复苏的重要因素。

三是财政赤字与债台高筑。危机使发达国家的财政赤字与政府债务攀升至二战以来最高水平，处于不可持续状态。据OECD预测：

---

① IMF, *Global Financial Stability Report*, April, 2009.

② OECD, *Economic Outlook No. 86*, November, 2009.

2010年其成员国的财政赤字占GDP比重将升到8.3%，比危机前高出7个百分点。高赤字将使美国经济增速减缓0.9个百分点，欧元区与日本各降0.8个百分点。另外，巨资救市使发达国家政府债务猛增，成为后危机时代威胁经济平稳发展的巨大风险。据OECD估计：2011年其成员国的政府债务将超过GDP规模，比2007年高出30个百分点（见表3）。

表3：OECD及美国、欧元区和日本财政赤字与政府债务占GDP比重

	2007	2008	2009	2010	2011
OECD					
财政赤字	－1.3	－3.5	－8.2	－8.3	－7.6
政府债务	73.1	78.4	90.0	97.4	103.5
美国					
财政赤字	－2.8	－6.5	－11.2	－10.7	－9.4
政府债务	61.8	70.0	83.9	92.4	99.5
欧元区					
财政赤字	－0.6	－2.0	－6.1	－6.7	－6.2
政府债务	70.9	73.2	81.8	88.3	93.2
日本					
财政赤字	－2.5	－2.7	－7.4	－8.2	－9.4
政府债务	167.1	172.1	189.3	197.2	204.3

资料来源：OECD，*Economic Outlook No. 86*，November，2009.

单位：百分比（%）。

值得关注的是，目前发达国家的政府债务呈现结构性与长期化特征，高峰期尚未到来。据IMF预测：发达国家的政府债务高峰期将发生于2011—2018年，2023年只能降到80%，到2030年才能恢复至危机前水平，即降到60%的警戒线以下。假如IMF预测正确，那么未来20年发达国家经济将持续受高债务威胁。这势将影响发达经济稳定发展，威胁债权国资产安全。前车之鉴是，拉美债务危机使其后来陷入“失去二十年”，至今阴影仍挥之不去。前苏东地区债务危机最终导致政经剧变，国家分崩离析。

2. 美国经济结构调整难度大。近中期，美国经济几乎不可能回复到危机前的发展势头，因为金融改革难度远大于20世纪70年代第一次石油危机后的制造业调整。这是导致发达国家经济近期复苏迟缓、未来增长减缓的关键因素。

首先，危机对美国经济打击深重。此次美国经济衰退深度与持续时间都超过二战后任何一轮衰退，是20世纪30年代大萧条以来最严重的。据美国商务部统计：2008年第三季度至2009年第二季度经济呈自由落体滑落，萎缩达3.8%，幅度超过1957年的3.7%和1973年的3.3%，为战后最深重。衰退时间最长，从波峰（2007年12月）到波谷（2009年第二季度）持续19个月，明显长于过去10次的10.7个月的平均值，也长于1975年和1982年的16个月。另外，影响范围相当广，这从金融、保险与房地产（FIRE）对美经济增长的贡献全面滑落可见一斑。据IMF统计：过去60年，FIRE对美经济增长年均贡献率为0.6个百分点，2008年首次为负值，未来几年只能维持零左右。IMF预测：2010—2011年资本服务对经济潜在增长的贡献将降到13.6%和25%（过去30年都在40%以上），2014年才能恢复到40%的历史水平。

2010年美国经济复苏可期，但回复潜在增长区尚需时日。毕竟，美经历的是非典型经济衰退，充满巨大不确定性。迄今，金融市场暂且稳定，但去杠杆化并未结束，有毒资产远未解决；金融改革提上日程，但对完全自由的金融体系进行全面监管谈何容易；经济从虚拟向实体回归，即“金融瘦身”十分艰难，改革阻力重重。政府退出战略的节点与时机掌握很重要，不排除出现新的波动，但类似日本上世纪90年代L型长期低迷的可能性小。

其次，产业结构调整困难重重。危机迫使美国加速结构调整，金融改革势在必行，金融占GDP比重趋降，制造业加速向高、精、尖转型，新能源可能成为新型产业。过去10年，华尔街是美国经济最重要支柱。1986年，金融服务业占GDP比重超过制造业，而后逐年攀升。到2007年，金融业创造的利润占全美公司利润近40%，产值占GDP的20.7%，实体经济产值降为33.99%，尤其是制造业比重连年萎缩，由1980年和1990年的20%与16.3%降到2000年的14.5%和2007年的11.7%。

奥巴马政府力推金融改革，意在加强金融监管，要求金融界承担更多社会责任。金融监管与去杠杆化，将使华尔街创造财富的能力降低，“钱生钱”功能将削弱，金融服务业占GDP比重相应缩小，但对经济影响依然巨大。近期，奥巴马总统对媒体强调说，危机后华尔街虽仍是美国经济的重要组成部分，但将不再成为美国经济的“半壁江山”，虚拟经济在经济中所占比重将有所下降。上台伊始，奥巴马总统即提出“绿色能源计划”，将新能源与新技术研发置于重要位置，力推新能源产业，主张医疗改革，扶植高新技术产业。估计，绿色产业将成为美国未来新型支柱产业，由此派生出相关产业。同时，奥巴马政府十分重视高端服务业（咨询、信息、教育、医疗保健等）的发展，其占GDP比重将上升（2007年占28.5%，比2000年上升1.7个百分点）。另外，制造业占GDP比重很难提升，但技术性与竞争力会增强，主要向高技术、高质量与安全性发展，重组汽车业即是佐证。但是，奥巴马总统的再工业化设想不太现实，也难实现。试想，一个习惯做大堂经理的人怎能再回厨房当厨帅？除非美国经济倒退20年。

再次，消费与储蓄结构微妙调整。“金融瘦身”将使华尔街创造财富能力降低，私人消费趋于保守，过度消费欲望收敛，消费对经济增长贡献有所减弱。据美国商务部统计，1975—2000年，个人消费占美国经济比重平均为67%，2001—2008年增到70.2%，其中相当部分是借款消费。据统计：贷款相当美私人消费比重由2000年的100%增到2007年的140%。然而，华尔街金融风暴后，美国人的消费偏好似乎变得相对保守。近期，经济复苏疲软，失业率高企，打压消费信心，私人支出更趋谨慎。中期，鉴于不确定性与风险依然存在，人们对前途尚缺信心，由此促使自上世纪 90 年代以来不断下滑的私人储蓄率开始回升，2009 年恢复到 4.6%。当然，一旦经济完全复苏或再现某种虚拟繁荣，美国人过度消费欲望会再燃，但类似过去 5 年那样疯狂消费中短期内恐难重演。

从美国商务部统计数字看，过去 50 年私人消费增长一般高于 GDP 增长。1959—2007 年，GDP 年均增长 3.4%，私人消费年增 3.5%；近 10 年（1997—2008 年），GDP 年增 2.8%，私人消费年增 3.3%。估计：后危机时代，私人消费对美国经济仍很重要，但消费增长势头会减缓，贡献率会下降。另据统计：私人储蓄率每增一个百分点，个人消费支出将减 1000 亿美元。以此推算，当私人储蓄由 2007 年的 1.7%升到 2009 年的 4.6%，就有 3000 多亿美元资金从个人消费转入私人储蓄账户，影响经济增长一个百分点，结果影响对海外商品需求。

三、全球经济增势趋缓，多元发展趋势明显

历史上，每当爆发大危机后，世界经济难免经历一段艰难调整与缓慢复苏期。上世纪 30 年代大萧条期间，世界经济在低谷徘徊 7 年，到 1936 年才显转机。期间，发达国家经济衰退 28%，不发达国家经济衰退 21%，美国股市到 1954 年才恢复到危机前的 1929 年水平。上世纪 80 年代初期，拉美爆发债务危机，而后 10 年新兴市场与发展中国家经济增长每年放慢一个百分点，拉美经济徘徊不前 20 年，至今未完全摆脱“拉美陷阱”阴影。20 世纪 90 年代初，日本房地产泡沫破灭，而后经济一蹶不振，整个 90 年代成为“失去的十年”，景气低迷持续至今。此次全球金融危机使世界经济陷入严重萎缩，国际社会普遍担心：今天的世界经济是否会重蹈历史覆辙？这是一个很难预测

又充满风险的课题。根据历史经验与现实数据，笔者做出下述前瞻性预测。

1. 西方经济潜在增长趋降，长期低迷可避免。当前，发达国家面临经济命脉——金融业全面改革，实质是生财之道与生活方式需要改变。金融改革与加强监管，无疑会提高融资成本，影响劳动生产率上升，降低财富效应，抑制居民消费，减缓发展势头。OECD据此认为：金融危机将永久性减缓发达国家的潜在产出水平，边际效益下降将影响其经济潜在增长达到两个百分点。OECD预测：2009—2011年，其成员国经济的潜在增长率将由危机前的2%降到1.4%，日本与欧元区分别降至0.5%和1%，美国略高于两地，但由危机前的2.3%降到1.6%（见表5）。2012—2017年，OECD成员国经济的潜在增长将升到1.8%，美国、欧元区与日本将分别升到2.2%、1.4%和0.9%。据OECD预测：2010年其成员国实际经济将增长1.9%，其中美国、欧元区和日本将分别增长2.5%、0.9%和1.8%，低于历次扩张时的峰值。关键是，近期OECD国家的潜在生产率与潜在就业率均呈下降趋势，将分别由危机前的1.2%和0.8%降到1%和0.4%（见表4）。即使在2012—2017年期间，OECD国家GDP潜在增长率仍将低于危机前水平，美国、欧元区和日本GDP潜在增长率将分别为2.2%、1.4%和0.9%。

问题是，中短期内美国经济很难回到危机前的发展势头。2009年7月，美国商务部经济分析局专门就过去80年（1929—2008年）主要经济指标进行分析。据统计：1929—2008年美国经济年均增长3.4%，近10年（1997—2008年）降到2.8%；居民可支配收入年均增长3.3%，近10年减缓到3.1%。第一次石油危机期间，美国经济持续两年衰退（1974—1975年，分别为－0.5%和－0.2%）；第二次石油危机期间，美国经济陷入W型衰退（1980—1982年间，GDP分别增长－0.3%、2.5%和－1.9%）；20世纪90年代初，美国经济连续两年萎缩（1990—1991年分别增长1.9%和－0.2%）。90年代中后

表 4：OECD 及主要成员 GDP、生产率和就业的潜在增长

	GDP 潜在增长			潜在劳动生产率			潜在就业		
	2006—2008	2009—2011	2012—2017	2006—2008	2009—2011	2012—2017	2006—2008	2009—2011	2012—2017
OECD	2.0	1.4	1.8	1.2	1.0	1.6	0.8	0.4	0.3
美国	2.3	1.6	2.2	1.6	1.0	1.5	0.7	0.6	0.6
欧元区	1.7	1.0	1.4	0.7	0.8	1.3	1.0	0.1	0.1
日本	0.6	0.5	0.9	1.0	0.8	1.7	−0.4	−0.4	−0.7
英国	2.3	1.5	2.1	1.5	1.3	1.9	0.8	0.2	0.2

资料来源：OECD *Economic Outlook No. 86*，November，2009.

期，全球化与信息技术曾使美国出现“新经济现象”——高增长率、高生产率与低通胀率、低失业率，GDP 潜在增长率提高到 3.4%。本世纪前 5 年，经历网络股泡沫破灭冲击，美国 GDP 的潜在增长率放缓到 2.8%，劳动生产率降为 2.1%。危机爆发前，美国经济的全要素生产率已开始放缓，GDP 潜在增长率开始回落到 2.4%的历史水平。IMF 预测：未来 5 年（2009—2014 年）美国经济的潜在增长率将降至 1.5%，2014 年才恢复到 2%。原因是：支撑经济增长的资本、劳动和全要素生产率都出现不同程度的减缓（见表 5）。OECD 报告认同 IMF 的上述预测，认为金融危机将使美国经济的潜在增长率降到 2009—2011 年的 1.6%和 2012—2017 年的 2.2%①。

后危机时代，美国经济面临艰难的结构调整，已经虚拟化的经济如何再工业化，新能源等技术创新近中期处于“画饼充饥”阶段，类似信息技术那样的引领性与突破性技术暂时难觅，潜在增长趋降不可避免。但是，美国经济复苏与发展势头仍会好于欧元区，陷入大萧条后持续衰退现象可以避免。原因是：华尔街仍是全球最活跃、最具吸

① OECD，*Economic Outlook No. 86*，Nov. 2009.

表5：1977—2014年美国经济潜在增长及构成变动

	1977—1994	1995—1990	2000—2004	2005—2008	2009	2010	2011	2012	2013	2014
GDP潜在增长（单位：%）										
潜在增长	3.0	3.4	2.8	2.4	1.4	0.9	1.2	1.6	1.9	2.0
资本	4.2	5.3	3.9	3.5	2.0	0.3	1.2	1.8	2.2	2.6
劳动	1.5	1.4	1.2	0.8	0.2	0.4	0.4	0.7	0.7	0.7
全要素	0.7	0.9	0.8	0.7	0.7	0.6	0.6	0.6	0.7	0.7
GDP潜在增长率构成（单位：百分点）										
潜在增长	3.0	3.4	2.8	2.4	1.4	0.9	1.2	1.6	1.9	2.0
资本	1.3	1.6	1.2	1.0	0.6	0.1	0.3	0.5	0.7	0.8
劳动	1.1	0.9	0.8	0.6	0.2	0.3	0.3	0.5	0.5	0.5
全要素	0.7	0.9	0.8	0.7	0.7	0.6	0.6	0.6	0.7	0.7

资料来源：IMF，*United States*：*Selected Issues*，July 13，2009，p. 12.

引力的金融中心，美元的主导货币地位未发生质变，国际资本仍会持续流向美国；体制、教育、人才、技术、竞争优势等依然具备；奥巴马政府改革决心大，政策措施优于欧、日，尤其是金融与医疗改革，将给未来发展增设安全阀。特别是，全要素生产率（TFP）增长态势依然良好，表明美国经济长期发展趋势可能不错。未来，经济对金融依赖会相对减弱，但对科技进步、生产创新、国际市场依重加大。全球先进技术、优秀人才与制度优势依然掌控在美国手中，可使用的全球资源能力无人可比，转嫁危机能力极强，让对手陷于被动乃至困境，使美国成为博弈的优胜方。到2017年美国经济增速将恢复到2.6%，高于欧元区的2.1%和日本的1.2%[①]。后危机时代，美国经济仍是世界经济的主要引擎，其他国家经济很难与其真正“脱钩”，但其与世界经济尤其是亚洲等新兴经济体的反“挂钩”趋势日增。奥

① OECD，*Economic Outlook No. 86*，Nov. 2009.

巴马政府近期出台“全国主动出口”战略，强压人民币等亚洲货币升值，未来5年商品出口翻番，以此创造200万个工作岗位。它给全球发出奥巴马政府“增加出口、挂钩世界”的明确信息。

2. 新兴经济体持续发展可期，增速将适度放缓。危机中，新兴经济体表现好于预期，金融市场基本稳定，经济率先复苏，成为世界经济复苏的“起搏器”。OECD报告认为：非OECD国家经济率先复苏，尤其是亚洲经济引领世界经济走出衰退，带领全球制造业恢复增长，使世界经济短期内触底反弹。由新兴经济体引领全球经济复苏，看似不可思议，其实事出有因：首先，本次危机源自世界金融中心——华尔街，冲击最严重的是美、欧银行业，实质是西方危机，新兴经济体是被危机化而已。其次，新兴经济体（前苏东地区除外）能较好抵御外部危机冲击，主要得益于内部肌体健康，如外汇储备充足、财政状况良好、内外债规模小、对外支付能力强、货币政策稳定、企业收支平衡等，特别是银行体系健康。这是过去历次危机所不具备的。第三，刺激政策出台早且力度大，特别是中国、印度等新兴大国。面对全球贸易大幅萎缩，新兴经济体果断启动刺激内需机制，使经济在短期下滑后呈V型强劲复苏。第四，注重区域和双边合作，以“抱团取暖”方式共渡时艰。特别是东亚地区及时出台《金融稳定行动计划》，筹建区域外汇储备库，规模扩至1200亿美元，成功制止美、欧危机向东亚蔓延。第五，中国、印度、巴西等新兴大国发展势头仍不错，成为拉动新兴经济体快速复苏的中流砥柱。

后危机时代，作为一个整体，新兴市场与发展中国家经济增长将依然遥遥领先于发达国家，发展态势不变，中长期前景看好。IMF乐观预测：2010—2015年，世界经济将再次出现“2%—4%—6%”的发展格局，即发达经济增长2%，世界经济增长4%，新兴市场与发展中国家经济增长6%（见图4）。

图4：2000—2015年世界、发达和新兴市场经济增长

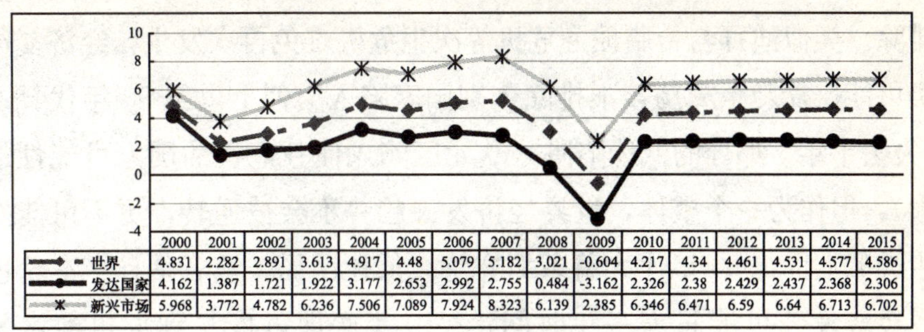

	2000	2001	2002	2003	2004	2005	2006	2007	2008	2009	2010	2011	2012	2013	2014	2015
世界	4.831	2.282	2.891	3.613	4.917	4.48	5.079	5.182	3.021	-0.604	4.217	4.34	4.461	4.531	4.577	4.586
发达国家	4.162	1.387	1.721	1.922	3.177	2.653	2.992	2.755	0.484	-3.162	2.326	2.38	2.429	2.437	2.368	2.306
新兴市场	5.968	3.772	4.782	6.236	7.506	7.089	7.924	8.323	6.139	2.385	6.346	6.471	6.59	6.64	6.713	6.702

资料来源：IMF，*World Economic Outlook*，April，2009.

注：新兴市场包括新兴市场与发展中国家。

从大国经济看，“金砖四国”经济前景将明显好于美、日、德等发达国家。短期内，美、欧经济引擎作用会弱化，新兴大国影响将上升，全球发展更加多元化。中长期，“金砖四国”（包括俄罗斯）发展态势依然好于美、日、德等西方大国，尤其是中国与印度的经济增势仍将鹤立鸡群。IMF预测：未来5年（2010—2015年）中国与印度经济将分别年均增长9.7%和8.2%，俄罗斯与巴西经济将分别年增4.1%和4.3%，美国、日本和德国将分别为2.5%、1.9%和1.6%。上述数据仅为预测，与未来的实际发展恐有差异，但大方向基本正确，即：“金砖四国”（包括俄罗斯）后发优势依然具备，发展态势远好于发达大国，追赶步伐反因危机而加快。

笔者估计：未来10年新兴市场与发展中国家经济增长可望保持本世纪前10年6%的平均水平。依据是：其一，这些国家工业化与城市化进程尚未结束，仍是经济社会发展的内在动力；其二，全球化进程并未因金融危机而中断，国际化将是其持续发展的外部因素；其三，全球大宗商品价格回升，将使非洲、中东、独联体、拉美等资源出口国外部收支改善，使其内部发展环境再次宽松；其四，南北与南南经贸合作因金融危机而增强，尤其是南南合作方兴未艾。由此可见，新兴市场依然具有诸多发展优势，将推动其经济社会持续发展。

3. 世界经济调整中前行，中长期前景转好。近期，余震尚未被排除。类似迪拜与希腊债务危机等次生危机难免再次发生，经济复苏仍可能反复乃至震荡，不排除个别国家陷入类似上世纪90年代日本“失去十年”那样的低迷陷阱（欧元区陷入债务危机的国家可能性最大），但作为一个整体，世界经济发展趋势不会被逆转，更不可能发生类似上世纪30年代大萧条那样持续低迷困局。笔者估计：本轮世界经济复苏可能只需一年时间，2010年底即可恢复到危机前水平（2008年全球产出为61.22万亿美元）。据IMF统计：过去138年（1870—2008年）中，世界经济年均增长3%，最近30年上升到3.5%，其中2004—2007年高达4.9%。然而IMF预测：未来5年（2011—2015年）世界经济增长将恢复到4.4%。

笔者认为：IMF对世界经济前景预测过于乐观，对发达国家宏观环境风险估计不足。何况，危机前全球经济超高增长（2004—2007年为4.9%）本身潜藏非理性繁荣苗头，不具可持续基础，且一定程度上怂恿美国制造次贷泡沫，酿成而后金融危机。笔者估计：未来世界经济发展势头适度减弱，发展将回归潜在区间，即过去30年3.5%的水平，不排除出现20世纪80—90年代年均增长徘徊于3%的情况，但国际贸易增长快于世界经济、国际资本流动快于国际贸易的发展态势应能维持。

综合分析，一旦美、欧金融改革进展顺利，新兴经济体内需拉动转型成功，以新能源为核心的技术创新取得突破性进展，未来世界经济发展将再次加快。

第五章 国际战略与安全环境发展趋势*

回顾新世纪甚或冷战结束以来的二十余年，全球化、多极化、信息化等趋势持续深入发展，世界经历了海湾战争、科索沃战争、"9·11"事件、伊拉克战争、阿富汗战争以及粮食危机、金融危机等一系列重大事件的洗礼和催化，政治、经济、社会、军事和安全等不同程度地经历转型，转型的长期性、过渡性、渐进性、曲折性和多变性并存交织，量变的不断累积必将导致部分质变。未来5—10年，世界大发展大变革大调整将进一步深入展开，国际格局、体系和安全将在嬗变中呈现越来越多的新特点，推动国际战略与安全环境实现历史性转换。对于各国的发展与安全，这种世界的

---

* 高祖贵，中国现代国际关系研究院世界政治研究所所长，研究员。

转型以及由此带来的国际战略与安全环境的转换，既蕴涵着重大的历史性机遇，也潜藏着多种问题和风险，机遇与挑战深度交织、复杂联动、快速转化，利弊在相当程度上取决于如何加以应对。

一、国际多极格局开始形成，战略关系孕育新形态

20世纪80年代末冷战结束，国际格局由两极对峙转变为“一超多强”，多极化渐成趋势并在曲折中向前发展。进入21世纪，美国作为“一超”，其延长“单极时刻”和打造“单极世界”的战略连续遭受“9·11”事件、阿富汗战争、伊拉克战争和金融危机的挫伤，综合国力尤其是对国际体系的主导力受到削弱。欧盟和日本分别通过加强一体化建设和自我变革保持国际地位及影响力相对稳定。中国、俄罗斯、印度、巴西等国在全球化和区域化进程中发挥优势、增强实力，国际地位和影响力明显提升。世界主要战略力量的这种演变，使得多极化趋势变得更加明朗，“一超多强”格局日益呈现多极格局的特征。

从全球范围内发达国家与新兴经济体的实力对比变化看，这两个大的国家群体之间的力量此消彼长，差距持续缩小。经济上，根据国际货币基金组织2009年10月《世界经济展望报告》的数据计算：截至2009年底，西方七国占全球GDP总值的比重或探至50%以下，外汇储备不到世界的15%[①]；新兴经济体[②]中的“金砖四国”（中、俄、

---

① 七国指美、日、英、法、德、意、加拿大，数字依据国际货币基金组织（IMF）2009年10月发表的《世界经济展望》报告计算得出，http://www.imf.org/external/pubs/ft/weo/2009/02/index.htm。

② 新兴经济体（也被称为新兴市场）这个概念最初由世界银行在20世纪80年代初开始使用，后被国际货币基金组织等国际组织采用。一般认为以下27个国家和地区为新兴经济体，包括中国、俄罗斯、印度、巴基斯坦、捷克、匈牙利、波兰、土耳其、马来西亚、墨西哥、泰国、智利、阿根廷、沙特、埃及、印度尼西亚、菲律宾、巴西、南非、秘鲁、委内瑞拉、哥伦比亚、以色列、韩国、中国香港、中国台湾、新加坡。此外，越南由于其快速的经济发展、日益自由开放和国际化的经济体制，被越来越多的经济学家视为新兴经济体的成员，日本学者2007年提出的“VISTA5国”也包括越南。鉴此，本文的新兴经济体的概念将越南包括在内。参见http://globaledge.msu.edu/resourceDesk/mpi.asp。

印、巴）和“展望五国”（越南、印尼、南非、土耳其、阿根廷）的GDP总量占全球比重从2008年的15.7%升至18%以上，所有新兴经济体对全球经济增长的贡献率达到近90%，其中仅“金砖四国”的贡献率就超过56%。政治上，西方发达国家在应对国际金融危机、温室气体减排、朝核、伊核等全球和地区问题上的话语垄断权和影响力下降，对新兴大国的倚重明显加大，对国际事务的主导力减弱。相比之下，新兴经济体在“金砖四国”峰会、二十国集团峰会、八国集团与发展中国家对话会、77国集团以及多种区域合作机制等多层次平台上积极开展合作，群体性崛起的合力以及经济实力增长转换而来的政治影响力增强，在全球和地区事务中的话语权扩大。发展模式上，中国等新兴大国注重政府宏观调控和政治权力相对集中的模式在应对危机方面彰显优势，越来越多的国家积极探索符合本国国情的发展道路和发展模式，各种非西方道路和模式的发展潜力受到越来越多的关注；西方资本主义尤其是美、英自由市场经济模式经受质疑，经济民族主义、贸易保护主义和反全球化力量上升，发达国家作为世界发展引领者的道义优势和感召力受损。

从主要战略力量之间的力量对比看，尽管“多极”之间的力量对比并未呈现均衡状态，而且在相当长的时期内也很难实现均衡状态，美国作为“一超”的综合实力和首要态势依然突出，但从总体上看，其相对于自身在世纪之交的顶峰时期已经明显下降，它与其他大国的综合实力差距相对于过去已持续缩小。“多强”的整体实力趋强，彼此之间的力量对比在总体上趋于扁平化的同时，伴随发生新的分化。再以具有决定意义的经济实力为例，根据国际货币基金组织（IMF）2009年10月发表的《世界经济展望报告》：2009年，美、英、法、德、日经济增长分别为－2.7%、－4.4%、－2.4%、－5.3%、－5.3%，失业率都在5%至10%之间；中国和印度的经济增长率则分别达到8.5%和5.4%。[①] 截至2009年10月，中国、俄罗斯、巴西、印度所占美国GDP的份额已分别从2008年的22.7%、8.1%、8.6%、8.2%升至25.6%、8.3%、9.6%、8.9%[②]。根据世界银行(WB) 2010年1月发表的《全球经济展望报告》预测：美国、发达国家、发展中国家的经济增速，2010年将分别达到2.5%、1.8%、5.2%，2011年将分别达到2.7%、2.3%、5.8%。按2008—2010连续三年的经济平均增速推算：到2014年，中国、俄罗斯、巴西、印度所占美国GDP的份额将分别上升至36.9%、9.7%、9.6%、10.7%。[③] 中国的GDP总量将从2010年开始超过日本排名世界第二，综合实力地位和国际影响持续攀升，使国际战略格局变动的"中国因素"变得更加突出。印度的GDP总量则将挤进前十位，从地区大国向全球大国迈进。此外，澳大利亚、印尼、土耳其、伊朗、南非等更多国家自主发展意愿、能力和实力都将不同程度地走强。力量对比是决定国际格局的基本因素，经济实力作为国家力量构成中最重要的因素，其上述发展态势决定了政治和外交等其他方面呈现大致相似的发展态势。世界大国和地区大国的地位起落排序随之重新洗牌。

在未来5—10年乃至更长时期内，如果现有趋势继续发展，那么上述多极格局特征将变得更加突出。早在2007年，俄罗斯外交与国防政策委员会等机构共同推出的《2017年：俄罗斯面临的世界》就指出，"当今世界多中心化趋势明显增强"。2009年出台的《俄罗斯联邦2020年前国家安全战略》再度强调："由于新的经济增长和政治影响

---

① 国际货币基金组织（IMF）2009年10月发表的《世界经济展望》报告，http：//www.imf.org/external/pubs/ft/weo/2009/02/index.htm。

② 数字依据国际货币基金组织（IMF）年2008年10月和2009年10月发表的《世界经济展望》报告计算得出，网址分别为http：//www.imf.org/external/pubs/ft/weo/2008/02/index.htm及http：//www.imf.org/external/pubs/ft/weo/2009/02/index.htm。

③ 数字依据世界银行（WB）2008年、2009年、2010年1月发表的《全球经济展望报告》提供的数据计算得出，网址分别为http：//publications.worldbank.org/ecommerce/catalog/product？i-tem _ id = 800184、http：//publications.worldbank.org/ecommerce/catalog/product？item _ id = 8903320、http：//publications.worldbank.org/ecommerce/catalog/product？item _ id=9547035。

中心的加强，一种崭新的地缘政治格局正在形成。”2008 年，法国总统萨科奇在法驻外使节会议上明确提出：“中国、印度、巴西等国在政治、经济领域日益崛起，俄罗斯逐渐恢复元气，为形成一个新的大国合唱的多极世界创造了条件”；西方独自为世界“定调”的时代已经结束，世界将进入长达数十年的“相对大国时代”。美国国家情报委员会 2009 年推出的《全球趋势 2025：转型的世界》预计：到 2025 年，中、印的国内生产总值可能超越除美、日之外的所有国家（人均国民收入仍将继续落后数十年），世界八大经济体的排序将是美国、中国、印度、日本、德国、英国、法国和俄罗斯；综合 GDP、国防开支、人口和技术等加权指数，发达国家与发展中国家间的实力差距将持续缩小，“一个全球多极体系正在崭露头角”。[1] 英国国防部 2010 年发表的《全球战略趋势——展望 2040》报告认为：全球权力中心将从美国和欧洲向亚洲转移，单极权力结构将变成由 3 个乃至更多国家或国家联盟组成的多极权力结构。这些论断尽管概念表述的具体含义和所指时段等存在差异，但在国际多极格局将于未来 10 年左右时间里变为现实或者至少开始形成这一点上，可以说已经成为国际共识。

世界主要大国正是依据以上战略判断，着眼于在新的多极格局中谋求比较有利的战略地位和确保各自的战略利益，纷纷加强近中期的战略谋划，加快调整内外战略，力图抢抓世界发展和国际格局交替转换的战略主动权。美国在对内加强金融监管、对汽车等传统产业进行“再工业化”、推进医疗改革和增加就业的同时，谋求在新能源、新网络等新技术和新产业方面的新优势，力图实现经济的“再平衡”；对外开启接触与合作时代，既调整和巩固与欧、日、韩、澳等传统盟友的关系，又推进与中、俄、印度、巴西等新兴大国的关系，促进合作

① 美国国家情报委员会编、中国现代国际关系研究院美国研究所译：《全球趋势 2025：转型的世界》，时事出版社 2009 年 9 月第 1 版，第 19—20 页，第 138 页。

和减少竞争，使“多极世界”转变为“多伙伴世界”。[①] 欧盟委员会提出的《2020年的欧洲战略》，把基于知识创新、资源效率更高、高就业率和增进社会凝聚力的经济增长作为未来10年经济发展战略相互强化的重点，力图把欧盟转变成一个能提供高就业率、生产率、社会凝聚力、智能化、可持续和包容性的经济体，以此重振科技和经济优势，进而谋求新的战略优势；同时，以《里斯本条约》实行及首任欧洲理事会常任主席和外交与安全政策高级代表诞生为新起点，强化对外行动能力，抢抓国际政治经济秩序改革的话语权，制定“真正的战略，把中国、巴西和其他新兴工业化国家纳入”西方主导的国际体系中。法国将争取获得更多的行动自由和国际影响力；促使欧洲通过加强一体化建设，进而在21世纪的国际舞台上继续扮演重要角色；致力于促进现行国际多边机构改革，以建立符合21世纪现实的有效多边机制；推行适应全球化时代发展，以了解与预测、预防、威慑、保护、干预等五大职能平衡为基础的国家安全战略。俄罗斯力求改变过度依赖能源资源的经济结构，以技术创新为基础建设新的经济框架，加快工业现代化进程；对外要变成一个世界大国，在积极参与多极世界秩序发展的基础上，加强战略稳定和平等的战略伙伴关系，包括用国际安全和核不扩散等领域的合作来推进与美国的关系，通过搭建新的欧洲安全框架来调整与欧盟的关系，通过增加对“金砖四国”机制和上海合作组织的依托来提升和保持国际影响力。日本民主党政府终结了执政五十年的自民党政府，对内改革官僚政治以促进自由竞争，大力发展绿色经济和低碳经济，推进社会变革；对外进一步增强进取心，重新定位美日同盟，加大亚洲外交力度，提出“东亚共同体”构想，重振在亚洲的影响力，加强与中国、印度、东盟和俄罗斯的互动，在气候变化等全球和地区问题上发挥更大作用。印度力求以推动

---

① Hillary Rodham Clinton, “*Foreign Policy Address at the Council on Foreign Relations*”, Washington, DC, July 15, 2009.

科技创新加快经济增长，以航空航天开发和国防建设为抓手增强综合国力；对外，以强化对南亚和印度洋的主导权为基点，积极推行大国平衡和强势周边外交，大国心态持续强化，等距离外交路线日趋明显。

它们的战略调整导致大国关系在多个层面同时展开新一轮调适和重组。从全球范围看，传统发达国家增加对新兴大国的借重，推动新兴大国在国际体系中发挥更大的作用，同时又对新兴大国可能构成的挑战加以防范和牵制，这种关系已经并将继续构成新一轮大国关系重组的主线。从半球范围看，北半球的美国与欧盟、日本等对其传统盟友关系进行重新塑造和实现新的平衡；跨越南北半球的中国、俄罗斯、印度、巴西等主要新兴经济体之间，围绕因应西方发达国家和扩展发展空间等问题既合作又竞争。从地区范围看，有美、欧、俄之间探索重建新的跨大西洋关系和欧洲安全框架，有中、美、日、印、澳围绕亚太新格局展开角逐。从国别范围看，中、美分别作为新兴大国和西方发达国家的代表，两国关系变化既浓缩体现新兴大国和西方发达国家两大板块关系的变化，更将牵动新一轮大国关系重新组合。中、美、日关系寻求平等化和协作化，中、美、欧关系寻求战略平衡与互信，中、俄、印、巴寻求合作稳定与深化。这些层面的战略关系变化并行交织，大国关系的对抗性、竞争性与合作性同时存在，并且都不同程度地有所发展变化，捍卫核心利益的坚决与对抗、争取优势的激烈与克制、合作应对共同挑战的广泛深入与务实灵活、各种关系的多方联动和彼此牵制等特点日趋突出，整个大国关系将日渐呈现空前错综复杂多变的新形态。

二、国际体系进一步重构，规制权博弈持续深化

在国际格局从“一超多强”向多极格局演变的过程中，国际体系

以和平渐进的方式持续变革。经过冷战结束以来20余年的发展，特别是在金融危机的强烈冲击下，国际体系不仅层次变得越来越丰富，其中的行为体变得越来越多元和庞杂，而且运行载体、机制、理念和力量组合等均已发生深刻变化。由此，国际体系的新旧部分在相当长时期内将并存、交织、磨合和竞争，各种载体和机制将不断优化重组，权力结构将更趋多元化、网络化和重新机制化，整个体系的运行将变得更加复杂、充满变数甚至显得有些混乱。

从国际体系结构的变化看，首先是行为体的数量大幅增加，类型越来越多样化。国家作为国际体系中最重要的行为体，已经增加到194个国家、36个各国附属领地和岛屿及殖民地。联合国成员也扩大为192个国家和地区。根据国际协会联合会（Union of International Association）2009年4月发表的《国际组织年鉴2008—2009》提供的数据，目前该机构收录在册的全球范围内的各类国际组织超过6万个。其中：政府间国际组织有6782个，包括公民社会类1219个、文化类142个、能源气候类148个、教育类3938、奥运或体育类1335个；国际非政府组织超过53218个。[①] 此外，跨国财团、宗教组织以及大量以互联网为联系纽带和载体的虚拟群体或组织，其影响变得越来越大。其次，国际体系中不同类型行为体的地位和影响发生比较显著的变化，一个越来越突出的重要趋势是国际权力从国家层面向非国家尤其是商业和社会层面、从大国向中小国家转移和扩散，导致“两降两升”：一是国家行为体尤其是大国的地位和影响力下降，非国家行为体的地位和影响力上升；二是现实社会中的行为体的地位和影响下降，虚拟世界中的行为体的地位和影响上升。正如美国对外关系委员会主席哈斯在其2008年发表的题为《无极时代》的文章里所说：“权力可见于许多角色、许多地方。除了美国、欧盟、日本、俄罗斯、

① 国际协会联合会（Union of International Association）：《国际组织年鉴2008—2009年》，http：//www. uia. be/studies。

中国、印度等世界六强之外，还有区域群雄：拉美有巴西，或许还可算上阿根廷、智利、墨西哥和委内瑞拉；非洲有尼日利亚和南非；中东有埃及、伊朗、以色列和沙特阿拉伯；南亚有巴基斯坦；东亚和大洋洲有澳大利亚、印度尼西亚和韩国。有很多组织可名列力量中心之榜，其中有全球性的（国际货币基金组织、联合国和世界银行），地区性的（非洲联盟、阿拉伯联盟、东南亚国家联盟、欧盟、美洲国家组织、南亚区域合作联盟），以及职能性的（国际原子能机构、欧佩克、上海合作组织、世界卫生组织）。一些国家中的州或邦和城市亦如此，像美国加州，印度北方邦，以及纽约、圣保罗和上海。其次还有大型全球公司，包括在世界能源、金融和制造业举足轻重的公司。另有一些实体也可包括在内，如全球性媒体（半岛电视台、BBC、CNN）、民兵组织（哈马斯、真主党、迈赫迪军、塔利班）、政治党派、宗教团体和运动、恐怖组织（“基地”组织）、贩毒集团以及比较有益的非政府组织（比尔与梅林达·盖茨基金会、无国界医生组织、绿色和平组织）。今天的世界，力量日趋分散，而非日趋集中。”更为重要的是，全球化和不受政府控制的跨国界流动，使“个人和组织比以往任何时候都更容易积累并利用巨大的力量”。①

这种行为体数量和类型的增加，加上各种全球性和地区性问题增多及加重，使得第二次世界大战结束后形成并已有所改革的现有国际机制变得越来越难以容纳、承载和有效运行，进而被迫深入改革和调整，转变思想理念，扩大代表性，调整和增强治理职能，逐步实现嬗变和超越。

在全球层面，联合国作为当今世界最大的国际组织，以其为核心的整个体系构成了当今国际体系的主要支撑。从 20 世纪 70 年代开始，特别是 90 年代以来，联合国体系为因应国际形势变化的需要就

---

① Richard N. Haass, “The Age of Nonpolarity: What Will Follow U. S. Dominance”, *Foreign Affairs*, May/June 2008, p. 45.

开始适应性的改革。2005 年，联合国改革取得明显进展，成立了建设和平委员会，用人权理事会取代人权委员会，改善和加强与非政府组织的合作，开启了安理会改革进程。2009 年，有关安理会改革的政府间谈判正式启动，各方围绕改革方案、扩大后的安理会与联大的关系等问题展开讨论，英、法所提延长非常任理事国任期的过渡性的小幅改革方案得到较多呼应，新当选的第 64 届联大主席特赖基表示任期内将继续现有进程，改革后的安理会可能形成五个常任理事国、日印德巴和两个非洲国家等任期较长（两年以上）的非常任理事国、原有任期两年的非常任理事国等三个层次的等级结构。其次，专门性国际机构进一步改革。国际货币基金组织（IMF）和世界银行（WB）的股权结构和职能进一步调整，前者将围绕新兴市场和发展中国家新增 5%甚至更高的投票权问题、后者将围绕发展中国家和转型经济体新增 3%甚至更高投票权问题展开改革。金融稳定论坛变成金融稳定委员会之后，可能围绕强化信用评级机构和衍生品监管等问题进一步调整和探求发展方向。世界卫生组织为应对 H1N1 等疫情的泛滥，在疫情发布、疫苗研发、治疗指导和促进国际合作等方面发挥的重要作用受到越来越多的重视。联合国粮农组织自 2007 年全球粮食危机愈演愈烈以来，以官员绝食、举办粮食峰会等方式成功地将消除饥饿人口、确保粮食安全的理念推至全球各个层面，并确定将其下属的世界粮食安全委员会改造成“最重要、最广泛的消除世界饥饿的国际交流和政策协调平台”，强化职能的趋势更加明显。联合国环境规划署在全球气候变化问题不断升温的背景下，其是否要向新的国际气候治理机制转变这个问题的重要性和迫切性不断上升。国际原子能机构如何改革适应核裁军和核不扩散形势的新要求以增强行动能力，国际能源机构是否要把中国吸纳为新成员以扩大代表性和加强职能等等，这些问题都变得越来越紧迫。

在大国关系和地区层面，各种合作机制均不同程度地寻求改进和加强自身建设，以便更好地共同应对挑战和促进地区甚至全球治理。

成立于1999年的二十国集团（G20）经过2008年金融危机的催化和全球经济治理需求的强劲拉动，其地位进一步夯实和提升，已经成为推进国际金融体系改革、加强全球金融监管和开展全球经济治理的主要平台。在2010年加拿大和韩国两次峰会的打造之后，该平台将进一步建章立制，在全球经济的转型中发挥更大的作用。八国集团在二十国集团地位快速提升的背景下寻求重新定位，可能进一步向十四国集团演变。“金砖四国”峰会从概念走向现实，并朝着兼顾有效务实合作和准机制化的方向发展。北约加快全球化转型，探求从美、欧传统盟友关系框架下的区域性军事政治机制，发展成为与“民主国家同盟”理念相配套的全球性“磋商国际安全事务的中心”。欧盟在《里斯本条约》通过之后，加强欧盟委员会主席、轮值主席国元首与新设的欧盟“总统”、“外长”等之间的领导机制整合以及内外政策整合，穿越“转型时刻”迈向一体化建设的新阶段。亚太多个区域次区域合作机制既竞争又相互促进。上海合作组织巩固、扩大、提升，东盟一体化在曲折中坚持推进和深入磨合，中、日、韩峰会影响扩大，东盟“10＋3”机制职能扩大、加强，东亚峰会（“10＋6”）务实发展，亚太经合组织（APEC）强化实际功能，美国与东盟启动“1＋10”机制，推动“亚太自贸区”计划和“泛太平洋战略经济伙伴协定”（由起初的新加坡、文莱、智利、新西兰四国增加美国、澳大利亚、越南、秘鲁，变成八国）整合、扩充和落实，将进一步刺激亚太各种合作机制变动。南美洲国家联盟从经济、金融、安全、政治等多个方面全方位推进，向共同体建设迈进。非盟加强政策整合，把“非盟委员会”提升为“非盟权力机构”，专门负责非盟防务、外交与外贸谈判等事务，力图提升整体影响力。阿盟在应对诸多挑战过程中寻求整合阿拉伯世界。

在思想和理念层面，政治领域的全球治理等思想不断发展，影响持续扩大。从主张“管理全球化”到主张“重塑全球化”，使之变得更加平衡，再到主张创建多边机制有力和权利义务平衡的“全球社会”，构建相互依赖和共同解决问题的“全球网络”，以及主张实行“全球新政”，充分贯彻民主、再分配和公共产品等福利国家原则，由地区、国家和全球共同构建多层次的全球治理机制，等等。在经济领域，节能、低碳、绿色、可持续等理念得到越来越广泛的认同，已经成为“绿色经济时代”的主流思想，推动以新能源、新材料、环保技术、生物工程、信息网络、人工智能等为代表的第四次科技革命和产业革命实现突破。在安全领域，“失败国家”成为国际体系重要威胁的论调影响持续扩大；以实现“无核世界”为目标的全球性“零核运动”，推动核不扩散与核裁军进程取得进展；有关海洋、太空和网络等“全球公地”发展与安全的新理念，适应国际竞争和这些领域的需求而产生。在国家间关系方面，传统准则发生重大调整，“良政”、“保护的责任”和“负责任的主权”等理念和实践影响扩大，主权主动让渡与被动侵蚀增多，内政国际化与外交国内化、社会化趋势变得更加突出，不干涉内政原则适用空间缩小。西方突出责任和干预以强化主导，发展中国家强调自主和平等参与以应对干预，国际决策民主化程度和运作成本增加。

格局的交替转换和秩序重构把世界推入建章立制的规制时代，这意味着通过在会议室里和谈判桌上调整厘定规则和机制来实现国际权力和利益的重新分配以及相应的制度化安排成为时代的主旋律。既得利益者将极力确保其权利份额，新崛起者终将争取与实力地位相称的权利，这就导致主要战略力量之间展开激烈博弈。发达国家与发展中国家，尤其是新兴大国，围绕国际秩序重构中的理念和规则、国际金融体系改革和国际储备货币变化、温室气体减排所代表的环境秩序重建、油气和铁矿石价格谈判所代表的能源资源秩序调整和重建、社会责任国际标准与活动可持续性管理体系所代表的经济和公民社会发展方向等方面的规则主导权和话语权激烈角力；西方国家内部围绕金融体系改革、发展模式和地区主导权明争暗斗；新兴大国内部就国际发展空间、发达国家分割给发展中国家的权利再分割、联合国安理会扩大以及地区主导权等展开博弈。这种博弈将使外交变得越来越重要，使整个国际关系变得更加错综复杂多变。

三、国际安全形势更趋复杂严峻，安全模式亟待创新

世界大发展大变革大调整深入展开，在安全意义上意味着混乱和失序，国际格局的转换和体系的重构势必造成权力真空，新旧事物并行交替势必产生摩擦和碰撞，各国不同程度地面临发展困难，寻求转型势必增加不确定性，所有因素汇聚交织，将使国际安全形势整体上变得更加复杂严峻。

从大国战略竞争方面看，在全球化持续深入发展和国际多极格局逐渐显现的背景下，在相互利益依存和共同应对全球性挑战等诸多因素的作用下，大国关系日益呈现竞争与合作同步加强的新气象，爆发传统意义上的大国战争的可能性变得越来越小。但是，由于世界正在经历全面转型，前景充满不确定性，所以主要国家为了更好地因应大变局和确保各自战略安全，在经济形势恶化的情况下，依然纷纷着力加强战略力量，包括加大军费投入、加速调整军事战略、提高武器和人员作战水平，等等。美国 2009 财年的军费开支高达 5854 亿美元（不含伊拉克和阿富汗作战费用），比 2008 财年上涨 7.5%，2010 财年更是高达 6800 亿美元；发布《国家情报战略》、《四年防务评估报告》、《核态势评估报告》和《国家网络安全综合计划》，加紧制定新的《国家安全战略》；军事战略转型在反恐、防扩散与防范中、俄崛起之间寻求"平衡"，强调从内部进行渗透的"软战争"，重点发展信息武器和"全球即时打击系统"等新的常规威慑性武器，新军事战略初见雏形。俄罗斯 941 亿美元的军费开支与 2008 年度相比大幅增长了 27%，还出台《2020 年前俄联邦国家安全战略》和"新军事学说"等一系列近中期战略文件，推进军备升级，把提高机动性和快反能力

作为军队改革方向的核心，把确保边界安全与资源获取作为常备部队的战备重点。印度更是连续几年大幅提高国防预算，2009年军费高达264亿美元，涨幅为21%，着力加强海陆空战略力量建设，对外军购也搞得如火如荼。澳大利亚首次发表国防白皮书，未来20年军费总开支将达2263亿美元，军队规模增加10%。

在持续加强军备建设的同时，大国传统地缘战略角逐的中心转向亚太，纷纷加大战略关注和投入，亚太格局的变动将在一定程度上决定整个国际格局交替转换的走向。“新边疆”的角逐则围绕海洋、太空与网络等所谓“全球公地”的战略优势竞争展开。世界主要大国海上发展空间和安全保障能力竞争升温，包括不断提升海洋在国家发展与安全战略中的地位，积极推进海洋战略实施和壮大海洋综合开发能力，围绕专属经济区和外大陆架划界以及战略通道安全保障问题，加紧文攻武备，北冰洋、印度洋、中国南海和东海等主要海域集结多重阵型组合。美国、俄罗斯、加拿大等国竞相通过立法、建军事基地、军演等，加紧抢占北极“战略领地”，美国、俄罗斯和澳大利亚等国利用南极海域的“法律真空”，抢占地域、宣示主权。多个国家加大太空开发的战略投入，军民综合利用是其基础，但军事用途仍是开发的主要动力，“武器化”程度不断提高，竞赛危险度增大，有关国际谈判已然升温。美、日、俄、印等多国加紧制定、实施网络安全战略和建设网络战备体系，使得信息技术和网络竞争加快向网络战方向发展。发达国家借助网络优势谋求巩固对国际体系重构的主导权，发展中国家大力缩小“数字鸿沟”和维护信息安全，网络领域的攻与防、控制与反控制、渗透与反渗透的较量趋于激烈多变。

从核问题的发展趋势看，这个冷战时期最重要的战略安全问题，在经历了冷战结束后相当长时间的相对沉寂之后，开始在多个方面变得越来越突出。特别是美国作为影响国际核战略安全的首要因素，其包括有条件放弃首先使用核武器在内的战略调整，给核问题的发展增添了变数。一是在奥巴马提出构建“无核世界”的目标和相关计划，安理会峰会通过旨在消除核武器的相关决议，美、俄2010年4月签署第二阶段《削减和限制进攻性战略武器条约》（START II），华盛顿核峰会召开，以及《核不扩散条约》审议大会即将举行，日本和澳大利亚牵头组建的“核不扩散与核裁军国际委员会”将公布建立“无核世界”的具体进程等一系列事件的推动下，核裁军渐入高潮，但相关博弈将进一步展开。二是奥巴马政府很可能以签署第二阶段《削减和限制进攻性战略武器条约》和华盛顿核峰会召开为契机，乘势推动在《全面禁止核试验条约》（CTBT）生效、《禁止可裂变材料条约》出台、“核燃料库计划”实施等方面取得进展，但难度不小，核军控形势依然比较严峻。三是朝鲜半岛无核化进程在朝方两次核试验的打击下遭受严重挫折，尽管六方会谈框架继续发挥作用，但朝鲜核问题将继续徘徊。伊朗核问题在伊国内各派较量加剧和伊美关系没有明显改善的情况下，僵局难以根本打破。有关叙利亚铀浓缩工厂的核查毫无结果，非天然铀痕迹仍无定论。印度的核能力进一步提升。国际核扩散危险依然突出。四是对清洁能源的需求上升激起和平利用核能热潮，核废料污染及民用核技术转军用的风险增大。越来越多的国家加入和平利用核能的行列，世界核工业联合会数字显示，2009年全球核能项目井喷式上马，在建核反应堆数以百计，除美、欧、俄等技术强国外，埃及、尼日利亚、沙特和巴林等国也陆续开建核反应堆。五是华盛顿核安全峰会在防治恐怖分子、犯罪分子及其他非授权行为者获取核材料和核武器方面取得了一些进展，但核恐怖主义作为对国际安全最具挑战性的威胁之一仍在发展。美国总统奥巴马称核恐怖主义是“对全球安全最迫切和最极端的威胁”，情报部门认为“恐怖分子已下定决心购买、制造或盗取核武器”。巴基斯坦核武器以及中东欧、前苏联国家和墨西哥等国核材料的安全备受关注。

从“自然安全”问题的发展看，涉及各国生存和可持续发展的资源、能源和粮食等问题，由于世界人口增长、经济增长模式和气候变化等因素而变得越来越突出。一是确保能源安全日益成为各国安全战略的核心考量。奥巴马政府力推“绿色新政”和开发近海油田，旨在规避高油价风险，确保美国能源安全。俄罗斯2020年前的国家安全战略“不排除以军事力量”保卫能源安全。英国制定核能、可再生能源和清洁煤“三位一体”的能源战略，将在2025前新建10座核电站以保障能源供应。印度实施能源安全政策，核心是建立90天的能源储备制度，同时鼓励企业海外并购，确保能源生产每年增长5.8%。二是油气特别是水资源问题等导致国际国内矛盾激化的可能性上升。亚洲的吉尔吉斯斯坦和乌兹别克斯坦等国围绕阿姆河、锡尔河水源，印度和孟加拉国围绕恒河水源，马来西亚和新加坡围绕供水价格，湄公河上下游国家的矛盾分歧，以色列和巴勒斯坦、叙利亚等围绕水资源分配，也门各派武装围绕水源，非洲苏丹、埃及和埃塞俄比亚三国围绕尼罗河水源等等，纷争不断。三是全球粮食危机愈演愈烈，饥饿人口不断增长。联合国粮农组织2009年10月发表报告称，全球“饥饿人口”已达10.2亿，新增的近1亿“饥饿人口”几乎全部来自发展中国家，其中三分之一儿童营养不良。四是大规模传染病和极端自然灾害的威胁依然严峻。根据世卫组织(WHO)统计，甲型H1N1流感疫情截至2009年12月30日共造成12220人死亡，仅美洲地区就达6670人。虽然各国通过技术防护和注射疫苗等措施积极应对，但由于感染人口基数大、增速快，防控形势不容乐观。地震、干旱、飓风、洪水等自然灾害的防控难度增大，造成的损害不断加重。

从恐怖主义的发展看，这个21世纪第一个10年国际安全所面临的重大威胁，在第二个10年将继续发展。在组织形态上，“基地”组织及其分支机构全球化、分散化、小型化的趋势日益突出，“虔诚军”所代表的另一类恐怖组织的威胁明显上升，恐怖主义与民族分裂主义、宗教极端主义、黑恶势力“合流”的趋势开始显现，反恐的难度将变得更大。地域范围上，南亚依然是恐怖主义高危地带和国际反恐核心阵地，美国推行阿—巴全面新战略使恐怖与反恐的较量变得更加激烈；巴基斯坦加大反恐在招致塔利班报复的同时，也面临其他极端主义势力的暴力恐怖威胁。中东和非洲的恐怖主义威胁有所回升，也门和索马里等国的恐怖与反恐形势恶化，在美、英等国反恐议程上的排位大幅前移。美、欧内部的恐怖组织和个人构成的威胁有新的发展。

从社会政治生态的发展看，世界人口不仅总量膨胀，2011 年即达 70 亿，2050 年将达到 91.5 亿，而且发展极不均衡。发达国家的老龄化和中东、非洲国家的年轻化趋势并行发展，人口分布与资源配置严重失衡。全球范围内从发展中国家到发达国家的人口大规模流动，发展中国家城市化加速发展导致大规模人口从乡村向城市迁移，以及发达国家中产阶级缩小分化和发展中国家中产阶级壮大，导致社会矛盾、族群矛盾、文化认同危机和经济利益冲突等问题越来越突出，社会政治稳定程度普遍下降。加上在全球经济经历转型的背景下，各类国家不同程度地承受社会政治转型阵痛，信息化条件下虚拟社会和“公民社会”发展壮大，失业率居高不下，社会保障压力持续上升，治安形势恶化，民族主义抬头，排外情绪蔓延，这就为形形色色的极端主义思想发酵作乱提供了比较肥沃的社会土壤。

以上这些威胁，无论是传统安全类还是非传统安全类，其交织转化都在加深，界限越来越模糊，相互抬升共振效应越来越突出，并可能衍生新的不稳定和不确定因素，“泛安全化”趋势日益凸显。在此背景下，世界多数国家的危机感和不安全感将进一步上升，现有国家治理模式与安全模式的局限和缺陷日显突出，成本越来越高，安全理念、安全战略、安全机制和维护安全的能力亟待创新加强。

第六章 全球化的历史命运*

每一场重大危机总可能意味着某种制度的终结，也预示着某种新制度的开始。美国金融危机暴露了“美式金融资本主义”的破绽，引起世界对美国主导的全球化产生怀疑，反全球化声音加大。进入“后危机时代”，全球化将面临怎样的历史命运，取决于世界主要力量的重新分布、组合、协调，以及由此衍生的国际体系的力学关系变化。

尽管在学术界，全球化可被追溯到哥伦布航海时期，但显然今天我们所讨论的全球化带有明显的时代特征，既是市场经济模式的全球普及化，又堪称是国际政治和国家发展形态上某种程度的“美国化”所反映的世界潮流。为

* 刘军红，中国现代国际关系研究院全球化研究中心主任，日本研究所研究员。

此，本文拟从国际政治、外交视角考察经济层面的全球化发展的基本态势，以经济表象为切入点，思考“后危机时代”国际体系的力学关系新变化。

一、全球化及其目标

全球化（globalization）流行于20世纪90年代，进入21世纪仍是一个重要的关键词，但因概念多样、解释不一，其内涵多存重叠与暧昧，迄今仍不能说有统一的定义。全球化最通常的意思是指生产要素在全球的有效配置过程，即贸易、资本移动自由化，企业活动以及由此产生的国民经济交易行为跨越国境、广域延展，共同形成全球统一的市场，类似于企业活动无界化。如果从国民经济的角度看，全球化则属于从封闭经济走向开放经济的进步，可谓“国民经济活动的国际化”，[①] 其深度和广度存在发展阶段性特征。进一步而言，若考虑冷战结束这个历史命题，全球化又是“市场经济模式”在全球的普及过程，堪称“全球经济发展模式的市场化”。而依据康德的“市场主义”与“民主主义”相互依存的传统理论，美国学者弗朗西斯．福山又将之进一步引申为“民主制度的全球化”，即全球市场模式的普及，必然带来全球民主制度的推进。

美国金融危机后，新兴经济体崛起加速，美国自由主义市场经济模式及其主导的美元体制、欧洲地区整合模式及其支撑的地区单一货币（欧元）模式，乃至以“日本制造”为支柱的“日本式经营模式”不断暴露败絮，遭到怀疑，世界力量格局的多极化趋势加速，经济发展模式、国家治理形态，乃至民主样式更趋多元化、多样化和复杂化，呈现“市场经济不一定必然带来民主化”，“全球化也不一定必然

① ［日］小岛清：“全球化与美国主导的和平体制”，日本《世界经济评论》，2000年12月号。

是美国化的新情势”。[①] 全球化及其目标也表现出多样性、多维性和多元性的新趋向。由此，围绕以全球治理模式为核心的国际政治、经济、金融和货币体制的重新安排及其权利关系、全球化进程及其命运，不可避免地表现出“对立与协调”并存的新特征。

1.“美国治下的和平”与全球大竞争。二战结束后，以盟国为主导，在安全上构建了联合国及其安理会体制；在经贸关系上，启动了“关贸总协定”以及后来的“世界贸易组织”体制；在国际金融和货币上，确立了以国际货币基金组织、世界银行等为代表的布雷顿森林体制及1973年后形成的“后布雷顿森林体制”。

但1947年，冷战铁幕降临，美、苏两大阵营对抗，世界政治经济秩序事实上表现为“一道墙、两个市场、三个世界”的基本格局。其主要特征是：全球市场被柏林墙一分为二，划分为相对隔绝的两大平行市场体系；经济发展模式升级为意识形态对立的前沿，形成了社会主义和资本主义两大阵营，也形成了东西冷战的市场基础和经济基础；从国际政治关系看，鉴于霸权主义、强权政治横行，以北约、华约为基础，美、苏各自主导的双边军事同盟泾渭分明、正面对立；同时，以争取发展权为表现的亚非会议、77国集团、南南合作，乃至不结盟运动云涌，世界政治秩序事实上呈现了“三个世界”格局。

1989年11月9日，柏林墙倒塌，全球市场重新统一。1991年苏联解体，宣告冷战最终结束，世界政治经济秩序相继发生了一系列的巨大变化，迎来了划时代的转换期。这也为美国确立冷战后的“美国治下的和平”（PAX Americana）——世界政治经济新秩序——提供了历史性机遇。

但不容忽视的是：冷战终结，在促进了原社会主义阵营集体走向市场经济道路、开始构建符合自身特点的经济发展模式的同时，也极

---

① ［日］藤井彰夫：“‘市场主义≠民主主义’时代的到来——资源新兴经济体的非自由化增长路线”，《日经VERITAS》，2008年8月3日。

大地释放了第三世界争取发展、追求和平的巨大势能，从而刺激资本主义阵营开放市场，积极展开全球投资和贸易，实现“比较优势的动态转移”，掀起全球大竞争浪潮。事实上，冷战结束后，一度在美国庇护下蓄积了经济实力的日、欧等“次级资本主义国家”浮出水面，开始要求更大的政治权力，寻求与美国对等地位，追求世界政治经济新秩序的主导权，进一步助推了全球化纵深发展的进程，使全球化被赋予具有时代特征的“全球大竞争”属性。

或许正是全球化所表现的全球大竞争特质，令美国难以依据“华盛顿共识”正面且明确地提出构建“美国治下的和平”的“伟大构想”，不得不结合企业活动的全球化，提出以构筑“21世纪世界经济秩序”的方式，表现全球化的“美国化”。

企业活动的全球化在20世纪90年代得到了迅速发展和深化，扩展为一种全球浪潮。信息技术革命实现了全球信息、商业交易的同时化，加速了全球化进程。特别是，金融交易实现了在世界范围内瞬间完成，使巨额资金的国际移动活跃、全球金融市场相互联动、金融机构彼此渗透、跨国金融产业快速发展，增添了世界经济的活力，但同时也给国际短期资金跨境移动提供了便利，演变为扰乱各国金融制度、外汇汇率稳定的重要因素，以至于在冷战结束后的短短20年内，引发了多起货币、金融危机。

与此同时，一度丢掉霸主地位的美国经济凭借IT革命卷土重来，企图借此在全球普及美国标准，构建开放的自由竞争型市场经济模式，意图通过将世界经济新秩序冠以“全球化”并等同于“美国化”，重新构筑美国经济霸权地位。这或许就是“后美国治下的和平”的目标所在。但以美国为震源的金融危机，无疑对这种“Pax AmericanaⅡ”构成了现实的打击，全球治理模式酝酿新调整。

2. 全球治理观的演变与国际体制的维护。冷战结束，世界对和平与繁荣的期待上升。海湾战争后的1991年9月，时任美国总统布什曾积极倡导将所有国家共同拥有责任和希望的“普遍和平体制”

(Pax Universalize) 作为冷战后世界的新秩序。

但即使是日、欧等盟国对这个“新秩序”的协调与支持也并不积极。各国相互协调的动力分散，地区主义、贸易保护主义与美国的实用主义相互交织，对立与协调并存，世界秩序的走向持续不明。冷战后两种完全相反的全球治理观，即“相互依存的民主和平论”与“强权政治论”的并存，正是国际社会尚未就此形成共识的反映。

基辛格曾针对中、苏和解后的亚洲形势，指出美国应采取更加弹性的对策，平衡日、中、苏三国行为。在政策倾向上可谓对上述两种思潮的某种折中选择。基辛格认为：在美国既无法支配又无法保持孤立的世界中，美国必须考虑构筑不仅包括俄罗斯，而且包括欧洲、中国、日本等主要力量的多极世界。美国以游戏者之一的角色参与这个世界，才能保证世界和平。①

基于同样的思想，2005 年到 2007 年持续近 3 年完成的阿米蒂奇第二报告将原定“如何管理中国”的主题改变为如何应对并参与太平洋西岸更广泛的“群雄并起”格局，以期通过协调、规范这一地区多种力量、多种功能并存的结构，影响“力量结构”及其走向的方式，追求进入 21 世纪地区个体力量急剧上升后的泛亚太秩序的维护，即在霸权衰退期，试图通过主导“国际协调”、利用“共同分担责任”、供给“国际公共财产”(public goods)，在国际货币领域确保提供“美元体制”为表现的公共财产（collective goods)。这种维护国际体系稳定的思想，与二战后美国对东亚的政策——确保松散化、避免横向紧密合作、力求相互牵制和制衡、维持地区平衡的理念②有很强的延续性。事实上，奥巴马上台后，针对中、印、俄（BRICs 的三强）、东盟、中亚，乃至日、韩等力量变化及其紧密合作的趋向，以及从中东到台海等海上地缘格局的新异动，将全球战略第一线设在阿富汗，并

① Kissinger, Henry A., “Seeking a New Balance in Asia,” Newsweek, May 22, 1989.

② ［日］五十岚武士：《日美关系与东亚——历史的文脉与未来的构想》，东京大学出版会，1999 年，第 262—265 页。

高调回归东盟、密集监视海上生命线，高唱“文明融合”，描绘“无核世界”，主导多种力量广泛参与的“G20 体制”，可谓纵深布子、控制地缘战略穴道，力求穿插、阻隔、分化、渗透，避免新兴力量形成逆美国愿望的组合，确保力量分布结构上的可控，以求新时期的动态均衡。

日本著名的贸易论、地区论和国际货币论专家，一桥大学名誉教授小岛清早在 2002 年就主张：“冷战结束，美国单纯依靠军事霸权难以保障世界和平与安全。”“只有期待达成绝对禁止使用核武器的国际公约，才有现代安全保障的成立。”“只有在全面禁止核武器以及核试验的国际协调基础上，才能确保当今全球安全。”因此，主张“在多极化趋势的时代，构建‘国际协调型和平体制’”。[①]

3. “超全球主义”的落空与全球化第二幕的开启。冷战结构的崩溃，一度被认为是美国资本主义自由市场体制的胜利。在世界范围内推行统一的美国自由市场主义的“妄想”在膨胀，这就是所谓的极端“超全球主义”。其主要依据是：苏联解体，俄罗斯等开始向市场经济转轨；中国则早在 1979 年便向开放的市场经济转变；上世纪 80 年代，“美国型市场经济模式”也已在英国撒切尔政权和新西兰新自由主义政权（1984 年）下得到验证。由此，依据“华盛顿共识”的“民主的资本主义”被认为必将在世界推广，全球自由市场也将得以实现；而现存的世界多样的经济文化和体制已落后于时代，必将被单一的、普遍的世界自由市场所兼容；依据这种哲学而运转的多边机构（WTO、IMF、OECD 等）开始尝试将自由市场向全世界推广，将多样化的世界经济统一为单一的全球自由市场经济。[②]

所谓“华盛顿共识”，实质上是企图在全世界统一实施美国标准的自由市场，并冠以全球化名义，确立世界经济新秩序，推进世界的

---

① ［日］小岛清：“全球化与美国主导的和平体制”，日本《世界经济评论》，2000 年 12 月号。

② 萨森、萨斯基亚著：《全球化时代——国家主权走向》，平凡社，日文版，1999 年，第 4 页。

“美国化”。而在冷战结束近20年之际，美国成为全球金融危机的震源，其以霸权主义者姿态在全世界强行推行新秩序已不再可能，国际协调型的世界经济秩序成为各国共同的追求。全球化迎来了“第二幕”。①

在21世纪型的全球化第二幕中，全球化已发生本质性变化。从基本结构上看，全球化的表现形式已从美国的单极集中体制，开始转向新兴经济体和资源国崛起的多极化结构；从国家形态的发展逻辑上看，“市场主义＝民主主义＝经济发展”的定式不再成立，“市场主义≠民主主义”、“民主主义≠和平稳定”日趋明显；从国际政策协调框架上看，上世纪90年代冷战结构下的G7实现了G8的转型，而进入21世纪型的全球化第二幕，G8以及G7财长会议机制明显表现出“功能不全”，尤其是美国金融危机后，“华盛顿共识”下的“美国化”，以及美国主导的主要发达国家共治机制，已不能适应新兴大国、发展中国家乃至第三世界广泛参与的全球化新时代。“G20框架”、“联合国关于气候变化公约签约国大会”机制（COP），以及“核安全峰会”（Nuclear Security Summit）机制，乃至“新兴五国首脑会议”、“BRICs峰会”、多种地区合作框架等，已上升为影响全球新秩序的主要舞台，日趋发挥主导作用；从全球金融市场的中介主体上看，传统的对冲基金势力弱化，新兴的国家主权基金规模和能力全面上升；世界资金从新兴IT产业和住宅产业，转向石油、粮食、矿物质等国际商品市场；国际货币体制发生着深刻的变化，世界储备货币结构多元化的呼声更为高涨。

事实上，1985年的“广场协议”，宣告美国主导的主要国家协调治理模式的有效性已经丢失。“广场协议”后，虽然G5体制扩展为G7体制，而此后的G7及后来的G8机制并未达成任何有效的多国间

---

① ［日］藤井彰夫：“美主导的时代终结——美元动摇，全球化迎来新阶段”，《日经VERITAS》，2008年8月3日。

协调共识，也未曾展开任何有效的多国间协调行动。其背景在于，世界的力量结构已发生了深刻变化，美国主导的主要国家协调体制无法应对变化的世界所反映的多样性诉求。第一，美国在世界中的经济霸权因欧、日的复兴及若干发展中国家的崛起已表现出很大程度的持续后退，如美国占世界出口的比例 1947 年达 32.5%，1970 年降到 13.7%，冷战结束后的 1998 年进一步下降到 12.4%。第二，技术的进步和跨国企业活动的扩大，推动国际经济关系趋于高级化、复杂化，仅仅依靠美国主导的主要国家协调控制或统治（governance）世界已不可能，一种更广泛的多国协调机制不可或缺。第三，在拥有不同价值体系和文化传统的多元化世界，强行、快速推行单一的“美国标准”缺乏现实可能性，客观要求在各国自主合作基础上，确立“世界标准”（global standard）或者规则（rule）。第四，在改善全球气候环境方面，则更需要世界所有国家的协调与合作。尤其是：在“全球化第二幕”中，资源新兴国成功实现了“非自由化的经济增长模式”，宣告了“市场经济不再必然形成民主化”。以巴西等铁矿石企业为代表的跨国垄断型“国际资源寡头”与传统的发达国家的“钢铁托拉斯”，以及新兴经济体的“钢铁产业集团”之间，事实上形成了资源国、发达国和新兴经济体三种力量的对立与协调型的“全球资源价格决定体系”，标志着美、日、欧为主导的发达国家利用垄断地位，单独控制“全球资源价格体系”的时代已经结束。

二、金融市场的全球化与国际金融体制改革方向

冷战结束后，国际金融市场出现了名副其实的超全球化。信息技术革命使大规模交易可通过因特网瞬间完成，全球金融市场可完全按照自己的方式运行。各国政府及 IMF 等国际机构对其如何进行监督、治理成为重大的全球性课题。

金融市场的全球化使短期资金的国际移动急剧增加，按年计算，世界外汇市场的年交易额约为世界贸易总额的近70倍。外汇交易的大部分业务属于基于两国间利差和汇率变动的套利交易，即短期资金流动。而随着对冲基金等信用投机规模扩大，信用交易风险日益增强。

一般而言，人们总是希望通过外汇投机活动缩小汇率波动幅度，保持外汇供需均衡，推动外汇市场向稳定化方向发展。但这种期待往往落空。实际上，1971年前后发生的巨额外汇投机，被认为是引发每盎司黄金兑换35美元固定汇率破产，进而导致布雷顿森林体制崩溃的诱因。同样，冷战结束后，欧洲（1992年）、墨西哥（1994年）、阿根廷（1995年）的货币危机，以及1997年的东亚金融危机、1998年的俄罗斯危机、巴林银行倒闭、美国长期资产管理公司（LTCM）破产，乃至今天的美国金融危机，都证实了这一点。

如果说东亚金融危机是“对冲基金”等外汇投机商对尚未完善金融基本功能的发展中国家展开的大规模投机活动所诱发的货币金融危机，那么始发于美国的金融危机则是金融产业和金融市场高度成熟下的“美国金融资本主义”的危机，堪称美国主导的金融全球化和自由化与金融监管体制落后于时代的“体制失衡”的结果。

1. 美国金融资本主义模式的破绽。美国金融危机使全球股票、住宅等资产价值缩水，全球消费市场急剧萎缩，工业生产停滞、企业倒闭、失业剧增，世界经济陷入螺旋型紧缩困境，面临二战后罕见的衰退。

危机中，美国所受的最大打击并不是经济，甚至不是美元地位，而是美国在全球道义上的领导地位。①

一种分析认为，美国金融危机的根源与上世纪80年代“拉美债

---

① ［日］北冈伸一：“美国新政权与日本的对应——共同面对大转换的时代”，“经济教室”专栏，《日本经济新闻》，2008年11月11日。

务危机”有关。上世纪的两次石油危机后，产油国利用石油涨价赚取的巨额“石油美元”无处运用，大举存入美国的跨国银行，并以融资方式环流于中南美。中南美在尚未形成民族产业的形势下，依赖美国银行的信贷资金扩大内需，形成被动债务结构，酿成“债务危机”。债务危机后，美资银行试图通过对企业并购和不动产融资方式埋掉拉美债务，但结果演变为巨额“银行不良债权”。可以说，拉美债务危机推动美国金融体系由银行为中心的“间接金融”走向以证券为中心的“直接金融”，形成了“证券化”潮流。

拉美债务危机和美国金融体制的证券化，与冷战终结相逢。美国开始扮演“全球资本主义”旗手，大力推动金融全球化和自由化。美联储成为全球市场的守护神。

在此背景下，上世纪 90 年代初期上台的克林顿政府，一改扩张财政的传统政策思路，积极运用金融手段，促进世界资金回流纽约，并经对冲基金、投资银行等美国金融资本的对外输出，形成强大的“资本输出”控制权。如此，以纽约为中心，以美元为表现，以信息技术为后盾，构建了世界资金循环体系，维护美元霸权体系。但美元霸权体系吹起了一连串的泡沫，如“IT 泡沫”、“住宅泡沫”、“消费泡沫”乃至“资源泡沫”。

回顾世界金融危机的历史，每一次金融危机总是宣告一个时代的终结，也宣告一个时代的开始。1971 年“尼克松冲击”宣告“布雷顿森林体制”瓦解；80 年代的“拉美债务危机”催动银行为主的间接金融时代走向结束；1987 年的“黑色星期一”（纽约股市大暴跌）宣告“广场协议”后发达国家间的国际协调体制能力弱化。而今，以美国为震源的金融危机也将宣告“美国主导世界道义的时代终结”。新兴经济体快速崛起，拉开了全球化的第二幕。

2. 国际政治力学新变化。金融危机后，一向主导国际金融秩序的“发达国家七国财长会议”（G7）功能退化，包括新兴经济体和主要发达国家的“20 国集团峰会”（G20）上升为推进改革、启动复苏、主导世界秩序的核心机制，标志着国际政治力学关系出现结构性新变化。

冷战终结后，世界市场重新统一，人财物和信息跨境移动，世界经济迎来了全球大竞争时代。新兴经济体经济快速崛起，占世界经济的比重由1992年的12%增加到2007年底的23%，10年来膨胀近2倍。尤其是：2001年中国入世，经济贸易发展加快；到2006年，中国外汇储备首次跃居全球第一；2007年中国GDP总量超过德国，仅次于美日，名列世界第三。同时，巴西、俄罗斯、印度及东亚各新兴经济体全面发展，世界经济呈现群雄并起局面。

新兴经济体的崛起，引发世界经济的力量结构急剧变化。首先，新兴经济体利用发达国家的资金和技术，扮演“世界工厂”角色，意味着自产业革命以来，发达国家掌控的世界产业格局重心开始向新兴经济体转移。作为世界产品的最终供给者，新兴经济体通过介入全球产业链，成为全球产业分工体系不容忽视的力量。尤其是进入新世纪，亚太地区形成了相互依存的地区产业网络，大规模的跨境“产业内贸易”迅速发展，促进全球化进一步深化。

其次，新兴经济体成为全球最主要的贸易盈余国，开始扮演全球资金的主要供给方，改变了二战后发达国家主导全球资金的供给结构。同时，新兴经济体资源需求上升，推动国际资源价格体系变革，冲击发达国家主导的国际价格体系，导致“非资源国”财富向“资源国”转移。

第三，新兴经济体经济崛起，瓦解了“市场经济=民主主义”的美国逻辑，反映了“华盛顿共识”的谬误。冷战结束后，美国自恃赢得了意识形态博弈的胜利，认为只要在全球推进“市场经济”，促进“中产阶级”大发展，必然带来“全球民主主义”。但进入21世纪，资源国靠资源价格上涨积累了巨额财富，“民主主义”并没有同步跟进，反而形成了“非民主化的高增长型资本主义”。特别是中南美产油国，不仅没有形成“积极的民主主义进程”，相反在伊拉克战争背景下形成了强烈的反美势力，积极推进油气资源国有化，搞“经济国家主义”，走出了“市场经济≠民主”的新道路。迄今，全球油气资源的近70%被国有化。而委内瑞拉、伊朗、俄罗斯等产油国主张的“石油交易非美元化”，对美元霸权构成直接挑战。新兴经济体主导的非民主型经济崛起，在政治力量上推动世界格局走向多极时代。

3. 奥巴马的美元新战略。美国金融监管体制改革的终极目标是捍卫“超国家的美元”地位。面对G20主导的国际金融体制改革，奥巴马政府连续发布了美国金融监管改革方案，着重“宏观信用秩序”稳定，突出美联储对金融系统的监管权限，构建国际协调型金融监管体制。其终极目标是捍卫“超国家的美元”地位。

所谓“宏观信用秩序稳定”，就是在制定金融监督政策中，通过维护金融系统的“全体”稳定，确保金融危机对实体经济的打击最小化。

以往的金融监管多从微观角度，将银行作为金融系统的核心，以保护存款者利益为最大目标，通过确保银行的健全性，维护金融系统的稳定。美国金融危机暴露了微观监管的“合成谬误”，即银行经营行为的集合，成为金融系统风险放量的前提。金融危机爆发的瞬间，金融系统功能紊乱，宏观经济波动振幅放大，酿成了“金融危机诱发型全球经济危机”。实际上，金融危机中，多数金融机构依赖公开市场操作融资。结果是一旦金融商品的市场流动性下降，金融机构便开始从“担保价格变动风险”中集体逃脱，引发金融商品价格急剧下降，金融机构的流动性急速匮乏，金融系统瞬间麻痹化。而危机后，金融机构在景气时期不断提高的杠杆率（相对于资本的资产倍率）陡然下滑，并通过资产抛售或抑制融资等方式，直接破坏了实体经济的信用条件，从而引发了全球性经济危机。

从国际角度看，维护金融机构健全性的主要手段是“巴塞尔协定”。上世纪末，国际清算银行主导制定了规范各国银行行为的“巴塞尔协定”，规定凡从事国际金融业务的金融机构，其自有资本比率必须达到8%。为达标，各国金融机构普遍采取两种办法：一是增强自有资本，确保达标；一是压缩资产规模，实现相对达标。在经济扩张期，各金融机构竞相扩大“杠杆率”，巴塞尔协定的约束力几乎失效。而在危机后的经济下滑期，各金融机构又采取压缩资产规模的方式，维护自有资本充足率，导致信用萎缩，加剧了对实体经济的负面影响。

从雷曼兄弟公司倒闭的教训看，鉴于巨型金融集团的破产对市场产生的负面影响极其巨大，奥巴马的金融改革强调要从金融系统稳定的高度，对那些不能以通常方式破产的巨型金融集团实施特别的监管。另方面，鉴于巨型金融集团多为跨国集团，对国际金融市场的影响重大，因此除了加强国内监管外，还必须构建国际监管协调体制，强化国际协调监管。

1999年11月，美国国会推出了废除银行、证券和保险等业务墙垣的“金融制度改革法案”（格拉姆法），但并未对金融监管体制实施改革。其结果是“金融上层建筑”严重滞后于“金融经济基础”。随着金融业务自由化和全球化、金融风险被分散于全球的同时，金融监管的权限也被“分散”得无影无踪，以至于金融监管部门无从发现金融风险在哪里，更无从控制风险以维护金融系统稳定。特别是作为美元的“守护神”，美联储的金融政策与监管职能脱节，更无从维护美元的全球信用。

正是基于对这种微观监管弊端的反思，奥巴马的金融监管改革方案从“预防危机”和“管理危机”两方面强调整体监管的意义。从监管理念看，既要重视金融机构的“行为失衡”，也要重视金融交易衍生的金融系统的“结构失衡”，从金融系统失衡对实体经济影响角度综合考虑金融系统的稳定性。为此，改革方案特别强调了“金融系统失衡”的影响。

为了维护美元“超越美国”的地位，改革方案赋予美联储可从维护金融系统稳定的高度一元化监管银行、证券和保险的权限，从而使那些“综合金融集团”及其“衍生商品”，乃至国际路径，统统纳入美联储视野。

2009年3月23日，美国财政部和美联储联合发表声明，对美联储以维护雇佣和物价稳定为目的的金融政策的独立性给予重新确认。二者结合，无疑将强化美联储的“美元守护神”地位。

在美国推出金融监管方案的同时，欧盟也推出了重视央行金融监管职能的金融监管方案。如欧盟的改革方案决定：由欧洲央行主导各国央行联合成立“欧洲系统风险理事会”（ESRB），对欧洲整体金融风险实施监视；而欧洲各国的央行则统一组成“欧洲金融监督体系”（ESFS），实施区域联合监管。央行主导金融监管渐成国际潮流。在此趋势下，如何在国际秩序的层次上，协调各国金融政策和监管政策，不仅将关乎国际金融体系的稳定，也必将对国际货币体制及其结构产生深远影响。

三、全球化进程中的国际货币体制改革

二战后，布雷顿森林体制形成，国际货币基金组织规定了基于1盎司黄金＝35美元的固定汇率制，实施“美元汇兑本位制”。在国际收支存在绝对不均衡时期，为调整汇率，世界多数国家采取了可调整的固定汇率制（adjustable peg）。美国通过主导联合国安理会、IMF和世界银行及“关税贸易总协定”（1995年发展为世界贸易组织）等国际机构，确立了世界和平与繁荣的体制，被称为“美国治下的和平体制Ⅰ”（Pax AmericanaⅠ）。

但1971年尼克松发表了两个声明，对世界政治和国际货币体制构成直接冲击。一是1971年6月，尼克松宣布访问北京，并于1972年成行。由此使亚太乃至世界政治的力量格局发生本质变化，中、美、苏三角关系上升为影响世界政治格局的平衡器。二是1971年8月15日，尼克松声明停止美元黄金按政府间交易价兑换，即“黄金

美元脱钩”，布雷顿森林体制瓦解，宣告二战后的国际货币体制迎来转折期。

国际货币体制由三个支柱构成，即：汇率决定机制、国际收支失衡的调整机制和国际流动性的供给机制。基于美元黄金固定汇兑关系的“美元汇兑本位制”，规定了事实上的“固定汇率制”，堪称布雷顿森林体制的核心支柱。“美元黄金脱钩”事实上宣告固定汇率制瓦解，布雷顿森林体制的核心支柱倒塌，基于此的国际货币体制崩溃。

“国际货币”虽有悠久历史，但“国际货币体制”只有百余年的历史，在国际政治经济的历史长河中堪称新生事物。[①] 布雷顿森林体制堪称首次以政府协定规定的国际货币体制，具有很强的政府主导特性。尽管1972年后历经“史密森协定”、“牙买加协定”，各国试图重新构建政府主导的国际货币体制，但自从1973年西方主要国家执行“独立的自由浮动汇率制”后，“政府主导型的国际货币体制”事实上已经结束了历史使命。而第二次石油危机后的1982年，美国开始在纽约商品交易所首次挂牌经营“石油期货交易”，并规定了美元计价规则，形成了全球统一的多边石油交易市场，进一步推动了“国际货币体制的市场化”。

期货市场的最大特点是“一个市场，一物一价”。美国正是利用石油期货市场的这一基本规律，彻底改变了传统石油供需双方单独定价的“双边交易”模式，确立起全球最大的石油需求方美国控制全球油价的市场体系，掌握了油价控制权。截至2000年，也实现了长达近20年的低油价时代。

20世纪80年代后期，卡特政府主导的“捍卫美元政策”并未能挽救美元衰退的历史命运。而里根政府主导的广场协议（1985年）和

① 一般认为英国主导的金本位制成立，标志着国际货币体制形成，但事实上这仅限于英国本国的金本位制。1880年各列强集体加入了金本位制后，“国际金本位制”才正式形成，被认为是“国际货币体制”正式成立的标志。相关论述参考 Paul de Grauwe，International Money：Postwar Trends and Theories，Oxford University Press，1996。.

卢浮宫协议（1987年）策动美元贬值，实施国际协调型市场稳定政策，反而助推了马克、日元乘机蚕食美元地盘，一度形成了美元、马克和日元三大货币圈（Triad）。克林顿政府利用提高利率、干预、“协调”等方式执行的强势美元政策，在打击了日元、马克地位的同时，也加剧了国际流动性的急剧波动，以至于引发了墨西哥货币危机、东亚货币金融危机。

面对新世纪，德国主导欧盟推动以马克为基轴的货币整合，于1999年发行欧元（Euro）；同期，日本则提出“面向21世纪的日元国际化战略”，试图摆脱1983年里根设计的“美国版日元国际化”的限制，应对世界经济和国际金融形势的剧变。国际货币体制的力量结构悄然生变。而自布雷顿森林体制崩溃，迄今已近40年，确立新体制的时机已经来临。

国际货币制度的重建和维护汇率稳定，是国际经济交易不可缺少的条件。欧元堪称是与美元相匹敌的国际枢纽货币，但欧洲整合模式及其金融与财政相分离的欧元制度形成了“一个货币，多种国债”的内在矛盾。希腊国债危机暴露了欧元作为国际货币的弱点。国债是货币价值的担保，堪称货币的政府信用体现。欧元区不同国家发行的、在市场中被定以不同级别的国债，难以对统一的欧元形成统一的政府担保。如此，欧元也很难构建稳定的“政府信用”，必将对其市场信用的形成构成阻碍。尽管日元国际化取得了积极进展，如：2002年日本对亚洲出口中，日元比例超过美元；2004年4月直至2010年4月，日本政府实现了连续6年未动用一分钱干预外汇市场的业绩；但东京市场的相对封闭、日本特有的重商主义，以及日本社会的高成本、政策法律制度中的无形屏障等，不仅导致日本的国债难以实现国际化、日本的进口难以扩张日元结算化，而且面对欧美巨大的市场，日本对欧美的贸易更难实现日元化。日元国际化的局限性日益暴露。在这种货币格局下，金融危机后三极货币体制依然难以形成。

在国际货币体制中，一国货币能否充当国际枢纽货币，不仅要实现一般货币功能的国际化，即价值尺度、贮藏手段、交易货币所体现的“贸易计价、结算功能、外汇储备功能以及国际投资功能”，还必须构建包括政府开发援助在内的国际政府间债权债务的清算功能、外汇市场中的“媒介货币”功能，以及国际大宗商品期货交易中的结算功能，特别是在国际金融市场中的交易功能，甚至包括货币本身就具备一种国际金融交易商品的属性。如此，追求普通的“国际货币”与追求“国际枢纽货币”堪称不同层次的“货币国际化”过程。在此，以国债为核心的债券市场及其清算中心和机制的建设不可或缺。

而在“非战时代”，无论是挑战美元，还是取代美元，构建新的国际货币体制都无法回避更加公正、合理、反映世界经济发展多样性的全球市场及其规则的构建。全球市场发展的趋势和属性将决定未来国际货币体制改革的基本走向，任何依据强权政治的贸易保护主义、货币单边主义，以及金融霸权主义，都很难继续主导国际货币体制改革的方向。而新兴经济大国，如中国的崛起，人民币国际化进程的逐步推进，世界贸易结算货币逐渐呈现出超越传统的美元、欧元和日元的趋势，更意味着国际货币体系多元化时代的来临。

第七章 美国经济霸权的命运*

经历本轮全球金融危机，美国经济霸权的命运再度成为国际社会关注的核心问题之一。它不仅关系到美国霸权地位的前景，而且攸关全球经济的未来。跟历次关于美国实力地位的大辩论一样，这次依然是唱衰者、看好者兼而有之。那么，究竟如何看待新时期美国经济霸权的前景？本文试图从国际政治经济学的视角做一解读。结论是：美国经济霸权虽遭遇重创，但经济实力依然雄厚，奥巴马变革成败是决定美国经济霸权命运的重要因素。

---

* 袁鹏，中国现代国际关系研究院美国研究所所长，研究员。

一、关于美国经济霸权命运的不同认知

美国实现崛起、超越大英帝国从经济领域开始，也首先凭借经济实力实现称霸。经济霸权是美国霸权的根基，是决定美国霸权的命脉。如果把美国的霸权地位分解成军事霸权、政治霸权、经济霸权和科技文化霸权，那么经济霸权的变数最大，也最可能决定美国霸权未来的命运。因为美国的军事霸权地位在可预见的未来仍将无可撼动，以“单极”或“霸权”称之毫不为过；[①] 美国科技文化霸权的基础也总体牢固，纵受影响，绝对优势依然明显；美国的政治霸权则已然遭到挑战，呈现明显衰势，诚如约瑟夫·奈所言，在政治领域，美国要维系单极纯属“无稽之谈”。[②] 唯有经济霸权，其命运最难把握，最具不确定性。如果经济霸权出问题，必然冲击军事霸权和科技文化霸权，加之政治霸权本来就在弱化，则美国整体霸权地位必然下降。相反，如果经济霸权地位依然牢固，辅之以依然强劲的军事、科技文化霸权，则即使政治霸权受到掣肘，也无碍美国继续主导世界秩序。因此，美国经济霸权的命运关乎整个国际格局未来的演变。

对于当前美国经济形势和霸权地位，国际社会看法不一，美国国内也大不相同。“金融大鳄”索罗斯、“股神”巴菲特、世界体系论大师沃勒斯坦、法国总统萨科齐、知名学者马凯硕和库普钱等人，属于唱衰美国霸权者，早在金融危机爆发前即看到美国霸权的泡沫、认定美国霸权的衰落；[③] 而保罗·肯尼迪、福山等知识界名流，则阶段性

---

① 即使在金融危机和奥巴马上台的新背景下，美国的年度国防预算仍然高达5800多亿美元，足可表明这一根基不会松动。

② ［美］约瑟夫·S. 奈著，门洪华译：《硬权力与软权力》，北京大学出版社2005年版，第214页。

③ 例如，索罗斯说：“美国已经深深陷入远离均衡领域的状态，以至于不能恢复均衡状态。”参见［美］乔治·索罗斯著，燕清等译：《美国的霸权泡沫——纠正对美国权力的滥用》，商务印书馆2004年版，第152页。

发表不同看法，观点摇摆不定，屡遭美国“新保派”人士讥讽；以基辛格、布热津斯基、《新闻周刊》专栏作家扎卡里亚等为代表的战略家们，则善于从国际体系和历史长河角度看问题，同时具有极强的捍卫美国霸权的意志力，因此一方面认定“后美国时代”即将来临（扎卡里亚）、“权势东移”大势所趋（基辛格），一方面认为美国仍有“第二次机遇”（布热津斯基），重振霸权并非没有希望；另有相当一批意识形态色彩浓厚、坚定的美国中心论者，如普林斯顿大学威尔逊学院前院长、现国务院政策规划司司长斯劳特等，则认为在“网络状的世界”里，美国的优势依然明显，霸权地位仍很牢固。①

关于如何看待当前美国经济形势和经济霸权，中国学者更是意见纷呈，迄今仍争论激烈。综合而言，大概有四种看法。第一种是“金融危机（而非经济危机）论”，多为长期研究美国经济和世界经济的学者。认为，美国目前的问题主要出在金融领域，包括金融监管不当、金融腐败、金融体制弊端等方面，“是金融出了问题，不是经济出了问题”，一旦金融监管到位，美国经济复苏会很快到来。第二种是“超稳定论”，多为长期研究美国政治、经济制度的学者，他们看好美国政治制度的自我纠偏能力、经济制度的内在运行机理、社会活力与创造力，以及美国军事霸权的“护航”能力，认为美国霸权在短期内不会有大碍，因为“美国毕竟是美国”。第三种是“霸权衰落论”，又可细分成几类。有的从美国经济发展历程找原因，有的则从政治体制找原因，还有人从文化、精神层面找原因，认为当前危机的根源是美国制度甚至“美国精神”出了问题，因此认定美国霸权已从“根”上烂掉了，从“9·11恐怖袭击”到“9·15金融海啸”这一总体衰落趋势难以逆转，“即使上帝也救不了美国”。第四种是所谓“阴谋论”，此论在中国网络、媒体、民间甚有市场。认为不排除当前状

---

① Anne-Marie Slaughter，“America's Edge：Power in the Networked Century”，*Foreign Affairs*，January/February，2009.

况是一种“偷天陷阱”，震中虽在华尔街，但最终遭殃者却在美国本土之外，美国不仅不会有大的损失，最终可能还会因此受益。此论代表性的观点是“美国受轻伤、欧洲受重伤、中国受内伤”；更有论者认为，其实美国政府和人民也是受害者，一小撮金融利益集团才是“幕后黑手”和一切问题的总根源。

总体而言，较之美国战略界和经济界人士对自身命运的一派忧心忡忡，中国严肃的学者似乎更加看好美国走出困境的能力，更加警惕美国金融危机背后的战略用心。这种认知上的反差，除了美国惯有的忧患意识与中国部分学者对美国制度的“特殊偏爱”及对美国战略的“天然警惕”等社会文化心理因素外，还在于两个重要的原因：一是对美国霸权轨迹的考察。美国经济霸权地位确立于“二战”结束之初。但在整个冷战时期，美国充其量只是西方世界的霸主，苏东阵营与中国为代表的发展中国家掌控着另外半壁江山。在两个平行市场状况下，美国经济霸权的能量与影响力实际上是有限的。美国真正成为世界性霸权，是在苏联解体、冷战结束之后。换言之，从全球霸权的角度看，美国霸权地位才仅存在二十年。而如果考虑到“赢得冷战”只是意味着美国“被动地”走上世界霸主地位，美国真正“主动地”谋划霸权体系，其实是从老布什推出“世界新秩序”战略开始，经克林顿和小布什两任政府才全面铺开，那么美国霸权地位今天实际上仍处于确立阶段。因此可以说，美国既在“维”霸，也还仍在“谋”霸。这是美国霸权与历史上的罗马帝国、大英帝国极其不同的地方，也是理解美国霸权命运的重要环节。二是对历次“美国衰落论”的历史记忆。美国自成为西方世界的霸主那天起，就表现出两个鲜明的特征：一面是踌躇满志，对外战略中主动塑造的色彩浓厚；一面是充满忧患，对外战略中又多少呈现出几分被动防范。自信心与不确定感相互交织，使得美国具有很强的忧患意识。反映在美国战略界与舆论界的言论中，即是阶段性看好别国、唱衰自己，“美国衰落论”时起时伏。但结果却都惊人的一致：美国不仅没有衰落，反而一次比一次更强大。

随着金融危机逐渐消退，美国国内出现一股“美国复兴论”，其中2010年4月19日美国《新闻周刊》封面文章《东山再起的国家》、自由派经济学家罗斯（Stephen J. Rose）的《反弹：为什么美国在金融危机后将变得更强大》、保守派作家布鲁克斯（David Brooks）在《纽约时报》的专栏文章《请放心，我们不会有事的》、科特金（Joel Kotkin）的《下一个一亿：2050年的美国》最具代表性。这些文章或著作的中心观点是，美国经济复苏势头加快、注重追求效率及以互联网为代表的系统创新等三大因素，决定美国将继续保持全球领先地位；而美国人口红利的到来，使美国未来依然是个年轻的国家。一些数据也似乎印证他们的说法，比如道琼斯工业平均指数在过去13个月上涨70%；2010年第一季度汽车销量比2009年上升16%；出口从2009年4月至2010年1月增长17.3%；GDP增长率从2009年第一季度的—6.4%变为第四季度的5.9%。凡此，使得看好美国经济霸权者继续增多。

对上述现象究竟该如何看待呢？

二、政治经济学的解读

为了回答这个问题，本文先区分两个概念，即经济实力与经济霸权。事实上，实力与霸权是两个既相联系又很不相同的概念。“实力”大体是可以量化的，“霸权”则更是一种感知；实力是一种累积，霸权则是一种释放。经济实力是一系列综合性指数的总和，是一个国家为实现其目标可以支配的总体资源（包括有形资源和无形资源），经济霸权则是将经济实力转化成影响、干预、塑造、改造、颠覆他国或国际体系的能力。在国际政治中，经济实力固然重要，但只是对外行动的基础，毕竟是静态的，唯其通过某种战略将这种静态实力动态化，转化成具体的行动力和影响力，才具有实质性意义。对美国而言，经济实力的动态化即是经济霸权。因此，认识美国经济、把握世界格局，既要考察美国经济实力，更应分析美国经济霸权。

而当前人们对美国经济的关注，考察更多的是其经济实力，而较少涉及其经济霸权。从经济实力角度看，即使美国遭遇当前金融危机和经济衰退，在未来十到十五年仍将无可匹敌。国内学者对这方面论述颇多，论据也很充分，兹不赘言。一向以分析严谨、低调冷静著称的美国国家情报委员会，在其新近发表的《2025全球展望》报告中也明确指出，到2025年多极化趋势虽难避免，但美国仍将是“唯一最强大国家”。[①] 在后金融危机时代，美国在发达国家中率先复苏，各种指标令人振奋，也一定程度说明了这一事实。问题是，经济实力依然超强不必然意味着经济霸权依旧稳固，因为实力能否转化为霸权还取决于战略选择、国际环境等一系列变量。而从这个意义上讲，美国经济霸权确实面临有史以来最严峻的挑战，尽管这种挑战并非完全不能克服。

这一看法的理论依据是马克思主义政治经济学关于资本主义的经典解读，即资本主义制度具有不可克服的内在矛盾性，也就是生产的社会化和生产资料的私人占有之间的矛盾。就此次金融危机而言，它实则是金融产品的过度生产而导致的，这同以往传统产品过剩导致的经济危机虽表现形式不同，但本质是一样的。这一看法的事实依据则是以下五大指标：时空条件—创新基础—国际信誉—制度控制—战争拉动。而最大变数则是变革，即奥巴马“新政”。以下将分别予以阐述。

1. 时空条件。美国建立并维系经济霸权是有一定时间和空间条件的。回顾美国自二战后确立经济霸权的历史可见，美国在二战后享有大发战争横财、收拾欧亚战后残局的大好时机，以“扶持”欧洲经济发展的方式赢得对西方世界的经济控制，从而在冷战期间拥有号令

---

① National Intelligence Council, *Global Trend 2025: A Transformed World*, iv.

西方世界的绝对权威。后冷战时期，美国面临缺乏势均力敌对手的“战略机遇期”，一度独享抢占东欧市场、改造俄罗斯经济的“冷战红利”，并坐拥“全球化就是美国化”的时代便利。如此，既能够倾销产品、转嫁矛盾，又可以设置制度、加强控制，还能够加速发展、乱中取胜。再从其历史上遇到的经济挑战看，则要么来自单一力量（如50—80年代的苏联、70年代的欧洲、80年代的日本），要么源于单一领域（如美元危机、石油危机、滞胀危机等）。因此，美国虽屡屡遭遇困境或挑战，却总能涉险过关，而且越唱衰越变强，最终得以强势步入21世纪。当前的美国，则遭遇国际体系大转型和世界经济大变动下多个力量、多重危机带来的复合型挑战，这在其霸权史上是头一遭。“世界权势东移”、新兴大国崛起带来数百年未有之大变局，冲击美国主导的国际政治经济秩序——俄罗斯从战略安全领域挑战美国，欧盟从金融经济领域挑战美国，一些中小型反美国家从政治上挑战美国，恐怖主义再掀新高潮则从心理上挑战美国。而俄罗斯的强势复兴、中东欧渐被纳入欧盟体系，则意味着“冷战红利”已经慢慢耗尽。2008年俄、格冲突显示，美、俄在前苏东地区的战略博弈已然拉开。更为深刻的是，全球化正从“美国化”异化为“反美化”、“去美化”、“排美化”，美国霸权成本倍增。诚如麻省理工学院经济学教授、国际货币基金组织前首席经济学家西蒙·约翰逊所说：“我们在过去20年依赖的很多增长驱动器正在消亡……我们将面临一个劳动力流动、资本和政治意志松懈的垮掉的10年。这与全球化相关。”[①] 为维系经济霸权地位，长期以来，美国国家政策的目的就是要“建立一个对美国经济渗透与政治控制完全开放的世界体系，不允许有任何美国的对手或威胁存在”。[②] 而现实证明，上述条件正在逐步丧失。美国经济实力本身虽未必衰落，但因为“他者的崛起”，无形中美国所拥有

---

① Washington Post, March 5, 2009.

② ［美］诺姆乔姆斯基著，张鲲译：《霸权还是生存：美国对全球统治的追求》，上海译文出版社2006年版，第21页。

的经济分量和经济影响力在相对减弱。“只要其他国家增长得更快，美国占世界经济的份额就将变得越来越小。”①

2. 创新优势。创新是美国维系经济霸权的根本。全球竞争力、企业实力、全球品牌、研发投入、高校排名等历来是美国引以为傲的资本，也是美国在经济领域独领风骚的法宝。上世纪90年代美国经济优势达到巅峰，得益于以互联网技术为龙头的“新经济”；扎卡里亚在《后美国世界》一书中虽对美国的前途命运一派忧虑之情，但对美国科技、创新仍津津乐道充满自信；前述《东山再起的国家》的作者在分析后金融危机时代美国经济的复苏前景时，也把创新列为三大支柱之一。一般而言，美国在创新领域的绝对优势地位依然明显。但也毋庸置疑，其相对优势有所减少。具体而言，是其技术、人才两大优势已难现上世纪90年代的辉煌。新技术方面，自2000年互联网泡沫破灭后，由于代表传统军工能源集团利益的小布什政府上台执政，加之“9·11事件”突发，迫使美国将战略资源与战略关注转向安全领域，并随后不恰当地转向在全球扩展民主，结果使美国未及沉下心来开发新的增长点，迄今尚未找到使其生产力出现革命性变革的产业。一度被视作“后新经济时代”增长点的纳米、信息通讯、新能源技术，终究未成气候，无法同当年信息、生物技术领先别国一到两代人的绝对优势相提并论。其中，曾被寄予厚望的纳米技术已然出现美、中、欧三足鼎立之势，而新能源开发则同国际油价、国内利益集团、政府投入息息相关，能否迅速转化为生产力更有待观望。目前面临的难关则是相关立法难获国会通过。以“智慧地球”、“物联网”等为标志的美国“新网络”倒是值得高度重视的领域，很可能成为美国重振创新优势的新起点。人力资源方面，高端人才外溢趋势明显。近年中国大陆出现的“海归”、“海待”现象，被美国《商业周刊》叹为

① ［美］法里德·扎卡里亚著，赵广成、林民旺译，《后美国世界：大国崛起的经济新秩序时代》，中信出版社2009年版，第57页。

“重返中国综合征”；低端人力资源成本大增。曾经构成美国廉价劳动力基础之一的上千万非法移民，如今抱团要权益、要地位、要待遇，在增加经济成本的同时，带来政治麻烦、社会问题、文化挑战甚至认同危机，引发已故知名学者亨廷顿关于“我们是谁?”的深度忧虑；以蓝领阶层为主体的中端人力资源，成为全球化的最大牺牲品和消费文化泛滥的受害者，演变成自由贸易的批评者和呼唤变革的生力军，创造力、活力亦不如前。更重要的是，以勤劳、节俭、热爱工作等为核心的新教伦理在美国正遭到逐步侵蚀，金融危机后美国虽倡导储蓄、节俭，但效果如何尚有待观望。特别需要注意的是，自 1960 年代末欧洲和日本打造出竞争力强大的工业体系以来，美国制造业即面对利润率长期下降的趋势。1970 年代美国连串的经济危机，即源于美国制造业走下坡。美国资本从制造业向全球金融业转移，带来了产业空洞化、本土工作消失和工资下降等恶果。随后，美国金融财团将从全球赚来的暴利带回美国本土再投资，不仅没有产生以往刺激创新之效，反而制造了百年难见的房地产与股市泡沫，并引发美国汽车业的整体崩盘之虞。过度金融化的美国经济看来无法支撑美国经济霸权的永续。然而新的发展空间何在？这正是美国经济霸权地位面临的深层挑战。目前奥巴马政府以打压丰田为美国本土汽车工业复兴开道，是否能给汽车业带来长远生机？还需要一段时期才能得出结论。而以“出口倍增计划”拉动国内就业、制造业回归、扩大出口，短期也未必能够见效。

3. 国际信誉。21 世纪美国经济霸权的另一重要特征是金融霸权，其中信誉是根本。美国之所以在“虚拟经济”和“双赤字”状态下行使霸权，靠的是发达金融市场、强势美元、吸纳海外资金及将资金转化为资本的能力和信誉，靠的是美国式资本主义发展模式的光环。当前美国经济所暴露出的问题，狭义上看，是因次贷危机、华尔街风暴所引发的五大投行沉沦和三大信用评级机构失信，导致金融信誉惨跌，包括美元信誉、信用评级信誉、政策信誉等；而从 2004 年“安然公司丑闻”到此次华尔街“麦道夫案”、AIG高管天价年薪等，人们对美国整个金融界的黑幕有了进一步的认识，尽管美国金融帝国大厦根基依然牢固，华尔街在清理整顿之后重现生机，但毕竟“华尔街已不再是那个华尔街”。广义上看，是美国模式信誉受到质疑。“市场经济＋民主政治”曾被美国誉为普世价值和济世良方，但1997年金融危机后受到东盟质疑，“华盛顿共识”破产后受到拉美抵制，此次金融危机则使美、英“盎格鲁—萨克森模式”遭到包括法、德、澳等主要盟国的诟病。美国政府此番超大手笔救市计划，表明美国自身也不得不调整既有模式。与此同时，中国模式、俄罗斯模式开始引发人们对发展模式多样性的认真思考。总之，对美国而言，通过将全球纳入“市场＋民主”轨道，进而借金融霸权和国际垄断牟利的套路越来越难以行得通。

4．制度控制。美国经济霸权的另一重要支柱是所谓“制度霸权”，即通过美国主导的国际经济金融机制呼风唤雨，或利用美国强大的经济武器为所欲为。但这一局面正在逐步发生改观。首先，美国主导的国际经济机构作用下降。集中体现在国际货币基金组织、世界贸易组织和世界银行三大机构上。面对金融全球化下数万亿美元巨额游资和主权财富基金，国际货币基金组织的资金规模捉襟见肘，其苛刻援助条件也令一些国家望而却步，影响力正处于历史低点，改革之声四起，“扩权”压力大增。在此背景下，中国等发展中国家在IMF的份额增加。尽管不少评论认为这主要是以牺牲部分欧洲权益为条件实现的，美国不仅没有损失反而借力用力达到继续操控IMF的目的，但从长远看，新兴大国在西方主导的体制内发挥作用的空间增大，对牵制美国经济霸权仍然产生一定作用；世界贸易组织则在体制内遭遇中、印等新兴大国挑战，体制外受到俄罗斯等国挑战，欧、日、韩盟国也并不同心，多哈回合谈判破裂从一个侧面显示美国越来越难主导WTO进程。而北美自贸区、南共体、东亚、欧盟一体化、“海合会”等区域贸易自由化挑战全球贸易自由化，使得WTO面临全球挑战；

世界银行之改革呼声由来已久，新任行长佐利克本人也多次坦言，世行如不立即改革将难以为继。其次，美国对外经济制裁的效应明显减弱。要么成效有限（如对伊朗、朝鲜制裁），要么投鼠忌器（如不敢对俄、格冲突后的俄罗斯大动干戈），要么雷声大雨点小（如针对人民币汇率的种种表现）。美国许多有识之士早就断言，经济制裁是把双刃剑，“损人并不利己”。最后，美元霸权地位受到挑战。尽管短期内美元地位无全球性挑战对手，但当前所遭遇的综合性挑战则是前所未有的，大体来自三个方面：一是欧元的挑战。2007年8月，世界流通货币中欧元首次超过美元是个重要信号。尽管在此轮金融危机中欧元与美元的较量有起有伏，但长远趋势看，欧元对美元的挑战是客观存在。有评论家从高盛公司深度介入此次希腊债务危机得出结论认为，美国在有意借欧洲危机继续打压欧元。但有一个风险不能排除，即希腊债务危机一旦延烧至西班牙、意大利并进而冲击整个欧洲，反过来也必然倒逼美国。二是美元贬值。据国际清算银行数据，美元实际有效汇率从2002年2月至2008年3月下跌34%。可以预见，美国以发债方式救市，必然会进一步引发美元贬值。近来奥巴马开始呼吁强势美元，也从一个侧面显示美国意识到弱势美元对美国经济金融霸权的长远负面影响。三是多国纷纷寻求替代或减持美元方案。俄罗斯、伊朗等国已公开表示以各自货币结算石油交易和商贸往来，海湾六国酝酿区内货币，美“后院”巴西、阿根廷两大国决定双边贸易用雷亚尔和比索结算，对美元霸权不啻又一重击。中国与周边国家的货币互换协议，中国央行行长周小川“超主权货币论”的出炉，标志新兴国家开始公开质疑美元国际货币的法理基础。上述动向目前尚构不成对美元霸权的根本冲击，但与五年前比，美元主宰地位受到一定程度削弱。

5. 战争拉动。超强军力是美国经济霸权的保障，大的军事行动往往成为拉动内需、提振经济的催化剂，无论是被动卷入还是主动发起。从独立战争至今，美国卷入的大、中型战争100多起，影响美国历史发展方向的大的战争即有10多起，多数起到推动美国发展的特殊作用，以至战争因素已经融入美利坚民族的血液。1775—1783年的独立战争对美国历史的贡献自不待言；1812—1814年的美英战争则以“第二次独立战争”被载入史册，使美国实现真正意义上的独立；1853年的美墨（西哥）战争及19世纪美国与印第安人之间发生的一系列战争，使美国获取了新墨西哥、德克萨斯、加利福尼亚等大片国土；1861—1865年的南北战争则保证了国家的统一，并为自由资本主义的进一步发展扫清了障碍；1898年的美西（班牙）战争不仅使美国攫取关岛等战略要地，而且从此登上世界强国舞台；第一次世界大战为美国顺利完成国家的工业化、都市化、垄断化转型提供了助力，并使美国一跃登上世界头号经济强国交椅；第二次世界大战则不仅帮助美国最终摆脱“大萧条”，而且理所当然地成为西方世界的霸主；1950—1953年的朝鲜战争，虽在军事上失败，但对美而言，从遏制共产主义的蔓延、保持东北亚乃至台湾海峡两岸的分裂局面以利美居中制衡方面，仍有所得；此后的越南战争，是美国历史上真正意义上的败仗，却在完成美国国内政治社会转型、刺激经济发展等方面有积极意义；长达半个世纪之久的冷战，最终以苏联的垮台告终，美国也因此成为世界唯一超级大国；1991年的“海湾战争”揭开了美国缔造冷战后“世界新秩序”的序幕，也全面检验了美国高科技武器；1999年的“科索沃战争”，达到了清除欧洲冷战“余孽”、断绝俄罗斯西进企图、稳住美欧同盟关系等“一箭三雕”的战略目的；2001年的阿富汗战争，虽为反恐而战，却使美国军力历史性地进驻中亚，并因迅速达成当年英国和苏联未能实现的目标而使军事实力得以“动态展示”，凸现了不可一世的军事单极强势地位；伊拉克战争的获胜，除再次证实美国军事实力的强大外，也显示出美国单边主义政治意愿在关键时刻并不受当今国际格局束缚。从以上事实大体可以对战争与美国历史发展的关系得出三点结论：第一，战争已成为美国社会发展不可或缺的重要养料，人类社会进入近代以来，还没有哪个国家像美国那样，如此得益于战争带来的收益而极少受损于战争的伤害。第二，美国需要战争。一方面是因为，战争往往成为周期性凝聚纷然杂陈的不同族裔、锻造独特的美利坚民族的“粘合剂”；另一方面则在于，二战以后逐步形成的美国军工企业复合体已经成为美国经济的重要组成部分，美国经济活力的释放部分仰赖于战争机器的启动。第三，历史多次证明，美国社会、经济、战略的历次大的转型无不以一场重大的战争作终结。然而，伊拉克战争和正在进行的“阿—巴”战争似乎正在打破战争拉动经济的美国历史规律。美国消耗上万亿美元军费，死伤过万名将士，未换来国内就业、生产、经济形势好转，反而最终引发金融、经济危机甚至政治分裂。这是因为，全球化条件下的战争形态和性质已然生变，大规模军事冲突、大国间战争可以避免，靠战争拉动内需的可能性大减；美国当前所面临的主要敌人，是来去无踪的恐怖主义和极端伊斯兰主义等“意识形态对手”，拴住了人却让大规模武器派不上用场，难以实质性拉动内需。美国防部长盖茨近期决定冻结 F22 等先进武器生产，减缓军费增速，一定程度上是基于 21 世纪新战争形态的考虑。更重要的是，由于国内、国际环境限制，美国轻启战端的难度增大。依靠战争手段刺激经济发展的效应从来没有今天这么低。

以上分析表明，当前美国面临的金融危机和经济衰退，远非一般意义的经济问题，而是同美国整个霸权地位息息相关、涉及美国霸权根基的结构性问题。从大处看，它是冷战后国际体系变迁的应有之局，基辛格“四百年未有之大变局论”、哈斯“无极论”、梅德韦杰夫“多极时代来临论”、萨科奇“相对大国论”等，都出笼于金融危机全面爆发之前，表明“9·15 金融海啸”只是体系变迁山雨欲来大势的加速器而已。从小处看，则是冷战后美国几届政府耽于“单极独霸”迷梦、疏于体制变革的必然结果。高呼变革口号的奥巴马之所以异军突起最终得以高票当选美国总统，远非种族融合的胜利，而是美国人民已深刻地意识到：再不改革，美国霸权地位将难保。

三、奥巴马“新政”成败攸关

美国经济霸权虽然面临重大挑战，但并非意味着其必然走向无法逆转的衰落。因为历史上，美国至少遭遇过两次远比当前金融危机重大的历史性变局，均涉险过关，并因此实现跨越式发展。而其中的重要法宝就是美国周期性的变革。

第一次是19世纪末20世纪初，美国从自由资本主义向垄断资本主义过渡，城市化、垄断化、工业化、国际化从各方面冲击美国的政治、经济、社会生活，导致问题成堆、矛盾激化，国家站在十字路口，列宁在其著名的《帝国主义论》中甚至提前宣告美国资本主义的死亡。第二次是1929—1933年经济危机，美国经历从一般垄断资本主义向国家垄断资本主义转型，外有苏联社会主义模式的蓬勃发展和竞争压力，内则面临国民经济的整体崩溃和社会矛盾、阶级矛盾、种族矛盾空前激化，全美国弥漫着一股悲观的没落情绪。但历史证明，美国不仅成功渡过了这两次危机，而且藉此分别实现了国家的初步崛起和成为西方世界的霸主。究其原因，乃分别得益于老罗斯福和威尔逊总统发起的“进步运动改革”以及小罗斯福进行的“新政”两场重大体制性变革，并借助“一战”、“二战”两次世界大战。再往后看，美国摆脱上世纪七、八十年代滞胀危机，则归因于“里根革命”倡导的新自由主义路线及苏联解体所带来的“冷战红利”。

冷战后，美国实际上处于从国家垄断资本主义走向国际垄断资本主义的又一次历史性转型和体制性转轨，并面临从“两极”到“一超”和全球化纵深发展的全新环境，但因沉醉于“赢得冷战”的胜利感和“一超独霸”的战略机遇期，并享受全球化、信息化带来的实利，本该进行的新一轮体制变革未能展开，而体制的某些弊端被克林顿时期的“新经济”和小布什的“反恐战争”所掩盖。事实上，“市场+民主”的美国模式、经济全球化必然推动民主全球化的战略思维，在多种模式共存、“民主化”遭遇挫折的现实面前显得陈旧僵硬；过分强调自由放任而贬斥国家干预的做法违背“两条腿走路”的美国式道路基本规律；“极”化现象凸现、两党恶斗加剧、少数族裔力量上升，使美国社会和政治平衡遇到颠簸；“新保守主义”一度大行其道，打破了美国自由主义和保守主义两股思潮内在的平衡性；超前消费、“虚拟经济”、意识形态挂帅成为潮流，也绝非“美国精神”的应有之义。因此，从“两房”危机到华尔街海啸，再到汽车工业遭遇重创，看似偶然，实有其必然性。其虽难比历史上那两次重大事件，但本质上也是某种体制性危机，即是在国家垄断资本主义借助全球化时代走向国际垄断资本主义过程中，上层建筑与经济基础之间的严重不协调所致。对内，金融寡头与美国民众之间的矛盾加剧；对外，美国经济霸权与新兴大国崛起矛盾加深。

正是在这样一种大背景之下，奥巴马“明知山有虎，偏向虎山行”，上台伊始厉行全方位变革。奥巴马能否展开全面而深刻的变革，变革能否取得成功，将在很大程度上决定美国经济霸权的历史命运。

从执政一年多的实践看，从推出超大规模救市和经济复兴计划到厉行新能源开发，从抛出“无核世界”倡议到奉行“巧实力”外交，奥巴马政府的确已做好变革的准备并正全力推进，而且在一些重要方面取得进展。包括：医疗保险改革法案获得历史性突破，为缓解制约经济发展的社会深层矛盾起到了“安全阀”作用；金融监管全方位拉开，尽管困难重重，仍在稳步推进，包括近期对华尔街“龙头”高盛公司的相关调查；全面重振汽车业等传统制造业的工作相机拉开，福特、通用销量连续攀升；“出口倍增计划”正式启动，为此美国成立机构、确定步骤，并有相关战略加以配合。凡此措施，使美国经济见到起色，股市、外贸、经济增速都有明显成效。以致不少美国学者高呼“美国东山再起”。

然而，同老罗斯福时代的“进步运动”和小罗斯福时代的“新政”、甚至同“里根革命”相比，奥巴马变革虽暂时取得成效，但前景依然具有很大不确定性，显然面临一系列新的难题：一是两党内斗加剧，将使变革的力度和效率受到影响。“进步运动”之所以成功，很大程度上归因于罗斯福和威尔逊两位总统虽不同党，但在改革的大方向上同心同德，且相互补充。而“新政”之推进，与小罗斯福连任四届总统的特殊条件息息相关。反观奥巴马政府，两党执政理念、所代表的利益群体大不相同，在一些重大问题上彼此扯皮。医疗保险改革法案虽然历史性地获得通过，但从政治上看却加剧了两党的矛盾，“茶党”、“咖啡党”应运而生。二是倚靠转嫁风险的做法来摆脱危机难度增大。美国在德国、墨西哥、日本、东南亚曾经屡试不爽的制造危机、搞垮对手的“阴招”，目前似难复制。既是因为全球化时代美国与他国利益之捆绑达到新的深度，也是因为他国在总结历史经验教训的基础上更加敏锐、防范措施更加到位。此外，由于经济与政治因素相连，过分从经济上打压对手容易造成更致命的政治影响。如美国最近打压“丰田”，已然冲击本已出现龃龉的美日同盟关系。三是新能源开发前景不明，以此作为美国新经济增长点的突破口，看来寄望太高，至少需要一定时间周期。四是以战争摆脱危机的风险难以承受。如果没有“一战”和“二战”使美国发战争财，“进步运动”和“罗斯福新政”的结局可能被改写。但在新的历史条件下，世界大战打不起来，高烈度局部战争也很难打响。奥巴马目前倾力打造的“阿富汗—巴基斯坦新战略”，与其说是想通过在阿、巴开辟第二战场摆脱国内经济危机，不如说是不得已而为之，以防止恐怖主义高潮再起从外部冲击美国霸权的根基。指望战争手段刺激经济复苏，恐将得不偿失。

总之，美国经济霸权确实面临冷战结束以来最严峻的挑战，需要一场根本性变革来医治，奥巴马变革能否担此大任，尚需继续观察。实际上，在经济全球化、政治多极化、威胁多元化的21世纪，美国真正走出危机的良方是放下架子、放低姿态、收缩目标、压缩战线，与他国和平共处、合作协商。也即，勇于实现从“霸权”到“领导”

的角色身份转变，并以开放的胸襟接纳新兴大国的崛起，包容不同制度、文明的发展。果如是，美国享有“平等中的第一”（first among equals）地位的时间还会拉长。毕竟，美国经济霸权虽遭遇重创，但经济实力乃至综合国力至少在未来十至二十年仍将大幅领先；美国也拥有一系列其他大国所不具备的独特优势资源（如独特地理位置、近海油气资源、未来“人口红利”等）①，而世界也似乎并未完全做好应对一个“无极”世界的心理准备。从奥巴马变革思路看，他似乎正在朝此方向努力。但这种努力是姿态性的还是实质性的，是策略性的还是根本性的，有待历史检验。更关键的是，这种变革方向是奥巴马的，民主党的，还是全国性的，也未可知。至少从目前看，奥氏变革虽努力改变美国维持霸权的方式，但尚不足以改变美国霸权的本性。

① 据估计，2050年美国人口将达到4亿。美国应当能够利用其充满活力的人口状况来确保自己未来40年的优势。*Newsweek*，April 26，2010.

第八章 北约的演变及其发展前景*

近年来，北约围绕其未来作用及地位展开了新一轮密集讨论和磋商。“新战略构想”将在2010年11月北约里斯本峰会上浮出水面。当前国际体系在全球化的冲击下正酝酿深刻变动，跨大西洋联盟的走向无疑是需要关注的重点之一。

一、冷战结束和“9·11”以来北约的演变

北约是冷战时代东西方阵营对峙的产物。北约成立时的使命被概括为“留住美国人、挡住俄国人、管住德国人”（keep Americans in,

---

* 冯仲平，中国现代国际关系研究院院长助理兼欧洲研究所所长，研究员。

keep Russians out，keep Germans down)，但其最重要的任务无疑是防御苏联的入侵。完成这一任务，北约采取的是把美国与欧洲捆绑在一起、成员国“集体防御”的办法。北约的全名为北大西洋公约组织，而《北大西洋公约》的核心是其第五条款，即对一个成员国的攻击被看作是对所有成员国的攻击。苏联解体、冷战结束后，“北约怎么办”，在北约内外引起了激烈的争论。一派意见认为，既然苏联威胁已经消失、华约解散，北约也该寿终正寝了。另一派意见则认为，尽管失去了原有对手，在新形势下北约可以继续发挥作用。冷战结束至今 20 年，虽然关于北约的性质和作用的争论从未停止过，但后一派意见显然一直占据上风。

冷战结束，意味着“长期领土战争的最终结束”，[①] 北约的领土防御功能从此退居第二线。北约自 1949 年成立以来第一次开始寻求发挥新作用。这是一个重要转折点。1991 年，北约在罗马首脑会议上通过了冷战后首份战略概念文件，提出将从过去主要对付外敌入侵的“前沿防御战略”，转向应对地区冲突的“危机反应战略”。为此，北约决定缩小部队规模，提高其灵活、机动和快速反应能力。在随后的几年里，这一新战略被付之实施，并因此导致了北约历史上首场战争。1999 年 3 月 24 日至 6 月 10 日，北约对南联盟科索沃进行了大规模的空袭。同年，正值北约成立 50 周年，北约在华盛顿峰会上进一步将战略重心确立为处理危机和地区“维稳”。通过科索沃战争，北约取得了两大突破：一是从成员国领土发展到了周边地区，二是北约的行动没有得到联合国的授权。

继科索沃战争后，北约作用的另一次重大发展是“9·11”后。随着“9·11”后美国安全战略重点的调整，北约的职能也发生了相应的变化，反恐成为北约的头号任务。2002 年 11 月，北约布拉格峰会正式将反恐确立为北约新的中心任务，并通过了一系列具体而明确

---

① 罗伯特·库珀：“冷战终结的三个方面”，[日]《外交论坛》，2009 年 12 月号。

的改革计划。其中最重要的是建立反恐快速反应部队。该部队由 2.1 万人组成，包括海、陆、空等多兵种，取新老各成员国之长，装备精良武器，具有快速部署和持续作战能力。其次是改革和调整北约军事结构，逐步按职能设置指挥体系，以取代按地域划分的指挥体系。同时，反恐将北约的“地理限制”彻底冲垮了。布拉格峰会认为，恐怖无国界，反恐无防区；北约未来可在“任何时间、任何地点”实施反恐行动。用《联合声明》的话说，保卫本国的边界已经不够了，北约需要“为保卫军队、人民和领土的安全而增强自身迎接挑战的能力，不管挑战来自何方”。峰会决定建立一个新的力量投放司令部，以统一指挥“防区外”作战行动。同时批准了“布拉格能力承诺”，每个成员国都保证在八个领域提高其能力，包括：预防核生化等大规模杀伤性武器；情报和侦察；指挥、控制和通讯；精确打击；空中和海上战略运输；空中加油以及对持久战争的后勤保障等。2003 年北约快反部队成立。同年，北约开进阿富汗，接管了国际安全援助部队的指挥权。这是北约有史以来第一次在远离防区的地方执行任务。

为了进一步证明其新价值，北约在积极应对地区冲突和反恐的同时，还展开了接纳前华约集团成员的“东扩”进程。为了避免过于刺激俄罗斯，北约采取了渐进策略。第一步，北约于 1991 年 12 月同中东欧前社会主义国家成立了“北大西洋合作委员会”。第二步，1994 年 1 月在苏联解体后举行的首次首脑会议上，北约又正式批准了“和平伙伴关系计划”。这实际上是为中东欧国家加入北约进行的过渡性安排。第三步即正式启动东扩，1999 年波兰、匈牙利、捷克三国成为北约首轮扩大的对象。2004 年爱沙尼亚、拉脱维亚、立陶宛、斯洛文尼亚、斯洛伐克、罗马尼亚、保加利亚七国成为北约成员。之后，2009 年北约又接纳了克罗地亚和阿尔巴尼亚，至此北约由冷战时期的 16 国增至 28 国。通过“和平伙伴关系计划”和东扩，北约改变了其与中东欧国家以及中亚等前苏联国家的关系，确立了其在后冷战时代欧洲整体安全格局中的主导地位。

二、美欧对北约的战略考虑

北约被保留下来并不断发展，主要得益于它能够在冷战后新形势下继续发挥作用。每一次新战略的提出，反映的都是北约职能的拓展和活动范围的扩大。而这些新作用是美、欧需要的，也是其他西方组织机构或工具所不能替代的。

冷战结束以来，北约的发展基本上反映了美国的全球战略。冷战结束之初，美国害怕俄罗斯东山再起，因此将北约视为巩固冷战成果、保持美对欧洲事务控制力的最重要抓手。这是北约得以保留且吸纳前华约国家入约的主要战略动机。2001年小布什上台后，美国将其最大的安全威胁定位于大国竞争以及潜在大国的崛起。由于美“新保守主义”大行其道，在国际上大肆推行单边主义政策，北约及欧洲盟国遭到冷遇。“9·11”后布什政府将主要安全威胁定义为恐怖主义和大规模杀伤性武器扩散，美国的国家安全战略重点也随之发生了调整。在此情况下，美国极力推动北约也重新定义其任务。“9·11”后美国公布的首份《国家安全战略》指出：北约仍很重要，但条件是欧洲伙伴愿意并有能力反恐。只有做到这一点，北约“才能够重新像冷战时期一样成为大西洋联盟成员国集体防御的中心保障”。在美国的极力推动下，北约秘书长罗伯逊深刻意识到：不反恐，北约将面临边缘化的危险。在2002年北约布拉格峰会前夕接受德国《星期日世界报》采访时，罗伯逊明确指出：“‘9·11’事件之后这个世界发生了变化。北约也必须发生根本性的变化。”布拉格峰会将反恐确定为北约的首要任务，正是反映了美国的这一战略意图。而随着反恐的进一步发展，美国国内主张“北约全球化”、维护美国全球利益的声音越来越大。所谓“北约全球化”指的是，北约能对世界任何地方出现的威胁迅速作出反应，将威胁扼杀在萌芽状态。主张“北约全球化”的一些美国人甚至主张将澳大利亚、新西兰、日本、韩国等亚洲国家也拉进北约。

奥巴马上台以来，欧美关系大幅改善。对于陷入严重金融危机和两场战争的美国来说，时下最紧迫的是希望北约盟友能够在阿富汗发挥更大的作用，更多地为美国分担负担。但从长远来看，维护跨大西洋联盟对于美国维护全球利益和“领导地位”同样重要。美国前总统安全顾问布热津斯基把北约的这一重要性称为“非凡的潜力”。其实质是希望通过北约维护西方共同的领导权。在他看来，“美国的军事实力和经济力量与欧洲的集体政治和经济分量结合起来，使北约在全球范围变得举足轻重。”因此，他特别指出，美、欧一定要对北约的团结保持高度的政治敏感性。①

保留并进一步发展北约，同样符合欧洲的战略利益。对于欧洲国家来说，北约在冷战后具有三大战略功能：首先是“安全保险”。尽管苏联解体后欧洲国家遭遇外部入侵的可能性很小，但一旦出现安全上的不测，北约或美国的保护还是欧洲所需要的。其次是“地区维稳”。西欧国家同美国一样希望通过北约东扩达到巩固冷战成果的目的。最后是“政治纽带”。保留北约，有利于欧洲与美国进行直接对话以及施加影响。

“9·11”后，欧洲从其新“安全观”以及多边主义“国际观”的角度，发现了北约新的战略价值。“9·11”事件发生之初，欧洲国家立即推动北约启动“第五条款”，与美国坚定地站在一起。但美国绕开联合国执意发动伊拉克战争，遭到法国、德国、比利时等国的反对。欧美关系骤然趋紧，北约出现分裂。2003年，欧洲国家对新形势下的安全威胁以及应对手段进行深刻反思，形成了有史以来首份“共同安全战略文件”。该文件集中反映了欧盟的新安全观。文件指出，没有任何一个欧盟国家还面临大规模入侵的威胁，国际恐怖主义已成

① 兹比格涅夫·布热津斯基：“北约的一项议程——迈向一个全球安全网”，［美］《外交》2009年9月/10月。

为新的最大威胁。[①] 将恐怖主义列为最大的安全威胁，标志着欧洲与美国立场的趋近。欧盟共同外交与安全政策高级代表索拉纳在2002年还撰文认为："在大多数欧洲人看来，安全环境最重要的变化是苏联威胁的消失，而不是恐怖威胁的出现，而后者无疑是美国注意的焦点。"[②] 欧盟文件将大规模武器的扩散定义为："国家之间唯一最严重的对和平和安全的威胁。"认为，目前正在出现一个新的增大这些武器竞赛的危险时期，尤其在中东地区。导弹技术的扩散将使欧洲置于一个日益危险的境地。文件指出，最可怕的情况是恐怖组织掌握了大规模杀伤性武器。扩散问题愈发展，这种危险就愈大。在此情况下，一个小的集团和组织引起的破坏，在过去也许只有国家和军队才能做到。除国际恐怖主义、大规模杀伤性武器的扩散外，该文件认为地区冲突和失败国家也对欧洲安全构成严重的威胁。

如何应对上述威胁，欧盟的战略决策者们特别强调国际合作和加强多边主义的重要性。安全战略文件指出："加强联合国，使其具备承担责任和有效行动的能力，必须是欧盟的优先重点。"同时强调，国际社会须寻求法律手段来对付扩散、恐怖主义和全球变暖，建立一个以法律为基础的国际秩序。在打击恐怖主义等方面，应采取综合治理的办法，反对单纯使用军事手段。报告指出：与冷战时期大规模、看得清的安全威胁不同，新威胁没有一个完全是军事性质的，也没有一个可以单靠武力来解决。所有这些威胁都需要采取包括政治和经济在内的更加广泛的解决手段。如扩散问题，需要加强出口管制，同时施加政治和经济等各方面压力。对付恐怖主义则需要各国情报、政治、军事等方面共同行动，"国际合作是唯一有效途径"。基于这一认识，欧盟认为国际安全的保障必须建立在基于法律基础的多边主义之

---

① Javier Solana, "A Secure Europe in a Better World", paper presented to the Thessaloniki European Council, 20 June 2003, http://ue.eu.int/pressdata/EN/reports/76255.pdf.

② Javier Solana, "The Transatlantic Rift US Leadership After September 11", *Harvard International Review*, Winter 2002, XXIV, issue 4.

上，而北约和跨大西洋关系是这一多边体系的“核心组成部分之一”。[①]

近两年来，随着欧洲国家对安全威胁的深入评估，北约的地位得到进一步的肯定。英国2008年3月发表的首份跨政府部门的《国家安全战略报告》，和同年法国出台的新《国防与安全白皮书》具有很多相近之处。从对安全形势总体判断来看，两国均认为：其安全形势日益复杂和难以预测，“尽管世界不是必然变得更危险，但是已经变得更不确定、更不可预测。”[②] 英国认为：冷战的威胁已经被一种不同但相互关联的系列威胁和风险所取代，这些威胁和风险包括国际恐怖主义、大规模杀伤性武器扩散、冲突与失败国家、跨国性犯罪。长远的安全威胁则有气候变化、能源竞争、贫困治理、人口变化与全球化等。[③] 法国《国防与安全白皮书》指出，欧盟是恐怖主义瞄准的明确目标。同时，法国强调指出：一些新的危机已经显露，如信息攻击。认为在某些情况下，一些国家或极端组织会优先使用信息攻击。此外，法国列出的安全威胁还包括由生物环境的恶化而增加的卫生危机、生态危机。[④]

在如何应对安全威胁方面，英、法均看重北约，但同时有各自的重点。英国认为：威胁及其诱因日益跨越国界，需要各国共同应对。因此，基于国际机制的多边主义——不只是更有效，更重要的是更合法。报告强调：“我们国家安全的最终责任是对英国负责，但是集体行动，特别是通过联合国、欧盟和北约组织的集体行动，仍是应对和减少我们所面临威胁的最有效途径，以及完全解除威胁的唯一可能方

---

① Javier Solana，“A Secure Europe in a Better World”，paper presented to the Thessaloniki European Council，20 June 2003，http：//ue. eu. int/pressdata/EN/reports/76255. pdf.

② Defense et Securite nationale，http：//www. diplomatie. gouv. fr/fr/IMG/0000. pdf.

③ UK Cabinet office：The National Security Strategy of the United Kingdom Security in an interdependent world http：//interactive. cabinetoffice. gov. uk/documents/security/national _ security _ strategy. pdf.

④ Defense et Securite nationale，http：//www. diplomatie. gouv. fr/fr/IMG/0000. pdf.

法。”同时，英国强调与美国的伙伴关系为英国“国家安全的中心”。①

法国更多强调的是欧盟与北约的安全合作，认为欧盟与北约对于法国的安全和行动都必不可少。法国《国防与安全白皮书》认为，有两种态度必须排除，一个是仅让欧盟充当北约的民事部门，另一个要求欧盟独自承担其成员国的集体防御使命。欧盟与北约的互补性将使两个组织都化生出巨大附加值。“保持北约并对之进行调整符合法国及其伙伴国的利益”，法国希望北约与欧盟两个组织在相互补充、保持自主的基础上建立“更新的伙伴关系”。正是基于对欧盟与北约相互合作、共同应对新安全威胁的立场，萨科齐上台后做出了法国重返北约军事一体化机构的决定。

综上所述，冷战后美、欧逐步重新赋予了北约新的使命，特别是“9・11”后双方都希望其成为应对恐怖主义、大规模杀伤性武器扩散等新型威胁的工具。同时不论美国出于维护其全球利益的角度，还是欧洲基于全球治理和构建多边主义国际秩序的考虑，均将跨大西洋联盟视为各自对外战略的支柱。

三、北约发展受内外因素制约

尽管北约在冷战后找到了新使命、重新站稳了脚跟，但没有一个组织像北约一样在国际上一直处于激烈的争议之中。北约的发展既受到内部凝聚力下降、跨大西洋两岸合作意愿减弱的持续困扰，也遭到俄罗斯的坚决抵制和反对。

自冷战结束以来，欧洲各国均大幅削减了防务开支。其结果是北约内部鸿沟不断扩大。到 2009 年在欧盟 27 个成员国中，只有英国和法国等少数国家的国防经费超过其国内生产总值的 2%。多位北约掌

① UK Cabinet Office：The National Security Strategy of the United Kingdom Security in an interdependent world Http：//interactive. cabinetoffice. gov. uk/documents/security/national _ security _ strategy. pdf.

门人因此而头疼不已。1999—2005 年任北约秘书长的罗伯逊认为："在诸多关键性领域，欧洲成员的能力通常只及美国的 10%。"[①] 现任北约秘书长拉斯穆森 2009 年刚上任就忧心忡忡地表示，如果欧洲各国不在经济、技术或装备上贡献更多力量，"美国今后会越来越把北约视作二类合作伙伴"。[②]

二战后西欧地区形成的浓厚"反战文化"，使得北约的军事行动越来越难以得到欧洲公众的支持。伦敦欧洲改革中心主任格兰特认为：只有约三分之一的欧盟成员国严肃认真地对待防务，如认为可以通过干涉的方式解决安全问题，同意本国军队部署在阿富汗的危险地区。而其余的欧盟成员国则希望欧盟可以像一个放大了的瑞士那样，繁荣且安全，既不愿为世界其他地区的问题而忧心，也不愿承担解决这些问题的责任。[③] 在 2010 年 2 月 23 日举行的一次北约战略构想研讨会上，美国国防部长盖茨直言：北约欧洲成员国与美国的军事力量发展不平衡，对北约的行动能力构成挑战。他甚至称，欧洲的非军事化在"21 世纪成了实现真正安全和持久和平的障碍"。[④]

在北约发展的一些关键问题上，法、德等欧洲国家与美国一直存在分歧。如：北约的军事行动是否须得到联合国授权？这是 1999 年科索沃战争前后欧、美争论最激烈的问题。当时的法国总统希拉克强调科索沃战争为特例，而在美国许多人看来北约可以"先斩后奏"，没必要得到联合国同意。关于北约成员是否应涵盖全球的问题，欧、美同样意见不一。尽管"9·11"后双方在北约"活动区域"问题上基本形成共识，但法、德不支持北约无限制扩大，也不同意北约成为包打天下的世界警察。2006 年 11 月在拉脱维亚首都里加举行的北约

① 乔治·罗伯逊："发挥作用的时候到了"，[英]《今日世界》，2003 年 6 月号。

② [法]《世界报》，2009 年 11 月 5 日。

③ 查尔斯·格兰特："如何使欧盟发挥军事作用"，[英]《金融时报》网站，2009 年 8 月 16 日。

④ 引自"北约战略构想转型困难重重"，搜狐网，2010 年 2 月 25 日。

峰会上，美国提出北约应与日本和澳大利亚等国建立“特殊伙伴关系”。法国则由于担心北约与日、澳建立特殊关系将削弱跨大西洋的团结，以及担心由此发出错误的政治信号，即“西方国家发起了一场反对不同价值国家的运动”，[①] 否决了美国的提议。德国总理默克尔也表示反对北约在全球范围内吸收新成员。[②]

俄罗斯反对北约东扩以及在中东欧部署导弹防御系统，成为北约发展的最大外部障碍。1997 年，双方决定成立常设联合理事会。“9·11”后，北约和俄罗斯均有意改善和提升双方的合作水平。在英国首相布莱尔的提议下，2001 年 12 月俄与北约外长会议决定成立俄罗斯—北约理事会，替代俄与北约联合常设理事会。2002 年 5 月 28 日，俄与北约在意大利首都罗马举行峰会，俄北理事会正式成立。这便是所谓的“20 国机制”（当时北约有 19 个成员国）。然而事实证明，尽管二者具有合作空间，但在涉及根本利益与安全问题上，双方存在很难解决的结构性矛盾。近年来双方分歧集中在以下方面：其一，格鲁吉亚、乌克兰的入约问题。北约特别是美国认为，俄罗斯在北约扩大问题上没有否决权，俄则想方设法阻止这两个国家入约。2008 年 8 月的俄格冲突，从某种意义上说是北约东扩进程引起的后果。《俄罗斯联邦 2020 年前国家安全战略》对俄与北约关系的定位是：“北约向俄边界推进并赋予自身有悖于国际法准则的全球职能，是俄无法接受的，这仍是俄罗斯与北约关系的决定性因素”。[③] 其二，美及北约在中东欧部署导弹防御系统问题。如同北约东扩，布什总统 2007 年和捷克、波兰达成的东欧导弹防御系统，同样导致俄的强烈不满。奥巴马上台后，为缓和美俄关系，决定调整该计划。目前，美国决定尽快在

---

① 朱迪·登普西：“北约力图消除在未来角色上的分歧”，［美］《国际先驱论坛报》（网站），2006 年 11 月 27 日。

② 兹比格涅夫·布热津斯基：“北约的一项议程——迈向一个全球安全网”，［美］《外交》，2009 年 9 月/10 月。

③ 引自俄联邦安全会议网站，2009 年 5 月 13 日。

欧洲部署新反导系统，并计划在2018年前实现覆盖所有北约成员国的目标。对此，俄外长拉夫罗夫警告美国，俄决不接受这样一种局面：即俄罗斯战略核威慑效能遭到反导系统削弱。[①] 其三，欧洲安全体系建设问题。冷战结束后，北约主导了欧洲安全，俄成为被遏制和防范的对象。俄近年来一直试图扭转这一局面，力争成为新欧洲安全格局中的平等一员。2008年俄总统梅德韦杰夫提议签署新欧洲安全条约，在欧洲—大西洋地区建立一个统一的、不可分割的空间，以彻底解决“冷战”遗留问题。欧美对此一直拒绝做出积极回应。

四、北约的发展前景

近两年来，北约一直在密集商讨制定指导未来发展的新战略构想。新的安全威胁不断出现，新兴大国崛起，国际体系和秩序酝酿深刻调整，使得西方意识到了维护内部联系的重要性。目前的战略框架仍是1999年华盛顿峰会上定下来的。因而北约制定新战略构想的主要考虑就是：希望进一步与时俱进，明确新任务，增强新能力，更好地应对新威胁和新挑战。2009年以来北约已举办了一系列研讨会，并任命美国前国务卿奥尔布赖特牵头起草新战略文件。总体来看，欧、美将继续视北约为西方主要安全政策工具，在目前及未来的国际体系中北约仍将占据重要的地位。同时，北约保持凝聚力、实现新使命所面临的挑战也是巨大的。

北约的“集体防御”功能不会被放弃。这一点对于中东欧国家来说尤为重要。与法、德等所谓“老欧洲”国家不同，中东欧“新欧洲”国家仍将俄罗斯视为其现实安全威胁。因此，这些国家极力要求北约继续保留其集体防御的功能。鉴于中东欧国家对北约的这一承诺抱有忧虑，北约一些老成员国呼吁，北约应认真对待北约第五条（对

① “俄外长再批美国反导计划”，引自新华网，2010年3月12日。

一个成员国的进攻被视作对所有成员国的进攻）是否还能提供足够的安全保障。同时强调，北约的决策者把目光主要投向长远的战略问题，在成员国的军事转型中应该考虑到将来也会发生国家间武装冲突这一点。①

为了保持北约的集体防御职能，虽然有部分欧洲国家要求美国撤走其在欧洲的核武器，但可以肯定北约不会放弃其核威慑战略，而美国的核武器也不会从欧洲撤走。2010 年 3 月 12 日，在波兰首都华沙举行的北约研讨会上，北约秘书长拉斯穆森指出，今后可靠的威慑手段中，核打击能力不可或缺。他强调："世界没有核武器当然美好，但只要有国家或非国家组织意图获得核武器，我们就必须拥有足够核威慑能力。"他同时认为：今后数年，北约可能面对更多国家乃至一些非国家行为体获得远程导弹和核能力的局面，因此北约还要发展有效的反导系统，使威慑和防御相结合。② 不久之后，在爱沙尼亚首都塔林举行的北约外长非正式会议上，拉斯穆森进一步表示，美国在欧洲的战术核武器对欧洲的震慑能力至关重要。

但必须看到，集体防御的作用对于多数北约成员来说已不是最重要的了。目前美国和欧洲国家定义的安全威胁，除恐怖主义、大规模杀伤性武器扩散、"失败国家"等，又加了所谓"三大新威胁"，即网络攻击、能源安全和气候变化。无疑今后新的威胁还会增加。显然，欧美国家对北约的主要期待已经转移到应对这些新威胁上了。对于北约来说，如果说科索沃战争时期面临的主要挑战是"合法性问题"的话，今后其地位和发展前景将主要取决于"有效性问题"，即北约是否有能力、有意愿解决好新威胁问题。事实上，作为迄今北约"传统防区"外最大军事行动的阿富汗战争，已成为北约目前面临的最大考验。能否在阿富汗取胜，能否建立起稳定的民主政权，已被广泛视为

① 埃斯彭·巴尔特·艾德："北约的存在不仅仅是为了在国外采取行动"，［德］《法兰克福汇报》，2009 年 8 月 17 日。

② "北约'掌门'勾画战略构想"，引自新华网，2010 年 3 月 14 日。

对北约、对奥巴马外交政策的试金石。“在阿富汗的成败，可能直接影响北约成员国对‘危机管理’的取向。”[①]

阿富汗战争对北约的考验表现为两大“关系问题”：一是如何避免阿富汗战争变成美国的战争。这主要反映的是北约内部的关系问题。欧洲国家政府虽然极力将阿富汗战争与伦敦的恐怖袭击联系起来，但欧洲公众并不“理解”。在奥巴马宣布美国新的对阿战略后，多数欧洲国家政府表达了支持立场，如愿意增加培训人员，帮助扩编和培训阿富汗安全部队。同时更加关注阿富汗的民生问题，以改善形象和争取民心。但包括法国和德国等大国在内的欧洲国家并不愿意紧随美国的步伐。这首先是因为阿富汗战争在这些国家已失去民意支持，决策者面临很大的政治压力和风险，特别是在派兵问题上难以做出决断。

阿富汗战争考验北约的另一方面是，北约如何争取到其他国际伙伴的合作。这主要反映的是北约与盟外国家和组织的关系问题。北约秘书长拉斯穆森提出，应该把北约打造成一个商讨国际安全事务的论坛，以此将北约和更加广泛的国际体系连接起来。2010 年 2 月 7 日在慕尼黑安全政策会议上，拉斯穆森在阐述酝酿中的北约新战略构想时表示，北约能否捍卫成员国的共同安全，日益取决于如何与其他方合作。“如果我们不更积极、更系统地使国际舞台上的其他重要伙伴参与进来，我们就无法满足今天的安全要求。”他举例说，北约在阿富汗问题上已与巴基斯坦进行合作，同样也可与印度、中国和俄罗斯合作。美国大战略家布热津斯基的想法与拉斯穆森有些相似。他提出，北约应努力构筑“全球范围的网络枢纽，这个网络将致力于行动力与日俱增的国家之间各种区域性的合作安全事业”。为此他建议，北约应与俄罗斯保持接触，扩大与亚洲国家的合作关系，最终成为一个全

① “几个节点初显北约未来”，引自中国网，2009 年 3 月 28 日。

球安全网络的核心与枢纽。[①]

无疑，北约的外部关系问题中，最重要的挑战还是与俄罗斯的关系。北约的政策在俄看来是自相矛盾的。在反恐和阿富汗等问题上北约需要俄的合作，并试图以核裁军为突破口，提议与俄共建反导系统，甚至愿意考虑接纳俄来建立政治互信。如北约前秘书长罗伯逊2010年2月访问莫斯科时就曾表示，与10年前相比，俄罗斯现在加入北约的可能更为现实。不过这一提议遭到了现任北约秘书长拉斯穆森的反对。后者认为，俄加入北约在“理论上可行，但不现实”。在“拉俄”和向俄示好的同时，北约继续坚持东扩的立场，并一再表示，乌克兰等国一旦具备条件，北约的大门将会向其打开。北约近年来不断推行的超越“领土防御”的战略也让俄罗斯深感不安。很显然，在俄罗斯仍然将北约视为其地缘政治竞争对手的情况下，北约很难与俄建立起真正的合作关系。

当前阿富汗战争考验北约的两大“关系问题”，不会轻易得到解决。从长远发展角度来看，北约要想在新的国际安全秩序中扮演重要角色，还需进行大的变革，下大决心抛弃过时的思维，真正确立一种符合21世纪新的全球形势的新安全观。首先，北约须接受联合国的领导，放弃取代或“复制”联合国的想法和做法。北约在防区外的军事行动必须得到联合国的批准。没有联合国的授权，北约的行动尤其在传统防区之外，一定会受到国际上的强烈反对。北约也因此被认为是实现西方自身利益的工具。尽管处理好与联合国的关系对于北约来说至关重要，但却没有得到西方国家的足够重视。其次，北约需要真正认识自身的局限性，加强与其他国际组织和大国的全面平等合作。全球化发展一方面使得国家间依存程度加深，另一方面也使得新型威胁和挑战愈益具有全球性质。一个国家势单力薄无法应对。即使北约

---

① 兹比格涅夫·布热津斯基：“北约的一项议程——迈向一个全球安全网”，［美］《外交》2009年9月/10月。

这样的集团同样力不从心。这才是真正的与冷战时期相比北约需要适应的新安全战略环境。唯有确立与此相对应的新安全观和合作观，北约才能够在新时期发挥新作用和实现新价值。继续向东扩大、甚至像一些人所主张的将北约打造成“全球民主同盟”的发展方案，明显有悖于21世纪时代潮流，对北约将有百害而无一利。

第九章 上合组织的战略定位与发展前景*

上海合作组织（以下简称“上合组织”）成立至今，已经从一个单纯处理边界遗留问题、增强边境地区军事信任的五方双边磋商对话平台，演变成为推动地区安全与经济合作、增强不同文明对话的多边合作机制，取得了长足进展。十年来，上合组织的安全理念逐渐形成、组织机制基本构建到位，各领域合作渐次展开，在当代国际体系中影响扩大。

与此同时，作为一个年轻的区域性多边合作组织，上合组织的功能定位和发展方向还需要在实践中不断探索、充实、完善。有人对它充满期待，希望它成为带动地区经济繁荣的“火车头”；有人则对它忧心忡忡，担心它成为

---

* 冯玉军，中国现代国际关系研究院俄罗斯研究所所长，研究员。

某种对抗外部力量的“军事同盟”。而若以历史的纵深感和长远的战略眼光来看，上合组织不应只是一个次区域的安全或经济合作组织，它应成为欧亚大陆繁荣、稳定、和平以及多元共处的“稳定器”。

一、上合组织：欧亚大陆的“稳定器”

一般而言，国际体系的演变可以划分为威斯特伐利亚体系、维也纳体系、凡尔赛—华盛顿体系以及雅尔塔体系等几个不同的历史阶段。这种划分尽管有其合理的依据，但毫无疑问是以“欧洲中心论”为出发点的。在“欧洲中心论”的视野里，欧亚大陆、特别是欧亚大陆心脏地带成为大国博弈的对象。20 世纪初，英国著名地缘政治思想家麦金德就指出，欧亚大陆的“心脏地带”是历史发展与国际格局的“地理枢纽”，任何国家控制了“心脏地带”，就可以统治欧亚大陆这块“世界岛”并进而控制世界格局。[①] 他的这种论述正是欧洲中心主义地缘政治观的集中代表。

欧亚大陆心脏地带是人类历史演进和文明交融的大舞台和世界地缘政治变迁的引力场。“正是欧亚大陆，构成了世界历史的‘中心地带’。它占有世界的五分之二，囊括世界人口的十分之九，是人类最早、最先进的文明的发源地。1500 年以前的世界历史实质上是欧亚大陆的历史。只有欧亚大陆，才存在各民族、各文明之间的巨大的、持续的相互影响。”[②] 中世纪后期，欧亚世界有了一个不寻常的重大发展。一方面，伊斯兰教帝国和儒家帝国闭关自守，愈来愈僵化；另一方面，欧亚大陆正经历着一场空前的、彻底的变革，西欧的“扩张给整个世界后来的历史以极其重要的影响……通过扩张，西欧财富迅速增加、力量大大加强。到 19 世纪时，已能涌入并控制位于中东、印

---

① 麦金德著，林尔蔚、陈江译：《历史的地理枢纽》，商务印书馆 1985 年版，第 13 页。

② 斯塔夫里阿诺斯著，吴向婴、梁赤民译：《全球通史：1500 年以后的世界》，上海社会科学院出版社 1999 年版，第 4 页。

度和中国的古老的欧亚文明中心”。至此，“世界历史上的欧亚阶段结束，全球性阶段开始”。[①] 在从 16 世纪到 20 世纪的漫长进程中，近代欧洲列强为争夺奥斯曼帝国及其属国的领土和权益所引发的“东方问题”，以及大英帝国和沙皇俄国为争夺中亚而展开的“大博弈”，使欧亚腹地成了入侵、劫掠以及殖民的对象。在冷战体制下，欧亚腹地也成为两极对抗的战略前沿。冷战结束后，欧亚地缘战略格局发生了巨大的变化。而布热津斯基却在勾划着“欧亚大陆这个世界的中心舞台被一个非欧亚大国（美国）所主导”的“蓝图”。[②]

今天的欧亚大陆已不仅只是一个空泛的地缘政治术语，而是充满了生机与活力的国际“战略场”。在欧亚大陆北部，俄罗斯在经历艰巨的转轨之后重新振兴；欧亚大陆东面的中国，正经历着历史性的变迁，实现和平崛起；而欧亚大陆南面的印度也正在以惊人的速度发生着巨变；在东南亚，东盟区域一体化进程正在加快，已成为东亚地区秩序中的重要力量。可以说，“现实需要人们在全球化日益取得进展的世界背景下，在政治、经济、安全以及文化等领域把‘欧亚大陆’作为积极的地区概念来综合地、整体地加以把握。”[③]

但是，欧亚大陆的核心地带还面临着严峻的问题。在中东，虽然大多数人都信仰伊斯兰教，但这一地区的伊斯兰教分裂为逊尼派、什叶派和哈巴尼派等各种派别，彼此对立甚至相互仇杀；虽然这一地区阿拉伯人的影响力最大，但阿拉伯人自古以来分裂为许多部落，互不归属、四分五裂；土耳其人、波斯人也是中东地区很有影响力的民族。阿以冲突使这一地区的民族与宗教矛盾更趋复杂。中东虽然拥有丰富的能源资源，但石油在给中东产油国带来巨大利润的同时，也给

---

① 斯塔夫里阿诺斯著，吴向婴、梁赤民译：《全球通史：1500 年以后的世界》，上海社会科学院出版社 1999 年版，第 10 页。

② 布热津斯基著，中国国际问题研究所译：《大棋局：美国的首要地位及其地缘战略》，上海人民出版社 1998 年版，第 259 页。

③ 青木保：“‘欧亚大陆’时代的到来”，日本《中央公论》月刊 2003 年 3 月号。

这一地区带来了无穷的战乱与纷争。在中亚，新独立的五个原苏联加盟共和国，在摆脱了俄罗斯近一个半世纪的统治之后，正在寻求新的“身份定位”。但历史原因导致的较脆弱的政治文化、相对薄弱的民族与地区认同，决定了这将是一个漫长的进程。与此同时，美国、俄罗斯等世界大国和土耳其、伊朗等地区势力，加紧对地缘政治和地缘经济地位都十分重要的中亚高加索地区的争夺，已成为构筑新的欧亚和世界战略格局的重要环节。该地区的力量对比正在发生深刻变化，并将对欧亚地区形势和世界战略格局产生深远影响。

因此，如何保障欧亚大陆腹地的战略稳定，帮助中亚国家确立明确的“民族认同”，避免传统的地缘政治争夺引发地区形势动荡，对于欧亚大陆的稳定具有极为重要的战略意义。对此，国际上有两种不同的战略思维与政策选择。

美国战略家认为，“地缘政治学重归欧亚大陆，改变着力量对比，出现了新的成长中大国，双边关系和多边关系发生着变化。在力量对比发生变化的同时，中、俄、美三国关系中的意识形态因素重新显现，俄、中联合对抗美国（欧洲）在全世界推动民主中发挥的作用。”[①] 在这种战略思维的指导下，美国对中亚的政策选择就是“颠覆中亚”。有分析家认为，“欧亚地区已经从新自由主义狂热和开放社会走向了跨越洲际的一体化。颠覆中亚是地缘政治动荡的一部分，其针对目标就是欧亚一体化。中亚地区所有‘天鹅绒革命’的目的，都是为了打碎和肢解美国在该地区三个主要地缘战略对手中国、俄罗斯和印度的‘国家边境’，是为‘全球金融利益’服务的。这种利益的代表是乔治·索罗斯的‘开放社会基金’和美国的‘国家民主基金会’，

---

① *Эндрю Качинс*.，Москва на перепутье ветров с Запада и Востока：Экономический рост азиатских стран в ближайшие годы станет мощной силой притяжения для экономики и внешней политики РФ // Независимая Газета. 26. 12. 2005.（安德鲁·库钦斯：“东西风交汇处的莫斯科”，［俄］《独立报》2005年12月26日。）

后者的资金都来自美国的国际开发署。”①

与此形成鲜明对比的是，上合组织在经历了其初创阶段后，已初步具备成为欧亚大陆稳定器的潜力，并正在向这一方向迈进。自成立以来，上合组织在维护欧亚地区稳定方面取得了诸多进展：顺利解决了中国与俄、哈、吉、塔四个国家的边界问题，并增强了边界地区的军事信任，避免了苏联解体这一地缘政治剧变可能给地区安全造成的剧烈冲击；上合组织成员国在非传统安全领域的合作，极大地打击和震慑了国际恐怖主义、宗教极端主义和民族分裂主义“三股恶势力”，打击了这一地区的毒品走私等跨国有组织犯罪活动；上合组织积极参与到阿富汗和平重建的过程当中，并发挥了积极作用，“上合组织不仅是就阿富汗问题开展广泛对话的适宜论坛之一，也是阿富汗与邻国加强务实合作，打击恐怖主义、贩毒和有组织犯罪的有前景的多边渠道。”②

正如俄罗斯分析家所说，“上合组织的责任范围更确切地说是欧亚大陆。上合组织显然有抱负也有潜力成为欧亚大陆国家的‘地区性组织’”，“可以将上合组织看作是除当代世界秩序之外的另一种温和的选择，仍可以享受全球化带来的一切好处，只是没有美国的指手画脚。当然，距离这种局面的形成还十分遥远，但是上合组织现有的和将来的成员都是这样来理解该组织的原则。因此上合组织对于印度和巴基斯坦、白俄罗斯和斯里兰卡这些截然不同国家都具有如此大的吸引力。”③

对于上合组织的战略定位，上合组织首任秘书长张德广先生做出了确切的回答。他认为：“上合组织实践的意义不仅仅在于它开创了

① 伊西德罗·埃尔南德斯：“索罗斯与美国在中亚的颠覆战略”，［西班牙］《起义报》2005年6月10日。

② 《上合组织阿富汗问题特别会议宣言》，2009年3月27日。

③ *Павел Бурмистров*.，Колосс Евразии：Россия потерялась в ШОС // Политический журнал. №.23（118）/ 26 июня 2006.（帕维尔·布尔米斯特罗夫：“欧亚巨人”，［俄］《政治杂志》周刊2006年第23期）

继欧盟、东盟之后又一种地区主义模式，在一个横跨欧亚的广袤而多元的地区实现了区域合作的历史性突破。更为重要的是，它开创了本地区地缘政治的新纪元，使得长期以来深陷于结盟或对抗怪圈的该地区国家从此走上了一条结伴而不结盟的崭新道路。考虑到上合组织面积占欧亚大陆的五分之三，人口占全球总数的四分之一，我们完全有理由说，上合组织的诞生是欧亚地缘政治一次具有革命性意义的变迁。”①

上合组织的上述两种发展前景尚需时间检验。但英国杰出历史学家、《极端的年代》一书作者埃里克·霍布斯鲍姆在哈佛大学作的一次演讲可能会给人一些思考。他拿大英帝国同美利坚帝国作比较，认为“美国政府想确立的全球霸权是空前的”，“现在的美利坚帝国注定要造成混乱、野蛮行为和动荡，而不会维护和平”，“美利坚帝国肯定要失败”。日本学者的分析也为霍布斯鲍姆的论断做了注脚。日本大学综合科学研究所教授石乡冈建认为，“上合组织正在转变为‘欧亚大陆安全保障磋商机构’，并推动各种战略合作三角形成，这些变化体现了美国单极统治的世界结构开始在欧亚大陆的中央地区出现破绽。从长远看，这可能成为美国权威开始崩溃的先兆。”②

二、新欧亚思想：上合组织的核心价值观

在多边主义研究中，对于国际制度的建立和维持问题有着不同的看法：“现实主义者认为国际制度的建立和维持主要凭借的是权力，这主要是指国际体系中霸权国的权力……自由主义者则认为国际制度在建立时可能需要凭借霸权国的实力，但是一旦制度得以建立，就有着自身的活力，其存在和延续是因为国际体系成员需要这样的制度，

---

① 张德广：“上合组织与欧亚地缘政治变迁”，《俄罗斯研究》2006年第2期，第2页。

② 石乡冈建：“日益成形的中印俄战略三角将给欧亚大陆带来新变化”，[日]《世界》月刊2005年9月号。

其约束力也就不仅仅是对权力较小的国家，对大国、甚至霸权国也是适用的。”①

笔者认为，除了权力与制度因素外，文化因素在国际制度的建立与维持方面也发挥着重要作用。所谓文化因素，集中地体现为这一国际制度的“核心价值观”。以北约为例，冷战时期它的核心价值观是抗衡社会主义阵营，维系西方的政治经济体系与欧洲—北大西洋安全。而在冷战之后，面对急剧变化的国际形势，北约的核心价值观并未得到有效的厘清与重构，因而北约的转型也是困难重重。

回到本文的论题，自然会产生这样一个问题：“上合组织的核心价值观应该是什么?”对此，学者们有着不同的看法。有俄罗斯学者认为：上合组织的“思想核心是官方尚未公开的‘遏制’美国及其盟友的学说。该学说已经在欧亚地区发挥作用，体现在上合组织、集体安全条约组织、欧亚经济共同体与北约、古阿姆、波罗的海—乌克兰—波兰—格鲁吉亚‘民主轴心’的对抗中”。②

笔者不同意这种简单的归纳。我们认为：如何处理对美关系只是上合组织的外部考量之一。即便上合组织成员提出了“美军基地撤出中亚”的要求，这种动向也决不是要建立反美同盟。上合组织建立和发展的内在动力是成员国维护地区稳定、发展的内在需求，而不是针对第三方的外在需要。

有学者认为：中国作为上合组织的一个核心成员国，“目前没有推出一个对于所有人都具有吸引力的明确的对外政策思想……中国对外政策思想问题尚未解决，北京积极利用上合组织是为了寻找解决这

① 秦亚青：“多边主义研究：理论与方法”，《世界经济与政治》2001年第10期，第12页。

② *Сергей Лузянин*.，ШОС не спешит распахивать двери：Глобализация Шанхайской организации сотрудничества устраивает не всех ее участников // Независимая Газета. 26.06.2006.（谢尔盖·卢贾宁：“上合组织不急于敞开大门”，［俄］《独立报》2006年6月26日）

一问题的方案。”[①] 的确，不仅仅是中国需要寻求解决这一问题的答案，上合组织的现有和潜在成员都需要考虑这一问题，究竟什么是上合组织的“核心价值观”？

笔者认为：如果上合组织的战略定位于成为维护欧亚大陆腹地和平、稳定、发展、和谐的地区性多边合作组织，那么它的核心价值观就应是“全新的欧亚主义思想”。

众所周知，欧亚主义思想是20世纪初产生于俄罗斯移民知识分子中的重要社会思想流派。欧亚主义者全方位论证了俄罗斯文化历史的基本特征，认为“俄罗斯是一个独特的历史—文化区域，它既不属于欧洲和亚洲，同时又地处两洲之间并兼跨两洲；相应地，俄国文化既不属于欧洲文化，也不属于亚洲文化，而是对两种文化的兼收并蓄。俄国及其文化的这一独特性决定了它的历史发展道路以及它在人类世界地位的特殊性”。[②] 在此基础上，他们寻找民族复兴之路、预设未来俄国的政治制度，从而形成欧亚主义比较完整的思想体系，其核心主题是：“通过对世界和俄国历史、文化发展问题的探讨，证明一个国家和民族的历史—文化进程与它所在的‘发展地’息息相关，从而确立了俄国历史上第一个多民族主体的历史—文化模式——俄国—欧亚模式。”[③]

苏联解体之后，欧亚主义思潮在俄罗斯重新升温，不仅成为影响俄罗斯社会意识形态的重要历史哲学思想和地缘政治思潮，还正逐渐成为俄罗斯对外政策思想的主流。2000年秋，普京在一次讲话中表示，“俄罗斯从来都意识到自己是一个欧亚国家。我们从未忘记俄罗斯领土的主要部分在亚洲……俄罗斯充分参与亚洲和太平洋空间的经

① *Павел Бурмистров*.，Колосс Евразии：Россия потерялась в ШОС // Политический журнал. №23（118）/ 26 июня 2006.（帕维尔·布尔米斯特罗夫：“欧亚巨人”，［俄］《政治杂志》周刊2006年第23期）

② 伍宇星：“俄国历史哲学语境中的欧亚主义”，中山大学2004年博士论文。第2页。

③ 伍宇星：“俄国历史哲学语境中的欧亚主义”，中山大学2004年博士论文。第2页。

济协作进程是自然而不可避免的。要知道，俄罗斯是联系亚洲、欧洲和美洲的独特结合点”，俄罗斯有能力成为“欧亚两大文明之间的桥梁”。[①] 俄罗斯安全会议副秘书尼古拉·斯帕斯基也重申“欧亚主义是国家复兴唯一可行的基础”。[②]

当然，作为上合组织核心价值观的新欧亚主义不是传统意义上的俄罗斯欧亚主义，它有着更深厚的历史内涵与更丰富的现实意义。

这里所说的新欧亚主义思想首先是一个全新的地缘政治概念。它以欧亚大陆腹地为核心，将中亚国家、俄罗斯、中国、印度、巴基斯坦、阿富汗、伊朗等国家整合为统一的地缘政治板块。这里是海洋向陆地、海权向陆权过渡的中间结合部，是各种文明、利益和冲突集中和交汇的地带。两极体制崩溃以来，这一地区的地缘政治结构发生重要变化，领土边界争端、宗教矛盾、极端民族主义、发展困境、强权干涉等等各种矛盾相互结合作用，成为引发冲突的根源，也可能由于地缘要素结构变化而引发剧烈动荡，直接关系到欧亚大陆新地缘构造的稳定和发展方向，是这一地区所有国家共同面临的境况。

与此同时，由于意识形态因素的下降，现实的国家利益、民族和文化因素的作用上升，欧亚大陆国家一方面加强了自身民族和文明归属感的认同；另一方面欧亚主义的认同也正在慢慢生成。如哈萨克斯坦总统纳扎尔巴耶夫积极推动“欧亚联盟”，专门著书论述建立“欧亚联盟”的必要性，[③]并提出了建立亚洲安全合作体系（“亚信会议”）的构想。

上合组织更是与新欧亚主义思想相伴而生。正是将欧亚大陆视为统一地缘政治整体的新欧亚主义思想和“互信、互利、平等、协商、

① *Путин В. В.*, Россия: новые восточные перспективы // Независимая газета. 14 ноября 2000.（普京：“俄罗斯：新的东方前景”，［俄］《独立报》2000年11月14日）

② 玛丽·热戈：“莫斯科—北京的新柔情”，［法］《世界报》，2006年5月28日至29日合刊。

③ *Назарбаев Н. А.*, Евразийский союз: идеи, практика, перспективы. Москва, 1997（纳扎尔巴耶夫：《欧亚联盟：思想、实践与前景》，莫斯科1997年版）

尊重多样文明、谋求共同发展”的“上海精神”，使上合组织正成为更加紧密、效率更高的欧亚多边安全合作机制。在上合组织框架内，不仅解决了中国与原苏联五个加盟共和国之间的边界领土问题，还有效地促进了各成员国在应对非传统安全威胁方面展开合作。更重要的是，“经过10多年的发展，上合组织已经形成并且发展出自己的多边主义理念，这一理念在冷战结束后变得更加富有包容性和长期性。与此同时，由于上合组织的目的是要在冷战后时代建立起前敌对国家之间的多边伙伴关系，因此它还表现出更具开放性的特点……上合组织的一些思想已经被越来越多的国家所认同”，上合组织的经验看起来似乎已经成为“构建一个欧亚和北太平洋地区版本的欧安组织的一个链条”。①

西方有人坚持认为，上合组织的发展损害了美国在中亚的地缘政治利益。我们不能不反问一句，“为什么会产生这样的观点”？其实，有关上合组织与美国在中亚政策的区别，一些学者也做出了深入的分析，他们认为：“美、英考虑问题总是以武力和弱肉强食的观点为出发点，而俄罗斯和中国考虑问题的态度则是建设性和有亲和力的，因此中亚国家选择那种使它们增进福祉的模式，摒弃布什和布莱尔的‘持久战争’。”②

新欧亚主义思想还是一个全新的地缘经济概念。它将中亚国家、俄罗斯、中国、印度、巴基斯坦、阿富汗、伊朗等国家视为统一的地缘经济板块。这一经济板块拥有世界上最多的人口和发展程度不一的众多国家，各国间经济合作潜力很大，经济互补性极强。在这些国家中，中国、印度和俄罗斯是“金砖四国”中的三个，拥有巨大的发展潜力；中亚国家在经历了苏联解体的“阵痛”之后，经济已经走上

① ［日］岩下明裕：“欧亚和北太平洋地区安全的新维度——以上合组织为例”，《世界经济与政治》2005年第5期，第69页。

② 阿尔弗雷多·拉赫迈：“上合组织：欧亚实力中新的一极”，［墨西哥］《每日报》2005年10月30日。

“快车道”，年增长速度在金融危机之前甚至达到两位数。

尽管这一地区的经济发展长期以来并不引人注目，但其拥有巨大的资源优势、独特的地缘经济位置以及巨大的发展潜力。里海及其周边有待开发的丰富油气资源，使中亚高加索地区有望成为21世纪世界战略能源供应基地。中亚油气输出线路的选择，也成为各方竞争的焦点：北线经过俄罗斯与欧洲相连；东线经过中国新疆至太平洋西岸；南线有一条经阿富汗、巴基斯坦抵达印度，另一条经过伊朗与波斯湾相接；西线的巴库—第比利斯—杰伊汉管线和拟议中的纳布科管线则可以将中亚的油气直接输送到欧洲。

欧亚腹地也是连接欧亚大陆两端的交通要道，目前，两座“欧亚大陆桥”都经过俄罗斯：一是由俄罗斯太平洋港口符拉迪沃斯托克经西伯利亚直抵荷兰鹿特丹；二是由中国新疆西出哈萨克斯坦，经俄罗斯等国至鹿特丹。近年欧盟等提出“振兴古丝绸之路”计划，开始实施绕过俄罗斯的第三座“大陆桥计划”——“欧洲—高加索—亚洲交通走廊”。

当前，欧亚腹地的区域一体化进程多头并进：在独联体框架下的欧亚经济共同体之外，还有中亚四国、中亚西亚十国经济合作组织、“突厥语国家”一体化（哈萨克斯坦、吉尔吉斯斯坦、乌兹别克斯坦、土库曼斯坦、阿塞拜疆和土耳其六国）以及“古阿姆联盟”，等等。而上合组织框架下的经济合作将把资金、市场、资源、劳动力等经济要素结合起来，让这一拥有巨大发展潜力的地缘经济板块焕发出勃勃生机。美国地缘政治学家约瑟夫·斯特鲁普甚至认为，“世界上最大的地缘经济交流发生在被称作‘战略三角’的俄罗斯、印度和中国之间”，欧亚大陆之间“存在着相互吸引的力量，这一力量将它们拉到了一起……这些国家寻求的是更进一步地独立于美国，而同时加强欧亚伙伴间更广泛的接触”，建立“欧亚联盟不可避免”。①

① “欧亚联合反美?”，［墨西哥］《每日报》2004年8月23日。

最后，新欧亚主义思想还意味着欧亚大陆不同文明之间的对话。上合组织不仅是国家之间的联合体，而且是不同文明的结合，其中有中国的儒教和佛教，有俄罗斯的东正教和基督教，有中亚国家的逊尼派，此外还会有伊朗的什叶派和印度的印度教。这是一个有着各种不同文明和宗教的独特组织，需要有新的灵活的协作原则，在组织发展中需要十分谨慎。"如果能顺利解决这些发展问题，上合组织将成为欧亚地区的骨干力量。"①

三、上合组织的发展前景

未来一个阶段，上合组织的发展有两个战略方向：一是从较单一的合作组织向多功能组织发展，其功能主要包括政治、经济与安全合作；二是从一个以中亚为主的次区域性合作组织扩展，把印度、巴基斯坦、蒙古、阿富汗、伊朗等国家吸收进上合组织，使其成为一个以新欧亚主义为核心价值观的欧亚区域合作共同体。

当前，上合组织的核心议事日程集中在安全合作领域，特别是聚焦于打击三股"恶势力"。未来上合组织在安全领域的合作目标，应是将保障欧亚大陆的战略稳定、构建后冷战时代的合理国际秩序与反恐、防扩散等非传统安全问题结合起来。普京总统曾经强调，"地区稳定问题始终处于上合组织成员国的密切关注之下。我们在这方面为最广泛的合作敞开大门。上合组织认为，以在整个亚太地区的安全保障领域协调努力和采取共同商定的做法为目标是适宜的。"② 只有以保障欧亚大陆的战略稳定、构建后冷战时代的合理国际秩序为根本目

① *Павел Бурмистров.*，Колосс Евразии：Россия потерялась в ШОС // Политический журнал. №23 (118) / 26 июня 2006.（帕维尔·布尔米斯特罗夫："欧亚巨人"，[俄]《政治杂志》周刊 2006 年第 23 期）

② *Владимир Путин.*，ШОС-новая модель успешного международного сотрудничества. http：//president. kremlin. ru/text/appears/2006/06/107004. shtml（普京："上合组织—国际成功合作的新模式"，俄罗斯总统网）

标，打击三股势力的斗争以及防扩散等任务才能着眼长远，有的放矢，循序渐进。

在保障欧亚大陆的战略稳定方面，上合组织成员国与美国等西方国家的分歧可能不可避免，因为俄、中等国与美国“对国际新秩序的看法不同……这些分歧首先带有政治哲学性质”。[①] 但上合组织的成员国，特别是俄罗斯和中国，都不希望同美国发生冲突。

上合组织未来的第二个战略任务就是有效地推动区域经济合作。自古以来，欧亚心脏地带就是联结东西方的重要走廊，“丝绸之路”将中国、印度、中亚、俄罗斯紧紧地联系在一起。而上合组织未来发展的关键，还是取决于其经济一体化能否促进各成员国利益的实现，能否在全球化和地区经济一体化的双重背景下推动各国利益的融合与增长。当前，上合组织内部的经济合作有着相当坚实的基础。2001年，各成员国签署了《关于开展多边经济合作的基本目标和方向及贸易投资便利化进程的备忘录》；2003 年通过了“多边经贸合作纲要”，规定了成员国经贸合作的优先领域、主要任务和实施机制；2004 年通过了该纲要的落实措施计划。这些文件规定要在上合组织范围内逐步（在 2020 年前）形成真正的一体化空间，即实现商品、劳务、资本和技术的自由流动。也就是说，除了劳动力不能自由流动外，其他一切都与欧盟相同。上合组织还计划建立统一运输空间，目前正在研究从中国经上合组织和欧亚经济共同体成员国的领土通往欧洲的集装箱快速运输通道。在 2006 年 6 月举行的上合组织峰会上，建立了上合组织实业家委员会，普京总统还提出了建立“上合组织能源俱乐部”的倡议。未来，上合组织应以发展“能源网、交通网、信息网和金融服务网”为重点，使上合组织成员国的利益相互结合、相互渗透，逐步实现“利益外溢”，有力推动上合组织经济合作。

---

① *С. В. Лавров.*, Подъем Азии и восточный вектор внешней политики России // Россия в глобальной политике. № 2, Март - Апрель 2006.（拉夫罗夫：“亚洲的崛起与俄罗斯对外政策的东部方向”，［俄］《全球政治中的俄罗斯》2006 年第 2 期）

近年来，上合组织成员国之间的贸易往来日益频繁，彼此间的贸易联系日益紧密，已成为主要贸易伙伴。与此同时，上合组织成员国各国间贸易商品的种类逐步增加，投资带动贸易发展也成为区域贸易发展的一大特点。更为重要的是，上合组织成员国在全球金融与经济危机面前携手应对，避免了各国遭遇更大的冲击，促进了成员国的经济复苏。2009年6月15日至16日，上合组织成员国元首理事会在叶卡捷琳堡召开，元首们商定在上合组织区域内就国际金融问题和应对国际金融危机问题加强合作和信息交流，强调加强上合框架内的经贸和投资合作日益迫切，应加快落实大型项目，以扩大地区交通、通信能力，实现同国际市场的对接，加强基础设施建设。峰会上，中方承诺提供100亿美元的信贷支持，继续支持上合框架内的多边和双边项目合作，为成员国应对国际金融危机冲击做出自己的努力。

上合组织未来面临的第三个战略任务是如何解决扩员问题。有美国学者认为，“上合组织一个最主要的弱点与它在扩充问题上面临的进退两难的处境有关。上合组织的迅速崛起，使其对该地区其他一些国家产生了吸引力，例如伊朗和巴基斯坦就迫切希望加入该组织。但是，现有的许多成员国不愿意接纳这两个存在争议的国家，认为它们可能在未来带来地缘政治上的麻烦。”①

但实际上，考虑到上合组织作为欧亚大陆战略稳定器的发展前景，将现有的观察员国和阿富汗吸收进上合组织是完全可预期的。“显然，伊朗与印度一样，在该地区扮演着重要的角色。如果没有伊朗的参与，这场欧亚音乐会就算不上圆满。况且还有一种观点认为，吸收伊朗加入上合组织将有助于伊朗问题的解决：与俄罗斯和中国的合作可以使德黑兰变得冷静清醒一些。”② 随着上合组织的进

---

① 斯蒂芬·布兰克：“上合组织——表面后的裂痕”，美国欧亚网站2006年6月21日。

② *Андрей Миловзоров*. Растет и крепнет могильщик Запада // Утро. 19 июня 2006.（安德烈·米罗夫佐洛夫：“西方的掘墓人茁壮成长”，［俄］《晨报》2006年6月19日）

一步扩大和功能的进一步完善，人们有理由期待它将真正成为“团结从欧亚大陆中部地区到南亚和部分中东地区这一幅员辽阔、在经济发展和文化上具有多样性的欧亚大陆地区的框架”①。

① 堀江则雄：“地位不断提升的上合组织”，[日]《世界》月刊2006年第3期。

第十章 『9·11』后的中东新乱局*

一、中东乱局的背景

从地理位置上说，中东一直享有“三洲五海之地”的美名。它地处亚、非、欧三大洲的十字路口上，沟通了印度洋、大西洋，周围有黑海、地中海、红海、阿拉伯海、里海等国际海域环绕或深入内陆，加上黑海海峡、苏伊士运河、霍尔木兹海峡和曼得海峡这样的黄金国际通道，使其在世界政治、经济和军事方面都具有极高的战略意义。布热津斯基在《大棋局》一书中勾勒大棋盘的“南部区域”就涵盖这一地区。

* 李绍先，中国现代国际关系研究院副院长，研究员；魏亮，中国现代国际关系研究院博士生。

奥斯曼帝国给中东遗留下了沉重的历史包袱。19世纪末，世界上曾有两个老大衰朽的帝国，一个是所谓的“东亚病夫”——中华大清帝国；一个是被称为“西亚病夫”、地跨欧亚非三大洲的奥斯曼土耳其帝国。这两个老大帝国幅员辽阔，人文环境复杂，没有哪个殖民大国有能力单独吞并它们，故而成为列强们瓜而分之的对象。马克思曾指出：“近东（狭义上的中东）问题的核心就是奥斯曼帝国怎么办的问题。”对奥斯曼帝国的瓜分，最终形成今天中东民族国家的基本轮廓，也人为地制造出许多矛盾和冲突，巴以冲突的滥觞即与此相关。

从人类历史发展历程来看，中东是古代人类文明的摇篮，更是不同民族和文化交流碰撞的“锋面”。苏美尔文明、古埃及文明、巴比伦文明相继而起，波斯帝国、阿巴斯帝国、奥斯曼帝国轮番登场，演绎了几千年的辉煌。发源于西方和东方的文明在这里激烈碰撞、冲突和交融，给这个地区留下了丰富多彩、纷繁复杂的文化景象。这里是世界宗教和民族问题最为复杂的地区。三大宗教发源于此：最古老的犹太教、受犹太教影响发展起来的基督教，以及直接间接受前两者影响而产生的最后一个一神教伊斯兰教均发端于此。这里生活着历史悠久的五个古老民族：阿拉伯民族、波斯民族、犹太民族、突厥民族和库尔德民族。这里有堪称世界上最复杂的巴以冲突，围绕“巴勒斯坦”这块两万多平方公里的弹丸之地的归属，在六十多年的时间里，阿、以之间先后爆发了四次大的战争和无数次流血冲突，至今巴以矛盾和争执仍被广泛视为当今国际问题中的“死结”。

二战前后，中东地区（确切地说是波斯湾）发现世界迄今储量最大、质量最好的石油资源，并很快成为世界经济的命脉所在。根据一般公认的数据，中东石油探明储量占世界总量的三分之二，世界石油储量前五位的国家均在中东，分别是沙特阿拉伯、伊拉克、科威特、伊朗和阿联酋。此外，伊朗、卡塔尔、沙特阿拉伯和阿联酋的天然气储量还分别居世界第2、3、4和6位。

重要的战略位置、丰富的石油天然气资源以及独特的历史宗教文化特征，使中东成为现代国际体系中独特的地域。布热津斯基在《大抉择》一书中直接把中东地区称为“全球的新巴尔干”。

二、“中东问题”的演变

二战后“中东问题”的演变大致经历了三个阶段。

从二战结束联合国通过巴勒斯坦分治决议到1979年伊朗伊斯兰革命为第一个阶段。在这一阶段，中国中东学术界有一句“行话”就是：中东问题的核心是巴勒斯坦问题（巴勒斯坦归属问题）。围绕这个问题，阿、以之间曾爆发四次中东战争。美、苏两个超级大国也曾在这里尖锐对立，险些酿成第三次世界大战。因此，巴以冲突曾经是我们把握中东局势发展脉络的唯一一条主线。

从1979年伊朗爆发伊斯兰革命和随之而来的伊朗、伊拉克战争到2001年“9·11”事件为第二阶段。在这一阶段，巴以矛盾虽然依然尖锐，但出现了重大变化。随着苏联解体和冷战结束，美国主导中东事务，并在1991年10月30日召开了马德里和会，启动了中东和平进程。与此同时，由于伊朗伊斯兰革命导致伊朗与西方国家及周边国家关系发生根本变化，以及八年两伊战争结束后伊拉克军事力量咄咄逼人，波斯湾地区地缘政治平衡问题突显。因此，在这一阶段，美国的中东政策逐渐演变为同时关注阿以冲突和保持两伊间的力量平衡，到克林顿总统执政时更进一步明确为“西促和谈、东遏两伊”。显而易见，这一阶段的中东问题由原来的一条主线发展为两条主线。

“9·11”以来为第三个阶段。在这一阶段，由于美国先发制人发动伊拉克战争，推翻了萨达姆政权，并在整个中东推进民主化改造，中东进入一个新的更加动乱的时期：巴以冲突仍是顽疾、伊朗核危机突显、国际恐怖主义猖獗、地区民族及宗教教派冲突激烈、传统安全与非传统安全威胁交织。

伴随“中东问题”上述三个阶段的演变，中东地缘政治形势也出现了分散化和边缘化的变化。上世纪50、60年代，中东地缘政治的中心在埃及首都开罗，埃及总统纳赛尔是阿拉伯世界当之无愧的领袖。70年代后，中东地缘政治中心出现分散化态势，伊拉克总统萨达姆、叙利亚总统阿萨德，甚至利比亚领导人卡扎菲都纷纷争当纳赛尔之后的阿拉伯世界领袖。除开罗之外，巴格达、大马士革以及石油王国沙特阿拉伯的利雅得都成为对地区事务有重要影响力的中心。“9·11”事件特别是伊拉克战争后，中东地缘政治的中心进一步向边缘转移，三个非阿拉伯国家对地区事务的影响力大增，它们是波斯人的伊朗，突厥国家土耳其，以及犹太人的以色列。伊拉克战争后，伊朗在中东的地位明显上升，影响力随处可见，连布什政府在稳定战后伊拉克的问题上都不得不与伊朗进行直接接触；土耳其在多年加入欧盟的努力屡屡碰壁后，开始日益把外交目光转向了东方，加之对伊拉克战争后库尔德问题的切身关切，土对中东地区事务的参与和影响不断上升；以色列地区政治军事优势更加明显，将伊朗寻求核武视为最大威胁，并必欲除之而后快。

三、中东新乱局

“9·11”事件、特别是伊拉克战争后出现的中东新乱局，主要表现在两个方面：一方面是三个长期化危机（巴以危机、伊拉克危机和伊朗核危机）逐渐形成，并伴随着多个准内战状态（巴勒斯坦、伊拉克、黎巴嫩和也门）；另一方面是新的地区宗教民族矛盾浮现，国际恐怖主义猖獗，反恐形势更加严峻。

首先，巴以危机。2001年“9·11”事件后，美国总统布什大幅调整中东政策，有意忽略巴以和平进程，听任以、巴双方一步步将和谈导入了死胡同。2004年11月11日阿拉法特去世后，以色列总理沙龙更大力推动单边行动计划，2005年9月单方面从加沙地带撤军，并加紧在加沙地带和约旦河西岸修建隔离墙，巴以和平进程明显脱离轨道。2007年6月，哈马斯单独控制加沙地带，巴勒斯坦分裂为哈马斯控制的加沙地带和法塔赫控制的约旦河西岸，巴激进派和温和派呈现内战状态。2009年元旦前后，以色列对加沙地带发动了引人注目的军事行动（“铸铅行动”），加沙从此事实上沦为世界上“最大的监狱”（约150万加沙居民被封锁在面积约360平方公里的加沙地带），而阿巴斯领导的巴勒斯坦民族权力机构和哈马斯控制的加沙分裂态势趋于固态化和长期化。巴以和平进程名存实亡。

其次，伊拉克危机。2003年美国发动的伊拉克战争打碎了伊拉克原有的国家机器，伊拉克国内政治结构彻底被破坏：什叶派“平地而起”，主导战后政权；库尔德人在人口居多数的东北部三省取得事实上的独立地位（有独立的议会、政府和军队），并掌握联邦总统一职；逊尼派失去国家政治主导地位，萨达姆时期的既得利益阶层（阿拉伯复兴社会党和共和国卫队等）遭到严厉清算。逊尼派、什叶派和库尔德人三方就权力分配和国家权益（特别是石油）的分割展开长期激烈的斗争，基地组织势力、萨达姆政权残余势力乘机兴风作浪，国内恐怖暴力事件泛滥、教派冲突频发，平民百姓血流成河。此外，伊拉克周边国家也纷纷卷入伊拉克乱局，竭力将伊拉克局势拉向有利于各自国家利益的方向。伊拉克陷入准内战边缘，危机深重。

第三，伊朗核危机。伊朗是中东传统大国，它北接俄罗斯、西连土耳其和伊拉克、东临中亚、南对波斯湾和霍尔木兹海峡，有7000多万人口，是伊斯兰教什叶派国家。1979年伊朗伊斯兰革命后，美国和伊朗长期处于敌对状态，美始终欲置伊朗伊斯兰政权于死地。伊朗坚持发展自己的核能力，主要基于自身安全的考虑和地区大国地位的需要。伊核问题最初浮现于2003年伊拉克战争前后。当年3月，在美国打响伊拉克战争无暇他顾之际，伊朗接连宣布在境内发现铀矿，并已具备自己提炼浓缩铀的能力。5月伊拉克战争告一段落，美迅速把目光转向伊朗，指责伊朗谋求发展核武器。当年年底，在萨达姆政权倒台、美国十多万大军屯兵伊拉克的巨大威胁下，伊朗做出重大妥协，宣布暂停铀浓缩活动并签署《核不扩散条约》附加议定书。2005年8月，伊朗政府更迭，内贾德总统上台，在美国深陷伊拉克的背景下，伊朗核政策转守为攻，先后宣布重启铀浓缩活动（2005年8月）和重新开始核燃料研究（2006年1月）。此后在美国推动下，伊核问题从国际原子能机构提交到联合国，安理会在两年内先后通过三个制裁伊朗的决议（1737号，1747号和1803号），要求伊朗暂停铀浓缩，布什二任时美国国会还通过议案，专门拨款颠覆伊朗现政权。但伊不予理睬，我行我素，核技术能力取得长足发展。奥巴马上台后，调整布什时期的“无效”政策，频频向伊伸出橄榄枝，并于2009年6月初在开罗发表讲话，承认伊朗有权和平利用核能，但主要由于伊朗内政的原因终未能突破僵局。进入2010年后，伴随着美国内政治压力的升高，奥巴马改而返回前任政府的老路，重新谋求安理会更加严厉制裁伊朗。伊朗则拉住巴西和土耳其，在2010年5月17日达成核燃料境外交换协议（最初由国际原子能机构为打破伊核问题僵局而提出，得到奥巴马政府认可），试图瓦解美国在安理会的新的制裁努力，但美国立即于5月18日向安理会提交伊核问题六方达成一致的制裁伊朗新决议案。6月9日，安理会对新决议案进行表决，并以12票赞成、2票反对（巴西和土耳其）和1票弃权（黎巴嫩）通过1929号决议，对伊朗进行迄今为止“最严厉制裁”。可以预期，不论伊核问题最终向哪个方向发展，近中期内解决的可能都不存在，美、伊间的核博弈将是长期的，而这场博弈将始终牵动中东地区和各大国的神经。

中东新乱局还表现在什叶派影响上升、库尔德问题凸显和国际恐怖主义泛滥等三点上。一是什叶派因素成为影响中东局势走向的一个重要因素。伊朗曾是世界上伊斯兰教什叶派占据政治主导地位的唯一国家。尽管伊拉克60%的人口是什叶派，但由于其阿拉伯属性及其与波斯人的伊朗交界和前线的特点，传统上由逊尼派牢牢把握着政权。两伊的什叶派本来就有着很深的历史和文化源渊，伊拉克有众多什叶派圣地，双方在宗教学者培养、朝圣等诸多问题上联系紧密，可谓

“我中有你，你中有我”。伊朗精神领袖霍梅尼曾在伊拉克流亡十年，而现今伊拉克的大阿亚图西斯塔尼就出生在伊朗的马什哈德，上世纪50年代才定居伊拉克纳杰夫。伊拉克战后第一任民选总理马利基曾长期在伊朗流亡，伊拉克伊斯兰最高委员会所属武装巴德尔组织也是在伊朗建立并受过革命卫队的训练，目前伊拉克政坛许多要人曾长期持伊朗护照。因此，随着伊拉克什叶派战后政治主导地位的确立，伊朗“自然地”卷入其战后政治重建进程，加之伊朗与黎巴嫩真主党的“天然联系”，以及伊朗势力在叙利亚和巴勒斯坦的显现，给该地区带来了新的“惊恐”。约旦前国王侯赛因生前曾惊呼“一个什叶派新月地带正在形成”。什叶派的崛起是伊拉克战争后中东乱局的产物，它的出现为中东地缘政治格局增添了新的要素。

二是库尔德问题再度浮出水面。库尔德人是中东最古老的民族，也是当代中东五大主体民族中唯一从未建立自己民族国家的民族。库尔德人主要分布在土耳其、叙利亚、伊拉克和伊朗四国交界地区（面积约40万平方公里的山地和高原，被称为“库尔德斯坦”），从未放弃建立独立国家的斗争，因此库尔德人问题成为关乎土耳其、伊朗、伊拉克和叙利亚的跨界难题。海湾战争后，伊拉克库尔德人在美国建立的“安全区”内得到庇护，成立自治政府。伊拉克战争后，库尔德人一跃成为伊拉克政治舞台的主角之一。伊拉克北部库尔德人准独立地位诱发周边国家库尔德人的连锁反应，土耳其的库尔德工人党和伊朗的库尔德自由生命党等频频在其境内发动恐怖袭击，造成严重伤亡和恶劣的社会影响。近几年来，土耳其政府多次派军越境打击伊拉克境内的土耳其库尔德工人党据点，引起土美、土伊关系紧张。

三是美国在中东地区推进“民主改造”，酿成激进主义势力坐大的恶果，国际恐怖主义猖獗。布什政府拟定宏伟的民主改造计划，严重忽略中东国家的基本国情和社会现状，结果在2005—2006年中东的一系列大选中，伊斯兰强硬力量和极端主义势力纷纷壮大。在埃及，穆斯林兄弟会成为议会最大赢家，议席从15席猛增至88席；在巴勒斯坦，激进的哈马斯赢得巴勒斯坦立法委员会选举，获得组阁权。这被西方称之为"民主劫持"现象。与此同时，战后的伊拉克一度成为国际反恐和恐怖主义决战的主战场，美国深陷泥潭，"打不赢、输不起、走不了"。

四、中国与中东

随着经济全球化和中国经济的迅速发展，中国与外部世界日益形成紧密的相互依赖关系。这种关系不仅体现在政治经济领域，还体现在安全和文化领域，中国正在迅速成为中东局势重要的利益攸关方。

中国在中东地区的重大利益主要表现在能源、经贸和安全方面，其中能源、经贸合作发展迅猛，安全利益则关系到中国的发展成本和社会稳定。

中东地区石油储量占世界总储量的将近六成。在可预见的将来，世界经济仍将严重依赖中东石油供给。中国自1993年成为石油净进口国以来，中东成为中国能源进口的主要供应地，进口量逐年上升。如今来自中东的石油占中国进口原油的58%左右，而且比例还在上升。中东石油对中国经济的发展和稳定利益攸关。

中东各国特别是海湾产油国拥有充足的外汇储备，是令世界商家垂涎的商品市场。除了石油和天然气领域的经济合作，中国与中东各国在贸易结构上具有较强的互补性。中国制造的轻纺产品、家电产品、五金工具、医疗器材、工艺品、玩具等，在中东地区有着强大的竞争力。尤其是近年来，大型机电设备出口和对外承包工程建设的数量明显增加，双方的经贸联系更为紧密。根据中国商务部的统计，2007年中国与中东贸易额为1249.2亿美元，较1978年增长100倍，2008年双边贸易额更达到1328亿美元，提前两年实现2006年中阿论坛部长级会议确定的目标。

中东地区的伊斯兰极端主义势力外溢对中国的国家安全构成严重

威胁。伊斯兰极端主义势力和恐怖主义组织经由中亚向东扩展。典型事例是盘踞在阿富汗的基地组织加紧训练恐怖分子，其中包括中国的恐怖分子和分裂势力，如“东突”民族分裂势力和宗教极端势力。受外部影响，中国西部地区的恐怖主义活动抬头，2009年新疆“7·5”事件造成重大人员伤亡，影响恶劣。中国西部地区是中国国内能源的重要来源，也是主要的陆上通道。有效打击恐怖主义、极端主义和分裂主义三股恶势力，不仅关系到中国的稳定发展，也有利于全球反恐大局。

中国与中东国家关系已经走过六十年风雨历程，双方从逐步了解到加强信任与合作。随着中国的快速发展和国际地位的不断提升，中国与中东关系日渐紧密的同时，中东国家对中国的期望值与日俱增。中国提议建立了中阿合作论坛。2004年中国和阿盟签署《中国—阿拉伯国家合作论坛宣言》和《中国—阿拉伯国家合作论坛计划》。以论坛为平台，加强对话，拓展多层次多领域合作，内容涉及经贸、投资、能源、教育、文化、新闻、人力资源、科技等各个方面，成效显著。多年来，中国在中东地区坚持全方位外交，与中东各国、冲突各方保持良好的关系，并进而为促进中东地区的稳定积极斡旋，发挥着积极的作用。中国政府积极支持和推动中东和平进程向前发展。中国历任中东特使多次访问中东国家，在危机中穿梭斡旋，并参加有关国际会议，发挥积极的建设性作用。在伊拉克问题上，中国一贯主张尊重伊拉克人民的意愿和选择，支持伊拉克的主权、独立和领土完整，主张通过政治进程，以和平、民主的方式解决分歧。为此中国还积极参与推动伊拉克政治经济重建的国际会议，并提供各项援助。在伊朗核问题上，中国坚持在国际核不扩散体系内解决危机，以政治对话为主要方式。中国一直努力避免危机升温，多次协调各方立场，尤其是在美国和伊朗之间。

总之，中国政府将继续为推动中东地区的稳定、和平与发展做出不懈的努力。

第十一章 非洲迎来和平发展的新机遇*

20 世纪 80 年代至 90 年代初，非洲经济发展全面停滞，地缘政治重要性也因冷战结束大幅下降，一度成为西方国家的战略“弃子”，非洲“悲观论”盛行。但近十多年来，非洲发生了令人瞩目的变化，经济发展从“低潮期”转为“增长期”，国际地位从“被边缘”到“被提升”，全球范围的“非洲热”方兴未艾。从内外两个大局看，非洲迎来了独立以来最为有利的和平与发展时期，大大增强了世人对非洲未来的期许。但由于非洲发展起点低，内外制约因素众多，仍处于全球化发展最末端，非洲实现“复兴梦想”的道路依然艰难而漫长。

---

* 李荣，中国现代国际关系研究院西亚非洲研究所所长，研究员；黎文涛，中国现代国际关系研究院西亚非洲研究所助理研究员。

一、自主发展的“内动力”增强

从上世纪90年代中期开始，非洲谋求自主发展的趋势日益增强，呈现出全局性、持续性特点。非洲国家吸取了过往发展失败的教训，逐步认识到自主发展的重要性和必要性，随着对西方和国际社会“依赖心理”的减弱，泛非主义思潮再度复兴，致力于在政治、经济和外交等领域的“非洲化”和“本土化”趋势不断加强，独立自强意识大幅提升。

1. 经济发展实现了历史性突破。首先，从宏观经济指数看，非洲从上世纪90年代中期后进入到了一个全面、持续性的高速增长阶段。上世纪80年代，非洲经济平均增速为1.8%，从1997至2008年，撒哈拉以南非洲国家的GDP年均增长率为5.8%，2009年虽遭遇金融危机冲击增速放缓，但仍高于全球平均水平。据国际货币基金组织新修订的数据，2010—2011年非洲经济增长率将达4.8%，高于巴西、俄罗斯、墨西哥和东欧地区。[①] 此外，非洲通货膨胀率得到有效控制，1989至1998年间，非洲大陆年均通货膨胀率高达28.4%，而到1999至2007年则下降为8.4%。非洲发展具全面性，除个别国家外，不但南非、安哥拉等非洲大国、资源国发展迅速，非洲小国、穷国、资源贫瘠国也均有不俗表现。

其次，从经济发展的效果看，长期困扰非洲的贫困化得到有效控制。自上世纪90年代中期以来，撒哈拉以南非洲的经济增长率超过人口增长率，扭转了人均GDP负增长势头，上世纪80年代人均GDP为-1.1%，1997至2008年提升为3.7%。据世界银行的统计，非洲每天生活费不足1美元的贫困人口比例从1997年的56%下降至2007

① Jerry Guo，“How Africa is Becoming the New Asia”，*Newsweek*，March 1，2010，p. 44。

年的51%。[①]《非洲崛起》一书的作者维贾伊·马贾汉称，按人均计算，非洲人已比印度人富裕，有十几个非洲国家的人均GDP甚至超过中国。

第三，从经济发展的潜力看，非洲拥有未来实现复兴梦想的较大优势，即自然资源和劳动力资本。一是非洲拥有世界上最重要的50多种矿产资源，至少有17种矿产的蕴藏量居世界第一，其中包括钴、铀、铝矾土等战略或紧俏资源。在石油方面，除尼日利亚、安哥拉等老牌产油国陆续发现新油田外，加纳、乌干达等国也在近些年陆续加入非洲产油国行列，其中加纳的Jubilee油田，已探明储量为3亿桶，潜力高达18亿桶，是近10年来非洲发现的最大深水油田。二是非洲人口已突破10亿，在全球面临“人口老龄化”社会压力下，非洲却出现“青年膨胀”，预计到2025年，在36个年轻化国家中3/4是撒哈拉以南非洲国家，非洲劳动力比较优势将在未来逐渐显现。[②]三是非洲城市化速度居世界之最，消费人群不断扩大。在非洲十大经济体，服务业已占其GDP总值的40%，与印度的53%相差无几。根据维贾伊·马贾汉的统计，非洲拥有5000万到1.5亿经济精英，其购买力不逊于西方的中产阶级，未来随着非洲城市化的发展，必将带来消费群体的扩大和廉价劳动力的增加，这将成为推动非洲经济发展的巨大动力源。

最后，从自主发展能力看，非洲一方面加强自身在制定经济决策中的主导作用，一方面不断提升对国民经济的掌控能力。安哥拉政府力推“经济自主化政策”，鼓励安哥拉人参与本国经济建设，规定油田开发必须有本国公司主导或参与。尼日利亚政府制订了新《石油

① 同时也有学者对世界银行的数据提出了质疑和修正，认为非洲减贫速度比常人想象的要快，麻省理工学院的Maxim Pinkovskiy和哥伦比亚大学的Xaiver Sala-i-Martin在“*Africa Poverty is Falling……Much Faster than You think*”一文中拿出自己的研究数字，显示在1995年非洲每天少于1美元的人口比例为42%，而2006年为31%，预计到2015年可达到22.8%。

② 美国国家情报委员会编，中国现代国际关系研究院美国研究所译：《全球趋势2025》，时事出版社2009年版，第38页。

法》，加强对本国油气资源的控制，并规定“外国公司要在尼获得石油区块，必须投资炼油厂等配套设施，否则将收回开发权。”[①] 刚果（金）、赞比亚等国也都制定了相应的法律法规。一些非资源国家也采用相关法律保护本国的民族工业和贸易市场。此外，非洲国家近年来大都制定了趋于务实的发展目标，将脱贫和解决温饱作为发展重点，农业和粮食问题跃居政府议事日程首位。

2. 独立理政和维稳能力明显提高，使非洲大陆得以保持总体稳定。首先，战乱和冲突明显减少。近年来，非洲未出现大规模的武装冲突，原有地区冲突也逐渐缓解，莫桑比克、塞拉利昂、安哥拉、利比里亚以及科特迪瓦的长期内战均相继结束。目前，除苏丹和刚果（金）仍存在局部冲突外，只有索马里一国仍处于内战之中，而脱离内战的安哥拉和利比里亚等国已成为地区稳定与发展的重要力量。整体看，非洲进入独立以来最为稳定的历史阶段。

其次，安全机制日趋完善。2004 年 7 月，非盟成立“非洲和平与安全理事会”，构建了非洲新安全体系。该体系标志非洲“集体安全理念”取得突破性进展，其安全原则由非统时期的“不干涉”转变为“不漠视”，即非盟作为一个大家庭，能够合法地对成员国国内发生的人道主义危机等进行直接干预。同时，在非盟指导下，西非经济共同体（西共体）、南部非洲发展共同体（南共体）等次区域组织，积极加入非洲地区安全机制，形成了一套“灵活、多层次的自主安全治理体系”。[②] 西共体正搭建一支 6500 人的维和特别旅，东非特别旅已组建 1500 人的维和编制，南共体特别旅成为非盟在苏丹维和的主力。非盟维和部队在非洲维和行动中的作用明显增大。

第三，自主解决内部问题的能力不断提升。近些年，非洲改变了

① “Nigeria: Oil Licence Renewal-FG Insists On Investment in Refineries”, http://allafrica.com/stories/201003120547.html.

② 罗建波：“全球化时代的非洲一体化：理想、现实与出路”，《现代国际关系》，2006 年第 8 期。

求助外部势力解决内部冲突的惯性作法，“求人不如求己”在非洲已成广泛共识。2007年末，肯尼亚因大选引发政治危机，执政党和反对党所代表的不同部族发生激烈冲突，造成1000多人死亡。以联合国前秘书长安南为首的“非洲名人小组”亲赴肯尼亚居间调停。经过3个月的努力，肯尼亚政府与反对党终于达成权力共享协议，并与4月组建联合政府，局势迅速恢复稳定。在津巴布韦问题上，因西方大国直接插手，对总统穆加贝实施制裁和打压，促使津内部矛盾激化，局势一度险些失控。2009年9月，时任南非总统的姆贝基主动请缨，多次赴津调停，终于促成穆加贝与反对派领袖茨瓦杰拉伊达成分权协议，组成联合政府，避免了一场政治危机。如今，非洲处理自身问题的智慧和能力已获内外广泛认可，完全依赖原宗主国或外部势力解决非洲内部冲突的历史已经改写。

3. 联合自强的意识和能力增强，国际影响不断扩大。在内部，一是以“团结、自信、自强”为核心的“泛非主义”思潮在非洲深入人心，非洲一体化建设不断推进。2002年非洲联盟正式取代非洲统一组织，被视为“泛非主义”复兴的重要标志，促使非洲从争取民族独立和解放的历史阶段顺利过渡到“求和平，谋发展”阶段。为探索非洲发展道路，南非总统姆贝基、尼日利亚总统奥巴桑乔和阿尔及利亚总统布特弗力卡相继提出“非洲复兴计划”，塞内加尔总统瓦德提出“欧米茄计划”，在这些计划的基础上，2001年，由非洲国家领导人自主发起和制订的一项经济发展总体战略——“非洲发展新伙伴计划”正式出台，它提出了新世纪非洲发展的总体目标。该计划不同于西方为非洲制订的各项发展计划，被称为“真正属于非洲人自己的计划”。近年来，非盟成员国已就组建“联盟政府”达成共识，虽然在组成模式、成立进程等问题上仍有较大分歧，但2009年非盟第13届首脑会议，决定将常设执行机构非盟委员会转变为非盟权力机构，新增外交、防务和对外贸易等职权，这标志非洲国家在实现政经一体化、建立非洲合众国的道路上迈出重要一步。[①] 二是非洲国家在政治上日趋成熟。一方面能够理性地推进民主化建设。在资本主义、社会主义、自由主义、威权主义、民族主义、部族和地方文化的激烈碰撞中，非洲积极学习和探索，力争选择适合本国国情的政体模式和发展道路。此外，非洲国家对政变行为集体采取“零容忍”态度，2000 年以来，虽然非洲频繁发生军人政变，但几乎所有政变者最终都必须还权于民，恢复宪法秩序，军人统治在非洲已无市场；另一方面对政权腐败的制度约束和法律监管不断增强。为加强非洲良政建设，消弭腐败，2003 年 4 月，非盟创造性地推出制度化的良政监督机制“非洲互查机制”，53 个非洲国家根据自愿原则加入，成员国须将其政府管理、经济政策以及人权等情况公诸于众，接受其他成员国按照既定标准进行检查和评估。到 2010 年已有 29 个非洲国家加入该机制，其中包括南非、尼日利亚、埃塞俄比亚以及安哥拉等非洲大国。

在国际层面，尽管非洲内部存有分歧，但在维护非洲整体利益上，用“同一个声音说话”的能力和影响日益增大。对伊拉克、人权、反恐等国际重大问题，非洲国家基本能够保持统一立场。2004 年，在联合国秘书长安南遭遇美国打压之际，53 个非洲国家发出联名信，共同表示对安南的坚定支持，助其脱困；计划 2003 年召开的第二届欧非峰会，因部分西方领导人拒绝津巴布韦总统穆加贝与会，到非洲国家集体抵制，会议被迫推迟到 2007 年，直到欧洲同意穆加贝参加为止；2009 年国际刑事法庭（ICC）对苏丹总统巴希尔发布逮捕令，非盟首脑会议决定对 ICC 的逮捕令不予合作，并宣布，“ICC 今后起诉任何一个非洲国家首脑都必须得到非盟同意”；[②] 在 2009 年的气候变化问题全球大博弈中，本处于配角和弱势地位的非洲国家突然

---

① “非盟委员会将变为权力机构，增加防卫外交等权力”，2009 年 7 月 3 日，http：//news. xinhuanet. com/world/2009－07/03/content _ 11647227. htm.

② “非盟决定不与国际刑事法庭合作逮捕巴希尔”，2009 年 7 月 4 日，http：//news. xinhuanet. com/world/2009－07/04/content _ 11649542. htm

发力，组建起代表非洲利益的气候变化小组，并在巴塞罗那和哥本哈根两次气候变化会议上，以集体退场方式维护自身权益。

二、外部对非洲“关注”和“借重”提升

从冷战结束至今，国际社会对非洲的重视度发生了巨大变化。随着世界多极化趋势的发展、全球资源和市场争夺的加剧、反恐和气候变化等国际议题的增多，非洲从“被人遗忘的大陆”变为大国竞相角逐的焦点地区。

1. 在多极化趋势和全球化深入发展的国际转型期，非洲在各种力量重组与博弈中的影响增大。冷战结束后，国际格局呈现一超多强态势，但随着近年来“金砖四国”、“展望五国”、“金钻十一国”为代表的新兴国家异军突起，美欧实力相对下降，世界权力的分散和转移加速，多极化趋势更加明朗。虽然非洲尚难独立成为一极，但在国际政治新一轮力量分化重组中，拥有 53 个国家（联合国成员国的 1/4）、10 亿人口的非洲大陆的作用不容小觑。在全球安全、话语权竞争、联合国改革以及地区政治秩序重组等重大问题上，非洲的影响力日益上升，已成为影响各方力量走势的重要砝码和必须借重的对象。美国欲守住其“一超”地位，欧盟需维护其国际影响力和话语权优势，俄罗斯想重塑大国地位，日本、印度、巴西要实现“入常”梦想，均离不开非洲的支持和配合。近年来，非洲重新成为欧美国际战略“议事日程”中的重要组成部分。从 2000—2009 年，历届 G8 峰会都将非洲问题作为核心议题之一。美国在 2000 年后，耗巨资相继推出“非洲增长与机会法案”、“千年挑战账户”以及“防止艾滋病紧急救援计划”，旨在通过贸易优惠、发展援助和医疗卫生等手段加固美非关系，增强美在非影响力。2007 年欧盟委员会提出实现欧非关系的四大超越：超越发展合作、超越非洲范畴、超越地区分野、超越机构限制。相比 20 世纪 90 年代国际社会对非援助的锐减，国际经合组织成员国

(OECD)对撒哈拉以南非洲的发展援助，已从1999年的120亿美元激增至2008年的366亿美元。[①] 与此同时，中国、印度、土耳其以及拉美为代表的新兴国家和地区，相继同非洲举行规模空前的首脑峰会，政策投入力度前所未有。

2. 丰富的能源及矿产资源吸引大国趋之若鹜。非洲在欧美的能源与矿产保障战略中，扮演极为重要的角色。在2007年，非洲31.8%和31.5%的原油分别出口到美国和欧洲，占美、欧总进口量的20.1%和19.5%。至今，美、欧等西方国家石油公司在非洲石油开采中仍占据主导地位，2006年，在非八大石油公司中，除尼日利亚国家石油公司（第一）和安哥拉国家石油公司（第七）外，其他均被美、欧公司所控制，依次为英荷壳牌、法国道达尔、美孚、雪佛龙、意大利埃尼和英国石油公司。近年来，由于中东地区持续动荡，美、欧均倡导能源合作多元化战略，以减少对中东石油的过分依赖，从而更加倚重非洲，美国计划到2015年，把非洲的原油进口比例提升到其总进口量的25%。

近十年来，非洲新增石油储量和产量分别达422亿桶和1.182亿吨，占世界新增储量和产量的25%和27.7%，成为原油出口涨幅最快的大陆。近年来，除中国外，印度、巴西、韩国、马来西亚等国石油公司也大举进军非洲。中国与苏丹和安哥拉的合作取得突出成效。印度已成为非洲石油的亚洲第二大进口国，为确保石油供应，印出台“印非技术经济协作运动”优惠贷款计划，加强与西非八个资源丰富的国家开展石油合作。非洲的矿产资源尤其是部分战略资源关乎主要大国核心利益。以法国为例，法国所需铀、钴全部需从非洲进口，而法国80%的电力来自于铀所产生的核能。[②] 此外，该国80%的铝矾

---

① http://www.oecd.org/document/11/0，3343，en _ 2649 _ 34447 _ 1894347 _ 1 _ 1 _ 1 _ 1，00.html.

② ［法］塞尔日·米歇尔，米歇尔·伯雷：《中国的非洲——中国正在征服黑色大陆》（中译本），中信出版社2009年版，第81页。

土，72%的锰，52%的铬，35%的铁矿也都来自非洲。

3. 在国际安全领域的地位和作用日益增大。进入21世纪后，国际安全环境更趋复杂，安全威胁更加多元，恐怖主义、宗教极端主义、武器扩散、毒品走私、非法移民等非传统安全因素凸显。应对非传统安全威胁成为美等西方大国国家安全战略的重要内容。相对世界其他地区，非洲大陆经济社会发展落后，战乱与冲突频仍，部族和宗教矛盾复杂，成为非传统安全威胁滋生的“温床”。在反恐领域，“9·11”后，非洲已成为国际反恐重要战场。由于美强大的军事打压，“基地”组织在伊拉克、阿富汗和南亚地区的生存空间被严重挤压，而非洲则成了恐怖分子相对安全的庇护所。现今，非洲的穆斯林总人数已超过中东，[①] 非洲本土的极端伊斯兰势力和国际恐怖组织的“珠联璧合”趋势进一步显现。活跃在北非一带的“萨拉夫宣教与战斗组织”于2006年9月正式和基地组织合并，改名为“伊斯兰马格里布基地组织”，合并后其活动能力进一步增强。非洲之角的索马里自上世纪90年代后内乱不止，如今整个国家基本处于无政府状态，本土极端伊斯兰势力迅速膨胀，现已基本控制索马里整个南部地区，在2009年索马里反政府组织“青年党”公布的一份录像中，其成员高呼“誓死拥护本·拉登”。外界普遍认为索马里有可能成为“下一个阿富汗”。在海上安全方面，非洲地缘位置重要，控制着地中海、中东地区通往大西洋、印度洋的战略要道。全世界每年近2万艘船只、世界14%的海运贸易和30%的石油运输需经过非洲之角扼守的亚丁湾。但如今，索马里海盗问题已对国际航运贸易构成严重威胁，仅2009年就发生217次袭击事件，占世界海盗活动一半以上，迄今，共有近900名船员被劫为人质，支付赎金约1.1亿美元，部分船只甚至只能绕行好望角，海上运输成本和保险

---

① William M. Bellamy, “Making Better Sense of US Security Engagement In Africa”, CSIS Africa Program Report, p. 5.

费用大幅攀升。面对严峻的海盗威胁，美国、俄罗斯、中国、欧盟等已派出军舰前往索海域，从事护航和打击海盗任务。在 2009 年，包括美国、俄罗斯、中国在内的 24 国成立了“索海盗问题联络小组”，组建起应对海盗问题的协作机制，其中非洲国家的支持与配合必不可少。

4. 事关人类发展的全球性议题已离不开非洲的参与和支持。当前，全球化深入发展，国家间利益纷繁复杂，相互依存关系空前深化，基于共同利益的双边和多边合作增多，全球性问题在国际关系中的重要性和优先性日益突出，金融、气候、能源、减贫等议题仅凭一个或少数几个大国的力量已难以应对，全球共治的重要性凸显。而非洲虽仍处在全球化的底层，但却是解决全球性问题的重要方。在气候变化问题上，非洲排放的温室气体最少，但却是受气候变化影响最严重的大陆，有 9000 万人口成为“气候难民”。在气候问题的博弈中，“如何考虑非洲的需求”已纳入大国考虑范畴，成为其政策“正义性”的主要参照标准之一，更是大国抢占话语权和道德制高点不可回避的要素。此外，非洲是“77 国集团”的中坚力量，而“77 国集团”是气候谈判中的主要利益攸关方和最大的国家联盟，全球气候问题谈判如要获得实质性进展，难以撇开非洲。在减贫等发展问题上，非洲是联合国千年发展目标能否实现的关键。2000 年 9 月，联合国千年首脑会议通过《联合国千年宣言》，承诺在 2015 年之前将全球的贫困水平降低一半，并制定了发展目标，包括消除极端贫困和饥饿、改善教育和医疗条件等 8 个领域的量化目标。非洲虽然十几年来发展成效显著，但横向对比亚洲和拉美等发展中国家和地区，在减贫等几个关键性指标上仍与联合国制定的量化目标存在差距。2010 年联合国发布的最新报告显示，虽然非洲的贫困率有所下降，但由于人口的增长，撒哈拉以南非洲极端贫困人口绝对数仍有所增加，仍是全球贫困人口增长幅度最快的地区；在卫生医疗方面，2008 年非洲新增艾滋病感染者 190 万人，占全球新感染总人数的 70%，在全球 85 万疟疾死亡病例中，非洲占到90%。[①]

三、加强与新兴大国合作成为促进发展的新动力

近十多年来，中国、印度、巴西等新兴国家不断深化与非洲的互利合作，成为催生全球“非洲热”、推动非洲经济发展的新“动力源”，中非、印非等的成功合作已突破“双边”和“内部”界限，产生了广泛“辐射”效应，并引导大国竞争朝着有利于非洲的方向发展。正如非洲国家领导人所说，中国等新兴国家的进入是非洲摆脱殖民化后最为期待的一次机会。新兴国家与非洲的合作为非洲的稳定和发展创造了难得的战略机遇。

1. 新兴国家的“进入”改变了大国在非洲的竞争格局，使非洲从中受益。在全球化进程中，由于亚洲和拉美已成为经济全球化的“熟地”，潜力挖掘的边际效应已最大化，非洲成为“有待开发的最后一片热土”。出于自身发展的需要以及跟上全球化发展的步伐，一些新兴大国在加强南南合作的原则框架下，积极拓展与非洲的合作，力求达到互利共赢、共同发展的目标。新兴大国的“进入”改变了非洲传统的、欧美主导的大国竞争格局。新兴大国与传统西方大国在非洲大陆的能源、资源、市场等领域所展开的竞争使非洲受益匪浅。一是扩大了非洲对外合作的选择余地和议价能力。非洲国家在国际市场上不再面对“只能把资源卖给西方跨国公司”的“单项选择”。与此同时，随着新兴国家的加入，国际市场上能源矿产价格水涨船高，使非洲国家能够充分利用其资源优势获得所需发展资金。二是改变了非洲对外经济合作的内涵和传统方式。正如世界

---

① “履行承诺：促进到2015年实现千年发展目标商定行动议程的前瞻性审查”，联合国报告，http：//www. un. org/zh/documents/view _ doc. asp？ symbol＝A/64/665.

银行非洲地区顾问罗德曼教授所指出，中国为首的新兴国家在非洲的表现凸显国际经济领域一个重要的转化现象，即非洲的投资和贸易从原来“依附性”的南北关系开始转向“合作性”的南南关系，非洲开始从南南合作中获益。这种南南关系将逐渐把非洲国家从过分依赖几种商品的生产和出口国，转变成更加多样化的经济体。非洲国家与中国、印度和巴西的贸易及投资活动提供了迄今为止最重要、最罕见的机会，它将加速非洲发展，扩展泛非贸易，加快非洲大陆参与全球经济的步伐。①

2. 中非合作带动了非洲的经济发展。中国既是非洲经济发展的强有力推动者，也是积极的参与者。上世纪 90 年后半期，非洲经济进入稳步发展阶段，恰恰也是中国全方位“走进非洲”的时期，这种“时间巧合”为中非合作开了个好头。2000 年中非合作论坛成立以来，中非合作的巨大成果被视为互利合作的成功探索，堪称“南南合作”的典范。一方面，中非成功合作极大支持了中国和平崛起的战略与实践；另一方面，有数据显示，中国对非洲经济增长的贡献率达 20%左右。近年来，英国《金融时报》、法国《世界报》等西方重要媒介均载文称，“非洲经济近年来的快速发展得益于中国”、“中国与非洲相遇标志非洲时代的到来。”② 2006 年中非首脑峰会以来，中国认真落实在峰会上提出的八项举措，积极兑现对非洲的免债承诺，实施对非大部分商品的零关税，并相继在不同国家建立了经贸合作区、农业示范中心、疟疾防治中心等，对非融资和投资力度大幅加强。截止 2008 年，中国对非洲 49 个国家和地区累积实现各类投资 260 亿美元，直接投资存量 78 亿美元。2009 上半年，中国对非非金融类直接投资 8.75 亿美元，同比增长 78.6%。中非贸易额 2000 年突破 100 亿美元

---

① “中国把世界目光带向非洲”，2007 年 2 月 3 日，http：//news.xinhuanet.com/world/2007—02/03/content_5689163_1.htm.

② “中国成为非洲经济新动力”，2006 年 2 月 27 日，http：//www.ftchinese.com/story/001003095；“

关口，到2008年再次突破1000亿美元。中国在非洲累积签订承包工程合同额1263亿美元，完成营业额681亿美元。2009年11月在中非合作论坛第四届部长级会上又提出新八项举措，开启了中非合作的新阶段。新老两个“八项举措”，惠非力度大、覆盖范围广，非洲可望从中获得更多支持与帮助。值得提出的是，苏丹、安哥拉等与中国密切合作的国家已成为非洲经济发展速度最快的国家。安哥拉2002年内战结束后，因西方拒绝为其提供重建援助，安把目光转向中国，通过与中国开展以能源为龙头的全面合作，经济突飞猛进，从2005年开始，连续4年保持两位数增长，分别达到20.6%、18.6%、35%和24%，增速居全球之首。苏丹也是在遭美等西方国家制裁情况下选择与中国合作。经过十多年的努力，中国已为苏丹建立起集石油勘探、开发、输运、炼油、石化等上下游为一体的石油工业体系，并为苏丹培养了大批石油技术和管理人才，使苏丹石油工业走上了可持续发展之路。昔日非洲最穷国之一苏丹连续多年保持经济高增长率，如今已成为北非七国经济发展的领头羊。此外，赞比亚、刚果（金）、尼日尔、利比里亚、坦桑尼亚、塞内加尔等国，也在与中国的互利合作中获得新的发展动力，长期的贫穷落后状况不同程度得到改善。南非著名中国问题专家马丁·戴维斯称，“来自中国的需求支撑着非洲的增长。”伴随着新兴国家的崛起，特别是中国持续高速的经济增长，非洲不但可分享到发展红利，而且，也可从中获得更多独特的发展经验。这种不同的发展道路和合作模式为非洲提供了学习和借鉴的范例，增强了非洲探索自身发展道路的决心和信心。

值得提出的是，随着中非合作的不断深化，一些发展中的问题逐渐显现，如贸易不平衡、产品同质化竞争、商人急功近利、中非之间的文化习俗差异等。但这些问题已为双方所重视，被列入需积极予以解决的问题范畴。

3. 新兴国家与非洲的合作模式对西方构成巨大压力，迫使西方自我反省。中国、印度和巴西等新兴大国，坚持在平等友好的基础上与非洲合作，以“互不干涉内政”为前提，以“互利共赢”为目的，并在国际事务中互予援手。中国明确提出与非洲建立“政治上平等互信、经济上互利共赢、文化上交流互鉴”的“新型战略伙伴关系”。这种面貌一新的“合作模式”受到非洲国家普遍追捧，并给予高度肯定，从而使西方对非政策遭遇前所未有的压力。起初，美、欧等西方大国难以正视现实，利用其强大的媒体优势大肆攻击中国“搞新殖民主义”、“掠夺非洲资源”等，企图阻止中非关系发展，但由于中非合作的基本原则符合双方利益，成效明显且无可厚非，近年来，越来越多的西方精英开始自我反省，承认中非合作起步虽晚，但实实在在推动了非洲的稳定与发展。西方既无力阻挡中非合作，传统政策又难以为继，遂开始“被动调适”其对非政策。近年来，西方惯用的“单边”、“高压”或将“援助与民主人权挂钩”等手段，均有所收敛，更注重用“巧实力”同非洲打交道，欧、美主动要求与中国加强在非洲的合作，在某些做法上也开始“效仿”中国。2007 年的欧非峰会上，欧盟首次将“追求平等的政治伙伴关系”定为欧非关系的发展目标。萨科齐上任后，明确提出同传统的对非关系“决裂”，建立“平等”和“相互尊重”的新型法非关系。萨在两年时间里 8 次访非，为改变“非洲宪兵”形象，大力削减法驻非部队和军事基地，2010 年已关闭了在塞内加尔的军事基地。2009 年，奥巴马首访非洲时即提出“相互负责和相互尊重”的伙伴关系，并不止一次表示“要借鉴其他国家与非洲发展关系的经验”。美国负责非洲事务的助理国务卿卡森在希拉里访非前公开表示：“给予非洲各国政府及其领导人尊重是非常重要的，我不希望美国训斥任何人。”① 近些年来，西方在看待非洲问题上已“多了些反思，少了些说教”。

4. 中国帮助非洲抵御金融危机冲击的作为在全球产生重要“示

---

① “希拉里将访非洲 专家：切勿训斥”，2009 年 8 月 1 日，http：//cn.chinareviewnews.com/doc/1010/3/6/6/101036648.html? coluid = 93&kindid = 3910&docid = 101036648&mdate = 0801002652.

范效应”。2008年的全球金融危机给非洲带来严重负面影响。由于国际市场上油价和初级产品价格大幅下挫，使以能源和资源输出为主导的南非、尼日利亚、安哥拉等非洲经济“火车头”遭受重创，全非经济增长率2009年降至1.5%左右；从2008年7月至2009年11月，有21个国家的货币对美元贬值10%以上，8个国家贬值20%；非洲侨汇和劳务汇款收入在过去五年经历两位数增长后，2009年下降8%。但在外界普遍担心非洲外援将大幅度下降之时，中国第一时间为非洲“雪中送炭”，公开承诺在非洲的中资企业不减员、不减资、不撤资政策。2008年12月，温家宝总理在接见来访的安哥拉总统多斯桑托斯时，坚定表示“中国不会因为国际金融危机而减少对非援助”；2009年2月，胡锦涛主席在出访马里时郑重承诺：“中国将在力所能及的范围内继续增加对非援助和减免非洲国家债务。”2009年中国提前兑现了“三年对非援助翻倍”的承诺，在全球投资普遍减少的情况下，中国2009年前三季度对非投资增长了77%。中国的“示范作用”产生了重要影响，2009年世界银行承诺向黑非洲提供贷款99亿美元，比2008年增长36%。[①] 美、英、法等西方国家也先后口头承诺不会减少对非援助，使非洲面临的经济压力有所缓解。

四、非洲实现“复兴梦想”任重道远

在内外多种积极因素作用下，未来十年非洲将迎来和平发展的重要历史机遇期。如果非洲国家能够抓住此次机遇，调动内部潜能，以开拓、创新的姿态积极应对挑战，战胜困难，非洲的和平与发展目标定会早日实现。但客观看，非洲把握机遇的能力仍有较大的不确定性。非洲目前的发展仍处在“量变”阶段，自身能力还未能突破“质

---

① “世界银行增加撒哈拉以南非洲国家贷款”，2009年8月24日，中国商务部网站，http://finance.ifeng.com/roll/20090824/1132126.shtml

变”瓶颈，外力作用大于内力推动，非洲是否能克服内部沉疴，消除“内争、内乱、内耗”痼疾，改变发展的“脆弱性”和“易变性”特点，将是其面临的最大历史性挑战。

首先，非洲本土政治和西式民主的结构性矛盾仍是威胁稳定的最大隐患。冷战后，西方多党政治体制在非洲已成政治常态，53个非洲国家中已有50个实行了多党制，但是这种体制并未摆脱以族群为基础、以威权为轴心的非洲式政治运作方式。“部族政治”、“逢选易乱”和“无限任期”问题成为这种结构性矛盾的三大表现。非洲2000多个部族延续了几百年，而国家的成立只有几十年，民众对部族的认同感高于国家，部族成为政治选举工具，胜者则把部族利益置于国家利益之上。此外，威权传统下的非洲选举往往是一场“输不起的战争”，选举成为多国内乱的导火索。而且，越来越多的非洲领导人开始追求“无限任期”或“终身总统”，成为引发军事政变等内部冲突的新动荡源。

其次，自身发展能力不足。非洲迄今仍是世界上最贫困、发展水平最低的大陆。在全世界50个最不发达国家和41个重债国家中，有34个和33个是非洲国家。占世界总人口12%的非洲，经济总量仅占世界的1—2%，多数非洲国家产业结构单一，严重依赖资源输出，商品经济落后，外债居全球之首，近些年非洲经济的发展更多源自外部支持，内生动力严重不足，持续性增长所必须的国家和私人投资、国内市场、基础设施等条件仍严重欠缺。

第三，政府治理能力普遍低下。腐败问题是困扰多数非洲国家的顽疾。据统计，世界银行从1946至2004年为发展中国家提供的5250亿美元贷款中，一半借给了非洲，其中25%（约1300亿）的款额被贪污或滥用。[①] 贪污在非洲一些国家甚至已成为官僚阶层的一种生活方式。非盟委员会副主席姆文查认为：“腐败每年耗费了非洲10%的

① Dambisa Moyo,, *Dead Aid*, Penguin Group, USA, 2009.

资源。”2006年，透明国际公布的《全球清廉指数排行榜》中，全球最腐败的10个国家中，非洲占5个，几乎所有非洲国家均在“严重腐败”或“极端腐败”行列。此外，非洲国家行政效率相对较低，直接影响外资引入。据世界银行统计，在非洲开办企业要耗费45.6天，东亚和南亚则为41和28.1天；他国向非洲出口平均要耗费39.4天，东亚和南亚则为24.3和32.2天。[①]

总体看，虽然非洲仍面临诸多发展难题，但非洲迎来了重要的历史发展机遇期。特别是，非盟以及非洲大批精英已经对自身存在的问题有比较清晰的认识，并加大解决力度。我们有理由相信，非洲将会在国际社会的大力支持和帮助下，以自己的方式解决好发展道路上的问题，最终实现非洲人的“复兴梦想”。

① “全球营商环境报告”，http：//chinese.doingbusiness.org.

第十二章 拉丁美洲面临的挑战及未来发展趋势*

21 世纪头十年，是拉丁美洲现代化进程中一个“承上启下”的重要时期。面对全球化迅猛推进和国际格局深刻变化，绝大多数拉美国家进行了深入的反省与思考，不断进行政策调整与改革，积极探索自身发展道路。经过十年调整与改革，拉美在政治、经济、社会和外交领域均发生了深刻变化，成为日益看好的发展中地区。拉美在赢得发展机遇的同时，也面临诸多内外挑战。未来十年将是考验拉美能否妥善应对挑战、以新的姿态亮相国际舞台的关键时期。

* 吴洪英，中国现代国际关系研究院拉美研究所所长，研究员。

一、近十年拉美发生的深刻变化

如果说20世纪80年代是拉美深陷严重经济危机的“失去的十年”，90年代是拉美被迫从进口替代工业化模式转向新自由主义发展模式的“转型的十年”，那么21世纪头十年则是拉美不断根据国内外形势变化而“调整改革的十年”。近十年的调整与改革，使拉美在政治、经济、社会和对外关系领域发生了重大变化。

首先，对新自由主义发展模式进行深刻反省与思考，创新地提出了“21世纪社会主义”和“社群社会主义”等新的社会发展观，并在部分国家开始付之实践。众所周知，为了应对20世纪80年代因债务危机引发的严重经济危机，拉美国家在美国、国际货币基金组织和世界银行的积极劝导下，纷纷放弃实施了长达半个世纪之久的进口替代工业化发展模式，转而采取以“华盛顿共识”为基础的新自由主义发展模式。以贸易自由化、金融自由化、国有企业私有化和经济市场化为特征的新自由主义经济改革，尽管增强了拉美各国经济活力，宏观经济失衡局面有所改观，经济实现一定增长，但也带来了一些副作用，如：伴随国内市场不断开放，许多竞争力弱的民族企业陷入困境；伴随贸易壁垒降低，许多国家国际收支经常项目出现失衡状况；伴随国有企业私有化，生产与销售不断集中到少数私人资本和外国资本手中；尤其随着失业率攀高，收入分配不公加剧，社会问题日益严重。于是，从20世纪末起，拉美一些激进左翼人士开始对新自由主义改革进行反思并提出批评，委内瑞拉、玻利维亚和厄瓜多尔等激进左翼掌权的国家开始调整本国经济发展战略，提出新自由主义“替代方案”，包括委内瑞拉总统查韦斯提出的“21世纪社会主义”、玻利维亚总统莫拉莱斯提出的“社群社会主义”等。尤其查韦斯提出的“21世纪社会主义”，因提出时间较早（2005年1月）、内容较新、实践决心大而引起世人关注。查韦斯声称自己是“社会主义者”，将“建立委内瑞拉社会主义”作为执政目标，并发誓：“祖国，我发誓，勿社会主义，宁死亡!”[①] 从查韦斯言论与初步实践看，所谓“21 世纪社会主义”，就是在政治上，要执政为民，还权于民，以参与制民主代替代议制民主；经济上，加强国家对国民经济的控制，推行以国有化和合作社为核心的经济发展模式，取代新自由主义发展模式；社会上，以平等、自由、公正为原则，建立没有特权、没有贫穷、具有包容力的社会。显然，这种“21 世纪社会主义”实属拉美各种思潮（马克思主义、社会民主主义、民众主义、民族主义、发展主义等）的“大杂烩”，并未完全形成一个系统完备的理论体系，其中不乏过于理想、空想的成分，还有互相矛盾之处，但它毕竟是拉美左翼政治人物经过不断思索，并结合本国实际情况提出的一种新的发展观，反映出一些拉美国家在新的国际形势下探索自身发展道路的一种尝试。不过，其成效和影响仍需观察。

其次，政治生态持续“左转”，民主化进程有序推进。20 世纪 90 年代，伴随新自由主义经济改革不断深入，拉美社会问题普遍进一步加剧，不少国家的社会中下层情绪变得激进起来。于是，拉美地区政治生态开始左转，左派思潮不断涌现，左派组织与论坛渐趋活跃，左派政治人物纷纷登台亮相。自 1999 年委内瑞拉激进左翼人物查韦斯、2002 年巴西劳工党领袖卢拉相继上台以来，拉美左翼执政阵营不断壮大。截至 2009 年 12 月，左翼、中左翼联盟在巴西、阿根廷、委内瑞拉、智利、玻利维亚、乌拉圭、巴拉圭、厄瓜多尔、尼加拉瓜、萨尔瓦多、多米尼加、巴巴多斯、圭亚那、苏里南、安提瓜和巴布达以及古巴等 16 国执政。左派当政成为当今拉美国家政治生活中的主流现象，拉美左转趋势与近十年世界其他地区右倾保守现象形成鲜明对比。同时，近十年来，拉美大多数国家政党政治不断成熟，选举制度顺利推进，代议制民主不断发展。除洪都拉斯一度出现军事政变、墨

① “Venezuela’s Chavez: Full speed to socialism”, The Association Press, January 10, 2007.

西哥大选争议外，绝大多数国家均能在民主体制框架内依法举行选举，政权交接平稳，政局基本保持稳定。

再次，拉美经济持续增长，抗御风险能力明显增强。近十年，拉美大多数国家利用经济全球化带来的机遇，借助国际贸易快速增长和世界经济新一轮增长周期，基本实现了与全球经济同步增长，整体经济实力明显增强。据世界银行统计，2004—2008 年拉美 GDP 年均增速超过 5.3%，其中，南美洲、加勒比和中美洲分别增长 5.4%、5.9%和 3.7%；委内瑞拉、阿根廷、秘鲁甚至分别增长 10.5%、8.4%和 7.4%。这五年成为“近三十年来拉美经济增长最强劲的一个时期”。[①] 持续多年的经济增长有助于拉美整体实力的增强。从经济规模看，拉美 GDP 从 2000 年的 1.94 万亿美元[②]增至 2008 年的 5.2 万亿美元，占世界 GDP（60.6 万亿美元）的 8.6%，占发展中世界的 19.2%，远超非洲（1.8 万亿）、中东欧（2.1 万亿）、中东（2.3 万亿）美元。[③] 从人均 GDP 来看，从 2000 年的 3889 美元[④]增至 2008 年的 8000 美元，为发展中地区最高水平。从经济增长势头看，1991—2000 年拉美经济年均增长 3.4%，到 2004—2008 年年均增长 5.3%。[⑤]尽管 2009 年受到全球金融危机冲击，拉美增长速度有所放缓，但复苏势头较为强劲，2010—2014 年有望实现年均 3.0%以上的增长。巴西、墨西哥、阿根廷、智利和秘鲁等均进入“新兴市场国家”行列。

十年来，伴随贸易自由化和对外开放不断扩大，拉美对外贸易能力、吸纳外资与对外投资能力也不断增强。1999—2008 年，拉美货物出口额从 6138.9 亿美元[⑥]增至 10041.9 亿美元，后者占世界的 5.1%和发展中世界的 14.7%，创历史新高，基本实现贸易平衡。2001—

① World bank，*Global Economic Prospects 2009*，November 20，2008，p. 153.

② WB：Global Economic Prospect and the Developing Countries，December 2002，p. 234.

③ IMF：World Economic Outlook-crisis and recovery，April 2009，pp. 183－189.

④ WB：Global Economic Prospect and the Developing Countries，December 2002，p. 235.

⑤ IMF：World Economic Outlook-crisis and recovery，April 2009，p. 189.

⑥ WB：Global Economic Prospect and the Developing Countries，December 2002，pp. 238－240.

2008年，流入拉美的私人直接投资净额从693亿美元增至904亿美元，占发展中世界的18.3%，仅次于亚洲（1398亿美元），仍高于非洲（419亿美元）、中东欧（693亿美元）、独联体（491亿美元）、中东（345亿美元）。[①] 随着经济持续稳步增长和经济改革不断深化，拉美综合竞争力也有所提高。根据世界经济论坛“2008—2009年度全球竞争力报告”，进入前50名的国家和地区，拉美有3个：智利（28）、波多黎各（41）、巴巴多斯（47）；进入前60名的有6个，进入前90名的有15个。[②] 另外，近些年拉美对世界初级产品市场贡献率明显上升。目前，拉美铁、铜产量约占全球的20%和43%以上，巴西铁矿石出口约占世界的35%，智利、秘鲁铜出口量占世界的60%以上。巴西大豆与咖啡、阿根廷大豆与肉类、墨西哥玉米、秘鲁鱼粉等出口增长强劲，拉美国家在国际初级产品市场尤其粮食市场上拥有举足轻重的地位。

最为重要是，经过持续多年的增长，拉美经济抵御危机风险能力明显提高。近十年来，拉美先后遭遇2001年阿根廷金融危机、2002年拉美地区金融危机、2008—2009年全球金融危机的冲击，尤其全球性金融危机是拉美遭遇近二十年来最严重的外部冲击，大多数国家金融市场一度急剧动荡，进出口大幅下滑，部分国家侨汇与旅游收入急剧减少，企业融资普遍困难，失业率明显上升，全地区2009年GDP下降2.6%，尤其与美国经贸关系十分密切的墨西哥和中美洲国家受到很大冲击，GDP增长率分别为-6.4%和-7.1%。[③] 面对全球金融危机冲击，拉美大多数国家，一方面采取财政、税收、货币、金融、汇率等一系列刺激政策，迅速稳定宏观经济形势。尤其加强央行干预，及时稳住股市、汇市；通过减息降税，促进国内住房和汽车销

① IMF：World Economic Outlook-crisis and recovery，October 2009，p. 192.

② World Economic Forum，*The Global Competitiveness Report 2007－2008*. http：//www.grc.weforum.org.

③ The World Bank，Global Economic Prospects 2010，January 21，2010，p. 17.

售，减轻企业负担，拉动内需；另一方面，着手长远规划，大幅调整产业政策，加强对工业和农业投入，振兴房地产业，努力实现产业结构优化升级，尤其增加对中小企业的保护和扶持，重新给实体经济注入活力。由于拉美国家应对危机举措较为及时、有效，特别是2003—2008年持续六年的增长增强了拉美抵御风险能力，在巴西、墨西哥等地区大国带动下，2009年下半年开始，拉美金融市场渐趋稳定，制造业和出口重新回暖，宏观经济企稳回升，国际经济机构多次调高对拉美经济预期，世界银行最新报告预测，2010年拉美GDP增长3.1%，私人消费、固定投资、进口和出口分别增长3.2%、6.1%、10.3%和7.8%。①

第四，拉美严重的贫困问题有所缓解，长期影响地区安全稳定的“动荡源”出现缓和迹象。

伴随经济持续稳步增长，拉美国家普遍加大对社会领域的投入，尤其各国不断推出社会援助计划，使中下层受益面不断扩大，大多数国家贫困人口明显减少，社会贫困化现象有所减轻。拉美贫困率从1999年的43.8%降至2008年的33.2%，赤贫率从18.5%降至12.9%；贫困人口从1999年的2.21亿降到2008年的1.82亿，赤贫人口从8900万降至7100万。2007年拉美基尼系数为0.515，为1990年以来最低水平。尤其2003—2008年拉美贫困率持续六年下降。② 其中拥有上亿人口的巴西和墨西哥两国对拉美贫困现象的缓解做出了重要贡献。

尤其需要指出的是，一直影响拉美地区稳定的“动荡源”——安第斯地区恐怖活动出现缓和迹象。最主要的表现是恐怖活动和毒品走私最猖獗的哥伦比亚重新露出和平的曙光。哥伦比亚乌里韦政府在美国强力支持下，继续实施“哥伦比亚计划”，对反政府武装采取软硬

① The World Bank, *Global Economic Prospects 2010*, January 21, 2010, p. 17.

② CEPAL, Panorama Social de América Latina 2009.

兼施的策略，一方面与准军事组织——哥伦比亚联合自卫军持续推动实施“和平遣散计划”，加快与第二大反政府武装力量——哥伦比亚民族解放军的秘密接触与谈判；另一方面集中军事力量强力打击最大的反政府恐怖武装——哥伦比亚革命武装力量，并取得初步成效。通过“和平遣散计划”的实施，哥伦比亚联合自卫军的几万名成员分批交出武器，接受遣返，回归平民生活。在古巴和委内瑞拉的斡旋下，乌里韦政府与哥伦比亚民族解放军举行新一轮对话。哥伦比亚革命武装力量也受到重挫。困扰哥伦比亚40多年的内战有所降温，影响拉美地区稳定的安第斯动荡源出现缓和迹象。

最后，拉美区域一体化不断推进，多元化外交取得成效，国际地位有所提升。拉美33国与美国共生于西半球。出于地缘政治考虑，拉美国家向来非常重视区域内的团结，通过区域一体化增强自身实力及与美谈判抗衡的能力。拉美是世界上最早进行区域一体化的发展中地区，也是区域一体化最活跃的地区之一。近十年来，随着经济全球化迅猛推进，拉美区域一体化重新焕发活力，不仅原有的一体化组织（如安共体、南方共同市场、中美洲共同市场和加勒比共同体等）表现活跃，还涌现出一批新的一体化组织与集团，如美洲玻利瓦尔替代方案、南方石油公司、南方银行、南美洲国家联盟、拉美国家共同体等。尤其2010年2月23日成立的“拉丁美洲和加勒比国家共同体”，是拉美独立200年来第一个囊括全地区33国而将美国排斥在外的区域性组织，这个以里约集团为基石的拉美一体化组织，有望成为继欧盟之后世界第二大跨国政经复合体。目前拉美所有国家均参加了一个或多个区域一体化组织或机制。拉美一体化不仅构成当今全球化的重要组成部分，还是促进全球化浪潮的重要推力。通过区域一体化，拉美国家加强了区域内经济联系与政治团结，提高了整体实力。巴西已进入“金砖四国”集团（BRICs），墨西哥列为“新钻11国”行列，巴西、墨西哥和阿根廷均为“8+5机制”和“20国集团”成员。因此，拉美不仅是全球反霸权、反强权的一支重要力量，构成国际安全网络中的重要一环，还是推动世界多极化、重构国际新秩序的一个重要方面军。

二、拉美发生深刻变化的主要原因

近十年，拉美大多数国家之所以能够保持政局和社会稳定，经济持续增长，主要得益于多种内外因素的综合运作。

其一，拉美拥有一个较有利的外部发展环境。拉美北邻最发达的美国，南临无人居住的南极，东西拥有太平洋和大西洋两个天然屏障，又远离世界动荡源的中东和最贫穷的非洲，拥有任何其他大陆都无法比拟的地缘政治优势。尤其近十年，除2009年爆发全球金融危机外，世界经济基本保持稳步增长，美国、欧盟、日本和中国四大经济板块普遍活跃，为拉美营造了一个有利的外部环境，美国和中国扮演着拉动世界经济增长的两大“引擎”。特别是中国对初级产品和能源的强劲需求，拉动国际市场价格上扬，带动拉美地区出口大幅增长，成为推动拉美经济增长的新的“助推轮”。2009年中国已成为巴西、智利最大的出口市场和最大的贸易伙伴。世界银行拉美地区首席经济学家德拉托雷称，“与中国联系最密切的智利、巴西和秘鲁摆脱经济危机的势头最为强劲，这显示出中国在拉美日益增强的重要性。”① 除贸易拉动力外，中国对国际初级产品价格也产生“巨大影响”。中国对拉美石油、铁矿石、铜、大豆的持续不断增长的需求，拉高了国际初级产品的价格，2002年底到2006年第三季度，国际市场初级燃料和非燃料商品价格分别上涨150%和80%；2010年国际铁矿石涨价100%。“由于初级产品出口在拉美出口中所占比重很大，国际市场上初级产品的价格保持高位使93%的拉美国家民众受益。”②

① 2010年4月28日埃菲社电。

② 2010年4月28日埃菲社电。

其二，代议制民主不断巩固，政党政治逐渐成熟，为拉美政局稳定、经济发展提供了一定的保障。自20世纪80年代开始“军人还政于民”、90年代普遍建立起代议制民主以来，拉美民主化进程不断深入推进。进入21世纪，拉美民众参与政治的热情有所上升，新的政党和新的政治人物不断涌现，尤其是主要国家的政党政治逐渐成熟，选举制度得到普遍遵循。近十年来拉美大多数国家选举顺利、政权交接平稳，说明民主理念在拉美已经深入人心，拉美民主体制基本经受住了考验。

其三，各国经济改革与政策调整奏效，国内需求明显增强，成为拉动拉美经济增长的“新引擎”。近十年，拉美国家普遍实行稳健的财政政策，大多数国家财政收入保持稳步增长。实行较灵活的汇率制度，减轻了本币升值的压力，增加了国际储备。采取了谨慎的货币政策，努力将通胀控制在较低水平；奉行了积极的贸易政策，鼓励出口和进口，刺激了国内需求，进一步促进了经济增长。伴随政局基本稳定，经济持续增长，投资者和消费者信心增强；实际利率相对低下，私人信贷增加，公共开支尤其政府对社会领域和基础设施的投入加大；就业机会的增多，实际工资水平的提高，这一切有力地推动了拉美国内需求的强劲增长。

其四，拉美国家尤其左翼政权注重社会政策，加大社会领域的投入，减缓了因长期贫困积淀的社会压力。伴随经济持续的增长，拉美各国尤其左派政府加大对社会领域的投入，2006年，拉美社会领域开支占到全地区GDP的14%，居发展中地区前列。① 同时政府着力推出各种社会援助计划，包括家庭现金补贴计划、家庭粮食补贴计划、学校中餐免费计划、青年培训计划、残疾人资金援助计划等，使拉美地区贫困现象有所减轻。

---

① IMF, *World Economic and Financial Surveys——Regional Economic Outlook—Western Hemisphere*, November 2006, p. 9.

三、拉美面临的主要挑战

最近十年，拉美国家普遍在政治、经济和外交等领域做出许多重大的调整与改革，取得不同程度的业绩，但仍面临着不少严峻挑战。

如何确保国家政局稳定、巩固民主宪制，是许多拉美国家面临的最主要的挑战之一。近十年来，拉美左翼政治力量不断上升，国家政治走向发生明显变化。左翼政党和人物不断利用民众主义传统，广泛动员社会下层民众参政议政，以争取选票、谋求权力。一旦高票当选后，少数新兴左派政权执政经验不足，政治根基薄弱，执政能力有限，对被激活的社会动员又缺乏有力应对，引发局部社会动荡。例如，近年玻利维亚 5 省“闹独立”运动，让执政经验不太丰富的莫拉莱斯总统非常棘手。近些年来，巴西、委内瑞拉和智利等国爆发较大规模学生运动，给政府培育公民民主、推进民主化进程带来不少的挑战。秘鲁、厄瓜多尔、委内瑞拉等国在重大选举过程中多次发生激烈的民众冲突。墨西哥因 2006 年大选一度引发激烈的社会动荡。同时，近二十年的民主化进程，使拉美民众普遍信奉民主、平等原则，对人人参政、议政前景抱有期望，但失业上升、贫富差距拉大和社会不公等现实，迫使民众对经济发展的关注超过对民主改革的兴趣。此外，猖獗的暴力犯罪、严重的政治腐败，也在一定程度上破坏了拉美民主的成果。因此，拉美民主制度前景取决于如何培育公民民主、完善政党体制、促进经济发展、防止政治腐败和消除社会不公等多种因素。对于拉美国家而言，不仅仅需要一个“民主外壳”，更需要一个“好的治理（good Governance)”。[①]

如何摆脱经济危机的阴影，提高经济竞争力，在逆境中实现经济

① Terry Gibbs，“Democracy’ s Crisis of Legitimacy in Latin America”，http：//globalpolicy. org/socecon/develop/democracy/2004/0704ldemocracy. htm.

可持续增长，是拉美各国政府面临的另一重大挑战。纵向来看，近十年拉美经济绩效表现不俗，但横向比较，并不十分突出。以 2010 年为例，拉美经济可能实现 3.1%的恢复性增长，虽高出全球增长速度（2.7%）和发达国家（1.8%）水平，但明显低于发展中国家平均水平（5.2%），远不如东亚（8.1%）和南亚（6.9%），甚至不如中东（3.7%）和撒哈拉沙漠以南非洲（3.8%）。[①] 最值得关注的是，拉美近年经济增长主要是靠出口初级产品和原材料的出口贸易拉动，拉美经济结构与贸易结构仍较单一，从长远来看，仍然存在着相当大的经济风险。面对经济全球化挑战，拉美缺乏自主性、创新性的产业，缺乏高技术含量、高附加值的主打产品，贸易结构仍以初级产品、资源产品为主，对外部市场依赖太大，国民经济不仅缺乏国际竞争力，也缺乏后劲。据世界经济论坛发表的《2008—2009 年全球竞争指数排行榜》，在统计的 125 个国家中，拉美无一国进入前 20 名，智利作为拉美竞争力最强的国家，仅排名 28；前 50 名里拉美仅有智利、波多黎各（41）、巴巴多斯（47 名）3 国，进入前 60 名的拉美有 6 个，进入前 90 名的有 15 个国家，至于前三大经济体的巴西、墨西哥和阿根廷分别排名 64 位、60 位和 88 位。[②] 如何利用自身比较优势，增强国际竞争力，提高抗风险能力，实现可持续发展，将是拉美国家未来经济发展议程中的“首要议题”。

如何从根本上消除贫困，实现社会稳定和和谐发展，将是拉美国家面临的一项长期艰巨的任务。近十年，拉美社会贫困化趋势有所扭转，社会中下层从经济增长中受益人数有所增多，社会压力有所缓解，但应该看到，拉美仍然是世界上贫富悬殊最严重、社会最不公平的地区之一，贫困问题依然严重。据联合国拉美经委会报告，2009 年拉美贫困率较 2008 年增加 1.1%，赤贫率增加 0.8%，即贫困人口从

---

① The World Bank，*Global Economic Prospects 2010*，January 21，2010，p. 17.

② World Economic Forum，*The Global Competitiveness Report 2007－2008*. http：//www. grc. weforum. org.

2008年的1.8亿增至1.89亿，约占拉美总人口的34.1%。[①] 这意味着拉美已脱贫的人口中有四分之一返贫。这样，拉美实现联合国提出的千年发展目标中减贫指标的难度增大。与贫困问题相伴相生的游击队活动、毒品走私和有组织犯罪活动依然十分猖獗，在墨西哥、巴西、哥伦比亚和中美洲等国，毒品暴力犯罪已呈常态化趋势，每年造成的死亡人数不断增加。2009年，哥伦比亚、墨西哥因暴力犯罪的死亡人数分别达14715人和7300人。2006年5—8月，巴西圣保罗市发生历史上最大规模的有组织袭击警察骚乱，造成约50多名警察和300多名平民、歹徒和监狱在押人员丧生，数百辆公共汽车和数十家店铺被烧毁。巴西第二大城市里约热内卢、墨西哥首都墨西哥城是拉美乃至世界上暴力犯罪最严重的城市之一。暴力犯罪常态化、猖獗化不仅对国家安全和社会稳定构成威胁，还对政府的治理能力提出严峻挑战。在2009年泛美公共安全会议上，美洲国家组织秘书长因苏尔萨指出："犯罪问题已成为拉美社会稳定发展和民主建设的最大威胁之一。"如何有力打击日益猖獗的有组织犯罪，营造安宁的社会环境，是不少拉美国家政府面临的一个棘手难题。

如何处理好与美国的关系，在反干涉和反控制中谋求自身最大利益，是不少拉美国家面临的外交考验。近年来，随着整体实力有所增强，左翼力量崛起势头逞强，拉美人联合自强、探索自身发展道路的愿望越来越强烈，反美、脱美倾向明显增强，与美国矛盾不断凸显。在美洲自贸区问题上，由于美国不愿在农产品补贴、市场准入、知识产权等问题上做出妥协让步，拉美反对美洲自贸区的声音不断放大。委内瑞拉、古巴、玻利维亚、厄瓜多尔等9国共同实施"玻利瓦尔美洲替代方案"，旨在取代美国主导的美洲自贸区进程。以巴西、阿根廷、委内瑞拉为首的南共市坚持拉美一体化优先原则，积极推进南美一体化进程。目前美国主导的美洲自贸区进程停滞不前。在移民问题

① CEPAL，Panorama Social de América Latina 2009.

上，美国与墨西哥、中美洲国家矛盾更加突出。2006 年 10 月 26 日，布什总统签署旨在美墨边境修筑 1100 多公里长的“隔离墙”的法案，以阻止日益增多的非法移民。美对拉美移民的严格限制引起拉美国家普遍不满与抗议。墨西哥总统卡尔德龙谴责美新移民法案是一个“严重错误”，其他拉美国家普遍认为此举无法真正解决移民问题。拉美国家还多次举行会议，要求美国新移民法保障移民的人权，并决定建立拉美移民工作小组，与美国共同商讨移民问题。移民问题已成为美拉之间一个日益突出的问题。在反恐问题上，美国一直担心并提防恐怖分子借拉美通道入境美国，要求拉美国家积极配合反恐。但许多拉美国家认为美国采取反恐双重标准，不愿“随风起舞”，当然更担心美借反恐干涉拉美内政，故反恐态度普遍不积极。美一直将古巴列为支持恐怖活动的国家名单，将委内瑞拉视为反恐不积极的国家。在毒品问题上，一直以来，美国试图以大量的经援和军援来阻止拉美毒品源源不断地入境，但拉美国家则十分担心美借缉毒名义干涉内政。因此，双方在毒品问题上摩擦不断升级。尤其美国务院将玻利维亚列为主要的毒品运输和生产国，指责莫拉莱斯政府允许收割古柯。而莫拉莱斯总统则毫不妥协，强烈抗议强权行径。在能源方面问题上，近年来，委内瑞拉、玻利维亚相继宣布石油和天然气国有化，并向亚太地区寻求能源市场多元化，从而给美国在拉美的能源利益提出了挑战。在人权问题上，多年来，美国发表的人权报告多次公开指责古巴、委内瑞拉和厄瓜多尔等国违反人权，但遭到多数拉美国家严正抗议。此外，在解决 2009 年洪都拉斯危机、推荐美洲国家组织秘书长人选和解决伊朗核问题上，美国与许多拉美国家也存在着严重分歧。

不过，应该指出的是，为防止拉美“渐行渐远”，最近十年美国政府也不断调整对拉美政策，从“全面防范”转向“分而治之”。对于亲美的政权，美国竭力扶持；对美友好的温和左派政权，美想法安抚和拉拢；对反美的激进左派政权，美国予以打击和孤立。美国坚决支持“哥伦比亚计划”，重新签订与哥伦比亚军事合作协定，签署与哥伦比亚、秘鲁自贸协定。美国非常重视巴西在拉美的影响力，力图通过战略对话、全方位合作“套住”巴西。对于敌对的古巴仍坚持“封锁政策”，对于反美的委内瑞拉采取不信任的态度。而拉美国家在经贸和安全上普遍对美国高度依赖，美国不仅是拉美绝大多数国家的主要市场，还是主要投资、技术和侨汇来源国，更何况共属于西半球安全体系，绝大多数国家十分重视与美国关系，这就决定了拉美国家客观上无法与美国真正“决裂”。因此，拉美国家如何在与美国的合作与斗争中维护自身最大利益，是对拉美多数政府执政能力与外交艺术的重大考验。

四、拉美未来发展的主要趋势

长远来看，拉美是一个富有发展潜力的地区，也仍将是发展中世界中开放程度最高、安全风险较低、社会局势较稳定的地区。保持政局稳定、争取经济强劲增长、实现社会可持续发展和提高国际地位，将是拉美各国长期致力的主要目标。

1. 中、左、右三种政治发展模式将长期并存，左、右翼博弈会有所加剧。就政治前景而言，伴随一批新的政治人物登台亮相，拉美政治走向会有所变化。“一些国家的新政府（特别是安第斯国家）将寻求与新自由主义、市场经济发展模式不同的新发展道路，而大多数国家的民众则通过投票表达寻求政局稳定与经济稳步发展的愿望。”[①]因此，拉美地区将在相当长时期里有激进左翼、中左翼、右翼三种执政模式并存。委内瑞拉、玻利维亚、厄瓜多尔、尼加拉瓜和阿根廷构成激进左翼阵营，主张改变新自由主义发展模式，通过修宪或制宪重构民主政治，巩固总统权力，加强国家对经济的干预与控制，或大力推动国有化、合作化，或坚持控制物价与出口，或建立次区域一体

① BBC International News，“Latin America looks to 2007”，December 25，2006.

化，反对美霸权及其倡导的美洲自贸区。巴西、秘鲁、乌拉圭等温和中左翼政权，主张在保持新自由主义基本框架下，对具体政策进行调整，在恪守市场经济和自由贸易的同时，加强社会政策，注重经济与社会协调发展；在维护国家利益前提下，保持与美关系。墨西哥、哥伦比亚、智利及部分中美洲、加勒比国家由传统右翼掌权，主张维持新自由主义模式和西方代议制民主，重视严重的社会问题，积极发展与美关系。三种模式将会长期并存，在相互竞争、相互影响中发展。它们实际上代表了拉美国家对未来发展方向的不同思考与选择。

同时，经过近十年的发展，政治左倾化已成为拉美国家政治生活中的主流现象。但2009年6月28日爆发的洪都拉斯政治危机，很可能成为拉美"政治钟摆"重新向右摆的前兆。表面上，这是一场修宪公投之争，实质上则是左右路线之争，反映出拉美右翼经过多年蛰伏反省，逐渐整合力量，开始"东山再起"。2009年智利、巴拿马右翼候选人相继当选总统，巴西右翼社会民主党候选人塞拉在民调中一直领先，均表明拉美右翼力量开始"重振旗鼓"。从拉美国家经济结构、政治力量对比和社会成分构成来看，拉美左右博弈恐将加剧。

2. 随着国内外环境的逐步改善，拉美大多数国家可能迎来新一轮增长周期。目前世界经济处于艰难复苏过程之中，美欧发达国家仍在为摆脱经济衰退而努力，因此，"振兴经济、实现稳步增长"将是大多数拉美国家长期致力的目标。为了巩固复苏基础，拉美各国政府将会继续采取积极的财政政策和灵活的货币政策来刺激国内消费，增加投资，扩大内需，提升企业信心，为经济注入活力。国际货币基金组织最新发表的《拉美经济前景展望》指出，"拉美经济正在快速复苏，其速度超出预期，但各国政府应谨慎管理经济，避免出现经济泡沫。"① 同时，随着世界经济形势整体改善，美欧等主要贸易伙伴恢复增长，尤其中国、印度等新兴大国对拉美大宗产品需求进一步增强，

① Inter-American Dialogue, *Latin America Advisor*, May 5, 2010, www.thedialogue.org.

国际商品价格继续保持高位，拉美贸易条件将会不断改善，未来拉美主要国家对外贸易将保持增长态势，可能与世界经济同时迎来新一轮增长周期。预计 2011—2014 年世界 GDP 和贸易分别增长 4.4%和6.4%，拉美 GDP 可实现 4%以上增长。[①] 尤其以巴西为首的南美国家，在国内消费需求增长、投资扩大和对中国出口增加等因素拉动下，将在较长时期内保持稳健强劲增长，成为拉美未来经济增长的中心带。世界银行最新报告指出，“随着中国外部需求强劲增长，巴西出口有望增加。”[②] 墨西哥、中美洲和加勒比地区随着美国经济逐步回稳与复苏，也会步出衰退状态，恢复稳步增长态势。世界银行预测，巴西、墨西哥、中美洲和加勒比到 2011 年分别增长 3.9%、3.6%、3.6%和 3.3%。[③] 但也应该看到，拉美经济短期内难以实现像东亚地区高速的经济增长，金融危机的风险犹存。一些国家可能因积极的财政政策与宽松的货币政策导致通货膨胀压力上升，一些国家债务负担仍然相当沉重，部分中小国家脆弱的金融体制难以抵挡国际资本市场的“风吹草动”，还有一些国家贸易出口严重依赖于外部需求。因此，未来拉美经济能否持续增长，取决于是否拥有有利的国内外环境、取决于世界贸易与经济增长步伐，尤其取决于美欧经济复苏步伐。

3. 面对经济全球化和区域一体化趋势加快，加速推进地区一体化进程将成为未来十年拉美外交的“重要议程”。拉美一体化进程正在从单向发展向政经复合体发展，从形式联合走向实质性合作。联合自强的意愿与行动将会进一步增强，“拉美国家共同体”将是未来拉美最重要的一体化组织，对推动地区一体化将扮演至关重要的角色。随着拉美国家一体化深入，拉美国家重塑与美国关系的能力也会逐步增强，美拉关系将进入一个“相对平等、务实合作”新阶段。不过，

---

① IMF, *World Economic and Financial Surveys—World Economic Outlook*, October 2009, p. 200.

② The World Bank, *Global Economic Prospects 2010*, January 21, 2010, p. 131.

③ The World Bank, *Global Economic Prospects 2010*, January 21, 2010, p. 131.

控制与反控制、合作与冲突仍将是未来美拉关系的主要特征。拉美作为国际舞台上一支日益活跃的力量，将在推动政治多极化、经济全球化和国际关系民主化方面扮演积极的角色。拉美大国通过积极参与G20、8+5和BRIC等对话机制，对国际金融体系改革、应对气候变化、联合国改革和核不扩散等重大议题提出自己的立场与主张，发挥自身独特的推动作用。

4. 伴随拉美在国际资源格局中战略地位的上升，国际主要力量在拉美地区的博弈恐将加剧。从地缘战略来看，拉美向来被美视作“战略后院”。近年，伴随拉美能源资源地位凸显，尤其俄美全球竞争加剧，主要大国对拉美的战略重视增强，拉美正在并将越来越成为国际主要力量的角逐地。一是美国为维护西半球霸权，将会千方百计地稳住“后院”。尽管布什政府忙于反恐和伊拉克战争，一度“冷落”拉美地区，但奥巴马总统上台以来，大幅调整对拉美政策，宣称与拉美建立一种“新型的平等的合作伙伴关系”，开创西半球国家合作新纪元。派出大量高官频访拉美，增强与拉美政治对话与互信；签署多个自贸协定和增加经济与军事援助，进一步与拉美经济“捆绑”；通过恢复第四舰队及与哥伦比亚、巴西签署军事合作协定，保持在拉美的军事存在。“民调显示，奥巴马总统在拉美很受欢迎，美国形象得到很大改善。”[①] 未来，美与巴西、墨西哥、智利等地区大国战略合作将会加强，与巴拿马、哥伦比亚等传统盟友关系会进一步夯实，与古巴、委内瑞拉、玻利维亚等激进左翼国家关系会有所改善。当然，从中长期看，拉美仍然很难成为美国的“外交优先”，美拉关系改善仍受多种因素制约。二是俄罗斯为反制美国的战略挤压，力图重新恢复在拉美影响力。冷战结束后，俄因自身实力萎缩，逐渐“淡出”拉美。近十年来，俄罗斯则明显加大对拉美的关注与投入，“重返”拉美动作频频。未来，俄罗斯与古巴、委内瑞拉等拉美激进左翼国家的

① Inter-American Dialogue，*Latin America Advisor*，May 4，2010，www.thedialogue.org.

关系将会进一步发展，俄凭借自身军事、能源、空间技术等优势，将加强与拉美国家的合作，俄罗斯在拉美的影响力会逐步增强。三是欧盟将凭借传统优势，加强与拉美国家全方位合作。尽管近年忙于自身内部一体化进程，欧盟对拉美关注与投入有所减少，但从长远看，欧盟会发挥现有拉美合作机制，加大对拉美援助，以保持传统影响力。四是日本、印度、伊朗等“新生力量”加强对拉美“谋篇布局”，有重点、有选择地进行投入与合作。未来拉美将成为继非洲之后世界主要力量博弈的又一个热点地区。

下　篇

下篇

第十三章 国际核军控机制调整与中国*

冷战结束以来，国际核军控机制经历了深刻变化，内容不断丰富，机制逐步完善。当前，在“无核世界”思潮推动下，新一轮调整又已启动。在国际核军控机制的调整过程中，中国一直发挥着积极的建设性作用。新的调整和变化给中国带来增强话语权、扩大影响力的机遇，也带来了新的外交压力。

一、当前国际核军控机制调整的背景

核军控机制是国际安全机制的重要组成部

---

* 杨明杰，中国现代国际关系研究院副院长，研究员；郭晓兵，中国现代国际关系研究院军控与安全研究所副研究员；刘冲，中国现代国际关系研究院军控与安全研究所助理研究员。

分，其内涵和重点随着国际安全形势、政治格局和军事技术的发展而不断变化。冷战时期，美苏庞大的核武库将人类置于巨大核战争阴影之下，因而它们的双边核裁军构成当时军控的主线。冷战结束后，大国核战争风险下降，地区以及非国家行为体核扩散威胁增加，防扩散与核安全议题逐步成为热点。具体而言，冷战后的核军控进程又可分为三个阶段。20 世纪 90 年代是第一阶段，在此期间国际核军控机制得到了巩固和强化：在核裁军方面，美俄先后签署了《第一阶段削减进攻性战略武器条约》和《第二阶段削减进攻性战略武器条约》，国际社会签订《全面禁止核试验条约》；在不扩散方面，《不扩散核武器条约》得以无限延期，朝鲜核危机暂时得以化解。从 20 世纪 90 年代末到 2008 年是第二阶段。在美国主导下，防扩散议题独领风骚，国际社会通过了一系列强化防扩散和防核恐的决议，更加重视防扩散出口管制合作，但核裁军议题在很大程度上被忽视，相关机制有所削弱：《第二阶段削减进攻性战略武器条约》未能履约，2003 年签署的《莫斯科条约》缺乏有效的核查措施；《反导条约》因美国退约而失效；日内瓦裁谈会谈判陷入僵局；《全面禁止核试验条约》迟迟未能生效。2009 年以来，冷战后国际核军控开始进入第三阶段。这一阶段的主要特点是在“无核”理念推动下，核裁军与防扩散进程之间联系更加紧密，核安全问题也更显突出。

1. 核裁军运动呈复兴态势。国际核不扩散机制将《不扩散核武器条约》缔约国分为核国家和无核国家，具有一定歧视性质。但它之所以能够达成并得以维持，是因为双方都需要承担一定的责任和义务，也就是所谓的“大交易”：无核国家放弃发展核武，承担不扩散义务；核国家承诺通过谈判，最终全面彻底销毁核武器。美国小布什政府为了追求所谓的“绝对安全”，破坏了“大交易”，不承认核裁军和防扩散之间的有机联系，使得国际核扩散热点此起彼伏，扩散形势空前严峻。出于对布什政府核军控政策的反思，美国政界精英 2007 年以来提出了“无核世界”的理念，试图抓住核裁军旗帜，打掉所谓

"问题国家"发展核武的借口，重塑美主导的国际核不扩散机制。这股风潮恰逢美俄《第一阶段削减进攻性战略武器条约》到期，《不扩散核武器条约》审议大会即将召开，因而备受国际关注，得到了不少国家和民间团体的呼应。与过去十年相比，美俄核裁军、多边核军控谈判近来都呈现复苏态势，各种关于迈向"无核世界"的讨论开始增多起来。

2. 核恐怖主义威胁使"核安全"议题升温。信息化进程的发展使核技术广泛传播，而以"基地"为代表的国际恐怖主义势力也被发现觊觎核弹技术，企图发动"脏弹"袭击。国际社会对核恐怖威胁的担心不断上升。"核安全"成为国际核军控机制中的主要内容。在联合国层面，2004 年 4 月，安理会通过了第 1540 号决议，强调大规模杀伤性武器向非国家行为体扩散的危险。2005 年，联大通过《制止核恐怖主义行为国际公约》，对核恐怖行为做了较为全面的界定，要求各国根据该公约要求，将各类核恐怖活动定为犯罪行为。2005 年，国际原子能机构通过《核材料实物保护公约》修正案，扩大了条约覆盖范围。在双边及多边层面，2002 年，八国集团成立了"全球伙伴计划"，旨在抑制大规模杀伤性武器向恐怖组织扩散。2004 年 5 月，美推出"全球威胁减少倡议"，试图通过与国际原子能机构及俄罗斯等国合作，完善核材料的安保、转移、处理方法，尽量减少民用核能领域武器级核材料或用于制造脏弹的高放材料带来的危险，防止上述危险材料及相关设备落入恐怖分子之手。2006 年底，美、俄两国发起"打击核恐怖主义全球倡议"，旨在防止核恐怖主义和制止核材料及放射性物质扩散，增强防核恐国际合作，继续完善国际防扩散体制。[①]

在新一轮核军控机制调整过程中，核安全议题的重要性进一步凸显。奥巴马 2009 年 4 月在布拉格发表演讲，提出"争取在四年内妥

---

① 崔立如主编：《国际战略与安全形势评估（2009/2010）》，时事出版社 2010 年 3 月版，第 115 页。

善处理全球所有危险核材料”的目标。英国发布的《迈向2010年》蓝皮书则提出，把核安全作为与不扩散、核裁军及和平利用核能并列的不扩散机制“第四支柱”。2010年4月12—13日，全球40多个国家的首脑召开首届全球核安全峰会，共同讨论应对核恐怖主义，强化核材料安全的措施。由于国际核安全合作主要防范恐怖分子获取核武器及核材料，不像核裁军、防扩散那样敏感，推进障碍较少，因而在未来几年可望会持续成为国际核军控机制调整的热点。

3. 防扩散仍是核军控的核心议题。冷战结束后，随着美俄高度核对抗态势大幅减缓，地区核扩散问题便成为国际社会的关注焦点。接连不断的地区核扩散热点表明，国际核扩散机制存在一系列不足：第一次海湾战争之后，伊拉克的秘密核计划曝光，使各国认识到原有防扩散出口管制机制存在严重漏洞；1998年印、巴核试验表明，国际核不扩散机制对于机制之外的核门槛国家跨越“红线”并无应对良策；朝鲜“合法”退出《不扩散核武器条约》，无视国际舆论，先后进行两次核试验，表明该条约的退出机制为决意发展核武的国家留了方便之门；伊朗核计划的性质迟迟得不到有效验证，韩国数度秘密进行铀浓缩和提取钚的试验，表明不扩散机制的监管能力值得怀疑。随着核电迎来新一波发展高潮，核科技水平的不断提高以及互联网的日益普及，上述漏洞可能造成的扩散风险越来越大。国际社会一直没有停止强化防扩散机制的努力，但过去十年的防扩散实践表明，撇开核裁军，单方面强调防扩散不行；撇开多边机制，靠单边措施防扩散不行；不靠外交手段，迷信使用武力防扩散、反扩散也不行。2009年以来，国际防扩散合作出现了核裁军与防扩散并举、强调多边主义、注重外交手段等积极趋势。国际社会利用《不扩散核武器条约》审议大会等机会，借助国际原子能机构、朝核“六方会谈”、伊核多边会谈等平台，讨论强化国际核不扩散机制，防止地区核扩散之道。

二、国际核军控格局的新特点

新一轮的国际军控机制调整呈现一些新的特点。之前几十年，始终是“不结盟运动”国家高举“核裁军”大旗。但在目前的核军控浪潮中，美国及其盟国也抬高调门。此外，主张核裁军的非政府组织作用上升也值得关注。

1. 美国转为支持“无核世界”理念，以保持国际军控主导权。奥巴马上台后，响应基辛格等人提出的“无核世界”理念，对美国核军控政策进行了系统性调整。一是对欧洲反导计划进行策略性调整，为“重启”美俄关系，推进双边核裁军营造氛围；二是签订美俄新的核裁军条约，承诺将部署的核弹头数量削减到1550枚之内，并为未来双边进一步削减提供了必要的法律框架；三是发布新的《核态势审议报告》，强化对无核国家的“消极安全保证”，承诺不研发新型核武器，降低核武器在国家安全战略中的地位；四是承诺推动《全面禁止核试验条约》早日生效以及武器级裂变材料《禁产公约》谈判。值得注意的是，美国在高喊“无核世界”口号的同时，仍在强调要维护有效的核威慑力，这使其核裁军倡议的可信度遭到质疑。

在防扩散方面，奥巴马政府比较注重政策的连续性，调整幅度不大。一是继续推进布什政府提出的“防扩散安全倡议”，试图将其转化为国际常设机制，并以此打击核黑市。二是坚持向盟国提供“核保护伞”，以防止其发展核武用于自卫。三是推动修补《不扩散核武器条约》的退出条款，强化国际原子能机构的监管能力。在地区核热点问题上，奥巴马政府上台之初展现灵活姿态，表示愿意不设前提与相关国家领导人进行对话，但在国内压力下，这一政策实施面临较大困难。

在核安全方面，除加强多边合作外，奥巴马政府已经开始采取切实措施，强化防核恐能力。在2010年2月初提交的2011财年预算案中，针对前苏联危险核材料的“合作减少威胁计划”预算增加30%，从布什政府时期的每年4亿美元升至5.2亿美元。旨在加强全球核材料安全的“全球减少威胁倡议”预算比2010财年增加68%，达5.6亿美元。[①] 4月，美召集了全球核安全峰会，就国际核安全合作达成了行动计划。

美国打出“无核世界”的旗帜，较大程度上扭转了其在核军控方面的负面形象。奥巴马因此获得2009年诺贝尔和平奖。这为美国在核军控各个问题领域推行自己的政策主张提供了便利。

2. 英、日、澳等西方国家响应“无核世界”倡议，并提出自己的核军控主张。澳大利亚、日本、新西兰、爱尔兰、瑞士和挪威在目前的核军控浪潮中非常积极。与“不结盟国家”的主张不同，它们不要求美国单边核裁军，而是倡导“平衡的、可核查的、以最终实现无核世界为目标的分阶段裁减方案”。[②]

2009年2月，英外交部发表题为《消除核阴影：为消除核武器创造条件》[③] 的政策文件，提出关于“无核世界”的六点行动计划。2009年7月，英国又发布核军控蓝皮书《迈向2010年之路——应对21世纪核问题》（以下简称蓝皮书）。[④] 总体上看，英国提出的倡议可分为三个方面。一是强调核裁军和防扩散的联系。英国强调核裁军与防扩散并举，同时为彻底销毁核武创造条件。具体包括妥善处理朝、伊核问题，强化核材料的监管和出口控制，推动军控条约生效及谈判，增进大国互信等；二是将核安全视为国际核不扩散体系的“第四

① http：//www.mbe.doe.gov/budget/11budget/Content/Appcon.pdfhttp：//comptroller.defense.gov/defbudget/fy2011/ budget _ justification/pdfs/01 _ Operation _ and _ Maintenance/O _ M _ VOL _ 1 _ PARTS/CTR _ FY11.pdf.

② Marianne Hanson：THE ADVOCACY STATES，*The Nonproliferation Review*，Spring 2010，p.72.

③ “LIFTING THE NUCLEAR SHADOW：Creating the Conditions for Abolishing Nuclear Weapons”，A Policy Information Paper by UK Foreign & Commonwealth Office，January 2009.

④ “The Road to 2010：Addressing the nuclear question in the twenty first century”，Cabinet Office，July 2009.

支柱”。三是重视多边核燃料循环建设。英国一向重视全球核燃料合作，2006 年 10 月即提出“浓缩铀契约”计划（ENRICHMENT BOND，现更名为 nuclear fuel assurance），涵盖全球范围内乏燃料后处理合作规划的内容①。2009 年 3 月，布朗首相进一步承诺将发挥带头作用、提出多边核燃料循环的建议。

英国之所以在核军控领域异常活跃，有多重政治考量。首先，迎合“无核世界”理念，争取更多的国际军控话语权，意在夺得先声，提高国际声望。其次，与美凝聚共识，进一步密切英美关系与合作。再次，英对核武器依赖度较低，受美核保护伞庇护，核裁军的安全风险相对较少。

日本、澳大利亚是无核国家中具有一定核工业能力的典型代表。日本是唯一的原子弹受害国，澳大利亚自诩“中等强国”，都积极响应“无核世界”倡议。日、澳两国政府于 2008 年发起成立了一个由双方前高官为主组成的国际性非政府组织——核不扩散与核裁军委员会（以下简称日澳委员会），作为二轨交流的重要平台。日澳委员会 2009 年 12 月发表题为《消除核威胁——供各国首脑参考的可行路线图》的报告②，建议到 2025 年使全球核弹头数量比目前减少 90%，且各核武国家均承诺“不首先使用”核武器，推动国际社会在核不扩散机制建设和相关军控领域取得重大成果。

虽然英、日、澳等国调门很高，但其自身存在的一些问题削弱了其倡议的影响力。英国仍坚持对其“三叉戟”核武系统进行更新，并坚持不接受“不首先使用”政策。日本多年来坚持后处理，积累了大量钚储存，令国际社会颇为担心。日美核密约的曝光，更让日本“无核三原则”的可信性大打折扣。此外，日、澳两国积极与美联手发展

① “后处理”，对核反应堆卸出的乏燃料进行化学处理，从中提取的钚可以再利用，但也存在制造核弹的可能，被认为存在一定扩散风险。

② ELIMINATING NUCLEAR THREATS-A Practical Agenda for Global Policymakers，Report of International commission on nuclear non-proliferation and disarmament，December 2009.

导弹防御系统，对于地区稳定十分不利，也影响了两国在核军控方面发挥表率作用。

3. 发展中国家强调核裁军与捍卫和平利用核能的权利。巴西、埃及、南非等国强调核裁军与核不扩散之间的内在联系，并主张核国家采取行动加速履行承诺，呼吁印、巴、以三国无条件加入《不扩散核武器条约》，敦促朝鲜重返《不扩散核武器条约》。印度、巴基斯坦、伊朗等游离于不扩散机制之外或受到质疑的国家，强调核武器对于全人类的重大威胁，着重渲染核裁军的重要意义，对防扩散提的较少。

4. 非政府组织借机弄潮。非政府组织作用上升是近年来国际军控领域的一种普遍趋势。例如，常规武器领域的《渥太华禁雷公约》、《禁止集束弹药公约》都是非政府组织强力推动的结果。核军控领域也不例外，自基辛格等人 2007 年提出“无核世界”理念以来，包括美国对外关系委员会、卡内基基金会、“全球零核”运动、废除核武器运动、国际禁核运动、中等国家倡议等大批非政府组织借机弄潮，宣扬鼓吹各自主张。其中一些核裁军公民运动因为适应了时代发展的需求，善于利用网络等新兴技术造势，充分发挥“名人效应”，在新的国际核军控浪潮中风头颇劲，让曾经辉煌一时的老式核裁军运动组织相形见绌。例如，2008 年刚刚发起的“全球零核”运动，征集各国前政要的支持签名，在核安全峰会、《不扩散核武器条约》审议大会前夕召开“全球零核峰会”，与网络公民运动网站合作，吸引草根民众对核问题的关注，成为国际核军控的一股重要推动力量。美、俄、英等核国家的领导人以及联合国秘书长潘基文都对其表示重视。但这些组织普遍具有理想主义色彩。这便于吸引公众参与，却也削弱了其核军控方案的现实可行性，制约了其发展空间。

三、国际核军控机制转型面临障碍

核军控机制调整涉及集体安全机制、军事力量调整、大国战略判断、核能和平利用、核不扩散机制等若干重大议题。就目前来看，要实现“无核世界”的目标，还面临不少困难。

1. 在核裁军目标上仍存在重大分歧。核国家的核战略调整面临巨大政治障碍。在美国，奥巴马政府的核战略调整受多方掣肘，虚多实少。美国的保守派认为奥巴马政府的核军控政策太天真、太幼稚，对其一系列军控主张都表示反对。2009 年初，美国 6 名前防长致信参议院，反对批准《全面禁止核试验条约》。12 月，40 名共和党参议员和 1 名独立参议员曾致信奥巴马，威胁如不推动核武现代化，就拒绝批准新的美俄核裁军条约。受党派之争的牵制，《全面禁止核试验条约》至今尚未提交参议院批准。

其实民主党乃至奥巴马本人，也无意从根本上改变现行核威慑战略及力量结构。奥巴马在布拉格讲话中强调，只要其他国家拥有核武器，美国就要维持安全、有效的核威慑。奥巴马政府长期维护核威慑力量的决心，从其最近提出的 2011 年核武预算案中可见一斑。在削减其他方面开支的同时，增加核武预算，使之达到 70.1 亿美元，比 2010 年增加了 9.8%。从 2012—2015 年，美国每年的核武预算将基本维持 2011 年的水平，并可能进一步增加。从这种预算增长趋势中，丝毫看不出为彻底销毁核武器而奋斗的意思。2010 年 4 月出台的新版《核态势审议报告》，尽管调门积极，但其核威慑战略以及新“三位一体”战略力量结构并未作根本调整，所提供的“消极安全保证”也附加了诸多条件，意义有限。

俄因为经济实力有限，人口老化问题严重，与美国常规力量差距拉大，对核力量的倚重不降反增。俄总统梅德韦杰夫表示支持美国的核军控计划，但是提出了四个条件：一是谈判“禁止太空武器条约”，二是彻底销毁核武器，而不是仅仅将其从运载工具上拆除下来，三是禁止发展旨在抵消核武器削减的常规力量建设，四是停止在东欧部署导弹防御系统。这四个条件都不易满足，所以俄罗斯副外长认为，目前俄还不会进行大幅核裁军，因为条件还不成熟。

尽管英国在核裁军问题上显得非常积极，但从其实际利益来看，它并不会真正致力于实现“无核世界”。它需要靠核武确保生存，还要借助核武维持全球大国地位，保持对美国和北约决策的影响力。它呼吁裁军的真实目的与美国一样，都是为了更好地防扩散。

法国对“无核世界”倡议较为消极，因为法国各界普遍认为，核武器一可保证其大国地位，二可彰显其防务政策和外交政策的独立性，现行核战略没有必要调整。2010 年 2 月，“全球零核”召集各国 200 多名前军政要人在巴黎开会，而与会的法国人只有 4 名，在国内还被视为异类。

美俄核裁军短期内难有质的突破。两国签订的新的核裁军条约仅仅将各自部署的弹头数量削减到 1550 枚，削减幅度非常有限。要进行实质性的大幅削减，还需要美俄双方通过后续谈判再达成新的协议。此外，其裁减方式也未发生根本改变，美、俄仍将大量拆卸的核弹头转为库存，留下重新部署的隐患。下一步的核裁军谈判还要啃战术核武器、导弹防御等“硬骨头”。

先进常规力量的发展对核裁军构成安全障碍。“无核世界”思潮得到了大批美国“冷战斗士”的支持，这与美国先进常规能力的不断发展和逐渐成熟，部分取代了核武器的威慑功能有密切关系。布什政府任内已将常规打击力量与核打击力量并称为战略进攻力量，列为新“三位一体”的一根支柱。2010 年 2 月出台的《四年防务评估报告》，再次强调了要发展全球常规打击能力。美国坦承，其在非核武器领域的优势是其大幅削减核武器的前提之一。美国国会核态势评估委员会中期报告就指出，美国的常规武器优势使其减少了对核武器的依赖[①]。这有利于美更积极地推动核裁军，但它却削弱了其他核国家的威慑能力，让它们在参与核裁军时有所顾虑。

国际核裁军面临技术障碍。核裁军核查是个重大挑战。它涉及核弹头数量透明度、模拟核试验、核武器技术等一系列敏感而复杂的问题，解决起来殊为不易。因此，“无核武器世界”倡议的落实难以一蹴而就。另外，“后无核世界”的问题也引人关注。核武器研制技术不能被逆发明（deinvent）。今后的“无核世界”与60年前的“无核世界”有本质不同。即使销毁了核武器，仍有许多国家掌握核武研制能力，必要时它们随时可以恢复核武器生产。现在核大国还在积极地以技术储备替代其武器储备。美国将核武器的研发和生产基础设施列为新“三位一体”的一根重要支柱，在每个国家实验室以及能源部重建“先进弹头概念小组”，借此培养下一代核武器科学家。美国会战略态势评估委员会报告提出，核武库越小，就越需要维持实验室的科学技术能力。法国兴建兆焦耳激光实验室，为研制新一代核武器提供便利。英国加大对原子武器研究院的投入，保证核弹头的开发研制能力。

2. 防扩散面临地区安全困境。核扩散与地区形势紧张密不可分，如克什米尔冲突催生了印巴核武器计划，巴以冲突带来了以色列、伊朗和叙利亚核问题，半岛对立状态导致了朝鲜核试。相关各方缺乏互信，矛盾积累多年，难以在短时间内化解。目前的两个地区核热点国家朝鲜和伊朗，都面临来自美国的巨大安全压力。美国2002年《核态势评估报告》将它们列为核打击目标。这些国家认为美最终目的并非防扩散，而是要改变其政权性质。美国至今仍未放弃更迭朝鲜、伊朗政权的想法。美认为朝鲜经济濒临崩溃，随时可能出现危机，所以把工作重点放在防扩散和危机管理上，而不是放在积极对话、改善关

---

① The Congressional Commission on the Strategic Posture of the United States, *Interim Report*, December 15, 2008, p. 3.

系上。在伊朗问题上，美国则试图利用伊政局动荡之机，通过制裁加速伊朗政权更迭。美、英、法、德正在推动对伊朗实施新一轮制裁，目标便锁定了伊朗的武装力量“革命卫队”。这种做法动机不纯，不利于互信的建立，无助于核扩散问题的解决。

3. 核安全含义尚待进一步厘清。尽管美国高调召开核安全峰会，但是各方对于核安全的内涵争议仍多。

首先，对“核安全”是否包括核武器安全未有定论。近年来，核武器安全事故频发：2007年，美国的战略轰炸机在不知情的情况下携带6枚核弹飞越大半个美国；2009年初，英、法两艘核潜艇在大西洋底相撞；2009年7月，美西点军校《哨兵》杂志曝出巴核设施近年曾三次遇袭。但将核武安全纳入合作框架，可能引发有关国家对自身核武透明度与主权等问题的担心。

其次，对是否发展国际核燃料循环存在不同看法。发展国际核燃料循环，保证无核国无障碍地获取民用核燃料，是防止其寻求敏感核燃料循环技术，进而减少相关技术扩散及流失风险的一种有效办法，但发展中国家担心其和平利用核能权利会受到限制。目前，国际原子能机构推动的“核燃料银行”等方案障碍重重，美、俄抛出的合作框架进展缓慢，核安全峰会也未将其列入议程。其发展前景还存在较多的变数。

四、中国的作用与未来压力

当前，中国已经成为国际核军控领域一个举足轻重的角色，是国际核军控机制的重要参与者、建设者和维护者。具体而言，中国的作用主要体现在以下几个方面：

1. 参与国际核裁军机制的建设和维护。一是推动《全面禁止核试验条约》生效，以限制改进核武质量。该条约禁止缔约国进行核爆炸，旨在限制核武器国家改进核武器性能，以及无核武器国家发展核武器。1998年，印巴核试验后，中国与其他核国家一道发表声明，要求其无条件签署《全面禁止核试验条约》，显示了国际社会维护核军控机制的决心。目前，中国仍在为该条约早日生效而努力。

二是支持谈判武器级裂变材料《禁产公约》，以限制核武器的生产数量。该公约旨在冻结核武器国家的核武库规模，并防止核门槛国家跨越“红线”。1994年以来，日内瓦裁谈会一直试图启动相关谈判。尽管中国核武库很小，但还是选择支持启动谈判。这相当于实际加入多边核裁军进程，做出了限制核武规模的承诺。

三是坚持“不首先使用”政策，以限制核武器的使用范围。在五个合法的核国家中，中国是唯一一贯奉行“不首先使用”政策的国家，坚持核武器的唯一作用就是在遭受核攻击后予以报复。在核武器尚未彻底销毁之前，坚持“不首先使用”，可以降低误发射和事故性发射的风险。在朝着“无核武器世界”而努力的过程中，“不首先使用”是降低核武器作用，逐渐削减核武器数量，向无核武器国家提供消极安全保障，消除核扩散动因的关键步骤。经过中国多年的坚持和宣传，“不首先使用”在国际上正赢得越来越多的支持。日澳核不扩散与裁军委员会、“全球零核行动计划”均将该政策纳入其裁军路线图。美国军控界开始严肃讨论是否应该采纳这一政策。游离于不扩散机制之外的印度也试图以此为招牌，化解外部压力。

2. 参与国际防扩散机制的建设和维护。一是维护《不扩散核武器条约》的权威性和有效性，捍卫国际核不扩散机制的基础。上世纪90年代中期，中国曾为其无限期延长而做出积极的外交努力。为加强其权威性，中国于2002年率先批准旨在强化国际原子能机构核查能力的《核不扩散条约》附加议定书，成为第一个批准该议定书的核国家。在中国带动下，其他核国家也陆续批准了该议定书。

二是支持制订反核恐怖主义的国际规则，拓展了防扩散的外延。中国认为核恐怖主义是一种“现实的威胁”，需加强相关国际合作。

原有的核不扩散条约和机制多针对国家行为体，对恐怖组织等非国家行为体约束力不足。为弥补这种缺陷，中国积极参与制订新的规则：2004年支持联合国安理会通过旨在阻止恐怖组织走私、获取大规模杀伤性武器的1540号决议；2005年支持联大通过《制止国际核恐怖主义行为公约》，为加强反核恐合作提供了法律框架；参加“打击核恐怖主义全球倡议”，与其他国家共商反核恐大计。2010年4月，中国国家主席胡锦涛出席首届全球核安全峰会，提出加强核安全的五点建议，进一步表明了中国对核恐怖主义的高度重视。

三是加入多边核出口管制机制，确保核不扩散规则得到有效执行。出口管制是防止核扩散的重要手段。中国先后加入了“桑戈委员会”和“核供应国集团”，并用短短十多年时间，完成核出口从行政管理到法制化管理的转变，建成一套完备的核出口管制机制，不仅实现了管制措施、管制范围与国际的接轨，而且拥有了自己的强项和特色。例如，海关编码领先世界，出口商许可经营行之有效。立场保守的美中经济安全评估委员会也不得不在2008年承认，“中国已建立健全的国家出口管制体系”。这为其他国家树立了学习榜样。

3. 在地区防扩散问题上发挥独特作用。首先，坚持通过对话解决问题，维持了地区形势稳定。在朝核问题上，中国2003年以来担任六方会谈的东道主，为朝核问题多边磋商提供了平台。2009年，朝鲜二次核试后，紧张局势再度升级，又是温家宝总理亲自访朝，才说服朝鲜“考虑参加包括六方会谈在内的多边谈判”，给六方复谈带来了新的希望。在伊核问题上，中国在2006年和美国、俄罗斯一起开始参与解决伊核问题，与英、法、德组成了所谓的“P5＋1”机制，即“联合国五常＋德国”机制。中国积极参加相关磋商，并为谈判解决问题提出了各种建议。

在上述会谈中，中国扮演了不可或缺的“中间人”和“斡旋者”角色。一方面做朝、伊等国的工作，劝说其履行不扩散义务，另一方面做美国以及其他西方国家的工作，劝说其采取灵活立场。通过中国的努力，不但维持了局势的稳定，而且达成一些重要协议，对促进问题解决有积极意义。

其次，参与维护国际防扩散机制。中国认为制裁不能从根本上解决地区扩散问题，急于实施严厉制裁往往阻塞通过外交手段解决问题的渠道。因此，对于西方的制裁提议，中国多数情况下都尽量予以弱化。但中国并没有盲目地抵制所有制裁提议，而是支持在必要时候通过制裁，表明国际社会的态度，谴责地区核扩散活动，敦促相关国家重返谈判桌。例如，中国支持联合国安理会针对朝鲜的一系列制裁决议，以及对伊朗实施的四轮制裁，以敦促它们充分履行其防扩散义务。这些决议一定程度上有助于实现“以压促谈”的目的。

4. 核军控机制新一轮调整给中国带来机遇和压力。中国一贯坚持全面禁止和彻底销毁核武器。“无核世界”理念的最终目标与中国的主张一致。中国乐见核裁军进程复苏、核不扩散机制得到强化、全球核安全状况得到改善，并愿意在整个机制调整过程中发挥更大作用。但与此同时，中国也成为一些矛盾的聚焦点，因而承受了更多压力。

首先，西方在核力量透明度问题上向中国施加更大压力。核透明包括数量的透明和意图的透明。西方片面强调数量透明，因为他们要么是拥有核优势地位的超级核大国，要么是得到超级核大国荫庇的中等核国家，数量透明有助于增强其核威慑效果，还有助于有针对性地发展战略防御力量。在新的核裁军浪潮中，他们开始借势进一步炒作中国的核力量透明度问题，称其不仅仅事关中美或中俄双边战略互信，而且已成为影响国际核裁军进程的关键因素。其理由是，因为担心中国核力量迎头赶上，美俄进行深度核裁军有顾虑。实际上，中国核武器数量尚不及美俄任何一国的零头，在两国尚未启动实质性裁军的情况下，讨论这样的问题显然是荒谬的。但在其舆论操弄下，相关压力加大却不得不防。

其次，在地区防扩散问题上，中国承受的压力也在加大。一方面，美国等西方国家认为中国做的不够，阻止对朝、伊施加更大压力。随着最近俄在制裁伊朗问题上立场发生微妙变化，西方的这种压力进一步向中国聚焦。但另一方面，朝鲜、伊朗希望中国能维护它们的合法利益，而且广大发展中国家也希望中国能维护和平利用核能权利。如何兼顾核国家与发展中国家的双重身份，既要切实维护防扩散机制，又要协调好与各方的关系，是当前中国在参与处理地区防扩散问题时面临的重大挑战。

第十四章 国际政治中民族分离问题的多维分析*

英国历史学家霍布斯鲍姆曾说过，若想一窥近两个世纪以来的地球历史，则非从“民族”[①]以及衍生自“民族”的种种概念入手不可。[②]当前，由民族分离问题衍生出的种种后遗症（尤其是国家分裂问题）愈演愈烈，已成为影响国际格局变动的重大因素，分裂与反分

---

* 田文林，中国现代国际关系研究院西亚非洲研究所副研究员；何希泉，中国现代国际关系研究院民族宗教研究中心主任，研究员。

① 在英文中，民族（nation）与族群（ethnic group）概念有着严格区别：前者是政治概念，与民族自决、民族主义等概念相联系；后者仅是血缘—文化群体，不具政治含义。但这些概念在中文中均被称为“民族”，很容易造成理论混乱。而本文使用的“民族”、“民族分离”、“民族自决”等主要是就 ethnic group 层面而言。

② （英）埃里克·霍布斯鲍姆著，李金梅译：《民族与民族主义》，上海人民出版社 2000 年版，第 1 页。

裂话题也成为当前久盛不衰的主题曲，因此有必要对有关民族问题的理论和现实问题进行深入探讨。

一、世界地缘政治版图的碎片化

当前国际政治中，一个规律性现象就是地缘政治版图的碎片化趋势。20世纪以来，国际格局经历了三次大规模分化重组，并由此引发了三轮世界性的分疆裂土和国家增生浪潮：第一次世界大战后，奥斯曼帝国、奥匈帝国、沙俄帝国和德意志帝国的解体，使中东欧出现了一系列新独立国家，同时，以孙中山的三民主义、土耳其的凯末尔主义为代表，亚非拉地区也建立起一批现代民族国家。第二次世界大战后，民族解放运动和非殖民化运动风起云涌，新增100多个主权国家。而冷战结束和苏东阵营解体，则催发了第三次民族主义浪潮，并使国际社会新成员骤然增加20多个。不仅如此，这种因民族问题引发的国家分裂运动至今势头不减。仅2008年，世界就发生了两起与民族分离有关的重大政治事件：第一件是科索沃举行全民公决，宣布独立，并获得欧美承认，使塞尔维亚再度被肢解；第二件是2008年8月俄罗斯出兵格鲁吉亚的阿布哈兹和南奥塞梯，并宣布这两个省级民族自治区独立建国。有统计表明，全世界有5000多个少数民族或种族希望宣布为全国性民族，有260多个非主体民族希望建立自己的国家。[①]

而这些民族分离和国家增生浪潮几乎都与“一族一国”诉求有关。具体说，就是以民族为独立和认同主体，以民族自决为主要理论，以独立建国为基本目标。但由于目前世界已有近200个国家，人口在500万人上下的有87个，250万左右的58个，50万以下的35

① 马曼丽、张树青：《跨国民族理论问题综论》，民族出版社2006年版，第176页。

个，而且90％以上是多民族国家。[①] 因此，这种民族分离和国家增生现象如果持续下去，国际地缘版图将更趋碎片化，国际局势也将更加动荡。如果说一战和二战后的民族独立运动尚有进步性可言，当前这股民族主义潮流则具有一系列新特征，如性质和类型更趋复杂；发生范围和影响更趋国际化；与宗教联系更加紧密；危害性也更加明显。[②]

由此引发一系列与民族分离相关的重要问题："一族一国"是否是国家行为体的基本模式？当前民族分离运动中，起主导作用的到底是民族因素，还是政治因素？为何在民族分离运动中"受伤"的总是原苏东国家和第三世界，而鲜有西方国家？

二、民族分离运动的理论根基存在先天局限

"民族自决"是民族分离运动使用最频繁的口号。从字面理解，"所谓民族自决权，就是民族脱离异族集体的国家分离，就是成功独立的民族国家。"[③] 其理论源头有二：一是肇始于欧洲的族裔民族主义理论，其典型表现是18世纪美国独立运动和法国大革命。一战期间，美国总统威尔逊在"14点计划"中明确提出了"民族自决"的原则。二是列宁领导的布尔什维克为反抗沙皇统治，赋予境内各族"民族自决权"。在1914年发表的《论民族自决权》中，列宁系统阐述了"民族自决权原则"。二战后，民族自决权更是成为国际法的重要原则之一。因此以"民族自决"之名进行国家分裂，是多民族国家最难应付，也是理论上最感困惑的地方。毫无疑问，民族自决理论作为顺应

① 中国现代国际关系研究所民族与宗教研究中心：《全球民族问题大聚焦》，时事出版社2001年版，第79页。

② 刘士田、田文林："当前国际政治中民族主义潮流的主要特征"，载《世界经济与政治》1995年第3期。

③ 列宁：《论民族自决权》，载《列宁全集》第25卷，人民出版社1995年版，第369—402页。

历史潮流的产物，它对反抗殖民统治、赢得民族解放发挥了至关重要的积极作用。

然而，从历史和发展的角度看，这种“民族—国家”理论也存在先天性缺陷。从历史源头看，这种理论模式最早发源于西欧，是病态地缘政治环境下滋生出来的特定政治思潮。我们知道，欧洲是个破碎型地缘政治版图。自3世纪罗马帝国崩溃后，欧洲就呈现出小国林立的状态，并在数个世纪以来一直如此。查理曼帝国曾在莱茵河西部和东部建立核心统治区，但随着加洛林王朝第四代继承时发生分裂，国土一分为三，使欧洲统一成为绝响。公元962年建立的“神圣罗马帝国”，虽名义上统辖欧洲版图，也始终没有形成一个中央集权制的统一国家。哈布斯堡家族曾极力扩张自己的势力范围，但由于“全欧洲都担心它要变成一个世界性君主国”而纷纷起来反抗，终于酿成1618—1648年的30年战争，而战争的最终结果就是确立“威斯特伐利亚体系”，将欧洲碎片版图永久化。

民族是国家的倒影。“没有国家，就不会出现民族主义问题。”[①] 欧洲小国林立的地缘政治版图，最终强化并形成了各自特色的不同民族，而倡导“一族一国”的民族主义思潮，正是在这种支离破碎的政治版图上长出的罂粟花。“西欧的民族国家是由中世纪迈向近代的国家形式。这个发展过程是：普世教会国家——王权国家——民族国家。”[②] 可以说，欧洲的民族、民族主义与破碎型主权国家是一个彼此互动的过程。欧洲诸侯国为反抗封建王朝和天主教会统治，提出“一族一国”论，而率先建立“民族国家”的荷、英、法等国发展迅速，使这种模式一时被奉为典范。但是，它在加快欧洲现代国家生成和资

① （英）厄内斯特·盖尔纳著，韩红译：《民族与民族主义》，中央编译出版社2002年版，第7页。

② 彭树智、黄倩云：《第三世界的历史进程》，中国青年出版社1999年版，第269页。

本主义发展的同时，更在欧洲引发了长期征战[1]。但战争结果除了使欧洲各国俱伤外，并没有消除原来欧洲列强的矛盾，反而使其矛盾更加深化，最终在第二次世界大战后，彻底让出世界政治的权势中心的位置，而被远在欧陆之外的美国和苏联所取代。因此，西欧的“民族—国家”论本质上是欧洲地缘政治格局的产物。

而在近代以后，这种带有欧洲特定历史和地缘政治基因的民族理论，却被当作万应灵药带给了东方国家。东方社会结构与西方存在很大差异性。以巴尔干地区为例。基督教世界与伊斯兰世界的反复冲杀，在这里留下难以计数的形形色色的民族和宗教。民族和宗教成分要比欧洲复杂得多。在奥斯曼帝国统治时期，这里民族认同淡漠，各民族间基本相安无事。“形形色色的民族是按其宗教归属（穆斯林教、东正教、天主教、犹太教）而不是按照民族（土耳其人、阿拉伯人、库尔德人、阿尔巴尼亚人、亚美尼亚人、罗马尼亚人、希腊人和斯拉夫人）来区分的。”[2] 操着不同语言、信奉不同宗教信仰的民族更多是划分职业的标准，而不是争取政治独立的依据。这种状况当然与西欧“民族—国家”的标准相去甚远。

俗话说：“一个人的美味是另一人的毒药。”由于西欧式的民族主义“宣称要重新改变疆界，重新分配政治权力，以满足个别民族的要求，重新提出已获解决的问题，重新继续相互之间的斗争”。[3] 因此，在民族混居地区，这种来自异域的政治思潮的输入，非但没有给东方国家带来福音，反而无端引发了巨大的仇杀、战争和地区动荡。“民族主义远非增加政治稳定性和政治自由度，而是制造紧张和相互仇视

---

① 如1618—1648年的30年战争；1740—1748年的奥地利王位继承战争；1756—1763年欧洲列强争夺大陆霸权及殖民地霸权的“七年战争”；1794—1814年的拿破仑战争；1870—1871年的普法战争；1914—1918年的第一次世界大战；1939—1945年的第二次世界大战。

② （美）斯塔夫里亚诺斯著，迟越、王红生等译，黄席群、罗荣渠校：《全球分裂》上册，商务印书馆1995年版，第117页。

③ （英）埃里·凯杜里著，张明明译：《民族主义》，中央编译出版社2002年版，第110页。

的状态。”[①] 对民族主义思想传播可能带来的危险性，多民族混居的奥匈帝国感触很深。1853 年，奥地利外交部长曾警告说：“根据民族来建立新国家的主张，是所有乌托邦计划中最危险的。”“提出这样的主张就是要与历史断绝关系。将它在欧洲任何地区实行，则会动摇坚固有组织的国家秩序的基础，将颠覆和搅乱欧洲大陆。”[②] 事实也证明了这点。当“西欧特色”的民族思潮被移植到巴尔干地区时，直接导致巴尔干地区民族分离加剧和奥斯曼帝国的解体，巴尔干一跃成为“欧洲火药桶”，并在短期内引发了三次巴尔干战争，其中第三次巴尔干战争还把欧洲列强也拽进来，导致了第一次世界大战。因此，欧洲式民族主义存在着难以克服的致命缺陷，远不是普世性的政治原则。

从世界范围看，当今有 2000 多个“民族”，民族混居现象普遍，真正单一民族国家不足 20 个。即使在民族主义的发祥地西欧，尽管这里的国家已经分得极为细碎，而且这些国家经济发达，但仍存在民族混居和潜在的民族分离诉求，如英国北爱尔兰问题、西班牙的巴斯克问题、法国的科西嘉问题等等。因此，如果真的按照民族界限一直分下去，世界将无疑更加碎片化。从现实角度看，但凡大规模的民族分裂运动，都伴随着无尽的种族屠杀、人口交换、地区冲突。按照“一族一国”划分世界版图，既不现实也很危险。事实上，“小国群立”（Kleinstaaterei）与“巴尔干化”（Balkenization）这两个政治学专门名词，本身就是个带有贬义和污蔑的负面称呼。[③] 如果所有“多民族”国家都遵循“民族—国家理论”，以“民族自决”名义无限分裂下去，无异于打开潘多拉魔盒，将使世界永无宁日。

事实上，“民族自决权”本质上是一种后天赋予的政治权利，像任何其他权利一样，民族自决不是无限度的，而是一种有严格条件限

① （英）埃里·凯杜里著，张明明译：《民族主义》，中央编译出版社 2002 年版，第 110 页。

② （英）马克·马佐尔：《巴尔干：被误解的“欧洲火药库”》，天津人民出版社 2007 年版，第 117 页。

③ （英）埃里克·霍布斯鲍姆：《民族与民族主义》，第 33 页。

定的权利。在建立主权国家前，任何民族都有民族自决的权利，而一旦主权国家建立起来，国内各个族裔意义上的少数民族等于将自己的民族自决权利，让渡给层次更高的国家主权。这些国内少数民族的集体身份，也就由“族裔民族”转变成“政治民族”[①]。这时候，他们的“少数民族”身份只具有种族和文化意义，而不具有政治和法律含义；每个成员的个体身份都是国家公民，他们享有作为国家公民的相应权利，当然也承担忠诚国家的相应义务。民族自决与主权国家的关系，正如一个人结婚前后的差异：结婚前人是“未婚”身份，因而有权自由恋爱；结婚后就成了“已婚”，他（她）在享受婚姻带来好处的同时，就必须承担忠诚婚姻的义务。如果这时继续恋爱甚至结婚，就成了“婚外恋”和“重婚”，就触犯了道德乃至国家法律。正像合法地解除婚约必须经过双方当事人一致同意一样，主权国家中的某个“民族”如果想从原有国家中独立出去，其归属显然不能由某个小共同体自己说了算，而应该由国家所有公民投票决定。那些动辄以“民族自决”名义分裂国家的分裂运动，实际是滥用根本不存在的权利。他们不是在进行“民族分裂”，而是在进行国家分裂，是种族主义的体现。这方面，英国历史学家霍布斯鲍姆为鉴定民族主义性质提供了一个最简洁的标准：“如果民族原则是用来把散居的群体结合成一个民族，那么它是合法的；但若是用来分裂既存的国家，就会被视为非法。”[②]

---

① 英国学者安东尼·史密斯将民族区分为“公民民族主义”与“族裔民族主义”，认为只有成为‘民族’（people）中的成员，才能被赋予了公民的权利和义务。而为了获得公民才享有的现代性利益，就必须将他们自身的族裔宗教特性甩掉。参见安东尼·D·史密斯著，龚卫斌、良警宇译：《全球化时代的民族与民族主义》，中央编译出版社 2002 年版，第 115 页。美国学者格罗斯则将民族分成因国家形式结合而成的政治社会意义上的“国家民族”和文化、传统意义上的“文化民族”。参见非利克斯·格罗斯著，王建娥、魏强译：《公民与国家：民族、部族和族署身份》，新华出版社 2003 年版，第 27 页。这与本文说的大体是同一个意思。

② （英）埃里克·霍布斯鲍姆：《民族与民族主义》，第 35 页。

三、“民族自决权”渐成西方大国削弱对手的战略手段[①]

国际政治本质是一种无政府状态，每个国家生存必须依靠自助，由此决定了国际间较量和斗争是一种常态现象。从积极方面看，一个国家为了更好地生存，就必须不断地“增加权力，保持权力，显示权力”；从消极方面看，实力强弱的相对性，决定了每个国家必须想方设法削弱对手，以达到相对增强自己实力的目的。

在这方面，削弱对手最彻底的办法，就是分裂其领土，使其永久性失去崛起和反抗的前提。西汉政论家贾谊曾说过：“欲天下之治安，莫若众诸侯而少其力。力少则易使以义，国小则亡邪心。”[②] 简单地说，就是对数量众多的小利益集团实行分而治之，使其彻底丢掉反叛成功的幻想，从而实现国家的长治久安。[③] 这种策略在国际政治中更是被广为认可并屡被使用。摩根索曾指出：“减少较重砝码的方法典型地表现在‘分而治之’这一准则中。试图削弱竞争者或使之保持衰弱的国家，都采用这种通过分裂竞争者或使之保持分裂的分而治之的方法。”[④] 说白了，就是国家分得越小，越容易掌控。事实也表明，那些从母国中分裂出来的小国几乎无一例外地都要依附外部大国，成为大国推行霸权战略的地缘政治棋子。以2008年“独立”的科索沃为例。科索沃过去曾有南斯拉夫“贫民窟”之称，现在也是欧洲最贫困的地区之一。据世界银行统计，2005年科索沃的年人均收入为1243

---

① 部分内容参见田文林：“科索沃独立折射国际斗争的深层问题”，载《现代国际关系》2008年第4期。

② 贾谊：《陈政事疏》，《治安策一》。

③ 孙广振、张宇燕：“利益集团与‘贾谊定理’：一个初步的分析框架”，载《经济研究》1997年第4期。

④ （美）汉斯·摩根索著，卢明华等译：《国际纵横策论：争强权，求和平》，上海译文出版社1995年版，第235页

欧元，失业率为44%，37%的居民生活在贫困线以下，每天用于支配生活的费用不足1.42欧元，该省无法为其首府普里什蒂纳提供照明电力，因此过去一直依靠世界银行和其他组织维持运转。可以想见，独立后科索沃根本无法仅靠自己力量生存，只能投向西方大国怀抱。因此，设法分裂他国一直被诸多西方大国沿用至今，尤其在很难像过去那样通过侵略和兼并他国领土实现扩张的情况下，削弱对手就成为维护相对霸权的重要方式。

而“民族自决”（实际是“族裔自决”，ethnic self-determination）原则作为一种迷惑性强、杀伤力大的政治武器，一直是西方分裂和肢解对手、实施分而治之策略的主要手段。在19世纪，欧洲列强为弱化和消耗庞大的奥斯曼帝国，曾交替利用民族和宗教问题，在奥斯曼帝国内部制造和扩大裂隙。如1797年拿破仑进军希腊时，曾让蒂利将军利用希腊人的民族主义感情来征服爱奥尼亚群岛：“如果居民们倾向于独立，那我们就设法助长他们这种情绪，并毫不迟疑地谈论希腊、雅典和斯巴达。”[①] 自19世纪后期以来，希腊、埃及、塞尔维亚、罗马尼亚、门的内哥罗（黑山）、保加利亚和阿尔巴尼亚等先后独立出来。在民族分离运动强力冲击下，奥斯曼帝国在欧洲的领土由此丧失殆尽，并最终走向全面解体。

第一次世界大战后，美国总统威尔逊明确倡导“民族自决”原则。但“在威尔逊带入欧洲的所有观点中，自决权始终是最具争议、最含糊其辞的一个”。[②] 进一步分析，这一原则固然有威尔逊理想主义理念作祟，而且主要是为瓦解奥斯曼帝国和奥匈帝国，但隐隐也有针对英国的成分。当时，美国在海外基本没有殖民地，而英法等老牌殖民帝国则拥有超过国土面积数十倍甚至上百倍的殖民地。因此威尔逊

---

① （美）斯塔夫里亚诺斯著，迟越、王红生等译，黄席群、罗荣渠校：《全球分裂》上册，商务印书馆1995年版，第121页。

② （英）马格丽特·麦克米兰著，荣慧、刘彦汝译：《大国的博弈：改变世界的一百八十天》，重庆出版社2006年版，第8页。

“警惕甚至妒忌它（英国）的国力”。[1] 因此当时美国认为，“美国不应当对帮助欧洲恢复战前现状感兴趣，它不是为了这种旧日的过时目标而战。更迫切在于为重塑未来世界贡献自己的力量，并为之带来真正的改变。”[2] 在当时特定历史背景下，推崇民族自决，让“屈服于权威的人民”起来反抗，客观上动摇、削弱了英法殖民强国的地位和影响。而英法等国则反其道而用之，利用“民族自决”衍生出一种扩充势力范围的新政治制度——委任统治制度[3]。至少在中东地区，英法就按照战前秘密划定的结果，分别获得了各自的委任统治权。但委任统治与民族自决的联系，又使得受托管地区的民族主义者致力于建立自己的独立国家，其最终结果是沿着英法事先划定的版图分别独立，涌现出诸多阿拉伯国家。这事实上再次掉进英法的另一个陷阱——成功地实现“分而治之”。

第二次世界大战后期，罗斯福与斯大林共同倡导民族自决原则，并将其写入联合国宪章。同时，二战后民族解放运动的蓬勃兴起，进一步使该理论深入人心，成为国际法基本准则之一。然而，美苏这样做的目的，同样是为了借此削弱依靠殖民地称霸的英法等传统殖民帝国。罗斯福强调说：“美国和苏联不是殖民大国，我们更容易讨论这些问题。我想殖民帝国在战争结束之后不会存在很长时间。”[4] 戴高乐当时也看得很明白，罗斯福支持世界上殖民地独立，而这些新独立的、羽毛未丰的国家，一定会依靠美国的慷慨而度日。这些国家政府的人事和决策也会受到华盛顿和罗斯福的遥控指挥。[5]

---

① （英）马格丽特·麦克米兰著，荣慧、刘彦汝译：《大国的博弈：改变世界的一百八十天》，重庆出版社 2006 年版，第 15 页。

② （美）孔华润：《剑桥美国对外关系史》（下册），新华出版社 2004 年版，第 40—41 页。

③ （英）埃里·凯杜里著，张明明译：《民族主义》，中央编译出版社 2002 年版，第 128—129 页。

④ （俄）瓦列金·别列什科夫著，薛福岐译：《斯大林私人翻译回忆录》，海南出版社 2004 年版，第 245 页。

⑤ （加拿大）康拉德·布莱克著，张帆等译：《罗斯福传》，中信出版社 2005 年版，第 283 页。

现如今，欧美已成为亲密盟友，他们自然没必要借“民族自决”之名同室操戈。相反，西方阵营内部还日趋出现联合趋势，如德国在1991年实现国家统一，欧盟也在不断深化合作（这也间接表明，加强国家内部整合，进而走联合和一体化道路，是增强国际竞争力的必由之路）。但这些国家对自己是一套做法，而对那些非西方国家，特别是欧美潜在或现实对手，则是另一套做法。西方国家不断拿这些国家的民族宗教问题大做文章，核心目的就是尽可能地削弱乃至瓦解对手。

前苏联总面积2200万平方公里，是欧亚大陆上真正的巨无霸，因而成为二战后以美国为首的西方的主要对手。而苏联民族政策存在的巨大漏洞，被西方战略家利用得淋漓尽致。早在20世纪40年代末，乔治·凯南就特别强调苏联的民族问题是可资利用的工具，“我们可能期待一个新的俄罗斯，它将不把压迫的枷锁强加于具有民族自决的本能和能力的其他民族身上。”1960年初，美国参议院外交委员会发布第10号研究报告《意识形态与外交事务》，提出要“通过民族主义和人道主义的压力来腐蚀共产主义意识形态的好战的一面”。此外，尼克松、布热津斯基等美国政要也主张应广泛利用和鼓励苏联境内的非俄罗斯民族的民族主义情绪，引导这种情绪从要求经济文化的自主权转向政治上的分享权利，以至独立的目标发展，并就此提出了“和平演变”的举措①。而戈尔巴乔夫轻信蛊惑，按照西方指示的道路进行改革，首先在波罗的海三国引发民族分离运动高涨。当苏联准备大举镇压时，西方不断施压阻止，最终使苏联的民族分离运动产生连锁效应，并由此导致苏联彻底解体。即便在苏联解体后，继承了苏联衣钵的俄罗斯尽管已进入“民主国家”行列，但西方仍不依不饶，仍然采取敌对政策。原因很简单，俄罗斯还有1700万平方公里，仍是

① 张建华等著：《红色风暴之谜：破解从俄国到苏联的神话》，中国城市出版社2003年版，第398页。

西方的心头大患，因此，欧美国家除了从外部设法压缩俄罗斯的战略空间外，继续拿俄境内的民族问题说事，支持车臣等民族分离运动。

事实表明，只要霸权主义继续一天，这种鼓励分裂与分化的趋势就会继续下去，而“民族自决”牌则成为西方实现“分而治之”惯用的战略武器。事实也是如此，“只有在那些有一个地区性强国或超级大国支持分离主义事业的地方，族裔运动才能成功对现存国家进行挑战，并在分离出的族裔基础上建立新的民族国家。”①

四、模式选择影响对民族分离主义的“免疫力”

理论上说，民族自决理论是把“双刃剑”，使用它既可以伤人，但也可能自伤。西方国家内部也存在少数族裔问题，但在实践中，为何西方国家对民族分离问题一般具有较强“免疫力”，而非西方国家则更多沦为民族分离浪潮的牺牲品呢？除了西方拥有经济、军事和社会发展水平比较优势，以及惯使的“双重标准”做法外，很重要一点，就是很多西方国家度过了国家分裂的危险期。欧洲国家本来是族裔民族主义理论的始作俑者，也是这种理论最早一批受害者。欧洲小国林立的状态就是族裔民族主义造成的。但经过多轮分裂，当前的欧洲国家已经大体成为由单一民族（族裔意义上的）构成的“民族国家”。换言之，这些国家在感染、发作民族主义病毒之后，已对民族分离问题有了“免疫力”。而还有些西方国家（如日本、新西兰等）本身就是单一民族国家，也不忧虑这个问题。

但更重要的是，西方国家的民族理论和民族政策模式在不断创新。通过有意识的“国族建构”（nation-building），很多西方国家创造“发明”出一个超越族裔层面的“国家民族”（即 nation）观念。具体

① （英）安东尼·D·史密斯：《全球化时代的民族与民族主义》，第124页。

地说，它从政治上界定“民族”，主张一国居民同属一个民族（如所有法国人属于“法兰西民族”，所有美国人属于“美利坚民族”等），强调“一国一族”，认为只有国族才有“民族自决权”。显然，“国家民族理论”比“族裔民族理论”更有利于解决国内民族问题、维护和巩固现存秩序：其一，“国族”包括了境内全体居民，有利于强化国家凝聚力和民族整合，有效解决了族裔民族只涵盖部分居民，强化族裔意识易滋生离心倾向的弊端，某种程度实现了民族主义与爱国主义的统一。其二，“国族”具有政治—法律含义。按照该理论，一个国家只有一个民族（即国族），境内原有各族只能称作“族裔”，从属于“国家民族”范畴（如美国黑人从属美利坚民族、科西嘉人从属法兰西民族）。这些族裔只有文化属性，没有政治属性（如自决权），这就从源头堵住了分离主义打“民族自决”牌的可能性，最大限度地消除了民族分裂隐患。

这种模式以美国最为典型。美国本来是移民国家，种族、民族构成之复杂，堪称世界之最。但美国采取了一条“合众为一”的“民族熔炉”政策。它是从政治角度界定“民族”（即国族），刻意淡化移民族裔属性，塑造和强化全新的政治民族——即“美利坚民族”概念。为使肤色、信仰迥异的移民有机融合，美领导人从建国开始就采取多种措施，如确立基督教和英语主导地位；培养国民整体优越感；发展自身的核心价值；通过开发西部加强相互间的经济纽带等。直到今天，美国各界仍悉心维护“美利坚民族”至高无上地位，不容任何人挑战和冒犯。而移民原有的“民族”属性则被自动降格为族裔（如亚裔、拉美裔、西班牙裔等），从而不动声色地解除其政治—法律属性（如谋求自决）。无论谁诉诸族裔闹事，很容易被视为声名狼藉的种族主义，难掀大的波澜。因此美国内族群关系相对稳定，大规模族群暴力冲突和分裂活动极为少见。更重要的是，美国没有按照族裔聚居区划分行政单位。有学者指出，“没有任何一个民族可以在美国境内拥有专属地盘，也就没有任何一个民族可以搞成国家分裂。这种将民族属性与专属地盘相分离的诸民族统合国家体制，支撑美国敢于拿民族自决原则在世界上挑事，敢于支持任何有地盘根基的民族分立建国，敢于拿民族分立问题挑战任何多民族统一国家，却不惧对手‘以其道反治其身’。对维护美国在全球的独尊地位和主导权而言，这既是政治、战略优势，也是遏制对手的致胜之道。”[①]

相比之下，诸多第三世界多民族国家，建国后重新修正民族理论，没有意识到进行“国族建构”的必要性和重要性。依然根据血缘、语言、历史等族裔特征界定“民族”（实际是“族裔民族”，ethnic group），进而套用传统民族理论和政策模式，实行民族自治、民族优惠、民族联邦制，乃至赋予其“民族自决权”，默认“一族一国”理论。

事实上，传统民族模式多产生于国家创建之前，其理论源头缘于颠覆既存秩序：欧洲小国反对封建王朝和天主教会；布尔什维克反对沙皇俄国；第三世界反对英法殖民帝国。因而本质上看，这种民族模式的破坏性强于建设性，它更适合“马上打天下”，而不适合“马下治天下”。一旦某个国家选择了从族裔角度界定“民族”道路，并推行相应民族政策，其结果必然是强化“民族”个性，淡化“国族”共性，人为强化国内各族间的族际隔阂，因而很容易被民族分离主义幽灵缠身。而其在面对西方挥舞的“民族自决”大棒面前，在理论上普遍失语，在实践中缺乏足够的免疫力和抗击力。而一待时机成熟，便会陷入无穷无尽的分裂之中。

在这方面，苏联的教训最为典型。在关系到国家长治久安的民族问题上，苏联恰好走了隐患极大的西式民族主义道路。前苏联境内有130多个少数民族，民族整合是大问题。布尔什维克最初为发动革命，反抗沙皇统治，把沙俄统治下的各个族裔都称为“民族”，赋予境内各族“民族自决权”。列宁和斯大林的民族理论与实践（包括“民族”

① 安田：《民族区域自治改革理论研究》（未发表）。

定义、“民族平等”、“民族自决权”等），即产生于这一历史背景。1917年10月25日，“全俄苏维埃第二次代表大会”通过的第一个文件中，明确宣布“将保证俄国境内各民族都享有真正的自决权”，其纲领实际是一种族裔民族主义的学说。[①] 在此观念引导下，苏联建国后，官方非但未悉心塑造涵盖全部国民的“苏联民族”概念，反而大搞“民族识别”，“哪里需要就在哪里杜撰民族”。1926年进行的第一次苏联人口普查时，要求公民填报他们的“民族”，结果出现了190种不同的认同方式。[②] 苏联还将这种族裔拔高和“政治化”，使之成为拥有自决权和独立权的“政治民族”，15个加盟共和国也均以“民族”名称命名。境内各族接受了这种民族理念，民族意识不断加强。这种强调个性、忽视共性的“多民族联合体”政策，也为日后的苏联解体留下隐患。苏联强盛时，共产主义意识形态、自上而下的共产党组织、统一的行政体系三大纽带，尚可将各部分连结起来。一旦这些纽带后来被戈尔巴乔夫的改革破坏殆尽，维系苏联的基石便开始动摇，并最终沿着民族界限进行分裂，导致苏联解体。[③]

而且，正是由于这种包含致命缺陷的民族理论的遗毒没有被认真清理，因此那些从苏联母体中独立出来的新国家，尚未来得及从容品尝“民族解放”的喜悦，便马上面临境内少数民族要求“民族独立”的棘手难题。如俄罗斯从苏联中分裂出来后，仍有100多个民族和83个联邦主体，因此“民族自决”（实际是族裔自决）的逻辑，自动使这些民族实体谋求建立自己的民族共和国，甚而谋求完全独立。车臣问题就是一例。只是由于俄政府强力弹压，才勉强平息下来。格鲁吉亚运气就不那么好了。格鲁吉亚从苏联分裂出来后，境内的阿布哈兹和南奥塞梯两个地区一直在闹独立，并最终在2008年8月俄罗斯武

---

① （俄）瓦列里·季什科夫著，姜德顺译：《苏联及其解体后的族性、民族主义及冲突》，中央民族大学出版社2009年版，第56页。

② 瓦列里·季什科夫：《苏联及其解体后的族性、民族主义及冲突》，第59—60页。

③ 马戎：《当前中国民族问题的症结与出路》，载《领导者》，2009年第2期。

力支持下宣布独立——俄罗斯用当年西方肢解苏联的手段，肢解了亲西方的格鲁吉亚。南斯拉夫更为惨烈，该国家至今已遭遇三轮解体：1992年按照民族界限被分解为南联盟、斯洛文尼亚、克罗地亚、马其顿和波黑5个国家；2006年，南联盟境内的黑山共和国通过全民公决宣布独立；2008年2月，塞尔维亚境内科索沃地区的阿尔巴尼亚族宣布独立，使南联盟再遭解体。

这种“越分越小”的情况之所以在原苏东地区频繁出现，很重要一点，就是该地区国家固执奉行原有民族理论，因而给内外势力利用“民族自决”武器进行分裂留下了巨大缝隙。可以说，只要继续奉行这种隐含严重缺陷的民族理论，只要其境内仍存在“少数民族”，这些国家便会像俄罗斯“套娃”一样，始终难逃被继续分裂的梦魇。

“民族”问题直接关系国家领土完整和长治久安。过去相当长时间，民族分离威胁似乎距离中国十分遥远，但西藏“3·14”和新疆“7·5”事件的接连发生，使我们切身感受到它的现实威胁。虽然这些事件不可能羁绊中国崛起的坚定步伐，但确实成为制约社会政治稳定不容忽视的潜在和现实威胁。从历史角度看，中国既不同于苏联及沙俄靠民族兼并建国，也有别于美国完全靠移民“合众为一”，而是各族互相交流融合、共同发展的历史，这对进行国族建构，形成新的政治民族（即中华民族），提供了有利条件。但我们的民族理论和政策很大程度沿袭了苏联的路数，如从族裔角度界定“民族”、实行民族识别和民族优惠、部分自治地方以民族命名等，很容易为境内外势力从事民族分离活动提供可乘之机。中国要真正避免苏联悲剧重演，就需要用发展的眼光看待民族理论的历史与现实，特别是汲取国际上两类民族模式的经验教训，并从中提炼出适合国情、有利国家长治久安的民族理论和政策模式。

第十五章 『网络权势』及全球竞争态势*

20 世纪 90 年代以来，互联网开始广泛应用并日益普及，成为改变世界的重要力量。21 世纪头十年，互联网重塑世界的力量更是发挥得淋漓尽致，信息通讯技术不断升级和扩容，宽带网络、移动互联网、社交网站、云计算及物联网等各种技术、应用和服务交替登场，势头强劲，信息化、网络化达到前所未有的程度，信息技术、信息资源和信息基础设施日渐上升为国家重要资产，互联网的战略地位越来越突出，“网络权势”被赋予新的内涵。

---

* 唐岚，中国现代国际关系研究院信息与社会发展研究所副所长。

一、“网络权势”的内涵和实质

“网络权势”概念的提出至今已有二十余年，期间信息技术经历了多次革命性变革，它也逐渐由一个学术概念转变为治国理念。

1. 概念的提出。继“软实力”后，美国学者约瑟夫·奈提出“信息力”（information power），认为“知识前所未有地成为权力”。在他看来，“绝对领先的通讯和信息处理技术以及无可比拟的整合复杂信息系统的能力”，给美国带来了巨大“信息优势”，是美国军事、外交等软硬实力的增效器（force multiplier）。[①] 奈将“信息力”作为“软实力”的一个新形式和重要组成部分，并认定它将使美国获得绝对军事优势，对其在全球推广民主、解决地区冲突和应对恐怖活动、大规模杀伤性武器扩散等全球威胁带来新的机遇。

1999 年，英国东伦敦大学政治学家蒂姆·乔丹提出“网络权力”（cyber power）概念，并从三个层面对其进行具体论述。首先在个人层面，由于网络空间被看作是个人活动的领域，因此网络权力由个人拥有和使用。同时网络是一个把权力授予个人的媒介，个人在虚拟空间中得到进一步解放。其次是社会层面。在网络空间中拥有更大自由活动权力的人，是那些能够控制网络空间和因特网技术、握有技术权力的精英。最后是虚拟空间层面。当网络空间被看作是一个社会或一个数字王国时，网络权力就表现为一种想象力量，这种想象力是每一个人都能意识和感受得到的，是对虚拟生活的一种崇拜。[②] 乔丹的“网络权力”更多的是社会学角度上的探讨。随着网络不断融入政治、经济、外交等事务，“网络权力”的概念和表现形式亦不断扩

---

① Joseph S. Nye，William Owens：“America’s information edge：the Nature of Power”，*Foreign Affairs*，03/04，1996.

② Tim Jordon：*The culture and politics of cyberspace and the Internet*，Rutledge，London and New York，1999.

展和延伸。

2009年，美国国防大学技术和国家安全政策中心受国防部委托，开展“网络实力与国家安全”的研究，力图构建起一个“网络实力”的理论框架，以帮助美国政府制定一个“有效发展和使用网络的国家和国际战略框架，并将其纳入整个国家安全战略的一部分”。[①] 在他们看来，“网络实力”即“利用网络获取战略优势、影响其他现实环境和权力手段的能力”。[②] 在衡量一国实力的政治、信息、军事和经济（PIME）模型中，“网络实力”通过整合各权力要素创造出协力优势，成为“国家所有实力手段的一个根本的推进因素（enabler）”。[③] 尤其在强化军事力量和提升国际影响的“信息行动”（information operation）方面，信息通讯技术的作用更加突出。

回顾国际政治的历史可以发现，每一次权力理论的出现都与技术进步关系密切。如陆权的提出得益于铁路及电报技术的发展，海权的提出源自蒸汽机、远洋能力、远射程枪炮等的出现和普及，空权的提出起因于飞机的全面推广，太空权的提出则归功于洲际弹道导弹以及情报和通讯卫星技术的发展。“网络权势”概念的提出是信息通讯技术发展和在全球普及的必然结果。因此，技术进步往往会改变竞赛规则，进而成为改变权力结构和权力关系的关键，掌握先进技术的一方在较量中必会占据优势。但互联网等信息技术又完全不同于其他技术，它既为历来拥有经济、军事和科技实力的发达国家进一步强化优势增加新的筹码，也会为发展中国家实现跨越式发展带来新的机遇。但同时又带来新的风险，信息时代的国际力量格局、国家间关系因“网络权势”的出现而更为复杂。

---

① *Cyberpower and National Security*, Edited by Franklin Kramer, Stuart Starr and Larry K. Wentz, National Defense University Press, Potomac Books Inc., 2009, p. 3.

② *Cyberpower and National Security*, Edited by Franklin Kramer, Stuart Starr and Larry K. Wentz, National Defense University Press, Potomac Books Inc., 2009, p. 38.

③ Ibid., p. 255.

2.“网络权势”既是硬实力，又是软实力。信息时代，权力越来越“软化”，信息越来越“物化”，这正是“网络权势”特点的最好写照。“网络权势”的构成首先取决于有形因素，那些拥有先进信息通讯技术、完善的信息基础设施、庞大信息产业等有形资产的一方，“网络权势”通常更强。而同时许多无形因素也影响着“网络权势”的强弱。网络空间是一个虚拟世界，它看不见、摸不着，但却实实在在地影响和改变着人们的生产和生活，重组原有的生产关系和人际关系，并且形成不同于现实世界的规律和法则。能否经营和管理好这个虚拟世界，决定着“网络权势”的现实作用。“网络权势”构成的有形和无形因素相互交融，彼此影响，明显不同于海权、空权等概念。如西方学者认为网络空间是一个“人造环境”，能因需瞬息万变，因为组成它的软件、协议和标准等都是人编写的，纯粹是人设计的产物。治理方、参与方的多元化使网络空间更加复杂。人们无法真正理解信息的本质，而信息力构成各要素间的互动及其影响亦难以量化。

2009年1月，美国国务卿希拉里·克林顿在被提名之初，即提出要用“巧实力”打造美国新外交①，意欲借此“重振美国雄风”。其所谓“巧实力”，意即“利用一切可以利用的手段”，包括外交、经济、军事、政治和文化等，它“既不硬也不软”，使两种实力相互形成综合实力。②“巧实力”最初的提出更多是作为一种外交理念，但现在已开始转变为治国方略，而“网络权势”软硬兼具、刚柔并济，可以成

① “巧实力”最早作为一个学术概念，由曾在美国驻联合国使团工作的苏珊尼·诺塞尔在2004年3/4月号《外交》杂志上首次提出。在诺塞尔看来，布什政府新保守主义外交政策和单边主义军事行动极大损害了美国的国际形象，未来美国政府应该回归威尔逊、罗斯福、杜鲁门、肯尼迪时期受“自由国际主义”影响的外交政策，将经贸、外交、对外援助、价值观推广看作与军事力量同等重要的维护国家利益的手段，并在外交实践活动中加以运用。另一种说法是，最早提出“巧实力”的是国际关系理论新自由主义学派代表人物、“软实力”概念的提出者约瑟夫·奈，他在2004年出版的《软实力：世界政治的成功之道》一书中提到了“巧实力”。奈还与布什政府前副国务卿理查德·阿米蒂奇在美国战略与国际问题研究中心（CSIS）共同主持一个“巧实力委员会”。

② A smarter，more secure America，CSIS Commission on Smart Power，Center for Strategy and International Studies，Nov. 6th，2007.

为“力量”与“智慧”完美结合的平台，因此是“巧实力”最好的实现手段和表现方式。

3. 衡量“网络权势”的六项指标。根据信息通讯技术和网络的特点及影响，衡量“网络权势”可依据六项指标：一是网络技术能力，包括能否在信息等高科技产业的理念、标准、技术、创新、应用和产业化方面领先，能否代表未来技术的发展，是否形成相当规模的信息产业，能否拥有一定的网络市场等。二是网络施政能力，即能否利用网络技术整合资源，提高政府工作的效率和公信力，进一步稳固政权。三是网络外交能力，能否充分发挥传播优势，扩大国际影响，影响甚至主导国际舆论，是否具备塑造国际信息规则的能力。四是网络军力，表现为是否具备信息时代的军事理念、战略、战备及战斗力量，包括网络防御能力、攻击能力及网络谍报能力等。五是网络管控能力，表现为政府社会管理职能全面转变，尤其是具备保障信息网络安全的能力，以及管理和运用好信息技术的社会动员和媒体功能；六是网络文化的建设和传播能力，即能否开发、制作和传播网络资源，在网络上打造强大的文化吸引力，包括把传统的文化形态转变为数字形式在互联网上传播，建设体现本国文化特点的网络媒体、网络出版物、网络文艺作品及网络游戏等。按照这一标准，若六项指标均位居前列，毫无疑问就是“网络权势”大国，或称为信息霸权国家。其他依次可分为信息强国、信息大国和“信息殖民地国家”。

4. 保障“网络权势”成为各国国家安全的突出内容。网络既是权力源，也能成为威胁源。国家对网络的依赖不断增大，而开放、便捷、技术门槛日益降低等特点又使网络具有给个人和组织赋权的能力，这些都极大增加了国家的威胁感和危机感。

首先，信息网络越来越成为国家的“生命线”。美国总统奥巴马刚上任便首次以总统名义宣称“网络基础设施是一项国家战略资产”，2009 年 5 月底，他在“关键基础设施保护”的演讲中，更是明确指出美比以往任何时候都更依赖于“数字基础设施”，因为它们决定着

“美国21世纪的经济繁荣”。《网络政策评估报告》也指出，“建立在全球互联的数字基础设施之上的网络空间，支撑起现代社会的每一个方面，是美国经济、民用基础设施、公共安全和国家安全的重要支柱”，可靠的信息基础设施“能够确保美国发挥全部潜力”。[①] 美国将保障这条命脉上升为国家的“第一要务”。英国在首份《网络安全战略》中指出，全英65%的家庭接入了互联网，90%的消费都在各种有线和无线通讯网上进行，网上交易额高达500亿英镑，以信息技术为基础建立了一个庞大的民生、能源、金融、交通等基础设施网络，信息网络已然成为决定国家存亡的“命脉”。

其次，信息网络易受攻击。一方面，信息网络技术可以让小国、非国家行为体乃至个人拥有强大的“不对称优势”。如一些国家能利用信息化技术装备军队，甚至不需要像美国那样去配备耗资惊人的海、陆、空作战平台，便可以拥有特殊的影响力和更高效的军事实力，它们可能将发动网络攻击作为一种非对称性的攻击“战略工具”，再配合其他手段，达到对抗别国的目的。信息化越发达的国家，面临这种威胁的可能性及遭受的损失越大。另一方面，与传统的军事冲突或恐怖袭击相比，网络攻击要简单得多，可以达到“四两拨千斤”的效果。网上有大量的恶意程序可随意下载，众多网站传授攻击方法、提供攻击目标，甚至可以雇用黑客。2009年底，花旗银行遭受千万美元的损失，而罪犯使用的只是网上售价仅40美元的“黑色能量”恶意软件。袭击全球196个国家7.5万台计算机的Zeus木马及其变种程序，网上也仅售700美元一套。黑客还提供“僵尸网络”的租用服务，2008年，一个由6000台计算机组成的“僵尸网络”每周租金为200美元，时价只能更低。随着云计算的普及，个人更容易掌握过去只有大公司、大机构甚至政府才具备的超强运算能力。低成本、低风

① 《Cyberspace Policy Review—— Assuring a Trusted and Resilient Information and Communications Infrastructure》，May 31，2009.

险使得网络攻击越来越成为一种理想的攻击方式。

第三，信息网络“无组织的组织力”日益为政治斗争所利用。信息技术的发展，尤其是社交网络（SNS）等应用的兴起，使获取、应用和控制信息的能力从少数组织和个人的特权变为公众可以享受的基本权利，同时“消除了集体行动的障碍”，个人和群体可以为各自不同的目标而交互行动，毫无阻挡地跨越国界进行协调，在网络导向下的世界，“实时的协调也将越多地取代事先的安排，群体行为的组织过程可以是隐形的，而结果立即可见。”① 形形色色的网络群体数量持续发酵，线上与线下活动日益紧密，使政府的管理面临新的挑战。近年网络的社会动员能力开始充分显现。2009 年 9 月和 12 月，遍及全球的反委内瑞拉总统查韦斯及反意大利总理贝卢斯科尼的运动都是通过社交网站发起和组织的。Facebook 上“不要查韦斯”成员有 15.6 万人之多，反对行动遍布全球 200 多个城市。Fackebook“反对总理贝卢斯科尼”专区串联了数十万人在罗马共和国广场举行大游行，伦敦等全球 45 个城市也有不少人予以响应。奥巴马因成功利用博客、视频等新技术而成功问鼎总统大位，并因此获得“互联网总统”的美誉，显然，善用网络能在政治上加分，但是，美国内反奥势力也正“以其人之道还治其人之身”，利用网络开始对美国政治体制发起挑战。2009 年 4 月 15 日，美国草根组织“茶党”发起全国性反奥游行示威活动。这个组织发端于互联网，采用数字化组织方式，用微博、群发电子邮件等进行组织和联络，截至 1 月，全美分支已达 1134 个。

二、美国引领全球“网络权势”竞争

海权、空权和太空权理论提出后，美国时任总统，包括西奥多·

---

① 克莱·舍基著，胡泳、沈满琳译：《未来是湿的》（原书英文名为：《人人时代：无组织的组织力量》），中国人民大学出版社 2009 年 5 月版，第 103 页。

罗斯福、福兰克林·罗斯福及约翰·肯尼迪等，先后把建立海军、发展空中力量、实施登月计划等列为要务，以帮助美国成为全球大国。现在，“随着网络空间战略意义的增长，需要一个专门的国家计划以确保我们有能力实现国家的目标。”[①] 进入21世纪，全球包括美国都有“美国衰退”论，但事实上，美国借助互联网等信息技术，成功地把现实霸权延伸到了网络空间，塑造了独一无二的网络实力。约瑟夫·奈曾断言：“那个通过领导信息革命而比其他国家更强大”的就是美国。

1. 加大信息等高科技领域的投入。美国未来学家阿尔温·托夫勒在《权力转移》中指出：“电脑网络的建立与普及将彻底改变人类生存及生活的方式，而控制与掌握网络的人就是人类未来生活的主宰。谁掌握了信息，控制了网络，谁就将拥有整个世界。”

以云计算、物联网为核心的新信息产业被视为“战略新兴产业”之一，是引领经济发展的重要驱动力，也是推动产业升级、加快步入未来信息社会的“发动机”。谁能在科技创新包括信息技术领域占据优势，谁就能够掌握发展的主动。美国政府及IT企业先于其他国家开始布局。2009年初，IBM公司提出“智慧地球”（Smarter Planet）设想，被视为创造新就业、刺激经济增长的最佳途径。据IBM估算，若每年在宽带网络、智慧医疗和智慧电网方面投入300亿美元，当年就可创造100万个就业机会。“智慧地球”引发的基础设施智能化趋势，将为美国科技创新带来巨大空间，最终将有利于其长期竞争力的提升。奥巴马甚至认为，“建设智慧基础设施是美国在21世纪保留和重夺竞争优势的关键。”并分别为“智慧电网”和“智慧医疗”投入110亿和190亿美元，同时批准宽带网络投资72亿美元。据美国清洁能源技术智库派克研究公司（Pike Research）发布的报告称，2008—

① *Cyberpower and National Security*，Edited by Franklin Kramer，Stuart Starr and Larry K. Wentz，National Defense University Press，Potomac Books Inc.，2009，p. 272.

2015年间，全球智能电网建设将吸引大约2000亿美元的投资。2010年初，美国信息技术与创新基金会（ITIF）发表研究报告称，投资于信息技术和宽带网络等数字基础设施对经济增长产生的放大效应，要强于投资于物质基础设施。该机构估算，危机爆发后，G20推出的一揽子财政刺激计划中，信息技术的投资超过1000亿美元，其中韩、日、美与信息技术相关的刺激性投资占GDP的比率最大，分别为1.1%、0.7%和0.3%。

在新一轮信息革命浪潮中，美国继续引领信息技术及理念的发展潮流。谷歌、微软和IBM等IT巨头们在标准制定、技术开发与应用等方面急欲抢占先机，它们无论在资本、品牌、客户资源、硬件、软件、服务、应用，还是引领IT领域的理念、规则和标准上，都一直占据着有利位置。这种优势加深了各国在核心技术上对美国的依附。

2. 大力提升网络保障能力。信息安全保障能力的强弱决定着能否在网络空间占据优势。随着网络攻击的手段和工具变得廉价、隐蔽，越来越多的犯罪团伙、黑客、恐怖分子甚至国家把网络作为其追逐经济利益或实现政治目的的场所。信息基础设施日益智能、全面融合和泛在，潜在网络敌人的多元化，又使得信息系统面临“网络攻击围城”的困境，传统的信息安全观念变得过时，从关系国家生死存亡的高度来重新审视信息网络安全保障已成为必要。美国认为，保护了关键基础设施的安全，就是保护了美国的创新和在全球市场的竞争力。

作为互联网发端地的美国，是信息安全理论、观念的领先者，也是全球最早建立和完善信息安全保障体制的国家。而这一次美国又走在前面，率先掀起调整信息安全机制的风潮，表明其准备且有能力采取一切必要措施保护信息网络安全的决心。美国将信息安全领导机构提升到国家安全最高决策层面，在白宫设立“网络安全办公室”和“网络安全协调官”，协助总统摸清战略环境的变化，及时制订和完善全面的、紧跟技术发展和形势变化的国家网络安全战略，同时负责统揽网络安全事务，协调全美网络安全力量，“确保有组织地、统一地应对未来网络突发事件”。“网络安全协调官”被外界称为“网络沙皇”，虽未被授予完全凌驾于各部之上的绝对权力，但能“自上而下”扛起整合大旗，集中领导和全面协调网络安全工作。同时他还作为国家安全委员会和国家经济委员会的成员，参与制定各种经济、反恐以及科技政策。2009 年 12 月 22 日，经过长时间权衡各方利益与矛盾，奥巴马最终力排众议，任命霍华德·施密特出任“网络安全协调官”，开始着手制定一个新的、全面的网络安全战略和统一的网络事件响应体制。

3. 确保美军在网络空间的行动自由。在信息战理论、相关武器研制、具体作战方式等方面，美国不惜投入大量人力物力，以掌握战场信息优势，确保在网络空间的行动能力。

2010 年 3 月，美国政府在白宫网站上公布布什总统 2008 年初制订的《国家网络安全综合计划》(CNCI)，提出要“在技术、战略和计划等各个方面保持长期、大幅度的领先地位”，要“制定有效的威慑战略和计划”，并将其作为美国的长远战略。一些国会议员、军方和政府官员更是网络威慑战略的极力鼓吹者，他们的依据是：全球多个国家都已具备网络攻击能力，而且它们的目标是美国。美国要想获胜，唯一的出路就是建立强大的网络攻击能力。前国家情报总监迈克·麦康奈尔主张，网络战战略应包括威慑与先发制人，要清楚表明意图，并将意图转化成行动能力。[①] 2009 年 6 月，美国率先成立全球首个“网络司令部”，全面整合各军种的网战力量，担起保护美军网络、发展网络作战实力的重任。4 月 14 日，该司令部司令基思·亚历山大（同时也是美国国家安全局局长）在向参院军事委员会作证时表

① “Mike McConnell on how to win the cyber-war we're losing”, Washington Post, February 28, 2010.

示，虽然存在法律、授权等诸多问题，但“凡是攻击美国的人都会迅速遭到回击”①。

早在科索沃战争和伊拉克战争期间，美国通过干扰敌方的防空和通讯系统，其网络实战能力已得到充分展现。而现在这一能力进一步得到强化，同时更突出“潜伏”和反制。美军借手波音、雷神等传统军工企业，开发出秘密进入敌方信息系统、查找系统漏洞并根据战况需要随时被激活的网络武器。为弥补网战人员不足，美军强调网络武器要易于操作，同时利用军工企业网罗大量顶尖人才，组织所谓的“网络忍者”、“国家黑客”为政府和军方服务，构建军民融合、官民一体的信息安全攻防体系。

4. 利用网络开辟外交新途径。博客、视频、微博、维基百科等新一代互联网应用普及，使美国敏锐地捕捉到信息技术的这种政治和外交效应，越来越多地把互联网作为向外界传达意愿、提升文化吸引力、树立形象，甚至是干预他国事务的有力工具。

美国着手开展所谓的“网络外交”，希望利用所有能够运用的新媒体工具来重塑美国形象，推进内外政策目标的实现。国务卿希拉里上台以来，多管齐下，急欲把美国的网络实力延伸到外交领域，打赢所谓的“思想战”。一方面，充分利用网络发出声音。白宫、国务院、联邦调查局和宇航局等多个政府部门在 My Space、Facebook 上开设网页，还通过 Twitter 发布实时工作动态，受到大量美国公民的拥趸。另一方面，积极进行网络预政。希拉里多次表示，“如果美国的外交政策要鼓励公民社会发展、反抗暴力与压迫，像 Twitter、谷歌、YouTube 都是十分重要的 21 世纪的工具”，并于 2010 年 1 月发表“互联网自由”演讲，称“新技术本身不会在争取自由与进步的斗争中选择立场。但是，美国要做到立场鲜明”，美“处于有利位置”，“作为如此众多技术的诞生地，有责任确保它们从善使用”，要“将这

① “US general struggles to explain a possible “cyber war””, AFP, March 15, 2010.

些技术的承诺转变成极具影响力的结果”，要“支持开发新工具，使公民能够避开政治审查而行使其自由表达的权利”，这是“美国的商标”，更是美国“21 世纪外交方略”的重要组成部分。[①] 为配合“网络外交”的推行，美国一改严格控制高技术出口的做法，“慷慨”向伊朗、苏丹和古巴等“专制国家”出口与网络浏览、博客、电子邮件、即时信息、聊天、社交网站及音频视频分享等产品，希望这些国家实现享有信息技术的自由、言论自由、信仰自由和连接自由。美国政府“网络外交”的效力在 2009 年伊朗大选后发生的大规模骚乱中得到了证实。

三、各国围绕“网络权势”的博弈日益激烈

如何打造自己的网络实力、规制“网络权势”、避免权力滥用，日益成为触及各国核心利益的突出问题。较互联网普及的初期阶段，当前各国在网络领域的竞争走向更深层次，谁掌握了网络空间规则的制定权，谁就能在未来“网络权势”的竞争中掌握主动。

1. 各国加紧塑造网络实力。信息技术的突破性发展，加速了全球科学和技术革命的进程，各国均不愿坐失良机，纷纷借力第三次信息革命浪潮，力图实现经济结构调整和产业升级。

一方面，加大对核心技术的投入，努力摆脱对美国的依赖。俄罗斯等国已经意识到不能坐视美国一家独霸，积极扶持自主技术创新。2009 年，俄罗斯“现代化和经济技术发展委员会”确定了俄经济现代化的五大战略方向，提出要掌握“战略信息技术”，要对全球信息网络的发展发挥重大影响。俄罗斯《观点报》总结梅德韦杰夫施政两周年取得的 12 项成就中，其中一项就是发展新技术，称梅氏是互联网

---

① Remarks on Internet Freedom by Secretary of State Hillary Rodham Clinton, US Department of State Website, January 21, 2010.

的狂热拥趸者。日前，莫斯科郊区的斯科尔科沃开始兴建俄罗斯“硅谷”，在能源、核工业、互联网、通讯、生物医学等领域寻求突破性进展。法德两国早在2006年就开始联手实施Quaero计划，着手建设自己的搜索引擎，计划在5年内投入10—20亿欧元。但最终由于两国分歧较大，德国宣布退出转而独立开发本国搜索引擎“Theseus”。2009年10月，韩国通信委员会通过《物联网基础设施构建基本规划》，提出到2012年，“通过构建世界最先进的物联网基础实施，打造未来广播通信融合领域超一流信息通信技术强国”的目标。信息欠发达国家也不甘落后，土耳其、古巴等也纷纷开发操作系统等核心技术与美国抗衡。法、德、意等国还不断向谷歌在本国搜索引擎市场的垄断地位发起挑战，借侵犯版权、违规收集个人敏感信息、放任有害信息传播等对它提出诉讼。

另一方面，加强对信息网络的安全保障和管控。英国、澳大利亚等痛下决心改变原有网络安全保障中资源浪费、职能重叠、责任不明和缺乏协调的弊病，相继成立国家层面的主管部门，如英国的“网络安全办公室”和“网络安全行动中心”，澳大利亚的“网络安全行动中心”（CSOC），它们成为统领跨部门信息安全计划的“核心”和应急的主力。法、德、韩、以等国在网络军力方面也具备了相当的实力。2007年以色列成功干扰叙利亚雷达系统，完成了对既定目标的轰炸。另外，由于信息网络媒体和社会动员功能日益增强，又存在巨大的泄密隐患，全球对互联网“管声”一片，甚至连那些自诩为“民主卫士”的国家也不例外。2009年末，澳大利亚宣布将实施互联网过滤计划，把含有儿童色情、教唆滥用药物和犯罪等违法信息的网站列入黑名单，提供这些网站链接的将受重罚。

2. 网络空间国际规则的出台较为艰难。全球信息和通讯网络所代表的是一种权力，一种统治，一种正在成型中的社会组织形式。它正在创造出一个无法无天的网络空间，并赋予它超越现有一切权威的权力：没有任何一个国际机制和统一的国际法律能够管束它的行为，它没有任何国界，本身就是一个全球化的、虚拟的、超国家权力的结构和实体，民族政府难以实施有效的控制和管理。但从本质上看，这个网络又是政治性的，是政治、经济全球化的最美妙工具，政治则决定未来以什么方式组织及为谁的利益进行谋划。[①] 任何科技的发展都不是自然延伸的结果，总有“手”在操纵，互联网也不例外，政府所代表的公共政治和大国、大企业集团所代表的资本利益都对互联网进行无形的控制，左右着技术的应用趋势，拥有这些权力的人即成为“信息富裕者”，往往决定着互联网的价值取向，甚至取得对经济和社会的控制权，从而左右着世界经济的格局和民族国家的命运，成为网络实力竞争的赢家。

因此，围绕互联网的开发、控制、利用的较量和争夺直接关系到各国未来在国际格局、信息秩序中的地位。同时，网络的跨国性、全球信息的大流动又使得各国不得不容忍分歧，相互合作，尤其在维护网络空间的安全、确保网络正常运转方面，国际合作愈加急切。但是，多年来信息领域的国际合作呈现高调多实际行动少、倡议多而实质内容少的状况，各国都不愿意将网络空间的主权和利益拱手相让，联合国框架下的国际信息安全合作陷入困境。

目前各国已普遍达成共识，认为现有管理体制和国际法律体系已经不能满足信息技术发展的要求，如“互联网域名和地址分配机构”（ICANN）、国际电信联盟（ITU）等多侧重于技术、标准的管理，各国的网络应急响应部门（CERT）又多专注于网络突发事件的信息共享和应对。随着信息化的加深、非国家行为主体对网络的全面介入，信息领域的问题已经不再是一个单纯的技术问题，而越来越成为复杂的政治、经济、社会和外交问题，必须出台新的、综合性的网络空间国际行为准则，为各国提供法律依据和外交政策支持。

另外，各国在一些基本概念和看法上仍然存在较大分歧，如在管

---

① 蔡文之：《网络：21世纪的权力与挑战》，上海人民出版社2007年7月版，第101页。

什么、怎么管方面，大致分为两类观点，一类的代表是美国，认为国际规则应从打击网络犯罪入手，强调各国要承担相应的责任，充分共享信息和提供司法协助。2010 年 3 月，美国会提出“国际网络犯罪报告与合作法”，欲把能否管制网络犯罪与美对外援助挂钩。另一类的代表是俄罗斯，主张即将出台的国际规则必须从网络军控入手，认为一些国家将网络作为军事手段是当前国际信息安全面临的最大挑战，新规则应防止网络空间军事化，阻止网络军备竞赛。国际社会对一些新现象也没有明确的定论，如因武器形式、攻击模式、目标对象及后果等都与传统军事冲突有所不同，如何确定何种网络攻击属于国际法所规定的“使用武力”的范畴；很难判定网络攻击是否侵犯国家主权，这也降低了网络攻击者面临的政治风险；对非国家行为主体的网络行为如何约束；如何区分故意破坏和恐怖活动、如何区分网络犯罪与网络战，等等。诸多不确定造成网络空间国际规则的出台遥遥无期。有学者认为，当前最可行的是各国通过协商制订一个“网络公约”，先对一些通用的原则做出规定，更详细、更具体的则留给未来进一步协商与补充。

与此同时，美国、俄罗斯、欧盟都在推销自己的管理模式和方案，企图掌握规则的制定权和主导权。如欧盟 2001 年出台了《网络犯罪公约》，目前已吸引全球 50 余个国家签署，其中实际通过立法批准的国家将近 30 个。在公约框架下，成员国之间建立了全天候的沟通渠道、制度化的执法培训机制，欧盟意欲将公约范式化，作为全球行动计划进行推广。为此，欧盟免费为菲律宾、越南、哥伦比亚等国家提供法律援助，使公约成为它们制订国内打击网络犯罪法的基础，从而便于将来把这些国家吸纳为公约成员国。美国也力争在新规则制定中发挥主导作用。2009 年 5 月的《网络政策评估报告》建议，美要牵头打造有关“网络技术标准和管辖权、主权责任、使用武力等问题的法律规范”，2010 年的《四年防务评估报告》更是明确，美将联手立场相近的国家共同制定有关网络攻击方面的国际规则。此外，美还与俄罗斯、中国等国家积极合作，2009年底以来两次与俄罗斯进行磋商，同意将网络战及网络安全问题纳入联合国裁军和国际安全委员会框架进行谈判，努力弥合双方的分歧。这些都表明美国急于把握先机，占据主动。

第十六章 国际恐怖主义与反恐怖斗争*

当代恐怖主义威胁几乎遍及世界各个角落，其中一些具有相同“诉求”、相同“旗号”（宗教与民族依托）、相同“土壤”（支持者与同情者）的恐怖势力相互呼应、融合，逐渐上升为全球形态的恐怖主义威胁，同其他形形色色的恐怖主义威胁一起，对国际社会构成的危害越来越大。这种全球化、有别于传统国际矛盾主体（国家行为体）的恐怖势力（非国家行为体），具有极强的生存、演化与发展、蔓延能力，已经成为影响国际关系与世界格局的一种另类力量。

国际恐怖主义“异军突起”是多种因素相互作用的结果。既有传统安全威胁不断降低、

---

* 李伟，中国现代国际关系研究院安全与军控研究所所长，研究员。

非传统安全威胁不断上升等复杂因素，也有美国打着反恐旗帜谋取、巩固全球霸权的原因；既有历史、社会、文化、民族、宗教问题的交织，也有现实国际政治不公正、不民主和世界经济发展不平衡等问题。可以看到，恐怖主义对一些“主流国家”构成的冲击，迫使这些国家在安全机制上进行结构性调整，进而影响其对外战略。国际恐怖主义正是通过挑战全球唯一超级大国——美国，并以此为“支点”来“撬动”世界。与此同时，国际反恐斗争在面临新的挑战的情况下，仍然有很多根本性的问题未得到解决。从当前国际恐怖与反恐斗争相互较量的趋势看，此消彼长的僵持状态并未得到完全突破，彻底消除国际恐怖主义威胁之路仍很曲折漫长。

一、国际恐怖主义持续演变

当前国际恐怖活动热点仍有扩散趋势，在中东伊拉克局势尚未完全好转、巴以冲突持续不断、阿巴安全环境恶化的同时，也门、索马里等地区与国家的恐怖活动再度凸显。与此同时，欧美国家面临的恐怖主义威胁不减。可以看到，随着时间的推移，恐怖主义的发展蔓延也因应国际反恐的大环境不断变化调整。国际恐怖主义的组织形态更加分散，宣传蛊惑方式多种多样，袭击手段不断翻新，变得更加难以打击与防范。

1. 国际恐怖主义组织形态日益分散化、网络化，成为形态各异、遍及全球的“恐怖运动”。“9·11”以来，在国际反恐力量的打击下，以“基地”组织为核心的国际恐怖主义势力原有的组织、指挥体系被打散，或失去作用，或受到极大限制，进而从传统的组织形态蜕变为非传统的“恐怖运动”。

“恐怖运动”的分散化既表现为恐怖主义组织之间的松散联盟，也显示出它们之间的相互呼应。这种分散化体现了“恐怖运动”由一个中心（巴阿边境部落区的“基地”组织总部），向多个中心（各个恐怖组织自主确定何时以何种形式袭击“共同的敌人”）转变。与此同时，分散化也表现为一个恐怖组织的“金字塔”结构变为多个相互平行的团伙。

“恐怖运动”的网络化主要由实体与虚拟两个层面构成。在实体方面，具有相同恐怖意识形态、共同打击目标、相同政治目的的分散的恐怖组织虽不相互隶属，但却互相支持、互有勾联，形成威胁全球的恐怖网。在虚拟方面，借助因特网兴建网站、论坛，发表威胁、恐吓文章、言论；开办网上恐怖培训学校，教授从事恐怖袭击的方式与技巧。从而，通过虚拟世界把世界各地的恐怖分子与极端组织连接起来，形成一种看不见、摸不着，但又真实存在的恐怖活动网。

这种“恐怖运动”由多种成分构成。一是“基地”组织头目本·拉登、扎瓦希里等已成为“恐怖运动”的精神领袖。他们在躲藏追捕的同时，还经常通过录音或视频讲话，蛊惑恐怖分子发动更多的袭击。二是众多分支与加盟组织构成“恐怖运动”的主体。在一定程度上，“基地”组织已成为一面恐怖活动的“旗帜”，除自身的网络组织外，分布在世界各地的具有相同“恐怖理念”的恐怖组织也纷纷加入其中。另外还有一些追求区域性相同目标的恐怖组织，早在“9·11”前就与“基地”组织结盟。三是一些支持、同情“基地”组织的极端分子成为“恐怖运动”的土壤。“恐怖运动”之所以还有一定的市场，还能得到一些民众的同情与支持，与当前国际社会众多冲突与矛盾仍未得到解决密切相关。在一些地区与国家的民众中，本·拉登等仍被视为反美等西方列强的“英雄”。

这种“恐怖运动”在全球逐渐形成了自己的恐怖主义版图：在南亚，全力支持阿富汗和巴基斯坦的塔利班，为自身营造藏身之地；在中亚，借助“乌伊运”回潮，加强与“伊斯兰圣战联盟”的合作；在高加索，支持车臣的恐怖活动；在中东，吸收利比亚的“伊斯兰战斗团”，强化伊拉克“基地”分支的本土化，合并沙特与也门的阿拉伯半岛“基地”组织；在北非，打造“伊斯兰马格里布‘基地’组织”；

在东非之角，与索马里“伊斯兰青年运动”结盟。在欧美，不断向移民后裔及其社区渗透。

此外，一些传统恐怖组织，如“埃塔”、“红色旅”等老牌恐怖组织新生代再起，再度成为国际社会所面临的威胁。

2. 国际恐怖主义组织加紧宣传蛊惑，极力扩大生存发展空间。不同于一般的刑事犯罪活动，恐怖主义所提出的政治主张、所使用的旗号、所依托的民族与宗教因素、所展现的各种冲突与矛盾，对于一些民众来说具有极大的欺骗性。也正因如此，很多恐怖袭击披上了“很正当”的外衣，得到一部分人的同情与支持。这种同情与支持形成了恐怖主义滋生发展的土壤，国际恐怖主义仍在通过各种形式进行“耕耘”，以扩大其生存蔓延空间。

恐怖主义训练营中最重要的一环，是对受训者进行“洗脑”。美国在阿富汗战争期间，摧毁了“基地”组织的恐怖训练营，缴获大量文件资料，其中就有训练手册。训练手册分两大类，第一类是用来灌输恐怖理念，第二类才是从事恐怖袭击的技能。而第一类的训练远比第二类更为重要。越来越多的恐怖分子使用自杀式袭击的前提，就是因为他们经过“洗脑”，“坚定”了牺牲自我的“信念”。因此，恐怖组织一旦找到藏身之处，首先就要建立形式多样的训练营地。

当前在各国反恐打击下，恐怖组织不仅难以像“9·11”前那样，建立具有一定规模的恐怖训练营，就是恐怖组织之间的联系也更困难。因此，无所不在的因特网成为恐怖主义宣传与训练的“新天地”。一是“基地”组织头目利用因特网发布视频与录音讲话的力度加大，宣传与影响更加广泛。“9·11”后最初一段时间，本·拉登、扎瓦希里的讲话大多通过半岛电视台播出，节奏与频率相对较慢，提及的国际事件相隔较远。转到因特网上后，整个节奏与频率大幅加快和提高。在讲话中，中东“巴以冲突”，美与北约军队在伊拉克与阿富汗伤及无辜，等等，都是本·拉登等号召针对美等西方国家发动袭击的“理由”。而这种讲话不受限制地在因特网上被广泛转载和传播，往往还被放在头条显著位置。二是因特网逐渐也成为恐怖组织招募人员、策划袭击的场所。恐怖分子往往使用加密的聊天室，特殊的语言形式，讨论如何进行恐怖袭击。与此同时，因特网也成为“志同道合”者联络沟通的渠道。一些激进分子经过反复沟通，进而组成恐怖小团伙。三是通过网上恐怖学校培训“独狼”式个体恐怖分子。各类激进分子都有可能通过网络接受训练，学习各种制造恐怖事件的技能，发动恐怖袭击。美国胡德堡陆军基地的军医，就是通过网上接受恐怖理念的培训，从而成为一名“独狼”恐怖分子。

恐怖主义危害的根源在于其用来宣传蛊惑的意识形态。正是由于这种恐怖意识形态，才使得不断有新的恐怖分子产生，才使得国际反恐难以“斩草除根”。

3. 国际恐怖主义袭击方式手段多样，“道高一尺，魔高一丈”的格局难以改变。“9·11”开创了恐怖袭击新方式的先河，此后各种新形态的袭击方式与手段就不断涌现，持续挑战国际社会现有的反恐措施。

单一恐怖袭击向多种恐怖手段并用发展。2008 年 11 月 26 日，10 名恐怖分子袭击有着 1300 多万人口的孟买，造成 195 人死亡，至少 370 人受伤，震惊世界。与以往单一手段的恐怖袭击方式不同，孟买恐怖袭击事件中，恐怖分子多点同时进行攻击，并且将爆炸、占领建筑物、劫持人质与武装袭击多种手段同时并用。如此以来，孟买反恐力量缺乏足够有效的应对措施，最终导致伤亡惨重的后果。

恐怖袭击方式花样增多。一是体内藏炸弹可能成为恐怖袭击新手法。2009 年 8 月底，一名恐怖分子借口投诚，在试图接近沙特阿拉伯反恐主管、内政部助理大臣本·纳伊夫亲王时，用手机引爆藏在直肠内的炸弹，致使纳伊夫亲王受伤。同年 10 月，英国秘密保安局（MI5）在监控网络聊天室时发现，“基地”组织计划将炸弹植入自杀式袭击者体内。男性自杀式袭击者可将炸药藏在盲肠附近或臀部内，女性则可放入胸部，就像隆乳植入物一样。而“基地”组织在公布的一份录像中宣称，将把组装和安置体内炸弹的说明张贴在互联网上。二是内裤藏炸药避过机场安检。2009年12月27日，一名恐怖分子乘坐飞往美国的航班，在飞机降落前试图引爆藏在内裤里的炸药未遂，事件引起美国的广泛恐慌。三是空中恐怖袭击方式多样。2010年1月，印度情报机构官员称，恐怖组织拟大量使用滑翔伞进行袭击。同年2月，美国发生的个人驾驶小型飞机撞楼事件，对于国际社会来说也是一个警示。

恐怖分子就地取材，制作各种炸弹。2006年8月，英国宣布破获一起特大恐怖袭击图谋。恐怖分子计划把自制的液体炸弹装在饮料瓶或罐子中，避过机场安检，欲图在从英国飞往美国的10架客机上引爆。此后，德国和美国在挫败重大恐怖袭击图谋时，也发现恐怖分子购买一些日用化学品，并准备制作液体炸弹。此外，恐怖分子也利用化肥制作炸弹。1995年美国俄克拉何马联邦政府大楼被炸，恐怖分子就是使用的化肥炸弹。

恐怖分子可能获取并使大规模杀伤性武器进行恐怖袭击，已成国际社会最大担忧。1995年，“奥姆真理教”在日本东京地铁使用“沙林”毒气进行恐怖袭击，造成12人死亡，5000多人受伤。“9·11”后不久，美国发生的炭疽杆菌事件，证明是一种生物恐怖主义行为。如果恐怖分子获得并使用核武器进行恐怖袭击，将是人类社会面临的最大灾难。

在应对恐怖主义不断翻新的恐怖方式与手段上，国际社会的反恐措施往往是慢了一个节拍。大多数情况下，总是在恐怖分子使用了新的袭击方式与手法之后，国际社会才开始研究寻找应对之策，这一点值得深思。

二、加强反恐各扫自家门前雪

恐怖袭击不仅造成大量人员伤亡与财产损失，同时也给整个社会带来极大恐慌，对政府执政能力构成强大压力。在国际恐怖主义威胁总体难以遏制的情况下，很多国家采取综合性措施，防止境内发生重大恐怖袭击事件。

1. 评估威胁，制定国家反恐战略。和平时期，恐怖主义已成为国家安全面临的最严重的暴力威胁。这种威胁具有巨大的扩散与冲击作用，进而对国家其他领域也产生相应的安全威胁。“9・11”后，很多国家对恐怖主义威胁的认识有了进一步的提高，在对所面临的恐怖主义威胁进行充分评估的基础上，制定相应的国家反恐怖战略。

首先，评估恐怖主义威胁的意愿与能力。美、英等西方国家普遍认为，国际恐怖主义对其国家安全构成十分现实的威胁。西班牙“3・11”事件、英国“7・7”事件，以及德国、美国、法国、英国相继挫败的重大恐怖活动企图显示，以“基地”组织为核心的国际恐怖主义势力，仍将美等西方国家作为最主要的袭击目标。英、美等国认为，“基地”组织及与其相关的其他恐怖组织，虽遭到严重打击，但策划发动恐怖袭击的能力不减。西方一些国家官员甚至认为，本国遭受恐怖袭击只是时间问题。而对于其他大多数发展中国家而言，所面临的恐怖主义威胁是一种长期存在。

其次，制定国家反恐总体战略。反恐对于每一个国家来说都是高投入的综合性工程，必须有一个总体指导性的战略。“9・11”后，美等西方国家相继出台反击恐怖主义的国家安全战略，重点提出防范、打击和应对恐怖主义威胁的指导原则。包括加强反恐情报工作、调整安全机构、制定防范恐怖袭击的预警机制、赋予军队反恐职能、强化应对大规模恐怖袭击的措施，如此等等。反恐安全战略的出台，为这些国家反恐投入、强化反恐机构的人力与物力大开绿灯。

最后，一些国家的反恐战略还根据总体形势的发展变化不断调整，进一步强化、完善各种反恐机制与措施。一些相关反恐机构与部门，还根据国家反恐战略总体指导原则，制定相对长期的本机构与部门应对恐怖主义威胁的计划。

总体而言，通过制定国家反恐战略，使反恐在国家安全中的地位上升，各部门协调与合作得以加强，总体提高了应对恐怖袭击的能力。在一段时间内，西方国家由于加强了反恐机制与措施，有效地避免了许多恐怖袭击事件的发生。

2. 依法反恐，有针对性地强化反恐能力。恐怖主义是一种特殊型态的犯罪活动，具有自身活动的独特性。打击犯罪活动的刑法，无论是从程序上、量刑上，还是在犯罪事实的认定上，难以快速有效地应对恐怖主义威胁。因此，许多国家纷纷针对恐怖主义问题制定专门法律，为反恐机构打击恐怖活动提供了法律武器。

在许多国家的反恐立法上，“9·11”是一个重大时间节点。“9·11”前，一些饱受恐怖主义困扰的国家，如英国等已制定了反恐法，但立法针对的重点，主要是来自本土的恐怖主义威胁。“9·11”后，来自境外的恐怖主义威胁上升，这些国家根据恐怖威胁源的变化情况，对反恐法进行修改；“9·11”后，面临的恐怖主义威胁日益上升，如美国等则出台专门的反恐法。在立法形式上，主要分为三大类：一是反恐“包裹法”，涵盖反恐立法的方方面面；二是反恐“程序法”，强调能够快速处置应对恐怖主义威胁；三是反恐“基本法”，主要是制定相关反恐原则与职责。

虽然各国反恐立法时间与形式各异，但大都包括以下几个方面的内容。一是明确界定“恐怖主义”等相关概念，定义恐怖活动各个环节的犯罪行为。虽然在国际上对于“恐怖主义”的定义分歧很大，但对于一个国家而言并不是问题。其中一些国家还依据反恐法，明确认定并公布“恐怖主义组织”名单，使之有利于国际反恐合作。二是从重从快惩处恐怖犯罪行为。针对恐怖犯罪行为，反恐法无论是对恐怖嫌犯的拘留、量刑上，还是在审判程序上，都要严于刑法。三是赋予反恐情报机构及警察部门更大的权力。恐怖袭击的隐蔽性、突发性，及发生后的危害性，都使得防范恐怖袭击需要更加特殊的手段。

反恐法虽然极大地强化了反恐机构与部门的能力，但其负面作用是对公民的隐私权与自由等构成威胁，甚至有可能导致滥用权力的现象发生。如何处理好既强化反恐能力，又避免其中一些可能出现的负面作用，仍是一个未解的难题。

3. 调整结构，强化反恐领导与协调机制。在当今世界，各国国家机器主要是用来应对传统安全威胁，也就是说是以国家为对手。但当恐怖主义威胁逐渐成为主要安全威胁后，国家机器的不足就充分显现出来。

应对恐怖主义威胁，有效防范、把恐怖袭击消灭在萌芽状态，这已成为当前各国反恐的最高追求。而要做到这一点，反恐情报至关重要。但很多国家情报机构主要是针对国家目标，无论是方式、方法，以及获得情报的深度上，都难以应用到“有信仰”的恐怖分子身上。从包括“9·11”在内的很多重大恐怖袭击事件分析，情报机构之间因部门利益和关注角度不同，不能有效共享一些情报信息；安全部门之间缺乏有效协调与合作；现有安全防范措施难以阻止恐怖分子入境，如此等等，都已成为反恐上的结构性问题。

为解决上述问题，一些国家逐步开始结构性调整。如美国在“9·11”后迅速成立“国土安全部”，整合国内安全资源，加强防范；随后，美国调整情报机构，成立“国家情报局”，设立“情报主管”，力图避免 16 家情报单位各自作战的现象；接着，美国建立“全国反恐中心”，汇总各个方向搜集的反恐情报信息，统一进行研判。与此同时，美国其他机构也将反恐作为工作重心之一：军队制定长期反恐计划，进行更多的反恐特种作战训练；卫生、交通等部门都制定应对恐怖突发事件预案。其他面临恐怖威胁严重的国家，如俄罗斯、英国，以及遭受孟买大规模恐怖袭击的印度等，对国家反恐机构与部门也都相应地进行了结构性调整。

也应看到的是，国际恐怖主义经过不断发展演变后，其宣扬的“恐怖理念”更具欺骗性，实施恐怖袭击的方式与手段更难以防范。

在此情况下，国家机器如何调整才能更为充分有效应对，很多国家仍在摸索之中。2009 年 12 月，美国“圣诞炸机未遂事件”使这个问题再度凸显。

4. 动员民众，建立全民参与的反恐防线。由于恐怖袭击越来越难以防范，不仅有恐怖组织精心策划、长期准备的袭击，也有“独狼”式个体恐怖分子所为。应对这种恐怖主义威胁，仅靠国家反恐机构与部门是不够的，很多国家都已充分认识到，民众在反恐中可以发挥更大作用。

当前已有多个国家强调民众在反恐中的作用，并通过种种措施提高民众的反恐意识与能力。如美国、英国、澳大利亚等国家，或设立政府网站，或发放小册子，指导民众防范恐怖袭击，辨识恐怖分子等；俄罗斯等国在重大恐怖袭击后，由反恐专家通过电视台讲授一些防恐的基本知识。2009 年 7 月 29 日，美国国土安全部宣布了一项全民反恐战略，敦促公众帮助遏制越来越多的本土恐怖主义问题。该战略认为，普通民众通常是政府最灵敏的耳目，最能感觉到社区里出现的一些不同寻常的问题。所以，更广泛普及反恐知识非常重要。美国国土安全部部长纳波利·塔诺甚至提出，可以教育我们的孩子警惕一些怪现象并知道如何去做，比如在机场看到一件无人看管的行李等。在英国，一些公共场所及服务部门的人员都接受专门的反恐培训，甚至一些老太太也成为反恐情报机构的“耳目”。

民众在反恐中的作用主要体现在两个方面：一是教育民众如何在恐怖袭击发生时确保自身的安全，尽量避免恐怖袭击事件产生恐慌后造成的二次伤亡；二是提高民众发现恐怖活动的蛛丝马迹，及早通知反恐机构或警察，而不是要求民众主动去制止恐怖活动。从目前一些国家挫败恐怖袭击图谋的案件看，很多案件的破获，与民众的举报密切相关。

三、国际反恐道路仍任重道远

当前，国际恐怖主义与反恐怖斗争之所以深陷博弈僵局，既有滋生恐怖主义的诸多根源性问题没有得到解决，国际恐怖主义借机肆虐，也有国际社会自身矛盾与问题的存在，大大制约了国际反恐斗争深入有效的展开。

1. 国际社会反恐面临的问题与挑战。虽然很多国家都加强了反恐措施与打击恐怖主义的力度，但恐怖主义威胁仍然存在，在一些地区与国家还处于上升势头，并不断蔓延。个中原因很多，但主要有以下几个方面。

第一，关于恐怖主义定义、产生恐怖主义根源等方面的分歧，短期内难以消解，极大地制约了国际反恐合作。虽然世界各国都强调反恐，但落实到什么是“恐怖主义”、谁是“恐怖主义组织”等具体问题上，分歧就凸显出来。由于国际社会未能就“恐怖主义”定义达成一致，导致了“一方的恐怖分子是另一方的自由斗士”这样的伪命题长期存在；关于“恐怖主义产生根源”的观点与认识的不同，也使得各国在解决重大国际问题上难以产生合力；而关于“国家恐怖主义”等问题的争议，更是使得发展中国家与发达国家之间争论不休。在此状态下，很难奢望国际社会在反恐斗争中能有根本性的进展。

第二，霸权主义、单边主义挑战联合国权威。长期以来，以美国为首的西方大国在反恐中采取实用主义态度，对于联合国在反恐中的作用则是合则用之，不合弃之，抢占反恐斗争主导权。冷战结束后，美等西方国家就不断试图操纵联合国，主导联合国的发展方向，甚至利用联合国的维和行动染指非西方国家内部的民族宗教事务，将维和行动与所谓促进世界民主化混为一谈，结果导致后冷战时期极端民族主义的泛滥。这实际上是在给他国的民族宗教极端分子以暴力手段谋求分裂和国际干涉以可乘之机。而且，美等西方国家绕开联合国，以道义之名公然干涉别国内政、侵犯他国主权的霸权行径，也使恐怖主义的泛滥有了可乘之机。

第三，“双重标准”问题危害国际反恐合作。在全球化时代，传统安全威胁不断下降，非传统威胁持续上升。与应对传统安全威胁不同的是，解决非传统安全威胁需要国际社会的共同努力。维护国际社会和平与发展的是“合作安全”。恐怖主义就是非传统安全问题中最突出的暴力威胁，需要各国通力合作来解决。但是，一些国家仍坚持“冷战”思维模式，坚持意识形态及国家利益偏见，特别是“双重价值标准”，给国际反恐斗争带来了极大的消极影响。如美国在关塔那摩监狱恐怖嫌犯的去向问题上，“双重标准”凸显。正是这种仅从本国利益出发的“双重标准”，使一些恐怖组织的生存与发展空间得以扩展，对其他国家构成的威胁与危害越来越大。

2. 国际反恐斗争应坚持综合治理的原则。从当前国际恐怖主义活动情况看，军事反恐有存在的必要性，但如果一味强调针对国家主体的军事反恐行动，则难以很有成效。反恐必须要进行综合性治理，既要应对当前十分严重的恐怖活动，又要有长期的战略。一方面，国际社会应深入探讨导致恐怖主义发展与蔓延的深层次问题，寻求根本解决之策；另一方面，应针对恐怖主义的特点规律，对症下药，深入进行。

首先，坚持联合国安理会在国际反恐斗争中的主导地位与作用。恐怖主义是一个全球性的威胁与问题，历史经验与教训说明，单靠一个或几个国家，难以彻底铲除恐怖主义威胁。因此，在联合国框架下，制定全球性打击恐怖主义的总体战略，并根据不同地区与国家的特点，有针对性地把促进经济发展与改善民众生活，同提高这些国家与地区打击恐怖主义的能力相结合，使之在打击现存恐怖主义与铲除恐怖主义根源上取得实效。

其次，推动联合国通过一个综合性的反恐公约。虽然当前联合国针对恐怖主义威胁通过 13 项国际公约和一系列安理会决议，但大多都是就事论事的单项公约。而联合国最迫切的是需要通过一个全面的综合性反恐公约，重点解决当前制约国际反恐合作与反恐根源性问题。一是致力统一国际社会对恐怖主义的认识，明确界定“恐怖主义”概念；二是致力统一国际社会对产生恐怖主义根源的认识，有针对性地提出解决相关问题的措施与方向。只有在联合国层面上解决这些问题，才能使得国际反恐合作取得根本性的突破。

第三，高度重视对恐怖主义的防范。恐怖主义虽只代表了极少数的极端分子，但通过恐怖袭击造成的伤亡与恐慌气氛，极大地扩大了极少数人所谓的“诉求”，同时也带来社会的动荡与不安，极大地阻碍了经济发展与社会进步。与此同时，恐怖主义常常处于一种无疆界、无领土、无固定基地、无标识的状态，军事打击不仅难以奏效，而且常常产生负面作用。因此，要及时挫败恐怖袭击图谋，反恐更需要多方面、深层次的情报信息，特别是各国能够普遍提高反恐情报搜集能力。这样才能“有的放矢”，给予恐怖分子致命打击。

最后，进一步加强国际反恐合作。在全球化不断深化的总体趋势下，世界各国的相互依赖性增强。这种依赖性不仅仅体现在经济领域，在安全领域也同样如此，而且两者相互影响。虽然目前恐怖主义在不同国家与地区呈现的威胁程度有所不同，但从恐怖主义在全球的发展态势看，可以说没有一个国家不笼罩在恐怖威胁的阴云下。因此，加强国际反恐合作是国际社会确保自身安全的一种必然要求。

总之，国际社会反恐之路任重而道远。国际社会不可能消除每一个仇恨根源，也不可能阻止每一个暴力行为。但是，通过各国努力，建立一个包容所有宗教和种族的更强大、更公正、更仁慈、更名副其实的国际社会，将能逐步遏制恐怖主义的发展。为此，联合国需要坚持其宗旨和原则，继续强化和完善其功能，不断深化其积极作用，进一步引领世界各国，凝聚国际社会，倡导文明多样性，大力解决发展问题，构建和谐，消弭暴力，使所有国家都能够在经济全球化进程中共同受益。

第十七章 全球化时代的金融安全问题*

金融是现代经济的核心，金融安全是国家经济安全的核心。随着金融自由化与国际化持续推进，中国的金融安全问题日益突出，成为国家安全的薄弱环节。

一、金融安全在国家安全中的地位愈发突出

冷战结束与全球化兴盛，大国之间兵戎相见渐行渐远，取而代之的是越来越多的“无硝烟战争”，非传统安全地位上升，经济安全日益凸显。金融是现代经济的核心，金融安全是

* 江涌，中国现代国际关系研究院经济安全研究中心主任，研究员；黄莺，中国现代国际关系研究院世界经济研究所助理研究员。

国家经济安全的核心。金融是把典型的双刃剑，合适运用，可以优化资源配置、促进经济增长；应用不当，也会增加经济风险、激化社会矛盾。因此，世人在关注金融发展与金融稳定的同时，必须清醒地看到金融风险与金融危机。在经济金融化下，一国一旦发生金融危机，受冲击的不仅是虚拟经济，还有实体经济，而且金融危机往往会恶化为经济危机与社会危机；在经济全球化下，一国一旦发生金融危机，往往会波及其他国家，演绎成为国际金融危机。经济金融化与经济全球化正使国际金融动荡成为常态，日趋开放的发展中国家尤其是新兴市场面临日趋严重的威胁。劫后余生的亚洲国家正是从东亚金融危机中，才认识到金融的强大破坏力，才认识到金融安全已经成为国家安全战略的一个重要组成部分，是国家经济安全的核心。

中国的金融安全是国家安全的薄弱环节。由美国次贷危机引发的国际金融危机，虽然也给中国造成不小损失，带来诸多麻烦，但是相对于美国、欧洲发达经济体以及俄罗斯、阿根廷等新兴市场，中国似乎是相当幸运的。然而，对于中国为何“幸运”，国内专家学者、金融界内外人士分歧很大。一些经济自由主义学者与金融界人士认为，以市场化为导向的金融改革，提高了中国金融业素质，增强了中国金融业抵御国际金融危机的能力。但是，更多的专家学者、非金融界人士认为，以市场化为导向的金融改革使中国金融业更加脆弱，中国像东南亚金融危机时一样“幸运”，恰恰是中国金融依然落后、观念依然相对保守、资本账户没有开放的结果。而且，许多经济学界与商界人士认为，如果美国的次贷危机再推迟2—3年爆发，中国肯定将遭受更严重困境，甚至是十分危险境地，因为中国金融改革的指导思想就是美国兜售的经济自由主义，方向与目标就是“美英模式”，依照该指导思想与该发展模式，中国正不断推进金融自由化，不断加速扩大金融开放。当今国际，那些经济上效仿“美英模式”、“以美为师”的地区与国家，如拉美、非洲、俄罗斯、东南亚等无一不遭遇悲惨窘境。中国当然也不例外，“中国的政策制定者已经逐步走向金融市场开放，自由化的空想家已经逐渐占领了阵地。虽然暗藏风险，但是自由化步伐越来越快。金融自由化带来的诸多负面结果，例如 1990 年的日本危机、1997 年的亚洲金融风暴和开始于 2007 年 7 月的欧美次贷危机并没有说服中国的自由论者，他们认为中国对危机免疫。"①

当今世界主要沿用西方金融业发展模式。西方金融模式有两大类：一是以德国、日本为代表的以传统商业银行业务为中心的间接金融模式，金融业虽然在国民经济中的地位突出，但是并不作为支柱产业，而是为实体经济、国民经济服务；二是以美国、英国为代表的以资本市场为中心的直接金融模式，金融业作为国民经济的支柱产业，金融资本与金融寡头在国家社会、政治生活中居于主导地位。在美国次贷危机爆发前，"德日模式"因为不让金融业自由发展而广为诟病，"美英模式"因为"能赚钱"而被广泛推崇，其金融系统和金融法治体系一直是中国学习的对象。中国金融改革与金融发展"向美看齐"、"以美为师"②，主要包括：鼓励金融机构积极从事资产证券化等金融衍生产品的创新，鼓励独立的与高杠杆经营的证券公司等影子银行的发展，采用高额薪酬但很少约束的职业经理人制度，实际奉行滞后的监管思路，积极推动央行独立，大力促进金融与资本自由化，等等。中国"以美为师"在提高金融效率的同时，显然也在复制"美英模式"的弊端：金融业愈发青睐大资本、大企业、大客户、大中城市，而忽视中小企业、老少边穷、农业、农村，由此加速社会贫富、城乡、地区两极分化，加速虚拟经济的膨胀，加速金融利益集团的形成

① 詹姆斯·彼得拉斯：《中国金融业开放与风险》，《参考消息》2007 年 10 月 5 日第 4 版。

② 中国金融改革与发展长期"以美为师"，中国银监会主席在 2008 年天津召开的达沃斯论坛上指出："改革开放已经 30 年了，我们很多时候意识到，我们的老师做的不见得都对，所以我们必须吸取一些经验教训。"明确承认中国金融发展是"以美为师"。见《参考消息》2008 年 9 年 30 日 12 版"特别报道"。

与发展。①

国际金融大危机证明了“美英模式”的失败，英国首相布朗哀叹“完全的自由市场经济时代走到了尽头”（而在1979年，撒切尔首相曾经慷慨激昂地强调，除了自由市场经济“别无选择”），美国奥巴马政府在强大的舆论压力下强调美国经济要改弦更张，调整虚拟经济过重的经济结构，注重以制造业为主体的实体经济的发展，降低华尔街在国家政治、经济、社会生活中的地位与作用。美国“老师”已改弦易辙，但是中国“学生”似乎没有多少调整的意向，一些经济自由主义者与金融界人士仍强调，中国的金融改革除了金融自由化外“别无选择”。实际上，国际金融业并非只有金融自由化一条发展道路，“德日模式”以其持重、谨慎而显示出保守优势。此外，在打着明显“西方烙印”的经济全球化、经济金融化大潮如火如荼的态势下，伊斯兰世界依然保持着它特有的金融模式，中国宁夏自治区引进伊斯兰金融模式后发展态势良好。此外，中国民间金融十分活跃，传统山西“票号”、江南“钱庄”与现代金融日益有机结合起来，显示出强大活力。国际金融大危机正在改变国际主流金融业的性质，也会改变现代金融哲学。对于多数新兴市场及发展中国家而言，金融业存在的理由，就是服务实体经济，推动国民经济基本沿着由政府设定的轨道向前发展。

在新民主主义革命时期，马克思主义理论与中国实际相结合，诞生了毛泽东思想，指导中国革命取得胜利。在改革开放后，中国也是将世界先进的经济与管理理论与中国实际相结合，诞生有中国特色社会主义理论，指导中国经济建设取得成功。作为政府主导型的金融改革，以先验性的理论为指导，将大量国外管理理念移植到中国，成为中国金融改革的捷径。与此同时，必须考虑到中国的特殊国情，中国

---

① 2009年6月中国银监会印发《小额贷款公司改制设立村镇银行暂行规定》的通知，可以被看成是金融对内开放的一个重要信号。但是，与对外开放相比，中国金融业对内开放要谨慎得多，步伐小得多、慢得多。

金融改革与发展也应当将国际经过实践检验的各种金融理论与中国实际相结合，摸索出一套适合本国国情的金融发展思想。而遵照自由经济理论的本本主义，以及照抄照搬“美英模式”的教条主义，都背离了中国经济建设与金融发展的实际。美国以自己的哲学与价值观铸就美国模式，成就金融霸权，实现国家崛起。中国的崛起同样需要自己的哲学，需要自己的一整套理论，包括自己的金融发展理论。

二、金融市场化改革与金融稳定基础

1. 以市场化为导向的金融改革充满争议。金融界人士以及亲近金融的学者认为，自 1984 年以来，中国金融改革取得了显著成绩，作为中国金融核心的国有商业银行资本基石大大充实，盈利水平明显提高，坏账水平显著下降，由此使银行进入一个正常经营的轨道，建立了基本适应中国社会经济发展要求的金融体系，从而为中国经济进一步发展、更广泛深入参与国际竞争、防范国内与国际金融动荡奠定了基础。

但是，民营企业以及亲近民营企业的学者、“三农”经济专家倾向认为，改革开放以来，中国经济快速增长尤其是市场主体的发育、民营经济的成长与中国主流金融业基本没有多大关系，因为中国主流金融集中于大中城市，服务对象主要是国有企业、外资企业、少数民营大企业，对中小企业成长、弱势群体改善生存状况，对农村发展、农业进步、农民增收极少甚至根本就没有什么关注。由于迄今没有一个权威的、有公信力的机构对中国金融业于中国经济增长和社会发展的贡献做一个恰当评估，并以此评估作为新一轮中国金融改革的依据，因此，对中国新一轮金融改革的共识不多，积极推动中国金融改革的越来越局限于金融专业人士，缺乏广泛社会力量的支持。

尽管对于金融对经济增长与社会发展的贡献存在严重认知分歧，但是几十年以市场化为导向的金融改革、形成一个为城市大资本大企业服务、势力比较强大的金融利益集团却是不争的事实。中国的金融改革也许取得了金融界人士以及亲近金融的学者所宣扬的成就，但是在金融改革尤其是国有商业银行股份制改造过程中，金融利益集团利用改革为自己赢得高薪、企业股权，在巨额不良资产剥离中的不当处理与不透明售卖、引进境外战略投资者以及海外上市中存在诸多猫腻等等，导致国有资产、社会金融资产的大量流失，网络讨论激烈，社会舆论反应强烈。除了金融界人士以及亲近金融的学者高唱改革取得显著成绩的赞歌外，越来越多的人士、机构对中国金融改革的指导思想、动力、方向等提出了质疑。

2. 发展中国家金融自由化结果极端失败。国际上，以市场化为导向的金融改革或称金融自由化，失败居多，成功极少。不到半个世纪，拉美就有过两次引人注目的金融自由化，最终均以惨痛的失败告终。

拉美第一次金融自由化始于上世纪 70 年代中期，主要集中在智利、阿根廷和乌拉圭等南锥体国家。自由主义者先后采取了利率市场化，取消向指定企业、部门或地区发放低息贷款，降低银行储备金比率等改革措施。金融自由化的结果是：政府放松金融管制；金融在国民经济中的比重大幅上升，储蓄和信贷迅速增加；外资流入大幅增长；利率快速上升（如 1975—1981 年智利的实际利率高达 41%）；资本市场资产价格起伏不定；越来越多的金融机构从事高风险金融业务，呆账和坏账大幅增加，金融体系愈发脆弱。1982 年墨西哥债务危机引爆拉美经济危机，金融自由化进程因大多数银行被收归国有而趋于停止。

拉美第二次金融自由化始于上世纪 80 年代末与 90 年代初，几乎遍布整个拉美大陆，除了采取放松利率管制、取消定向贷款和降低银行储备金比率等措施以外，还采取了对国有银行实施私有化、积极引进外国银行参与以及加强中央银行的独立性等措施。1997 年东南亚金融危机爆发后，很快就将拉美卷入危机旋涡。20 世纪 60、70 年代拉美实施保护主义（新自由主义者描述为“糟糕的过往岁月”），经济增长达到3.1%，然而自20世纪80年代奉行新自由主义政策后，拉美经济增长率只有1.7%。[①]

拉美国家两度金融自由化两度导致金融危机，经济增长迟缓。这在国际经济中并非特例。东亚于20世纪80年代末和90年代初实施金融自由化始，1997—1998年爆发金融危机。东亚危机“虽然部分国家的错误政策也扮演着重要的角色，但过快地推行金融市场自由化和资本市场自由化可能是最重要的原因”。[②] 撒哈拉以南非洲地区1960—1980年平均GDP的增长率为1.6%，而奉行经济自由主义政策后，光景一年不如一年，1980—1998年平均GDP增长率为-0.8%。即便是极力鼓吹金融自由化的美联储理事弗雷德里克·米什金也不得不指出：几乎可以肯定地说，金融自由化和全球化的步伐如果迈得太快，将带来灾难性后果。[③] 威廉森（Williamson）研究了1980—1997年间35个发生系统性金融危机的案例，发现有24个金融危机案例与金融自由化有关。特别是阿根廷（1980）、智利、墨西哥（1994）、菲律宾、泰国、土耳其、美国、委内瑞拉更加突出，这些危机导致了数千亿美元的损失。[④]

3. 金融大危机对中国市场化金融改革提出新挑战。美国次贷危机引发的国际金融危机沉重地打击了经济自由主义。雷曼兄弟倒闭后，金融海啸席卷全球。2008年9月20日，法国《世界报》刊登了对乔治·索罗斯的采访，索罗斯认为：美国政策制定者放任市场并让其自动调节，是导致目前金融危机的主要原因，美国金融危机标志着

---

① ［英］张夏准：《富国的伪善——自由贸易的迷思与资本主义秘史》，社会科学文献出版社2009年1月版，第8页。

② ［美］约瑟夫·E·斯蒂格利茨：《全球化及其不满》，机械工业出版社2010年版，第77页。

③ 弗雷德里克·米什金：“金融全球化的五个关键”，中国评论新闻网（www.chinareviewnews.com）2007年10月15日。

④ 吴崇伯：《近20年来西方金融自由化理论研究的最新进展》，《国外社会科学》2008年第4期。

“市场原教旨主义”理论已走到了尽头。美国著名的中国经济问题专家、卡内基国际和平基金会高级研究员盖保德（Albert Keidel）指出，此次美国金融危机帮助中国决策者认识到，不要太快地将金融自由化，“在监管制度不完善，会计制度不成熟，客户透明度不够高的情况下，过快地实现金融自由化，这很危险。中国应从中好好吸取教训。”①

国际金融大危机使诸多“以美为师”的国家在以市场为导向的金融发展领域踯躅不前，更加质疑金融自由化的发展方向。中国金融改革的主导目标、方向、动力与进程等成为关注焦点。2008 年 4 月 12 日，中国金融高层人士在一次名为“金融改革与创新：风险与机遇”的研讨会上指出，自由化是一个方向，我们改革和开放的最终目标是让金融行业进一步开放，这一根本方向不会因为国际金融市场的一些波动发生调整。② 这是金融危机发生后，中国金融界发出坚持市场化改革的最清晰的声音。在金融自由化方向的指引下，中国放行高杠杆高风险的股指期货、批准股票融资融券、继续推进资产证券化、允许外国公司在华上市、进一步扩大包括 QFII 在内的金融开放等等。在国际金融大危机、世界经济持续低迷、各国都在检讨金融自由化不当的背景下，中国金融界坚持金融自由化方向并加快金融开放速度，令诸多国际经济学家甚至一些国内经济自由主义学者感到错愕。

国际金融危机是一场生动的教育课，中国应当通过总结危机教训，深化对金融市场的认识，增强监管观念，丰富监管手段，借鉴危机处置方法，从而使金融改革更加审慎、更加稳妥。能够实施有效监管的市场，是配置资源、增进效率的有效手段。中国的金融体系与金融制度存在不小的缺陷，一个明显的症结是不能把居民高储蓄转化为企业有效投资，应当说这主要是国内金融市场化不足的结果。因此，

---

① 《中国金融自由化不应过快》，中国新闻网 2008 年 9 月 20 日。

② 《中国金融自由化应“小火慢炖”》，《国际金融报》2008 年 4 月 15 日。

适度推进金融市场化、金融深化可以增进金融市场配置资源的效率。但是，迷信市场，任由市场机制调节，放纵金融机构扩张，过犹不及。中国一直不能把巨额外汇用于本国经济建设与社会发展，这恰恰是中国金融持续单向开放、扩大开放的结果，是国际金融市场调节的结果。多年来，中国金融改革开放形成了一个明显态势：对外开放有余，对内开放不足；与国际金融接轨有余，国内金融深化不足；在华国际金融机构活跃有余，本土民间机构活力不足。在建设“有中国特色的社会主义”以及发展“社会主义市场经济”过程中，“有中国特色”强调立足国情、独立自主，“社会主义”要求兼顾公平、照顾弱势群体，而“市场经济”则要求效率优先，更多、更加向富人、大资本、国际资本倾斜。三者目标取向存在明显矛盾与冲突，因此如何实现对立统一，实现利益平衡与协调，是中国金融稳定与发展、安全与效率的关键。国际金融大危机同时揭示，给金融资本快速飞转的轮子掺沙，给金融家套上道德与法律的“枷锁”，在市场失灵的地方凸显政府干预，是很有必要的。

三、金融自由化与外部金融风险

即便在国际主流经济学界，都有不少学者如保罗·克鲁格曼、巴里·埃肯格林、约瑟夫·E·斯蒂格利茨，对资本自由、金融自由持谨慎态度，印度著名经济学家贾格迪什·巴格瓦蒂则坚决反对资本自由、金融自由。但是，中国金融改革一直将金融市场化与金融国际化当作一体二面，而且金融国际化步伐明显快于国内金融市场化步伐，当中潜藏的风险没有得到足够关注。

1. “入世”伴随着经济安全隐患。加入 WTO 是中国的战略选择，但是我们高估了加入 WTO 的好处，而低估了由此带来的风险。现在都很清楚，中国大豆覆灭是中国加入 WTO 时接受不公平条件而倒下的第一张骨牌。如今，在粮食安全上，玉米、蔬菜与转基因主粮也相继拉响了警报。诸多专家分析，未来，中国将为加入 WTO 接受不公平条件付出更多、更惨痛代价，其中金融业令人堪忧，自 2006 年 12 月开始中国遵循入世承诺而全面开放本土金融市场。

中国作为世界最大的发展中国家，却不得以发展中国家的身份入世。无论是世界银行还是其他经济学家，都认为中国这个人均收入只有 450 美元的国家，不仅是发展中国家，而且还是一个低收入国家，但是美国坚持认为中国是一个发达国家，因此应该加快转型的速度。[①] 美国摩根大通银行副总裁黄树东在其《选择和崛起》一书中感叹：2001 年 11 月 12 日，中国签署了世贸条约。这一天将作为中国和外部世界关系的标志性日子而进入历史。这个涉及 13 亿中国人民长远利益的条约，不仅以不平等的条件打开了中国的广义市场，还以同样不平等的条件干预中国经济主权。[②] 虽然言语偏激，但是不无道理。

中国的入世承诺可以分为两大类：一类是市场进入。通过大规模降低关税和废除非关税壁垒，更大幅度对外开放中国市场，承诺允许外资进入中国的服务领域，其中最关键的是金融领域；另一类是对西方主导的国际行为规则的遵守，中国需要承诺全面开放自己的金融体系，实行金融全球化。此后的中美战略与经济对话继续敦促中国金融朝着对外定向、单边开放方向迈进。从拉美、日本和其他发展中国家的教训来看，金融体系全球化程度越高，宏观经济稳定越脆弱；金融体系越开放、越脆弱，金融风险的可能性越大。[③]

2. 国际金融市场风险传递日趋严峻。国际金融日趋动荡，危机此起彼伏。与经济全球化并驾齐驱的是经济金融化，经济金融化使财富越来越具有流动性。相对于实体经济发展的需要，经济金融化程度

---

① ［美］约瑟夫·E·斯蒂格利茨：《全球化及其不满》，机械工业出版社 2010 年版，第 54 页。

② 黄树东：《选择和崛起——国家博弈下的中国危局》，中国人民大学出版社 2009 年 9 月版，第 300 页。

③ 黄树东：《选择和崛起——国家博弈下的中国危局》，中国人民大学出版社 2009 年 9 月版，第 303 页。

不断提高使流动性过剩日益严重，日益增多的资金追逐有限的获利机会，必然导致利润率出现不断降低的倾向。为获取高额利润，金融部门在创新的名义下进行自我衍生。家庭、企业与国家债务的不断增加，为金融衍生品的发展提供了适宜的基础，而金融监管的滞后与不断放松，则为金融衍生品的发展提供了良好条件。金融产品衍生化，在不断延长债务偿还期限的同时，放大了投资收益，也放大了投资损失。在影响金融市场不稳定因素越来越多、越来越密集的情形下，金融脆弱性越来越明显，由此金融市场不是趋于均衡，而是愈发走向失衡，金融产品价格不是趋于收敛，而是更加离散，如此不是降低而是增加了金融市场的波动。

由此世人看到，自20世纪70年代末、80年代初新自由主义盛行、新一轮经济全球化兴盛以来，国际金融危机此起彼伏，而且爆发概率越来越频繁、强度越来越大、影响的范围越来越广、应对成本越来越高、问题的解决越来越棘手。金融危机已不再是“偶然的灾难”或“投资者或政府的个别错误所致”，而是具有明显的“系统性动荡特征”，成为经济全球化的必然以及自由资本主义的家常便饭。由美国次贷危机引发的国际金融危机将全球化下的金融危机特征演绎得淋漓尽致，近乎将世界所有国家一网打尽，而且越是开放尤其是金融开放的国家，受金融危机的冲击越严重，越是与美国亲近的国家，受金融危机的影响越惨烈。新自由主义的全球化实际上就是经济停滞趋势和金融危机的全球化。[①]

当今国际金融市场是一个游资充斥的市场，是一个投机横行的市场，是一个地道的“大赌场”（苏珊·斯特兰奇著有《赌场资本主义》）。美国作为这个大赌场的管理者，通过各种方式将世界的赌徒吸引到赌场。中国执意推进金融国际化很明显就是要步入赌场，参与赌

---

① 《每月评论》编辑部：《资本主义新面孔：增长减速、资本过剩和债务如山》，美国《每月评论》2002年4月，第14页。

博游戏，但是很显然兴致勃勃的中国是个新手。美国纪实作家威廉·格雷德曾经警告："当发展中国家向健壮的全球资本市场敞开大门时，他们是在与魔鬼打交道。随着流动资本在全球金融体系中闲荡寻求最高回报率，这个国家会发现遍地都是国外的流动资本，这种资本可以带来眼花缭乱的繁荣景象。当这些外国资金不论出于何种原因决定撤离时，这个国家又突然渴望贷款。全球几十个有抱负的国家都因为这种方式而沦落到人质的地位。"①

3. 美国施加金融强权风险日益突出。美国金融业发达，是国民经济的支柱产业，是维持美国经济繁荣的关键，是美国霸权的重要工具。依照国家利益最大化，美国选取对外经济与金融政策，频繁操纵美元汇率，用新自由主义理论诱导、用凝聚新自由主义理论精髓的"华盛顿共识"施压、用贸易摩擦大棒等打开一个又一个国家与地区的金融大门，为美国金融资本自由流动以获取高额投机收益创造条件。更为重要的是，美国为了自己的国家利益，对那些能够对其经济霸权构成现实或潜在挑战的国家（不论是"对手"如苏联，还是"盟友"如日本、欧盟），总要想方设法加以打击、遏制，且手段多样，方式隐蔽，不遗余力。如今，以金融"敲打中国"正成为美国遏制中国崛起的一项战略选择。

近年来，美国不断以贸易逆差与"操纵汇率"等为借口，制造一轮又一轮经济摩擦，逼迫中国接受新的"门户开放"（1899 年是商品市场的开放，如今是金融市场的开放）。美国对华鹰派曾公开扬言要持续施压人民币升值，像上世纪 80 年代对付日本一样，让中国经济倒退 10 年。美国宾厄姆顿大学社会学教授詹姆斯·彼得拉斯指出："美国在中国金融市场的渗透和扩张是华盛顿经济政策中的一项长期战略目标。实际上，美国大部分针对中国的索赔和起诉的目的都可以

① 威廉·格雷德：《资本主义全球化的疯狂逻辑》，社会科学文献出版社 2003 年版，第 329 页。

被视为换取中国金融市场彻底开放的筹码。”①

美国金融机构在东道国落地生根后，会利用该国的金融市场缺陷与监管漏洞，通过一系列金融操作，制造金融动荡，吸食该国财富。研究表明，对冲基金不仅是金融市场的“秃鹫”，而且也是美国金融霸权的“猎犬”。美国曾借助对冲基金降伏墨西哥，惩罚东南亚，袭击俄罗斯，重创西欧。中国金融问题严重，金融缝隙甚多，近来兼有“金融大鳄”与“政治黑手”之称的乔治·索罗斯已积极在中国周边乃至境内投棋布子，零距离地把脉中国。专家们分析，索罗斯或许在吹响全球热钱狙击中国的集结号，以实现在金融、政治两个战场完胜于中国的“雄心抱负”。

美国金融机构很多背景复杂，在中国境内活动日趋频繁，各类显形与隐形的投资基金在中国股市房市翻云覆雨，投资银行主导中国海外投融资、充当政府经济顾问，三大评级机构已占据中国主要直接融资产品市场70%以上份额，四大会计师事务所在中国会计审计业已经形成垄断，由此涉猎大量政治、经济、商务乃至军事（国防工业）信息。世界诸多国家对美国的金融机构于己境内活动加以限制，但是中国目前极少戒备，金融及信息安全受到威胁。

国际经济专家分析，“以美为师”、对美元资产的迷信以及先前的中美战略经济对话②等使中国落入“美元陷阱”。诺贝尔经济奖得主、普林斯顿大学教授保罗·克鲁格曼于2009年4月中旬在纽约接受媒体专访时指出，中国一手把自己推向“美元陷阱”，中国在美国投资的最大风险为美元贬值，预计中国遭受的投资损失最终恐达20%—30%。根据美国外交关系委员会塞特塞尔（Brad Setser）的说法，中国已经积聚了至少1.5万亿美元的美元资产，人民币对美元汇率30%

---

① 詹姆斯·彼得拉斯：《中国金融业开放与风险》，《参考消息》2007年10月5日第4版。

② 时任美国财政部长保尔森在中美经济对话中反复向中方施压：在中国建设透明、流动性强且稳定的资本市场过程中步伐太慢的风险，要大于步伐太快的风险。见《保尔森敦促中国深化金融改革》，英国《金融时报》2007年3月9日。

的变动（这是很可能的）意味着大约4500亿美元的损失，差不多是中国经济的十分之一。

四、未来中国金融领域安全隐患

1. 主权债务风险与信用评级霸权。2009年11月，迪拜债务危机爆发；2010年1月，希腊债务危机出现，多个欧洲国家与新兴市场被评级机构警告，“后危机时代”次生金融灾害不断，最有可能引发新一轮经济大震荡的当有债务危机。有“债券天王”之称的葛洛斯（Bill Gross）曾公开指出，美国的主权评级在未来四年内必然会遭调降。

美国人长期寅吃卯粮，积累起巨额债务，而且还在不断增加。在美国那里，从来没有对外债务清偿一说，只是不断地发新债还旧债。当债务积累到难以承受时，就来一次美元大贬值，使债务缩水。因此，自布雷顿森林体系解体之后，美元就陷入周期性贬值，美国债权人也就面临周期性主权风险。1971—2009年美元对黄金（这一天然的、真正的货币）贬值了约97%，给以美元为储备货币的债权国造成巨额损失。2007年次贷危机爆发后，美国为稳定金融、刺激经济，欠下巨额债务。2009财年，美国赤字总额高达1.42万亿美元，占GDP的9.9%；国债总量超过12万亿美元，占GDP的86%，均为战后最高水平。美国的“量化宽松”货币政策实际就是国债货币化，就是启动印钞机印钞还钱，美元贬值不可避免。

中国购买、持有美元债券，早就成为中国金融安全的大问题。如今，问题关键不在买还是不买，而在买得太多；关键不在是否持有，而在不断增持；关键不在是否抛售，而在抛售多少。在中国2万多亿美元的外汇储备中，美元资产高达2/3，其中美国国债就超过8000亿美元。仅按美元对人民币贬值幅度估算，2005年至2009年已使中国损失约2600亿美元。专家普遍预测，次贷危机诱发美元新一轮贬值，其贬值幅度至少在20%—30%。因此，美元贬值赖帐给中国施加了极大的主权风险。

在美元贬值无可避免的情形下，美国的如意算盘是美元的有序与可控下跌，但是今日国际金融局势愈发复杂，早已超出美国的操控能力，美元危机阴影挥之不去。因此，出于转移风险与转嫁危机和维持美元霸权的需要，美国很有可能因势利导，诱发其他地区金融、经济乃至地缘政治动荡，为美元资产创造出一个“不是太差”的国际环境。环顾当今世界，最有可能“倒霉”的地区应是欧洲与新兴市场。这是因为：不断开放的新兴市场的金融市场体系不完善、市场机制不健全、监管能力与经验不足；而欧盟总体财政赤字水平居高难下，2009年年度与累计赤字分别占GDP的7.5%与79%，远远超出《稳定与增长公约》所规定的3%与60%的上限，这恰恰是欧盟的软肋，是危机能量最主要的蓄积地，而具有引爆债务危机能力的是穆迪、标准普尔与惠誉三大评级机构，它们直接或间接为美国所掌控，长期以来一直是美国的霸权工具。

2. 热钱游资肆虐与资产泡沫膨胀。此次金融海啸席卷整个西方国家，为稳定金融与刺激经济，发达国家实施“量化宽松”货币政策，向金融体系中注入数以万亿计的资金，大规模购买长期债务工具，并将利率压至历史最低水平，由此导致本已过剩的国际流动性更加严重。长期以来，日本因为实施零利率，而使日元成为融资套利交易借入货币，如今美国也加入了这一行列，由此导致国际流动性持续大规模泛滥，热钱肆虐，纷纷涌向以中国为代表的新兴市场。在诸多发达国家与新兴市场面临评级压力之际，巨额热钱持续流入香港，并且速度不断加快，规模空前。依照过去经验，国际热钱一直是把香港作为进入大陆的跳板，旨在投机人民币资产。中国经济于全球率先复苏，率先遭遇热钱困扰也是理所当然。

热钱肆虐全球，在“后危机时代”吹起的第一个泡沫就是新兴市场的资产泡沫。中国房地产市场膨胀起巨大泡沫是内外投机资金交互作用的结果。2009年，中国金融机构人民币贷款超过9万亿元，有专家研究，其中至少有20%左右的信贷资金流入房地产和股市等资产市场，推动资产价格飙升。2010年初，华尔街知名投资者查诺斯警告，中国的状况就像“一千个迪拜加在一起”，成为“全世界过度信贷最严重的地方”。1月15日，世界经济论坛发布《全球风险报告》称，中国经济的硬着陆、发达国家的财政危机、广泛的资产价格崩溃，是2010年及未来几年全球稳定面临的最大风险。报告认为，中国是2010年的最大担忧之一，部分原因在于中国应对全球金融危机的方式，即主要依靠极高的信贷增长来实现，这可能重蹈危机之前西方资产价格泡沫和不平衡增长的覆辙。

房地产高度关联国民经济，房地产行业约占中国GDP的7%，占中国投资的比重为25%，直接相关的产业达到60个，所以房地产业能否保持稳定发展，将直接影响中国经济。2003年以来，中国城市房价扶摇直上，只是在2008年放慢了脚步，进入2009年再次直冲云霄。2009年，上海、深圳、杭州、北京等中心一线城市的房价平均上涨了30—40%，而且房价上涨浪潮正涌向二线城市。一线城市的房屋租售比普遍超过1：300的警戒线。房屋售价与居民家庭年可支配收入比普遍超出20—30倍，远远超过联合国给新兴市场界定的5—8倍的合理范围。房屋空置情况十分严重，在北京、上海、深圳三地，诸多楼盘空置率达50%以上，远远超出5%—10%的国际合理指标范围，反映商品房已严重积压。

热钱肆虐全球，在“后危机时代”吹起的另一个泡沫应是粮食、石油等大宗商品价格上涨。自2009年3月以来，全球股票、大宗商品及其他信贷工具的价格持续强劲上扬，新兴市场股票与债券上涨幅度更大。美国有着丰富的粮食生产资源，美国粮商直接与间接控制世界粮食交易的80%，芝加哥商品交易所拥有压倒性粮食价格决定权。美国通过生物柴油与玉米乙醇技术，打通了粮食与石油的关联。美国金融资本虽然遭遇危机重创，但是核心竞争力犹存，G20推动的国际金融监管乏力。因此，未来美国仍处于优势的金融资本会利用时机与创造条件，兴风作浪，炒作大宗商品，从中渔利。如火如荼的工业化、城镇化以及居民家庭生活现代化，使得中国对石油、粮食等大宗商品存在不断增加的需求，但是中国在国际大宗商品上依然缺乏定价权，鉴此，中国未来受国际垄断资本敲诈的风险依然存在。

3. 美元为首的西方货币危机与人民币升值。受到金融危机的打击以及高财政赤字的重压，“强势美元政策”难以维持，美元走势疲态尽显。弱势美元不仅是世界局势变化、美国经济衰落的客观使然，同时也是美国政府的主观选择，因为弱势美元不仅可以促进出口、扶植制造企业、增加劳工就业，而且还可以缩水外债，缓解巨额债务重压。

此次危机，西方国家近乎集体沦陷，英国、日本等国也都纷纷采取类似美国的“量化宽松”货币政策，累计向经济系统注入数万亿美元，英镑与日元等货币同样面临贬值危机。尽管德国与法国在撒钱刺激经济上态度谨慎，但是其所在欧元区正面临广泛的主权债务风险，美国乘机打压欧元。因此，未来在世界经济持续低迷的背景下，以美元为首的西方主要货币很可能面临集体危机。由于缺乏替代力量，美元等西方货币作为主要储备货币的地位一时难以改变。但是，在西方货币集体危机的冲击下，国际大宗商品价格将持续大幅上涨，世界性通货膨胀可能愈发严重。

国际金融危机加速国际货币格局走向多极化，人民币正脱颖而出。然而，现阶段人民币实际盯住美元，给美元的“自由调整”行动增加了阻力，给美国以“弱美元”促进“贸易平衡”设置了障碍。危机使中国国际经济地位更加凸显，经济成长势头在世界大国中异常突出，巨大外汇储备与充足储蓄一直为巨额财政赤字所累的西方所垂涎。近期，在美国国内形成政界、学界与媒界“三合一”力压人民币升值，一方面为美元的“自由调整”创造宽松环境，另一方面敲诈中国继续持有、增持美元债券。在国际，为迎合美国、转移视线、转嫁危机的需要，欧盟、日本乃至一些新兴市场附和美国共同施压人民币升值的可能性一直存在。

国际施压人民币升值的依据是，人民币汇率低估导致中国贸易顺差巨大与中美贸易失衡。但是，中美贸易失衡的主要原因是经济结构差异问题，即美国的“去工业化”与中国“世界工厂”的不断发展。美国奉行二十多年的“打击日本”政策也证明，汇率调整既无助于解决美国的高额逆差，也没能逆转日本的贸易顺差。美国动辄指责中国“操纵汇率”，但是世人皆知，美国一直是世界上最大的汇率操纵者，其他国家只能被动制定汇率政策。“由于美元是世界贸易和金融的首要储备货币，美国通过其利率政策，实际上是全球汇率操纵的蛇头，美联储主席是汇率操纵的首要男巫。”① 美国是当今世界唯一强权国家，“强权即是真理”。围绕美元贬值、人民币升值，在中美之间甚至是中国与美、欧、日等主要发达国家之间将有一场激烈而持久的金融角逐，中国金融安全势必由此增添新的风险。

① ［美］廖子光著：《金融战争，中国如何突破美元霸权》，中央编译出版社 2008 年版，第 162 页。

第十八章 全球气候变化谈判前景展望*

哥本哈根气候大会后，国际上特别是欧美舆论在对结果表示失望之余，几乎把谈判的全部期望押在2012年，即所谓“后京都时代”开始之年。联合国气候官员和一些国家的谈判代表也已断言：2010年墨西哥坎昆大会以及2011年南非气候大会不能达成一份有效协议。乐观的观点认为，2012年达成一项取代《京都议定书》的新协议，气候谈判终结，“后京都时代”开始，各国按新协议各履其职，甚至建立新的监督机制，从此，各国依协议有效应对气候变化。这是一种理想状态，但能否实现这一预期仍具有很大不确定性。

---

* 魏宗雷，中国现代国际关系研究院世界政治研究所副所长，研究员。

一、当前气候谈判争议焦点

哥本哈根气候大会以来，全球气候谈判的矛盾焦点越来越集中于“后京都时代”减排目标和新协议的制订上，纵向看表现为《京都议定书》的存续，横向看是“共同但有区别的责任”原则的争执。

1.《京都议定书》有效期问题。在《京都议定书》2012年是否到期问题上，欧美发达国家与发展中国家出现明显分歧。在哥本哈根大会上及后续谈判中，欧美发达国家认为，《京都议定书》2012年失效或至少2008—2012年第一承诺期到期，甚至越来越多地直接要求抛弃《京都议定书》。美国拒不加入《京都议定书》，今后也不会接受有约束力的减排目标和“有区别的责任”。欧盟认为议定书已经过时，尽管没有完成承诺期目标，却认为原定的减排值已无法达到将全球气温升高控制在2度以内的目标。俄罗斯谈判代表否认有第二承诺期。欧、美、日等发达国家都欲另起炉灶，迫不及待地要翻过《京都议定书》这一章，执意要在2012年前谈出新协议。《联合国气候变化框架公约》（下称《公约》）执行秘书德布尔在卸任前敦促各国政府，就“《京都议定书》的命运”问题尽快给出更明确的态度。

发展中国家认为，《京都议定书》仍然有效，2012年后也应坚持执行，发达国应履行减排承诺。《京都议定书》是第一个也是唯一有具体承诺期、有可操作的量化减排指标、有约束力的全球气候变化协议。现在看来，发展中国家坚持并挽救议定书的努力面临严峻挑战。

发达国家认为《京都议定书》2012年失效，并不是从法律文本上来说的，而是一种政治判定。欧盟原本支持《京都议定书》最为积极，在美国2001年退出后仍继续推动其生效，甚至不惜与当时的小布什政府发生尖锐对立，主要是意欲充当全球气候变化谈判的领导者。随着美国对气候变化问题由消极转为积极，以及发展中国家援引有关条款争取发展权益，欧美舆论开始共同唱衰《京都议定书》。

2005年《京都议定书》生效之时，舆论就认为当年蒙特利尔谈判是“后京都时代”开始。2007年巴厘岛气候谈判着重讨论“后京都”问题，要求在2009年年底前完成第一承诺期2012年到期后新安排的谈判并签署有关协议。这一目标演变成在哥本哈根大会上谈出一个取代《京都议定书》的新条约。欧美对哥本哈根气候大会寄予了不切实际的期望，把能否达成一份取代《京都议定书》的新协议作为衡量是否成功的标准，才造成哥本哈根大会上的尖锐矛盾和“失败”情绪。

欧美人士认为，2012年前达不成新协议，就存在一个法律空档，不能实现承诺期之间的无缝对接。实际上，即使2010或2011年达成了有法律约束力的新协议，还需要缔约国批准，按照《京都议定书》的批准生效过程，没有5年时间是不可能的。这样看来，2012年后的第二承诺期已经不可能成立了，必然会出现一个断档。“后京都时代”气候协议很可能难产，从法律文本上说并不存在一个“后京都时代”。2012年可能是气候谈判新的起点，却不是“后京都时代”开始之年。

2. 当前气候谈判的另一个相关矛盾焦点是“共同但有区别的责任”原则。发展中国家强调《公约》和议定书既定的“共同但有区别的责任”，而欧美则强调“有区别但共同的责任”。欧美发达国家认为，《京都议定书》主要规定发达国家承担有约束力的量化减排指标，而发展中国家不受约束，发达国家减排责任多，发展中国家没有或减排义务少。欧美国家现在用发展中国家与发达国家的二分法。一些谈判方和草案越来越多地使用包括发达和发展中大国的“主要国家”。

对“责任”（responsibilities）一词各方有着不同的理解。在欧美看来，“责任”是指应尽的义务，着眼于现在和将来，而发展中国家认为“责任”是指谁应对既成事实负责，倾向于追究历史“原罪”。《公约》的确申明了发达国家的历史责任，但《京都议定书》更强调不同国家尽不同的责任义务。奥巴马政府的首份美国《国家安全战略报告》宣称，“我们承认共同原则，但也区别看待不同的反应与能力”。[①] 这是美国政府文件首次明确将“责任”定义为“反应和能力”。这意味着，美国只承认各国应对气候变化的反应和能力是有区别的，但“责任”和义务却是共同的。

发达国家对发展中国家特别是一些大国提出越来越多的要求，并把自己的减排承诺与发展中国家承担强制减排义务挂钩。美国要求发展中国家的减排应“可测量、可报告、可核查”，接受国际分析评级。法国要求对发展中国家征收碳关税。德国反对发展中国家依据《哥本哈根协议》要求发达国家兑现在2010年至2012年期间提供300亿美元额外援助资金的承诺。欧美受经济金融和债务危机的拖累，自身难保，纷纷实行紧缩财政预算开支的政策，兑现承诺更加困难，设法设置各种条件拖延逃避。

3. 气候谈判斗争的核心是权力和利益再分配。气候变化谈判中的争执和僵局体现了国际力量对比的变化，也反映了各国国内利益冲突和党派斗争。

首先，国内政治斗争在国际气候谈判斗争中体现出来。气候变化谈判直接涉及各国发展方式和财团利益，矛盾斗争激烈程度可能超乎人们的想象。在西方国家，气候变化问题足以改变政局，领导人的相关政策立场和计划主张直接关系其政治生命。美、欧、日等国政治家，大多在竞选时提出高调的减排目标，以吸引选民的支持，但上台后不得不向国内利益集团让步，否则就会有陷入执政困境甚至下台的风险。在美国，小布什政府因退出京都议定书、应对气候变化消极不力在国际上陷入孤立，但其在国内的支持率并不低，仍能竞选连任。奥巴马以“变革”口号上台，竞选时提出雄心勃勃的应对气候变化计划，誓言夺回美国在气候谈判上的领导地位，但他上台后不久就机会主义地选择了在国内让步和在国际上退步的政策。他甚至不得不决定

---

① White House, *National Security Strategy*, May 2010.

准备解除近海石油开采禁令，因墨西哥湾漏油事故推迟解禁六个月，联邦法官却推翻了这一决定。澳大利亚前总理陆克文因强推碳减排和矿税计划受阻，被迫提前下台，成为澳40年来任期最短的总理，围绕减排的国内政治斗争之尖锐可见一斑。

其次，气候谈判僵局也体现了新时期国际格局和力量对比的变化。《京都议定书》所指《公约》附件一近40个国家，主要是欧洲国家，包括像列支敦士登这样的小国以及波罗的海三国和保加利亚等“正在向市场经济过渡的国家”，加上美国、加拿大、澳大利亚和新西兰等。除日本和土耳其外，附件一没有亚洲、非洲和拉美国家。实际上附件一国家有的没有工业，更谈不上工业发达，而欧美国家普遍在环保理念和气候政策立法上比较先进发达。

《公约》和《京都议定书》列出附件一国家名单并采行“共同但有区别的责任”，体现了上世纪90年代冷战结束后欧美国家空前高涨的种族和道义优越感，其自视担负着地球和人类的“保护责任”，在气候环保领域具有先进性，体现附件一所列的缔约方宁愿承担多于其他国家的责任义务也要带头保护地球和气候的奉献精神。就连“正在向市场经济过渡的国家”也在苏联解体后迅速找回这种优越感。《公约》和《京都议定书》使用富国和穷国之分也体现了这一点。

但这种优越感、先进性和奉献精神随着新世纪以来中国、印度、巴西等新兴经济体崛起，同时欧美国家自身遇到日益严峻的经济社会问题而大打折扣。他们担心，面对发展中国家特别是新兴经济体经济快速发展，承担减排义务的发达国家会付出额外成本代价，经济发展受到限制，在未来国际竞争中处于劣势。应对气候变化和《京都议定书》原本是欧盟寻求外交政策用“一个声音”说话的第一块试金石，但现在欧盟在气候变化问题上也难以统一各成员国的立场。再加上发展中国家对西方工业革命以来历史排放和转移排放穷追猛打，不断要求其承认并承担历史责任和现实义务，欧美国家对“共同但有区别的责任”日益感到无法接受甚至非弃不可。就连俄罗斯也不承认“历史责任”。看来，对“有区别的责任”的区分过于细究可能适得其反。

二、未来气候谈判的前景与挑战

全球气候变化谈判正出现一些相互矛盾的趋向，一方面，通过哥本哈根气候大会前后几轮艰苦谈判和舆论聚焦，以及各种极端气候事件造成的灾难性破坏，气候变化的事实清楚地摆在世人面前，各国在认识和观念上对应对气候变化给予高度重视，并形成较强大的舆论和民意基础，在客观上促进了主要大国在经济金融危机背景下加快经济发展方式转型，节能减排正成为各国自觉的政策行为目标。同时，各方对接下来的气候谈判期望值降低，美欧一些国家的动力减弱。

1. 有关各方对墨西哥气候大会的期望值降低了。联合国气候变化框架公约执行秘书德布尔表示，2010 年底坎昆会议的初步目标是制定一个“全面的、可操作的框架”，以便采取有效的共同应对气候变化的行动。他认为，坎昆大会上各国能就新气候协议的主要内容达成共识，无论各国能否就减排达成一致，都应继续实行各自的应对气候变化政策，力争 2011 年在南非举行的气候变化大会上达成一份具有法律效力的气候协议。① 他呼吁，各国政治家需要明确气候谈判最终将形成一个怎样的国际协议。接替德布尔的公约执行秘书克里斯蒂娜·菲格雷斯对新协议看得更加理性低调，认为在有生之年可能看不到另一份有约束力的气候协议了。

日本气候谈判官员认为 2010 年几乎不可能达成协议，欧盟官员排除了 2010 年达成协议的可能性。欧洲理事会和欧盟委员会也决定改变气候谈判中的优先次序，降低对谈判的期望，基本接受在 2011 年之前不缔结协定的前景，并发展有凝聚力的气候外交政策，扩大与

---

① Christoph Seidler, UN Climate Chief Throws in the Towel De Boer Will Be a Hard Act to Follow, *Spiegel*, February 19, 2010.

“战略伙伴”的双边气候谈判。在联合国气候谈判进程中，欧盟可能会确定更窄的政策目标，例如谋求在特别有成功希望的领域达成协议。英国新首相卡梅伦虽然承诺，将利用所拥有的一切国际影响，推动达成一份全球性的应对气候变化协议，[①] 但他并没有明确说明具体哪一年达成。

墨西哥显然要接受哥本哈根气候大会的经验教训，有意为坎昆大会降温。墨气候变化大使德阿尔瓦表示，不能过于简单地说在坎昆能否达成一个具有法律约束力的协议，问题远比这复杂得多，目标是致力于达成一系列决议，其中一些可以转化成具有法律约束力的协议，比如减排指标和资金承诺等可能需要具有法律约束力，另一些则不能，也没必要。他希望在一些关键问题上寻求取得突破，比如在排放核查问题上，反对对发展中国家采取“国际警察式的审查”，建议设立一种“同行审查”机制。墨西哥大会紧接着哥本哈根大会后一年时间召开，不像哥本哈根大会那样经过很长的筹备，但有前面的历届大会和《哥本哈根协议》，取得一定进展仍有可能。

2. 国际舆论和谈判方都很关注并力图预测年底坎昆会议的可能结果。如果把 2012 年前后包括墨会和南非大会作为一个整体进行预测，预期可能会出现如下几种选项。

一是制订“第二承诺期”的减排目标。根据“巴厘路线图”，《京都议定书》特设工作组（AWG-KP）主要就发达国家在《京都议定书》2012—2020 年第二承诺期减排目标进行谈判。目前谈判进展缓慢，原因在于发达国家坚持以新协定来确立第二承诺期减排目标。《京都议定书》中交替使用了“承诺期”、“第一个承诺期”和“一承

---

① James Randerson，“Cameron：I want Coalition to be the Greenest Government Ever”，*Guardian*，14 May 2010. *http：//www.guardian.co.uk/environment/2010/may/14/cameron-wants-greenest-government-ever*.

诺期"[①]。"第一"是指在历史上第一次规定了一个量化的限制和减排期，2008—2012年只是作为一个阶段性例子，其举例示范和树立标杆的意义大于排序和规划意义，并不意味着必须接着有第二、第三个承诺期。"一承诺期"更是泛指，指今后任一承诺期，参照第一承诺期执行。按照规定，发达国家对"以后期间"的承诺应在对附件B限排量的修正中加以确定并按程序通过即可。也就是说，第二承诺期的减排目标并不需要另立新约，只需对议定书附件B的减排值进行修改，有四分之三的附件一国家（即发达国家）同意，即只要发达国家同意修改更新自己的减排目标即可，与发展中国家并无多大关系。《京都议定书》本身包含"遵守程序"，对于不能兑现减排承诺的缔约方，在确定下一阶段减排指标时有加罚的规定。

如果仅仅是为了谈出确定第二承诺期减排目标的新协定，气候谈判的价值就大打折扣。《京都议定书》生效耗时8年，2005年2月达到法定55个国家批准数才生效。费如此大的精力和时间达成的议定书刚生效就到期，不符合国际协定的严肃性和权威性。如果每一个5年或者10年承诺期都要有一个有法律约束力的协定，用5年的谈判时间谈出第二承诺期或第三承诺期的减排目标，再加上8年的批准时间，那么不仅无法实现承诺期之间的无缝对接，气候问题也将永远没完没了地斗争下去。

二是《京都议定书》有效期延长。《公约》执行秘书德布尔多次呼吁在新条约达成之前延长《京都议定书》。实际上，《京都议定书》本身并没有到2012年失效，也就无所谓延长问题。但现在看来，延长需要有关国家重申政治意愿。欧盟和美国行政当局都明白，另结新约比维护《京都议定书》更难，但承认其继续有效的阻力也很大。《京都议定书》签署地日本竟有强烈反对延长议定书的声音。

① UNFCCC，Kyoto Protocol to The United Nations Framework Convention on Climate Change，Kyoto，1997.

三是制订取代《京都议定书》的新协定。欧美国家认为中国等发展中国家在《京都议定书》中没有承担减排义务，为此需要签署一个新的协定。实际上《京都议定书》对发展中国家也规定了减排义务。“共同但有区别的责任”，并不是说发展中国家可以放任自流地排放，不承担减排义务。排放与其他行为不同，它不仅对全球环境和气候产生影响，首先影响的是本国的环境和气候质量，也就直接影响自身生存和发展。大会主办地和气候谈判代表大多希望任内达成“具有法律约束力的协议”，以彰显历史意义。最近的波恩气候对话部长级会议再次重申，应对气候变化需要有个法律约束力的成果。

四是定出一个没有约束力的中长期减排指标和时间表。美国更倾向于接受《哥本哈根协议》这样没有约束力的国际协议，或做出2050年以后的长期减排承诺。一些国家承诺2030年或2050年后减排50%或80%，在没有形成核查验证机制的条件下，技术上如何落实需要解决。《公约》“长期合作”特设工作组（AWG-LCA）最近提出“促进缔约方谈判文本”，涉及适应、技术转移、能力建设、发展中国家减排行动等诸多内容，可望成为坎昆会议谈判“谈判基础”文本。新文本为诸多争议条款留出数项“备选项”，比如在“共同远景”部分，地球平均升温控制就有2度、1.5度和1度三种选择；全球共同的2050年长期减排目标可选50%、85%和95%。

从各种文本看，均难突破《京都议定书》的理念和条款，大多是更加侧重突出某一方面罢了，如强调发展中国家的减排义务。制订一个无法验证的长期减排指标，相较于《京都议定书》的约束力来讲已是一种退步，当时《京都议定书》规定了一个10年后的承诺期减排目标并成功付诸生效实施，而当前的谈判已很难就下一个10年的减排目标达成有约束力的协议了。

3. 墨西哥气候大会乃至南非大会将面临一系列挑战。2012年之前国际上达成超越《京都议定书》的新协议困难重重。

一是哥本哈根大会后，气候变化谈判的动力在削弱。《公约》和

《京都议定书》是欧美国家几十年来研究积淀，并在冷战结束后西方自恃取得对东方绝对优势的形势下取得的成果。当时美欧环保主义势力达到顶峰，领导人理想主义盛行，“新经济”累积强大的经济基础。而现在，美欧领导人的理想与现实的差距很大，即使有热情，也只是为了显示与前任不同罢了。奥巴马政府不可能像克林顿—戈尔那样对气候变化付出那么大的热情和精力。欧盟国家眼看着失去主导权，就会减少对气候变化的兴趣，在债务危机的冲击下也力不从心。发达国家与发展中国家相互攀比、推诿，大多抱着少减排是赢、多减排吃亏的心态。

二是发达国家国内政治对达成有约束力的减排目标的制约因素越来越多。主要国家都不想在国际法约束下按确切时间表和确切减排指标减排。在美国，民主党不希望气候变化问题在 2010 年中期选举中引发两党激烈对抗，分散选民的支持率。① 对于奥巴马来说，气候变化、节能减排不得不让位于决定其 2012 年能否连任的经济复苏和就业计划。日本、澳大利亚等国政局变动，执政党团地位不稳，难以实施大胆的减排计划。

三是气候谈判与现实有些脱节，理论创新不够。谈判越来越在技术细节问题上久拖不决，特别是减排目标的换算、减排补贴和资金援助等方面的讨价还价。一些谈判试图否定“巴厘路线图”等前面的谈判成果，但又提不出新的思路。法国要征碳关锐，德国却反对。任何文本都无疑会遇到诸多挑战，争议和困难将贯穿整个谈判。

四是对联合国框架下的谈判效率存在质疑。现行框架下气候谈判如果难以取得进展，谈判主渠道作用将会下降。G20 和联合国千年首脑峰会等多边峰会上，气候变化成为日益重要的议题，一些重要的倡议和共识也在此间达成公布，可能为此后的谈判定调。在 G20 多伦多

① Jim Tankersley and Peter Nicholas, For Obama, Too Soon for Another Partisan Battle, *Los Angelos Times*, April 04, 2010. *http: //articles. latimes. com/2010/apr/04/nation/la-na-obama-what-now4－2010apr04.*

峰会上，与会国家领导人把经济的绿色复苏和气候变化问题作为重要议题，并在联合声明中写入奥巴马在上次峰会上提出的取消化石燃料补贴计划。美国官员对此非常积极，在今后的G20峰会上还会继续推动各国取消化石燃料补贴。[①] 化石燃料补贴问题也将成为墨西哥大会的主要议题。

三、主要国家的谈判目标与选择

在今后的气候谈判中，“主要国家”与非主要国家之分可能会成为通用提法，取代发达国家与发展中国家之分。主要国家包括分属于发达国家和发展中国家中的主要排放和减排责任国家，他们的政策立场对气候谈判结果极为关键。

1. 美、欧、日、澳、俄等主要发达国家仍将保持在气候变化和减排目标上的领先地位。在多伦多G8峰会后发表的《联合声明》中，与会发达国家领导人表示，愿意与所有国家一起实现2050年达到至少减排50%的目标，同时需要一个全面、大胆、公正、有效、有约束力的2012年后的协议，包括各主要经济体减排的具体责任，也增加了提高碳捕获和碳储存能力、增加森林碳汇、保护生物多样性、增强气候恢复力等新内容。这些发达国家擅长于中长期减排目标的政治性宣示，而对法律约束力的国际协议望而却步。

美国不会接受强制性的国际减排协议。奥巴马政府的施政重心更多地放在经济复苏上，对气候谈判的热情和投入已有所减弱。国会不接受《京都议定书》减排模式、不承认发展中国家有区别的责任、不受国际条约约束的基本底线不会改变。中期选举后，一旦民主党控制参众两院的局面被打破，美国对签约履约的动力更会减少。美国国会

---

① James Murray, “Leaked G20 Text Reveals Prominent Role for Climate Change”, *Business-Green*, 24 Jun 2010.

议员还在不断提出新的气候变化法案，但很难超出2020年前美国温室气体排放量比2005年减少17%的既定目标，美国气候谈判代表更关注2050年以后的减排目标，回避中短期减排义务的用意明显。美国的态度直接影响在减排目标上与美国看齐的加拿大。

美国虽在理论上不属于《京都议定书》特设工作组，但实际上对两个工作组的谈判进程都起关键作用。在最近的波恩气候会议上，美国代表团指出，新文本针对发展中国家温室气体减排的“三可”（可测量、可报告、可核实，MRV）问题描述太少，需大量补充后才能成为墨西哥大会谈判文本。美国对减排目标“三可”之所以非常感兴趣，是因为这主要是针对发展中国家的，一旦实施，美国就可以获得除核核查以外的另一个可核查项目。据此，美国有可能提出新的“气候干涉主义”，其理论逻辑是，一国大规模危害性排放和破坏环境的行为将对全球气候和地球生态造成影响，进而威胁其他国家的安全，对此美国或任何一个国家都不能独善其身，有权采取单独或联合行动予以制止。对此，发展中国家已有所警觉，普遍愿意力所能及但不受约束地承担减排责任，但反对采取“核核查”模式。

欧盟承诺将把《哥本哈根协议》的政治性原则纳入气候变化谈判的讨论文本中，作为最终达成法律协议的基础。欧盟委员会报告称，可以将20%的中期减排目标提高到30%，2050年减排至少75%以上。从技术上看，欧盟可以轻易实现第二承诺期目标，但前提是要看美国和中国做出“可比性”的承诺。一些研究报告建议，欧盟在联合国气候谈判进程中选择“小步子”方针，发展双边气候外交，把成员国多种行动捆绑在一起，争取更有利的谈判地位。波罗的海三国及其他“向市场经济过渡的国家”的政策立场基本与欧盟政策主张一致。

面对经济金融危机不断发酵，欧盟国家普遍进一步压缩财政支出，并敦促新兴经济体尽快退出刺激政策，这在客观上有利于节能减排。希腊、丹麦等纷纷通过或推出财政紧缩计划。法国提出财政赤字压到3%、英国宣布包括1000亿英镑的紧急财政紧缩措施，就连财政赤字并不严重的德国政府也准备从2011年到2014年削减财政开支816亿欧元。但如果欧洲就业形势不能好转，可能会在2012年后不得不加大财政投入，吸引外国投资，增加新开工项目，相应地也会增加排放量，这与新兴经济体可能在2020年后排放量呈下降趋势形成鲜明对比。

日本政局仍将处于频繁变动时期，但预计不管谁上台，仍会把环保和应对气候变化作为优先目标。日本新任首相菅直人在施政方针演说中强调，要为构建所有主要国家参加的公平有效的国际框架组织，为第16届气候变化框架缔约国会议做准备，与美国、欧盟和联合国等合作，“主导”国际气候谈判。这表明日本在气候谈判方面可能会有更积极的表现。在国内，他要求整顿财政，讨论提高消费税率，在2020年前使GDP平均每年成长2%。日本紧缩财政开支、开发新能源技术和进一步增加碳汇的政策，有利于减排目标的实现。其国内排放量较低，但转移排放量很大，应该在这方面采取切实有效措施。另外，日本捕鲸行动引起绿色和平组织等非政府组织的强烈抗议，但日本仍有志于在保护生物多样性上起带头作用，拟在2011年10月《生物多样性公约》第十次缔约方大会在名古屋召开之前新设一个基金，对发展中国家的生物保护给予资金支持。

澳大利亚是国内政治受气候变化和减排问题困扰最大的发达国家之一，发展经济的需求和动力强劲，反对减排和碳交易计划的势力很大。继逼迫陆克文下台后，澳矿业团体呼吁新总理废除矿业税。吉拉德不得不就开征超额利润税问题与矿产界加强协商，但工党内部则期望尽可能不做太大调整。吉拉德任副总理时也认为矿企的实际税赋偏低，支持提高矿税，即使她任内继续开征矿税，由于固有资源的优势，对澳的国际矿业投资也不会大规模减少。陆克文之后，澳在应对气候变化和减排上难有更大的举措，2020年在2005年基础上减排5—25%的目标也很难实现。

俄罗斯在气候变化领域是一个比较特殊的国家。俄号称是各大国中唯一一个完成了《京都议定书》2012年减排义务的国家，承诺到2020年温室气体排放量将在1990年的基础上减少20%—25%，到2050年减排50%。俄既坚持集体行动，又自许提前行动，不完全站在发达国家一边，也不会完全站在发展中国家一边。俄森林覆盖率高达45.2%，能吸收大约10%的温室气体，加上俄经济增速超过排放增速，俄实际能达到40%的减排目标，自信完全有实力成为国际减排的领先国家。俄总统梅德韦杰夫呼吁，世界经济大国，即温室气体排放大国（美、中、印、俄、巴西等国）应立即担负起必要的责任义务并予以严格遵守。这对包括中国在内的其他发展中国家形成巨大的压力。俄还握有向欧盟国家供应天然气的阀门，俄欧“斗气”也在客观上限制了欧洲的天然气消耗。

欧、美、加、日、俄等在应对气候变化上大多摆出积极高调的姿态。长期以来节能减排和环保已在欧美国家深入人心，大规模刺激经济和增排项目会引起绿党和环保组织的抗议。尽管美欧在“退出”政策上有分歧，但绿色增长的观念日益成为主流。加上这些国家森林植被覆盖率普遍较高，碳的清除方面优势明显，减排目标更易实现。

2. 发展中国家在今后的气候谈判中立场可能分化，主张更加多样化。“77国集团”和中国、印度、巴西、南非组成的“基础四国”仍将在气候变化问题上协调立场，维护发展中国家的利益，比如强调，未来气候变化谈判必须围绕《公约》这个中心和目标进行，坚持“共同但有区别的责任”原则。但发展中国家各国国情和观念各不相同，有的经济发展落后但比较重视原生态，有的受西方影响环保理念超前。许多发展中国家并不以为在气候谈判进程中尽可能敦促发达国家多减排、发展中国家少减排，就是谈判成功。

气候变化问题是印度国内舆论关注的热点，普通印度人对全球变暖问题非常担心，印度精英阶层在环保和应对气候变化等方面的观念较为超前，一些机构提出到2030年可能实现二氧化碳排放量在2005年基础上减少37%，甚至提出2050年80%的减排目标。印度还逐步取消了汽油价格补贴。但在国际气候谈判中，印度国内有较强的民族主义情绪，具体的减排目标会引起媒体和党派攻击，所以印度政府在减排和谈判中顾虑很多。

拉美国家在气候变化问题上分歧比较严重。巴西比较注意与发展中大国和新兴经济体协调立场，委内瑞拉等国要求彻底改变现行气候秩序，而即将成为坎昆大会东道主的墨西哥总统卡尔德龙承诺2020年将减排30%，对发达国家与发展中国家的分歧和对立表示遗憾，希望共同努力达成协议。

发展中国家由于历史和现实利益的关系，与各大国的关系不同，立场认同和倾向性亦有不同。一些亚洲和非洲国家希望以有约束力的协议获得发达国家的资金援助。欧、美、日等国利用气候问题加紧向非洲扩展势力影响。日本对非援助高举环保大旗，同联合国共同举办非洲发展会议，并在G8、G20峰会等各种场合上利用非洲气候问题做文章，加大对非洲气候援助。非洲国家也从中得到不少实惠，支持日本气候政策立场。太平洋、印度洋一些岛国对气候变暖和海平面上升非常关切，希望气候谈判早日出结果，也要求发达国家和发展中大国采取切实措施节能减排，控制全球气温升高。

3. 中国将继续在气候谈判中发挥建设性作用。哥本哈根大会上，中国成为全球气候变化的焦点国家，被视为第二大或即将超过美国的第一大温室气体排放国，越来越多地被视为掌握未来气候变化谈判成功与否的钥匙。为此，在气候谈判中，我既要维护现行《公约》和《议定书》的有效性和原则性，也要体现作为一个主要大国应对气候变化的政治意愿。

第一，坚持《京都议定书》2012年以后仍然有效，发达国家后续承诺应参照有关条款的修改程序执行。强调承担发展中国家应承担的自主减排义务，制订自主减排目标。虽然欧美拒绝为中国提供减排补贴，但可根据《哥本哈根协议》为其他发展中国家争取发达国家的减排补贴。进一步加强国际气候和节能减排双、多边合作。

第二，在落实碳强度减排的同时，提出中期和长期自主减排控制目标，如2020年减排20%，2050年减排50%。气候变化谈判是一种易获得广泛认同和国际支持的谈判进程，也是一个艰难漫长的过程。在目前无法制订核查验证机制的情况下，减排目标无论多高，都只是参考值，并无实质性约束力。但是往往减排目标提得越高的国家，造成的印象就越显积极，而减排目标低或不愿提出明确减排目标的国家，往往被视为逃避责任、消极。

第三，在责任的划分认定上求同存异。欧美专家学者希望发展中国家不要“纠缠”历史责任。美国著名评论家托马斯·弗里德曼声称，那种认为西方排放污染150年，发展中国家也可以排放污染，这种想法是有害的。[①]但“共同但有区别的责任”原则仍是具有较广泛共识的原则，在这个问题上如何弥合东西方分歧，形成发达国家与发展中国家的共识，中国可发挥建设性作用，如坚定不移地实现自己既定的自主减排目标，以推动这一共识的落实。

第四，加大应对气候变化的宣传力度，使民众更多地了解气候谈判进程以及我发挥的建设性作用，形成应对气候变化的更广泛的民意基础。正确引导民众了解气候谈判的重要性，支持并理解代表团的工作，引导企业正确认识节能减排对可持续性发展的重要性。

第五，更加重视森林碳汇对减排的缓解作用。根据《全国林地保护利用规划纲要（2010—2020年）》，到2020年我国森林覆盖率达到23%以上，可见我国已把提高森林覆盖率作为应对气候变化的重要措施。鉴于刺激经济措施对我国及全球经济复苏仍很重要，汽车业等增加排放的行业不断发展，增加森林碳汇和碳吸收清除等方面的努力更显得极为紧迫。促进可持续的森林经营、增加森林碳汇，应成为今后应对气候变化的重要途径，也应成为今后谈判的重点。

---

① Thomas L. Friedman, *Hot, Flat, Crowded, Why The World Needs a Green Revolution and How We can Renew our Global Future*, London: Penguin Books, 2008. p. 31.

第十九章 国际新能源发展态势*

在能源价格攀高、全球气候变暖等诸多因素的推动下，近年来风能、太阳能、生物质能等新能源的开发与利用引起国际社会高度重视，发展速度明显加快，市场规模迅速扩大。在新能源的开发利用中，发达国家依然处于主导地位，但发展中国家，特别是新兴大国的发展势头强劲，潜力巨大。长远看，国际能源结构由化石能源主导转向新能源主导、由高碳走向低碳是大势所趋。但近中期内，新能源面临市场竞争力较弱等问题与挑战，仍将受到各国能源和环境政策、油气价格走势、技术进步幅度等诸多不确定因素的制约。

---

* 赵宏图，中国现代国际关系研究院世界经济研究所副所长，研究员。

一、当前发展态势

新能源是一个广义概念，主要是相对于传统的化石能源而言，不仅仅局限于风能、太阳能、地热能和生物质能等新型可再生能源。大型水电已有较长的运用实践，并非新技术，但因其属于清洁的可再生能源，也被部分国家纳入新能源范畴。核能因使用铀资源而不属可再生能源，但属于清洁能源，一般被纳入新能源范畴。新能源还包括许多通过新技术和新材料的开发对传统能源的再利用，如从化石能源中提取氢、二甲醚（DME）、甲醇等。此外，能源的高效、综合利用以及节能等（如分布式能源、智能电网等）也被视为新能源体系的一个组成部分。综合来看，新能源又被统称为替代能源、清洁能源或绿色能源。

从世界能源发展史看，一种能源的开发、运用到成为主导能源，无不经历并维持较长时期。以柴薪为主，辅以畜力、水力和风力等的能源格局持续了数千年之久，直到最近一个多世纪才进入化石能源时代。以石油、煤炭和天然气等化石能源主导的能源体系极大地推动了人类社会的发展，使人类从农业文明过渡到工业文明并不断进步。可以预料，化石能源的主导地位仍将维持相当一段时间。但随着时间的推移和能源消费量的大幅度增加，化石能源的不可再生性和地域分布不均带来的能源安全问题，及其利用带来的环境污染等难题也日益突出。

在寻求新能源的努力过程中，半个多世纪前即已获得重大突破，前苏联和美国分别于 1954 年和 1956 年建成核电站，核能在前苏联和美欧等西方国家得到较快的发展。20 世纪 70 年代两次石油危机后，为降低对石油的依赖，西方国家开始大力开发风能、太阳能等清洁能源。进入 21 世纪后，能源价格居高不下，气候变暖、环境污染等全球性问题日益突出，新能源再次引起世界各国的重视，掀起了新一轮发展高潮。

2008 年全球风电装机容量

总装机容量前十位国家			新增装机容量前十位国家		
国别	装机容量（MW）	百分比%	国别	装机容量（MW）	百分比%
美国	25170	20.8	美国	8358	31
德国	23903	19.8	中国	6300	23
西班牙	16754	13.9	印度	1800	7
中国	12210	10.1	德国	1665	6
印度	9645	8	西班牙	1609	6
意大利	3736	3.1	意大利	1010	4
法国	3404	2.8	法国	950	4
英国	3241	2.7	英国	836	3
丹麦	3180	2.6	葡萄牙	712	3
葡萄牙	2862	2.4	加拿大	523	2
其他	16686	13.8	其他	3293	12

资料来源：Global Wind Energy Council：Global Wind Energy Outlook 2008.

2002—2006 年，全球可再生能源年增长率在 15%—30%之间，其中太阳能光伏发电年均增长高达 60%，风能增长 25%。据联合国环境规划署 2009 年 6 月《全球可持续能源投资趋势报告》统计，2008 年全球清洁能源（不包括大型水力发电）投资（总额为 1550 亿美元，约有 1170 亿美元用于地热、风能、太阳能和生物能的开发）首次超过各种非清洁能源（1110 亿美元），成为全球能源投资主体。其中风能吸引了大部分的新投资，达 518 亿美元，同比增长 7%。太阳能继续成为投资增长最快部门，投资额达 335 亿美元，比 2006 年和 2007 年分别增长了 49%和 70%。地热总装机容量同比增加 149%，达 130 万千瓦。生物燃料投资有所回落，同比下降 9%至 169 亿美元，但第二代生物燃料投资上升趋势明显，节能投资显著增长。[1]

总体看，开发利用新能源已成为大多数国家的战略选择，全球新能源产业规模不断扩大，私营部门和风险投资显著增加。与过去相比，风能、太阳能和生物质能等新能源技术水平显著提高，成本大幅下降。就国别而言，欧美等西方发达国家在世界新能源的开发利用中依然处于领先地位，但中国、印度、巴西等发展中大国的发展速度明显加快，势头强劲。

首先，投资主体呈日益多元化趋势。传统上，政府和公共机构投资在世界新能源开发，特别是发展中国家的新能源开发过程中发挥着非常重要的作用，政府在投资政策上的优惠和倾斜成为新能源产业迅速发展的主要动因。近年来，随着市场环境改善以及技术标准化，私营部门越来越看好新能源发展前景，开始实质性介入新能源产业。美国通用电气公司、西门子、阿尔斯通、壳牌、BP 等世界知名品牌纷纷通过并购等手段进入新能源领域。

与此同时，全球新能源领域的风险投资大幅增加，花旗银行、摩根士丹利公司、高盛银行、加拿大皇家银行等在新能源领域投资日趋活跃。2008 年全世界用于替代能源的风险投资为 70—90 亿美元。[2]据路透社 2009 年 12 月 30 日报道，行业组织“绿色科技传媒”的年终报告显示，2009 年全球清洁技术领域的风险投资交易数量为 356 宗，略高于 2008 年的 350 宗，投资规模虽较上年有所下降，但仍达到 50 亿美元，其中，太阳能和生物燃料公司所获风险投资金额分别为 14 亿和 9.76 亿美元。

其次，新能源技术水平显著提高，成本大幅下降。新能源技术研发和装备制造水平取得长足进步，特别是风力发电最为成熟，正朝着大型化、规模化方向发展。国际市场主流风电机组已由 1985 年 50 千

---

① Global Trends in Sustainable Energy Investment 2009.

② 余婉凤、陈乐怡：“金融危机并未改变世界主要石化及化工公司能源战略”，《中外能源》，2009 年第 7 期，第 12 页

瓦左右发展为兆瓦（MW）级，2—3 兆瓦风电机组已投入商业化运行，制造商正着手开发 10 兆瓦及以上新型发电机组。[①] 在太阳能方面，第一代晶体硅电池已实现规模化生产，第二代薄膜电池已经实现产业化生产，有关国家正在加紧研发有机电池等第三代太阳能电池。太阳能光伏发电开始从边远地区走向城市，由非并网向并网方向发展。在生物能领域，美欧已着手研发以纤维素和木质素等非粮作物为原料生产生物燃料，预计在未来 6—10 年有望取得重大突破。

随着技术突破和产业规模的扩大，新能源生产成本出现显著下降。2007 年世界风机平均单机容量已达 1492 千瓦，风电成本从 20 世纪 80 年代初的 20 美分/千瓦时，下降到 4—6 美分/千瓦时左右，自 90 年代以来，成本下降了 50%。[②] 据国际能源机构（IEA）预测，到 2020 年，世界风电成本将在目前水平上再下降 20%以上。太阳能薄膜电池的商业化利用，有望使光伏发电成本到 2030 年降到 8—10 美分/kWH（千瓦小时），太阳能热发电成本也有望在 2030 年下降到 10 美分/kWH 以下。[③] 美国在 1962 年就已经实现核电成本低于煤电，法国核电成本已经降至煤电成本的 57%，日本也降至煤电成本的 66%。

第三，在当前新能源开发利用过程中，发达国家居主导地位。西方发达国家新能源开发起步早，资本、技术、市场等方面处于领先地位。据 IEA 统计，2005 年经合组织（OECD）国家新型可再生能源占全球的 67.9%，比 1973 年上升了 6.5 个百分点。《2008 年全球可持续能源投资趋势》报告指出，2007 年清洁能源领域的大部分投资仍然集中在欧美。2006 年全球清洁能源领域的风险投资有 60%来自美国，仅生物质柴油领域的风险投资就达 8 亿美元。

---

① 中国可再生能源发展战略研究项目组：《中国可再生能源发展战略研究丛书（综合卷）》，中国电力出版社 2008 年 11 月版，第 12 页。

② Global Wind Energy Council：Global Wind Energy Outlook 2008.

③ 中国可再生能源发展战略研究项目组：《中国可再生能源发展战略研究丛书（综合卷）》，中国电力出版社 2008 年 11 月版，第 17—18 页。

在太阳能光伏发电领域，OECD（经济合作组织）国家居世界前列，装机主要集中于德国、日本、美国，西班牙的光伏产业增长迅速，2007年其增速跃居全球首位；在风电方面，美国、德国和西班牙装机容量居世界前三。2007年，美国新装机发电总量的35%来自风能。2008年，美国新增装机容量8358MW，约占全球的33%；在核电方面，2006年全球核电装机容量排在前五名的依次是美国、法国、日本、德国和俄罗斯。

第四，发展中国家新能源发展加速。发展中国家特别是中国、印度和巴西等新兴大国的新能源发展势头强劲。2008年，发展中国家的投资增长27%，总额达到366亿美元，占全球投资总额的1/3。[①] 中国、印度和巴西等三国清洁能源投资额占全球总投资额的比例，从2004年的12%增至2007年的22%。

中国2008年可再生能源投资额较上年增长18%，达156亿美元。2008年底，太阳能光伏电池产量由2000年的不到10兆瓦发展到了2500多兆瓦，跃居世界第一。预计2012年行业规模将达到2GW（十亿瓦），2020年前则有望达到20GW。太阳能热水器年生产能力超过2500万平方米，使用量和年产量均占世界一半以上。2009年中国风电新增装机1300万千瓦，增幅居世界第一。累计装机容量由2005年的50万千瓦发展到2009年的2627.626万千瓦，有望在2010年突破3000万千瓦（30 GW），[②] 预计2020年接近1.5亿千瓦（150GW）。

印度2008年新能源投资增长12%，达到41亿美元。风电新增投资4亿美元，同比增长17%，小水电发展比上年翻4番，达5.43亿美元，太阳能投资由2007年的0.18亿美元增到2008年的3.47亿美元。巴西85%电力来自水电和生物能源，近90%新汽车使用乙醇汽油，2008年巴西开发银行（BNDES）是全球可持续能源计划项目最

① Global Trends in Sustainable Energy Investment 2009.

② "去年中国风电新增1300万千瓦"，《中国能源报》，2010年3月1日，第3版。

大资金提供者。墨西哥新颁布的能源计划中，也明确提出2012年可持续能源占其能源年消耗8%的目标。阿根廷提出了到2016年可再生能源占能源需求总量8%的目标。

二、问题及挑战

新能源具有温室气体排放少、资源丰富等优势，但与传统化石能源相比，目前开发成本过高，综合市场竞争力较弱。新型可再生能源技术突破难度大，研发投入多，且多处于行业周期的成长期，规模有限，利用成本较高。太阳能和风能的成本要比化石能源和核能约贵4—10倍。作为二次能源的氢能，目前离商业化目标还很远，技术还很不成熟。

在功效上，多数清洁能源“能量密度”低，占用土地面积大，需要的辅助设备多，利用的有效性和效率较差。目前，大型风力涡轮机的额定生产率是2兆瓦，而典型的核电站是1000兆瓦，正常情况下核电90%以上时间可以发电，而风电有效时间只有30%，也就是说需要1500座风力涡轮机才能生产一座核电站所发出的电。[①]

新能源的稳定性和连续性普遍较差。风电和太阳能发电具有间歇性、随机性等弱点，可调度性低，只有在风向、风力合适或者阳光充足的情况下才能发电，在风速降低、消失或阳光减弱的情况下，需要动用电力储备或由其他能源来补充、替代。多数可再生能源生产受地域限制较多，储存难度大，运输成本高。

在环境影响方面，新能源虽比化石能源更清洁，但并未完全解决环境污染问题，且有可能产生新的生态破坏。比如，大规模占用土地问题。修建大型水电需要排干河水并淹没大片田地，开发风能、太阳

① ［加］彼得·特扎基安（Peter Terzakian）著，李芳龄译：《每秒千桶——即将到来的能源转折点：挑战与对策》，中国财政经济出版社2009年1月版，第198页．

能和生物燃料都需要占用大片土地。在目前技术条件下，完全转向“可再生能源”将需要把数以亿计的森林和荒地改为风车场、光伏电站及生物燃料用地。

多数新能源在使用过程中不排或很少排放温室气体，但其在生产过程中仍有排放，且会产生一定的有害物质。太阳能光伏发电无污染，但生产光伏电池不仅耗能高，而且通常要使用镉、砷等有毒材料，造成对水体等的化学污染。目前氢主要从化石能源中提取，“每产生一单位的热量，从化石燃料提取氢产生的二氧化碳比直接燃烧化石燃料释放的二氧化碳还要多。”① 地热能利用也会产生固体废物，并会排出有毒气体。风力发电设备的制造、维护过程中不可避免要排放二氧化碳，而且还会带来噪声污染和景观破坏。水电开发依然要付出重大的环境与社会代价。一些生物燃料比石油（汽油）或者柴油排放的温室气体更多，如氮肥的使用造成氧化亚氮（一种威力强大的温室气体）的排放，而生物燃料的无序发展不仅会加剧粮食危机，而且可能毁坏良田、草场、湿地和森林等，危及生物多样性。

20 世纪 70 年代的化石能源价格大幅攀升，使各国对新能源兴趣大增，带动了新能源发展高潮。但 20 世纪 80 年代中期以后，长达 10 之久的国际油价低迷使替代能源发展速度一度放缓。美国国会取消了对太阳能等的退税，乙醇无法和廉价的汽油竞争，许多风电等新能源企业都因政府撤销原有的支持而倒闭。据国际能源机构（IEA）统计，1990—2001 年间 IEA 成员国可再生能源供应量年均增长仅为 1.2%，明显低于 1970—2001 年的平均水平。2008 年下半年以来，油价下跌也使资本密集度高的新能源和可再生能源技术及项目的市场风险增加、经济性下降。2008 年第三季度，全球清洁能源项目融资下跌 25%。2009 年初，壳牌公司宣布在风能、太阳能等耗资巨大的可再生

① ［美］S·费雷德·辛格、丹尼斯·T·艾沃利著，林文鹏、王臣立译：《全球变暖——毫无由来的恐慌》，上海科学技术出版社 2008 年 4 月版，第 247 页。

能源技术上不再化费太多的新投资，转向投资生物燃料。中国太阳能光伏电池出口市场明显萎缩，许多太阳能光伏电池生产企业歇业。

此外，目前世界各国的新能源发展在很大程度上依赖于政府的政策扶持和大量的财政补贴。虽然在新能源发展的起步阶段，政府的政策扶持和补贴是必不可少的，但从长远看，新能源革命是一项长期和艰巨的任务，仅仅依靠政府推动，难以使新能源获得与传统能源相当甚至更高的市场生存和竞争能力。

三、前景展望

目前风能等部分新能源已逐步由补充能源向替代能源过渡，在世界能源消费中的地位将大幅度提高。据美国能源信息署（EIA）2009年《国际能源展望》预测，2006—2030年，可再生能源发电将以年均2.9%的速度增长，其占全球发电量比例将上升到21%。壳牌公司预测，在2040年以后，生物质转化为液体燃料的技术成熟，生物质利用将由发电为主转化为生产交通用的液体燃料为主。预计到2050年，可再生能源将占世界一次能源的1/3，并能满足能源增长的大部分需求①。欧洲可再生能源委员会甚至大胆预测，到2050年可再生能源将满足全球50%的一次能源需求。

与此同时，新能源产业规模也将大幅度提高。尼古拉斯·斯特恩在《打造一个更安全的地球》一书中指出，2007年全球清洁能源投资同比增长41%，约为1170亿美元。《2008年全球可持续能源投资趋势》报告预计，2020年全球清洁能源投资总额将超过6000亿美元。据世界自然基金会统计，风能设施、绝缘材料、太阳能电池板以及生物乙醇等相关产业，在2007年创造了6300亿欧元的收入，已超过全

① 中国可再生能源发展战略研究项目组：《中国可再生能源发展战略研究丛书（综合卷）》，中国电力出版社2008年11月版，第18页。

球制药业收益。预计 2020 年清洁能源技术的产业规模将增至 1.6 万亿欧元，将成为继汽车和电子部门之后的第三大产业部门。

全球气候变化问题引起国际社会高度重视，将为未来新能源的发展提供重要推动力。《京都议定书》以来，国际气候变化谈判进展并不顺利，但仍取得了诸多积极成果。在 2009 年哥本哈根气候变化大会前，有关大国纷纷提出新的减排承诺。美国承诺 2020 年温室气体排放量在 2005 年的基础上减少 17%；中国计划在 2020 年将单位 GDP 二氧化碳排放量在 2005 年基础上减少 40—45%；巴西宣布将温室气体从预计水平削减 36%；印度表示将实现在 2005 年基础上减排 20—25%。全球气候变化谈判涉及的中期减排目标、对发展中国家资金和技术的支持、碳税和碳交易及各国温室气体减排相关政策法规的出台等，都将对占全球温室气体排放量约 2/3 的能源行业产生显著影响，煤炭等传统化石能源的消费将受到明显的抑制，新能源相关产业及技术将得到各国政府更大程度的重视和大量投资者的青睐。

据 IEA《世界能源展望 2008》分析，如果要实现将全球温室气体浓度稳定在 550ppm 二氧化碳当量的目标，2030 年全球总的能源需求将比参考情景低 9%，煤炭、石油和天然气需求将分别比参考情景下降 27%、8%和 8%，核电、水电、生物质能和其他可再生能源将分别比参考情景增长 20%、11%、10%和 34%。如果要进一步实现将全球温室气体浓度稳定在 450ppm 二氧化碳当量的目标，到 2030 年，与参考情景相比，全球能源需求降低 16%，煤炭、石油和天然气的需求将下降 51%、16% 和 20%，而核电、水电、生物质能和其他可再生能源需求将分别上升 51%、34%、28%和 95%。①

目前，欧洲、美国和日本等许多国家都高度重视新能源产业，纷纷推出新的发展战略和目标。欧盟提出，到 2020 年可再生能源在欧盟终端能源消费中比例增加到 20%，在燃料消费中生物燃料至少占

① IEA：World Energy Outlook 2008.

10%，并且在2020年前将能效提高20%。美国奥巴马政府上台后，提出在3年内将太阳能、风能和地热能等可再生能源产量增加一倍，使其占美国电力比例由目前的8%提高到2012年的10%，到2025年进一步提高到25%。日本自民党政府提出，从2006年到2030年，能源效率提高30%，可再生能源比例从2%提高到11.1%。

中国、巴西和印度等发展中大国也分别提出了各自宏伟的可再生能源发展目标。中国计划在2030年前后使包括水能在内的可再生能源占全国能源需求的20—30%。[①] 印度政府在国家“十一五规划”(2007—2012) 中提出，到2016—2017年度全国能效提高20%，单位能源使用的温室气体排放下降20%，到2032年商业能源消费中非大水电的比例达到5—6%。南非的《能效战略》(2005) 等战略规划提出，2012年比2002年新增包括生物质能、太阳能、风能和小水电在内的可再生能源10000GWh（百万千瓦小时），可再生能源消费量达到9%，2015年比2000年能效提高12%。[②]

国际社会在新能源领域的竞争与合作将进一步推动新能源的发展。对于一些国家而言，新能源的开发利用不仅关系到能源及环境安全，还直接影响到各自在未来产业和技术革命中的地位。自2008年下半年以来，许多国家在实施绿色新政，积极投资新能源以增加就业、刺激经济复苏的同时，也着眼于增强未来在低碳经济方面的长远竞争力。欧盟等能源环境技术领先的发达国家，试图成为低碳技术市场和后石油经济的领导者，继续保持在相关领域的优势。而一些新兴发展中国家则希望利用新的能源和产业革命，缩小与发达国家之间的差距。相对于石油而言，新能源地域分布广，地缘政治性较弱，相关竞争更多体现为政策、技术、市场等方面的竞争，尽管在这种竞争中各方所得不同，但总体将促进相关技术的进步，推动新能源产业的发

---

① 中国可再生能源发展战略研究项目组：《中国可再生能源发展战略研究丛书（综合卷）》，中国电力出版社2008年11月版，第25页。

② 杨洁勉 主编：《世界气候外交和中国的应对》，时事出版社2009年5月版，第139页。

展和国际能源转型。

尽管存在诸多有利条件，但在市场经济条件下，新能源转型的前景，在很大程度上取决于能否及何时出现一种或几种在效能、价格、环保、资源、产量、方便性等综合方面明显超过石油的能源。目前的替代能源虽在资源和环保等方面有较大优势，但多处于研发阶段，在效率和经济性等方面都不同程度存在缺陷和不足，需要在技术等层面出现革命性的变革和突破。在现有替代能源中，生物质能、风能、地热能等在资源和规模上受到较大限制，二甲醚、乙醇、煤炼油等未摆脱化石能源，均难以在未来成为主导能源。

相对而言，太阳能、氢能、核聚变等具有最终替代化石能源成为未来主导能源的较大潜力。不过，它们在实现技术和产业突破或革命性变革之前，将更多地起到局部和有限的替代作用。现有的核聚变还要攻克很多技术难关，商业应用至少还要等上数十年。目前氢燃料的获得主要来自化石能源，电解水虽可获得充足的氢，但需要大量的电力，仅让美国超过 2.3 亿辆汽车从使用石油改为使用氢，就将需要兴建 350 座核电站或修建 1000 多座火力发电厂。① 太阳能光伏发电发展迅速，被寄予厚望，但仍有很多技术难题需要突破。

新能源的发展前景不仅取决于供应面，即具有潜力的新能源自身能否及何时出现革命性变革、能否形成较大的对现有主导能源的综合竞争优势，而且还取决于需求层面（主要是能源利用设备）的突破。历史上，供应端的变革——纽科门的机械装置和螺旋式钻头的发明——相继使煤炭和石油变得廉价和丰富起来，但最终带动需求、使得煤炭和石油成为国际能源主宰的却分别是蒸汽机和内燃机。在某种程度上可以说，能源利用设备的变革最终决定着新能源格局的走向。

就目前形势而言，何时能找到有效替代内燃机的设备，决定着人

① ［加］彼得·特扎基安（Peter Terzakian）著，李芳龄译：《每秒千桶——即将到来的能源转折点：挑战与对策》，中国财政经济出版社 2009 年 1 月版，第 167 页。

类何时摆脱对石油的依赖。现有较具发展潜力的新能源利用和转换设备，无论是电动汽车还是氢燃料电池，在功用与经济性等方面远未达到大大超过当前主导能源设备的程度，特别是在储能方面急需革命性的突破。氢燃料电池车要在整体性能上全面超过活塞引擎汽车，还需要相当一段时间，电动汽车需要解决效能、持续时间、灵活性和成本等方面的难题。如果说过去能源转型的关键在于利用效率提高的话，未来能源革命则在很大程度上取决于储能设备方面的突破与变革。

此外，新能源设备对旧能源设备的最终替代，不仅需要产业等层面需求的带动（如交通运输、电力或其他工业动力技术革命），还涉及较为复杂的相关基础设施及配套体系的转换，是一项复杂、耗时费力的系统工程。例如，燃料电池技术的推广离不开氢的储存、运输和加注等环节在内的基础设施。如何解决氢的独特物理性能给氢基础设施建设带来的一系列技术问题，如何根据燃料电池技术的发展阶段来确定适当的氢基础设施规模，以及最终以氢基础设施代替现有的整个能源运输系统而实现氢能经济，这些都需要资金和人力的巨大投入。[①]

① （俄）Tatiana Polyakova，韩立华：“氢能商业应用的关键问题研究”，《能源评论》，2010 年第 1 期，第 96 页。

第二十章 全球水资源危机及应对*

全球人口增长和经济发展使世界各地水资源形势日趋紧张。而随着气候变暖，世界上的干旱地区将变得更加缺水，洪涝地区则出现更多水患，水资源的安全与可持续发展已成为各界关注焦点，各国对水资源的危机管理已变得越来越重要。

一、对全球水资源状况的再认识

1. 全球水资源形势严峻。“执行《联合国千年宣言》的行进图报告”显示：上世纪，用水增长率是人口增长率的两倍多。进入新世纪

* 梁建武，中国现代国际关系研究院世界经济研究所副研究员；魏亮，中国现代国际关系研究院世界经济研究所助理研究员。

以来，至少有11亿人（即世界人口的18%）饮水安全得不到保障。[①]如果目前的水消费趋势继续下去，2050年将有近25亿人面临缺水问题。

首先，水资源在全球分布极不均匀，方便取用的淡水资源仅占水资源总量的0.25%。联合国教科文组织2009年发表的《世界水资源开发报告（第三版）》[②] 指出：人口占全球总人口8.5%的拉美拥有全球淡水资源总量的15%以上，降水量占全球总量的29%，是世界上水资源最丰富的地区之一。因此，该地区水资源不安全的感受并不明显。撒哈拉以南非洲是全球水资源形势最为严峻的地区之一，水尤如氧气，时刻能感受到短缺的“压迫”。亚洲的水资源形势也不容乐观。印度水资源只占全球的4%，却需要养活占全球17%的人口。随着人口激增、经济快速发展，再加上农业区大量用水，印度正面临水供应危机。据估计：到2050年，印度总耗水量将从目前的6340亿立方米猛增到1.18万亿立方米。届时，印度可供应饮用的人均水量将不到本世纪初的一半。在东南亚，泰国水资源管理部门2010年3月21日数据显示：泰国国内大型水库蓄水量只达到水库容量的60%，全国水库用水目前为207.2亿立方米，占水库蓄水量的82%，只剩下18%，如果雨季来临时降雨较少，泰国将出现用水危机。[③]

其次，地球水生态系统危机已现端倪。一方面，地表水枯竭可能是大势所趋。瑞典斯德哥尔摩环境研究所所长约翰·罗克斯特伦与来自环境、地球系统领域的28位国际专家组成研究小组，对9个人类生存至关重要的“地球生命支持系统”进行量化和评估。他们认为：一旦这些系统遭到破坏，人类生存环境将面临不可逆转的重大威胁。

---

① 联合国，http：//daccess-dds-ny. un. org/doc/UNDOC/GEN/N01/526/06/PDF/N0152606. pdf? OpenElement.（2001年9月）

② 联合国教科文组织，http：//www. unesco. org/water/wwap/wwdr/wwdr3/pdf/WWDR3_Water_in_a_Changing_World. pdf.（2009年3月16日）

③ 人民网，《亚非国家积极应对水资源危机》，http：//world. people. com. cn/GB/57507/1119695 6. html.（2010年3月23日）

该小组对淡水资源评估后认为：虽然当前人类年淡水消费量距临界上限的4000km^{3}尚存余量，但全世界近3成河流已成季节性河流。目前，美国西南部主要河流科罗拉多河及我国黄河有成为内陆河的风险。世界其他主要大河也面临部分断流或成为季节性河流的窘境。由于埃及、苏丹等国用水过度，世界第一大河尼罗河入海水量已微乎其微。但尼罗河流域国家需水量在未来较长时间内仍将急剧增加。另一方面，地下水资源岌岌可危。印度水资源状况调查显示：印度机井数已达2100万眼，导致全国地下水位普遍急剧下降。在印度北部古吉拉特邦，地下水位以每年6米速度下降。而南部泰米尔纳德邦的地下水资源面临枯竭。泰米尔纳德农业大学数据显示：在过去不到10年时间里，95％的小农自有机井已无水可采。受地下水位下降影响，目前印度已被迫采用石油钻探技术取水，部分地区机井深度达1000米以上。

2. 世界范围内饮用水安全受严重威胁。一是清洁用水难保障。根据联合国环境规划署的报告：全球有25亿人口无法享有充足的清洁水资源，其中约70％居住在亚洲，而撒哈拉以南的非洲则是全球清洁水资源储量增长最为缓慢的地区，也是全球提供安全、清洁的水源和用水设施任务最艰巨的地区之一。洁净饮用水的缺乏直接加剧了该地区霍乱、疟疾等疾病的传播，该地区的水危机已引起国际社会的广泛关注。

二是污染问题不容乐观。有关数据表明：目前大量未经处理的污水汇入世界各大水体，导致每年全球淡水体系容纳的污水量扩大，并具污染20亿吨水资源能力。全世界约有12亿人没有室内厕所，导致水域重度污染。每年全球死于水污染的人数也多于死于战争等各种暴力冲突的人数总和。

联合国环境规划署指出：只要对25％处理过的废水进行再利用，就能将城市的供水能力提高10倍。将废水中富含的氮、钾、磷提纯，可代替肥料和农药，具有经济和环保双重价值，使世界范围内因水致病的局面得到缓解，并将在减少全球水资源消耗的情况下，为千年发展目标的实现提供可靠保障。

3. 多重因素威胁着水资源可持续开发。一般而言，人类生存发展活动对水资源的压力来自三方面：一是人口因素。世界人口仍在继续增长，人类生存的基本需要对水资源的可持续性构成挑战；同时，随着经济社会发展，人类物欲不断膨胀，更进一步加重水资源供应负担。二是经济因素。全球经济增长正在对水资源及其利用产生深远的影响。任何一种商品中水的作用都不可低估。因此，国际贸易在某种程度上意味着水资源的时空转移。当商品从缺水国家出口时，将造成世界水资源分布更加不平衡。三是社会动因。人类的思考和行为方式也决定着对水资源的认识和态度，转而形成对水资源的压力。生活方式的改变，文化、教育和社会发展程度的共同作用，是影响水资源和环境可持续发展的主要变量。世界粮农组织对发展中国家的研究显示，很多国家水资源消耗速度已经超过水再生速度，导致水资源匮乏。

二、水资源危机的影响

1. 粮食与水资源。首先，粮食生产是耗水大户，水资源状况将直接影响粮食生产和粮食价格。当前，农业用水占水资源消耗量的70—90%，并继续以疯狂速度增长。据联合国教科文组织统计：世界平均生产1吨小麦需水150吨，大米为2659吨，玉米为450吨，大豆为2300吨。综合考量，每吨粮食从生长到“入口”需水1000吨以上。[①] 如果这种“以水换粮”的耕作方式不变，到2050年，全球每年农作物水蒸发的增量将达埃及阿斯旺水坝年引水量的3倍。随着经济

---

① 新华网，《“水荒”将成为全球粮食危机导火索》，http://news.xinhuanet.com/world/2009—05/18/content_11394580.htm.（2009年5月18日）

发展、收入提高，世界肉类需求量 1990 年大约是 1.5 亿吨，目前已经翻倍，增加量几乎都来自新兴国家，仅中国就增加了约 5000 万吨。而肉类生成过程需双重耗水：牲畜自身用水和饲料粮耗水。世界著名粮食问题专家莱斯特·布朗曾预言：人类需求将超过地球本身的承载能力。当前世界农业和用水形势十分严峻，绝大部分粮食增产是依靠灌溉维持的集约化农业，因此缺水可能很快会导致全球粮食产量减少 3.5 亿吨，几乎相当于美国的粮食总产量。而 2010 年国际粮价剧烈波动的主因之一就是主要产粮国大旱。如果水严重短缺，有可能把一些粮食出口国转变为进口大国，这将加剧全球粮食危机。

其次，为保证粮食生产，过度开采地下水，又加剧了水资源危机。灌溉是绝大多数高产农业的必要条件，但是许多农作物灌溉供水的蓄水层抽取速度快于降雨补充的速度。此外，农民开采“化石”蓄水层（储存在不透雨的岩石中的远古水资源）时，实际是在开采不可再生的资源，化石层水源的枯竭就意味着无水可抽。在干旱地区，地下水枯竭也预示农业将完全终结。印度、中国和巴基斯坦三国每年从新打机井中抽取 300 多亿立方米地下水，相当于全球农用地下水总量的一半还多，其中有超过 100 亿到 200 亿立方米的水无法得到补充。过去 10 年，越南、斯里兰卡、印尼、伊朗和孟加拉国机井数倍增长，创纪录的农业增产是以对水资源的破坏为代价的，农业科学家和环境学家将之称作“亚洲粮食泡沫”，将“吸干亚洲大陆的水资源储备”，是注定要破灭的泡沫。

最后，“绿色革命”负面影响严重。国际粮食政策研究所曾将“绿色革命”视为推动世界农业发展的重大贡献之一。但就当前情况看，绿色革命已为人类今后生存发展埋下巨大隐患。绿色革命始于上世纪 60 年代，是全球小麦抗锈运动的扩展。在粮食生产方面，它带动亚洲两季水稻和小麦良种推广。至 90 年代，已使所有主要粮食作物实现耐旱、高产。在投资方面，它带动了农业科技、灌溉体系、交通网络、化肥生产、粮价政策等大发展。1965—1990 年，世界粮食总产和单产翻倍，印度等亚洲国家摆脱饥荒威胁。据统计，其带来的粮食和收入增量使10亿人从中获益。但绿色革命在发展中国家逐渐演变为以大水、大肥、大药为基本特征的粗放型农业发展道路，导致水资源供给不足威胁粮食生产的局面。早年部分因“绿色革命”获益的地区，地下水资源正丧失殆尽，落入靠天吃饭的窠臼。国际水资源管理研究所地下水专家认为：印度地下水超采一旦泡沫破灭，后果不堪设想。

2. 能源与水资源。两种资源彼此约束，得到任何一方都要以另一方的付出为代价，它们又同时濒临枯竭。发电要消耗大量的水，同时人们大量耗电以求获得干净的水。两者之间形成一种紧张关系：水资源短缺限制了更多能源的供应，而能源价格的不断上涨又减少了洁净水的供给，这种矛盾不断加剧。

首先，能源是高耗水产业，水是能源之一已成共识。水电产能已占电力生产的20%以上。发达国家水电潜能的70%已得到开发，发展中国家水电建设也在迅速跟进。2007年，干旱缺水迫使美国田纳西河流域管理局减少了近1/3的水力发电量，损失约3亿美元。核电厂需要大量的水用于反应堆的冷却，缺水可能导致核电站关闭。2007年美国佐治亚州遭受干旱侵袭，该州的核电厂不得不关闭几个星期。

其次，水的生产正日益成为能源密集型产业，水的价格就是能源价格，对水的定价机制可能发生改变。一方面，从深层地下取水和跨区调水耗能巨大。美国用于横跨两座山脉向缺水城市输水的加利福尼亚水道已成加州最大电力消耗部门。另一方面，水处理耗能极高。从清洁供水到生产、生活污水处理，甚至水循环利用，无一环节不需能源。此外，在中东、拉美的智利等干旱缺水地区，海水淡化成为解决缺水的主要措施之一，但海水淡化设施对能源消耗很大，即产出更多水的同时，也消耗了更多短缺的能源，一种能源决定水价的机制悄然出现。

最后，水资源状况将决定能源政策选择。能源生产也愈发依赖水支持。除水力发电外，从石油开采到新能源开发，无一能离开水而运转。许多国家应对气候变暖的措施之一是鼓励发展电动车和生物燃料。然而电动汽车和生物燃料汽车比我们现行的汽油汽车更耗水。美国德克萨斯大学奥斯汀分校的一项研究表明，生物燃料的整个生产周期所耗水量，要比生产让汽车跑同样距离的汽油多20倍以上。[①] 任何将消耗汽油转换为电力和生物燃料的战略决策，都把对石油的依赖转化为对本土水资源的依赖。

3. 工业化、城市化威胁水资源安全。首先，工业化、城市化用水与粮食生产争夺水资源。纵观全球，虽然农业用水占总耗水量的大头，工业与生活用水一般仅占30%左右。但在工业密集地区，尤其是城市，工业与生活用水已占当地总耗水量的90%以上。当前，广大新兴市场和发展中国家正处于工业化、城市化关键时刻。一方面，经济高速发展，以高污染、高耗能、高耗水三高为代表的工业化遍地开花，为工业和城市用水带来了前所未有的压力。目前，主要发达国家单位产出耗水量已相对合理，水资源的循环利用达较高水平，耗水量仅占本区域总取水量10%。但在新兴市场和发展中国家，工业耗水形势不容乐观。由于生产力相对落后，单位产出耗水量比经合组织国家高2—3倍，与粮争水局面业已形成。另一方面，这些国家也正处人口增长和城市化高峰期，是推动世界人口增长和城市化进程的最主要动力。这些趋势也不免为城市地区的水供给与水安全问题构成压力和挑战。在亚洲不少国家，工业化带动城市化发展，城镇人口不断增加，原有农用水利设施被迫改供城市生活。同时，发展中国家对工业和生活废水的回收处理远远落后，长此以往将导致水危机频发。

其次，高污染破坏水生态。与发展中国家“绿色革命”相似，世界工业的发展轨迹沿高耗水和水污染一路走来。新兴工业的发展严重

---

① “无法抉择的恐慌：要水，还是要能源”《地球3.0》，环球科学杂志社《环球科学》增刊2010年1月，第47页。

破坏了河流、湖泊和地下水水质。19世纪后期，工业革命使英国泰晤士河污染得面目全非，类似案例至今仍在全世界不断重现，工业水污染问题依然未能得到很好解决。即使是在发达国家，由于彻底清除所有污染物成本高昂，所以美、英等富国也存在严重的工业水污染问题。其中英国威尔士金属矿区，锌、铜、镉、铅污染水体情况严重，其下游数十公里的河流、湖泊、河口以及分洪河道都受害严重。联合国环境计划署数据显示，当地生态系统已遭破坏。

三、全球水资源争夺新态势

科学家们警告，昨天的战争是为了争夺土地，今日的焦点则是石油，而未来的冲突——一个由气候变化导致的世界很多地区更加炎热和干旱的未来——很有可能是为了争夺水。

1. 国家间水资源争夺加剧，“水外交”重要性凸显。历史上因水资源爆发的战争有很多，特别是在中东地区，水资源争夺是该地区冲突的主要根源。如叙利亚在1965年和1966年试图从以色列调水，结果遭到以军的进攻，这就是著名的1967年“六日战争”。

首先，对地下水的争夺将成为新的国际冲突源。随着地表水资源的日益短缺，地下水资源可能引发新的水源争夺战。与石油一样，地下水也不分国界。如果两个国家共享一个蓄水层，其中一国对深层地下水的开发，势必影响另一国的水资源供应，甚至导致其城市下陷。一些沿海地区的地下蓄水层也因经常得不到雨水的及时补充而受到海水渗透。因此，争夺地下水资源可能成为国际冲突的新诱因。利比亚、埃及、乍得和苏丹就曾围绕着沙漠深层蓄水层的水资源展开争夺。由于大量抽取地下水，印度、巴基斯坦、孟加拉等国地下水资源正面临枯竭，其跨境蓄水层的开发将有可能引发国际争端。

其次，老问题引发新冲突。在中亚、非洲、亚洲，国家间水资源纠纷屡屡发生，一些国家间原已通过协议解决的冲突，近年来又因新的情况死灰复燃，引发了国家间的矛盾和不满。1996年，印度和孟加拉国正式签署过一项有效期为30年的《印孟关于在法拉卡分配恒河水的条约》，但印度近年相继出台了“北水南调”和“内河联网工程”，单方面将流经孟加拉国的54条国际河纳入内河联网计划，大量截取水源，公然违约，引发了孟加拉国的强烈不满。

再次，水资源日益成为国际重大安全问题，并有可能引发长期国际争端。随着农业灌溉和高耗水工业的扩大，加上中产阶级需求的增加，越来越多的发展中国家水资源面临枯竭，水冲突爆发的概率上升。2009年8月，印度政策研究中心教授布拉马·切拉尼在《南华早报》上撰文称：水资源日益成为中印关系中的重大安全问题，“中国在西藏的灌溉和水利系统是将西藏水资源作为制约印度的水炸弹”。

最后，水资源上升为外交优先事务。据统计：全世界有260多条河流流经两个或更多国家。如果处理得好，区域性水外交就有可能产生巨大的政治和经济效益。美国国务卿希拉里2010年初在华盛顿“国家地理学会”上发表讲话称：美国极其关注全球缺水问题的解决，并正在提高其在外交政策中的地位。这不仅是为了鼓励有效地利用水资源，也是为了尽可能减少将来因水资源日益匮乏而引发的政治冲突。她强调：“我们不能孤立地看待世界所面临的缺水问题，而应利用每个区域性分水线或地下蓄水层作为加强国际间合作的机会。”她建议各国不能仅仅专注于地缘政治分界，还要着眼于地区的分水线、河流流域和地下蓄水层。美国务院主管民主与全球事务的副国务卿奥特罗也表示，奥巴马政府正在把水的问题提升为“一项独立的优先事务”，纳入外交议程。美国希望在全球建立对话平台，就共有的河流问题进行协商，在如何使用现有水资源、如何分享现有水资源的方式上为今后10年及下一个10年做出长期规划。

2. 国家内部水资源争夺。首先，缺水威胁到水资源短缺国家政权的稳定。在也门，水资源短缺相当严重，水成为比汽油还要宝贵的商品，只有富人才买得起，民众遇到水管停水时只能期待降雨或政府救济。据称，当地80％的冲突是水资源引起的。部族成员为了争夺河道与沙漠河谷而争斗，因为一旦降雨，那里将变成河流。水资源引起的争端和骚乱令也门政府陷入困境，削弱了政府对安全局势的控制能力，并影响到也门打击“基地”组织的行动。卡内基国际和平基金会2009年公布的一份报告称：“也门面临多种威胁，国内局势正在迅速恶化。所有这些威胁都有可能在未来五年之内发展成严重的危机。”

其次，即使是水资源充盈的国家内部，对水的争夺也逐渐成为常态。上世纪后半叶以来，美国西部围绕水的争端不断发生，但东部因水资源而引发的冲突鲜见。然而，近年来东南部各州连遭旱灾，也开始为水争吵不休。如南卡罗莱纳州从2007年开始就指控北卡罗莱纳州每天从流经的卡托巴河调水过多，亚特兰大则把目光投向邻近的田纳西河或萨凡纳河寻求水源以缓解水危机。同时，乔治亚州、阿拉巴马州和佛罗里达州也一直为北乔治亚湖维持多少蓄水量而争吵。

3. 利益集团对水的争夺。首先，民众与水务公司的争夺。越来越多的企业已加入到水争夺中。2004年，百事可乐集团和可口可乐公司关闭了在印度的一些工厂，因为当地农民和城市利益群体认为这些企业在与他们争夺水资源。在玻利维亚的科恰班巴，1999年当地的供水企业被卖给了美国的跨国公司贝奇特，由它控制这个城市自来水的分配和交易。2002年初，水费上涨幅度达到300％，影响到了民众的消费和灌溉。引发数万人抗议、示威，最终导致贝奇特公司离开了玻利维亚。在智利，西班牙的恩德萨公司为了发电控制了大部分河道，并将水用于工业生产、农产品加工以及供应城市，结果引发了当地农民和印第安人的抗议，认为自己的利益受到了损害。

其次，跨国公司间对水的争夺。水务服务是一个庞大的市场，全球最大的三个跨国水务公司是法国的苏埃斯公司、维本蒂公司和德国的塔梅斯公司，它们在130个国家为3亿以上的居民供水。此外还有美国贝奇特公司和西班牙的巴塞罗那水公司等企业。这些公司在水富足的地区控制水资源，并掌握了定价权。这些公司对水资源的争夺在拉美尤为激烈，该地区水资源丰富，但并不是所有的居民都能享用到自来水的供应。为此，上世纪80年代拉美债务危机后，受“华盛顿共识”的影响，在世界银行等机构的建议下，拉美各国对水资源实行私有化，跨国公司趁机争夺该地区水资源。随着人们的抗争，一批跨国公司被迫退出对该地区水资源的控制，但新的跨国公司又涌入展开新一轮争夺。

四、解决国际水资源危机、争端的做法

1. 与时俱进的水资源管理模式。随着人们对水资源认识的深入及气候变化导致恶劣天气的增加，各国水资源管理体制经历了一个从部门分割到综合再向应对气候变化的演进过程，

第一，从部门分割转向水资源综合管理模式。长时间以来，各国与水资源相关的部门如供水、污染控制、农业、水电、防洪和航运等各自独立运行，分割管理，常常导致因利用有限的水源而发生利益冲突。1972年美国颁布《清洁水法》，改变了美国原有的从项目到项目、污染源到污染源、污染物到污染物的管理模式，形成了更为整体性的、基于流域的管理战略。从1995年中期开始，欧洲委员会经过一系列调研、咨询后，于2000年制定了《水资源管理框架指导方针》，提出了“基于流域管理的水资源政策”。这是欧盟水资源管理政策的一个里程碑，为欧盟成员国提出了一种综合管理模式，即统筹考虑各部门，并通过机会成本分析或者水资源用途价值最大化分析来确定水的成本，从而改善对日益紧缺的水资源配置。

第二，应对气候变化的水资源管理模式。科学家们认为：全球气温变暖将增加全年降水量，但季节性降水和极端降水频率也随之增加，往往会不定期爆发水灾和旱灾。现有水坝、水库等水利设施、水处理系统及输水管如不进行大规模改造，将导致供水困难，对人类社会造成巨大破坏。为此，应对气候变化的新的水资源管理模式呼之欲

出。在水资源丰富的拉美地区，随着近年来的气候变化，干旱问题严重，水储备量大的优势正逐步丧失。2009 年至今，委内瑞拉、厄瓜多尔、哥伦比亚、巴拉圭、墨西哥等国都遭到干旱侵袭，这些国家的大城市被迫重新布局水源供应、采取措施保证供水。美国内政部长肯·萨拉萨尔称："联邦政府目前已有的水利政策和计划根本不能满足 21 世纪供水的迫切需要。人口增长、气候变化、能源消耗增加、环境需求、设施老化、饮用水供给风险，这些都在挑战原有的管理政策。"2009 年初，美国推出气候变化下的水资源管理行动战略，其环保署的"国家水资源战略：应对气候变化"项目，制订了一个共有 40 项针对美国国家水资源管理的具体行动计划，为政府提供了净化水源、饮用水和海洋保护机制方面的调整方案。2010 年 3 月，美国内政部发布了"水灵动"计划（WaterSMART—Sustain and Manage American's Resouces for Tomorrow）[①]，将推动美国地质勘测机构对国家级水利设施进行三十年来首次普查，建立涵盖降水量、地下水位、地表径流和河川径流、蒸发损耗和流域内转移等指标的数据库，进而跟踪美国全国范围内的水资源。

2. 水资源与社会可持续发展并进的管理措施。首先，高度重视对水资源分配。随着经济的扩张，农业、城市发展和工业用水需求激增，政府必须重视水资源分配。在发展中国家，特别是一些水资源短缺国家，如墨西哥、印度、智利、以色列、埃及、埃塞俄比亚、沙特阿拉伯、孟加拉、伊拉克等国家，都采取了一些节约用水的措施，包括定量分配水额、不同行业划分不同的用水标准等，以减少水资源短缺对政府的压力。在全球最干旱地区之一的智利，其采矿业极其发达，智利政府在企业之间严格分配淡水使用权，严密监测采矿企业的用水情况。

其次，加强工业、农业用水的节约。在工业发达的日本，工业用

① 美国内政部垦务局网站：http：//www.usbr.gov/WaterSMART/.（2010 年 4 月 30 日）

水量极大，为此日本投入大量资金研究节水的措施，并规定工业用水必须遵循多次循环、重复利用的原则。这些措施使日本的工业用水复用率高达73.1%，工业用水量亦减少了30%。在一些大型钢厂，废水回收率高达95%，大大减少了每天需补充的新水量，不但节约了大量淡水，也提高了企业的经济效益。过去，美国的农业采取传统的农田沟渠式灌溉方式，用水较多。目前，美国改进农田水利设施，采取较高技术含量的水分布均匀的涌浪式灌溉，大大节约了水资源。

最后，极端干旱时期限量供水。全球气候变化使得一些国家和地区出现异常干旱天气，特殊时期则需要特殊措施，如韩国、日本、以色列、新加坡等国，采取多年少见的限量供应水资源做法，有的甚至迫使工厂停业。2009年11月，针对长达3年的干旱问题，美国加州下达命令：索诺玛县应减少25%的用水量，而门多西诺县应削减50%的用水量。为遵守越来越严格的政府水源利用法规，人们采取了铲除葡萄园、挖蓄水塘、提高灌溉效率以及废水循环利用等措施。

3. 以多层次、多需求区域合作解决国际水争端。全球大约有263个跨越国界线的湖泊与江河水域，涉及到145个国家，几乎覆盖了地球陆地面积的一半。就目前水资源现状而言，要想解决缺水问题，缺水国家必须进行协商合作，共同寻找保护水资源的方法。2009年世界水日的主题定为“跨界水——共享的水、共享的机遇”，强调对跨界水资源的管理与分享问题。

第一层次是协商分享水资源。60%的非洲大陆被跨界河流覆盖，面对水资源短缺，非洲国家之间在共享水资源方面的协作正在日益增加。如南部非洲发展共同体签订“共享水道协议”。塞内加尔河流域的三个合作国——马里、毛利塔尼亚和塞内加尔制定了一项清晰的方法和框架，首先对河流综合性投资的收益和花费进行量化，然后再对它们进行分配。2007年，尼罗河流域的9个国家签署尼罗河水分享协定，该协议虽不具体触及尼罗河水量这一敏感的分配问题，但确立各国在水资源上拥有平等的发言权。协议还规定设立一个委员会，就合作细节进行共同筹划。

第二层次是确立共同的水安全战略。2009年6月，阿拉伯国家水资源部长通过了“2025年前水资源安全总体战略”，主要包括建立一个阿拉伯国家水资源数据库，保护阿拉伯国家对于水资源的权利，应对地区气候变化等。呼吁“阿拉伯国家加强储存水资源和输送水的能力，加强科学研究，尤其是海水淡化技术，注重水的循环利用，节约用水”。2009年10月，联合国开发计划署正式发布了最新的水资源区域合作发展计划——阿拉伯国家水治理规划，为阿拉伯国家提升水治理水平提供了更多政策层面和技术上的支持。联合国开发计划署将同阿拉伯各国合作，制订适合各国地理位置、气候条件的水资源综合治理计划，重点解决水资源需求增加、清洁用水和卫生设备不足、水资源管理监控和相关资料数据的采集等难点，该项规划将为此提供专家建议和技术支持，加强对相关技术人员和管理人才的技能培训，同时为该项规划的顺利实施提供相应的资金。

第三层次是共同保护水生态系统。上世纪中叶，为解决莱茵河水严重污染问题，法国、德国、卢森堡、荷兰、瑞士和欧盟于1998年1月签署了《莱茵河保护公约》。公约赋予了莱茵河委员会在监测和保护水质方面的实质性权力，涉及的范围包括莱茵河、与之相连的地下水、水生和陆地生态系统以及莱茵河集水区。该公约确定的目标有：促进莱茵河生态系统的可持续发展，保证莱茵河作为饮用水源的安全性，改善水体沉降性质，确保疏浚物的安全处置，进行整体的防洪和保护，考虑生态要求。同时提出了具体措施，如避免、减少或消除来自工业、市政点源、农业和交通面源的排放，以及预防工业事件和事故，以维护和改善莱茵河水质；保护、改善和恢复河流的自然生态功能以及野生动植物的自然栖息地。2010年3月，希腊、阿尔巴尼亚及前南斯拉夫的马其顿就普雷斯帕湖签订跨国协议，目的在于通过保护当地动植物从而保护湖泊的水量和水质，对污染进行防治并保持地区生物多样性。此外，还对土壤侵蚀进行测量，并鼓励在三国边境地区的农业生产方面采取可持续性发展战略。

第四层次是与时俱进，不断共同修订原有的水协议，应对新威胁。1909年，美国和加拿大两国签订了《边界水域条约》。1972年，两国又签订了《大湖区水质协议》，制定了目标、适用政策法规、指标体系、最低水质标准、整体治理计划和针对各污染源的具体治理计划及实施安排。1978年，两国对此协议进行了修订，强调两国将修复并维持五大湖流域生态系统水体中化学、物理和生物组成的完整性，并共同致力于减少污染。2009年，美国务卿希拉里和加拿大外长加农宣布，将对《大湖区水质协议》进行一次修订，以保护五大湖地区免受外来物种、气候变化以及其他现有或潜在问题的威胁。希拉里在讲话中强调，应着眼于不断创新，以新技术手段改进饮用水的消毒和储存、废水处理及脱盐等。

（四）农业领域水资源前景尚可期待。一是保“绿水”。绿水是相对于河流和地下水资源的“蓝水”而言，源于降水、存储于土壤并通过植被蒸发而消耗掉的水资源。瑞典和德国科学家在《水资源研究》上发文认为，全球变暖加剧和人类需求增加将导致全球超过30亿人面临严重缺水，如能科学利用和保护好“绿水”资源，不仅能大大减少面临缺水的人口，而且在“蓝水”资源缺乏的国家依然能生产出足够的粮食。在减少缺水人口的同时，长期维护粮食安全。

二是推高“水效农业”，即同时追求和实现单位耗水的高水分利用效率、高经济效益、高生态效益及社会效益的一种高新技术体系和市场经济紧密结合的新型农业体系。以色列通过供水网络建设和供水管道化，输水效率达90％以上；通过种植温室化和灌溉信息化建设，实现了水的低投入与农业高收益的双赢。以色列的经验表明，即使是土地最贫瘠、水资源最缺乏的国家，也可推动水与农业的和谐发展。

三是促“虚拟水”交易国际化，改变水资源的时空分布不均局面。“虚拟水”是上世纪末出现的新概念，指把含于工农业产品生产所消耗的水加以量化，用以度量产品交易过程中产生的水的实际转移。目前，不少水资源匮乏国家已通过进口粮食的形式实现水资源的变相转移。这一方面降低了缺水国家粮食生产成本，另一方面也部分解决了本国的水资源匮乏问题。

第二十一章 国际海权竞争与中国国家安全*

海洋是人类生存的基本空间，也是国际政治博弈的重要舞台。伴随着世界经济、政治格局的加速调整以及人类对资源需求的大幅增长，海权竞争再度成为国际焦点，态势渐趋激烈。从国土构成上看，中国是一个海陆复合型国家，不仅有数万公里的陆上边界，也有着漫长的海上边界。海洋承载着中国崛起的诸多重大安全利益和发展利益。维护中国的海洋权益和维护中国的国家安全互为一体。

---

* 王珊，中国现代国际关系研究院海洋战略研究中心副主任，研究员；付宇，中国现代国际关系研究院安全战略所世界政治室助理研究员。

一、当前国际海权竞争的新特点、新趋势

伴随世界政治、经济向纵深发展，国际海权竞争也出现新变化，获取和运用海权对大国战略竞争的影响日益凸显。同时，联合国海洋法公约等主要海洋机制的深入实施，也使国际海洋秩序的调整呈现加速态势。

1. 各国纷纷从战略高度谋划、参与海权竞争，海权在各国安全战略中的地位显著提升。

首先，作为海洋超级大国的美国，始终将维护、拓展海洋霸权作为维系其全球霸权的重要内容。从2000年至今，美先后出台《海洋法案》、《21世纪海洋蓝图》、《美国海洋行动规划》、《国家海洋安全战略》、《21世纪海上武装力量合作战略》等政策文件，不断完善涉海立法、政策体制机制，建立统筹协调国家海洋事务的“国家海洋政策委员会”。此外，美还提出要打造兼具太平洋、印度洋重大战略利益的两洋强国，抛出“全球海上伙伴关系”、“千舰计划”，加紧整合各国海上力量。

其次，俄、日、印等区域海洋大国也纷纷将海权竞争视为拓展国家利益、实现大国抱负的重要手段。俄出台《俄罗斯联邦海洋规划》、《2020年前俄罗斯联邦海洋学说》、《俄联邦至2020年及更长时期的海洋战略发展》，设立由总理亲自领导的俄联邦政府海洋委员会。计划2020年前将航母编队增至6个，将争夺海洋主导权、开发海洋战略资源，作为重振大国雄风的重要战略着力点。日相继出台《海洋基本法》、《海洋基本计划》、《海洋能源、矿物资源开发计划》，不断充实、完善海洋立国的战略定位，将海洋作为拓展疆域与增强国际影响的重要途径。印公布《海军新作战学说》、《印度海洋军事战略》等文件，将获取印度洋控制权作为维系、争夺大国地位的重要战略支点，并加紧打造“蓝水海军”，大力推进“远洋延伸”战略，东出太平洋，西

进亚丁湾，以此彰显海洋大国形象。

第三，一些中小国家也将海权竞争视为国际海洋秩序重新洗牌、海洋利益重新分配的重要契机。韩国会通过《韩国 21 世纪海洋》、《2016 未来国家海洋战略》，以实现“世界海洋大国”梦想；积极维护拓展管辖海域，将开发海洋资源作为可持续发展的重要保障。越出台《至 2020 年海洋战略规划》，将维持、取得东南亚海军第一强国地位作为争夺海洋权益、获取地区大国地位的基础，大力强化军备建设。菲律宾加紧侵夺南沙海洋权益，将控制海洋通道、争夺海洋资源视为提升国际地位、加速自身经济发展的良机。纵观各国积极推进海洋战略的各种政策、措施，可以看出，伴随海洋在支撑各国可持续发展中的作用不断凸显，获取、运用海权在其国家安全战略中的比重不断上升。

2. 争夺焦点向公海及国际海底区域拓展，国际海权竞争更趋激烈。一是以外大陆架划界为核心，各国纷纷加紧对海底资源的争夺，不断加大对深海科考与资源开发，并以各种方式强化主权宣示。截止 2009 年底，《联合国海洋法公约》159 个缔约方中，共有 69 个国家就外大陆架划界向联合国大陆架委员会提出单独或联合申请①。围绕大陆架的争夺渐趋激化。美虽未签署《联合国海洋法公约》，但始终对大陆架等深海洋底的划界问题保持介入态势。美海岸警备队多次前往北极绘制海底地形图，获取大陆架划界的第一手资料。俄出台《俄罗斯联邦保护国家边界、内水、领海、专属经济区、人陆架及其资源法》，为获取、利用大陆架主权权利提供法律依据，成为首个向联合国提出划界申请的国家。日投入巨资，全面展开对相关海域的深海环境及洋底大陆架的科考，以率先获得事关外大陆架划分的重要地理、水文数据，并在东亚国家中率先向联合国提交了大陆架划界申请。越、菲、马等中小国家也积极提出外大陆架划界案，通过各种方式加

① 参见“Suddenly，a wider world below the waterline”，The Economist，May 16，2009.

紧主权宣示。

二是不断强化对极地的战略争夺。在北极，美出台北极政策文件，强化战略核潜艇巡航，加快组建北极航母编队，加紧勘测北极新航线。俄大力建造进行极地海洋科考与勘探的船只，将重要通道划为内水，限制外国海军活动。俄科考队还将国旗插在北冰洋底，将罗蒙诺索夫海岭视为俄大陆架延伸。加拿大举行大规模北极军演，总理哈珀亲临视察，并计划在北极新建军事基地和深水码头，加紧组建北极陆军军团。丹麦、挪威、冰岛、瑞典、芬兰等邻近北极的欧盟国家，召开北冰洋军事安全合作会议，推动欧盟参与北极竞争。在南极，英国、阿根廷、智利、澳大利亚等南极沿岸国家不顾《南极条约》，纷纷对南极海域提出主权要求。其中，澳大利亚大陆架划界案获得批准后，其部分大陆架延伸已进入南极海域。

三是将大片公海圈占为本国专属经济区。伴随《联合国海洋法公约》的深入实施，近代海洋法中“领海以外即是公海”的规定走入历史。全球超过1/3的公海被划为各濒海国专属经济区，公海范围大大缩小①。一些国家甚至不顾联合国海洋法公约和国际社会利益，趁机抢占公海。2010年初，日政府向国会提交法案，拟将距东京1700公里的冲之鸟礁认定为岛屿，并以此为基点圈占200海里专属经济区，将西太平洋的大片公海水域划入管辖范围。菲律宾修改领海基线，将大片本不属于己的公海划为领海与专属经济区。

3. 国际海洋规约体系严重缺失，成为激化竞争的诱因。首先，《联合国海洋法公约》对划界原则的规定过于笼统、模糊，使一些国家以此在划界中谋取更大权益。《联合国海洋法公约》是各方海洋利益长期斗争妥协的结果，早在谈判签订过程中即留下许多模糊空间，虽然尽可能照顾了各方利益主张，但也埋下了引发日后海洋争端的隐

① 参见“公海渔业制度的发展及我国的公海渔业资源权益”，《海洋湖沼通报》2009年第1期，第162—169页。

患。主要表现为专属经济区与外大陆架划界问题上“中间线或等距离原则”与“公平原则”的矛盾。长期以来，主张“中间线或等距离原则”的日本、英国、意大利等国家认为，海洋法中的“公平原则”概念模糊、难以在实践中细化应用，而等距离本身即是“公平原则”的体现①。法国、阿根廷等国家则强调“公平原则”是海洋划界中的基本原则，等距离只是一种划界方法，且只有在能够导致公平解决争端的情况下才能适用；海洋划界还必须考虑大陆架自然延伸等地理特征与历史文化传统。面对各国在划界原则问题上的严重分歧，《联合国海洋法公约》第74条第1款与第83条第1款，对海洋划界原则进行了模糊处理，未提使用“中间线或等距离线”划界，也未提“公平原则”，仅用公平解决的表述加以替代。这种对划界原则笼统、含糊的界定，必然导致各国对划界原则的不同理解和运用，成为引发、加剧海洋争端的根源。

其次，对各国使用专属经济区的权限没有明确界定，引发国际争端。由于海洋法公约在签署、实施过程中，为平衡各方利益，对专属经济区、大陆架的法律地位未进行明确界定，只将其认定为介于公海与领海之间新的海洋管辖区域与机制。既承认濒海国拥有200海里的主权权利，也要求濒海国“适当顾及他国权利”、尊重他国航行飞越自由。这种试图照顾各方利益诉求的做法，使一些海洋大国趁机在濒海国专属经济区内大肆搜集别国情报，致使近年来围绕专属经济区使用权的海洋争端明显增多。

第三，公海的使用与保护问题。尽管海洋法公约为公海的使用与保护提供了一个有益的法律机制框架，但并未进行更明晰的界定与安排。一是渔业资源的保护问题。由于目前海洋法公约对公海渔业资源的保护只限于笼统的原则规定，缺少更具体细化的法律规定，从而使

① 在1982年《联合国海洋法公约》谈判过程中，主张遵循“中间线或等距离线原则”的国家被称为“等距离集团”国家，包括日本、英国、意大利等22国。主张遵循“公平原则”的国家被称为“公平集团”国家，包括法国、阿根廷、土耳其等29国。

公海的无序捕捞愈演愈烈。一半以上的公海渔场面临过度捕捞的危机。二是环境保护问题。目前，国际社会仅在南太平洋、东北大西洋、地中海和中太平洋海域达成区域性环保协议。而在其他海域，国际社会至今未能达成对污染行为进行有效治理的协议，以至造成近年来公海污染与酸化问题严重。一些国家甚至将公海作为处理、倾倒垃圾的场所，使公海水质严重退化。根据美国家生态分析及合成中心的研究报告，当前全球41%的海域因人类活动遭到污染，且这一趋势未来还有进一步加速的可能。

4. 各国在海洋问题上的合作、斗争更趋复杂激烈，国际海洋秩序面临深刻调整。首先，主要海洋大国纷纷着眼于未来国际海洋秩序的主导权之争，加紧投棋布子，战略竞争激化。美大力兜售“全球海上伙伴关系”计划，力图以其为龙头整合各主要国家海上力量、构建新海洋安全秩序。俄不甘居人下，频繁举行海上军演、“展示肌肉”，反制美西方的海上力量扩展，积极谋划在全球各大洋的军事存在，大力强化核潜艇与远程轰炸机战略巡航。日在坚持美日同盟基础上，更加强调自身海洋力量建设，海上自卫队的舰只吨位加速向大型化发展，全面开展区域海洋外交，试图在东亚海洋安全秩序中扮演更重要的角色。印借主办“印度洋海军论坛”，加紧构建以其为核心的区域海洋安全合作机制，将印度洋主导权视为不容他人染指的禁脔。

其次，发展中国家内部的分化日趋严重，难以再现共同争取海洋权益的局面。历史上，围绕划分200海里专属经济区的权利，发展中国家曾经团结一致，同发达国家展开了长期的外交斗争。然而进入21世纪以来，伴随联合国海洋法公约体系的深入实施，外大陆架划界与专属经济区划界工作日益深入，为了在利用海洋资源和发展海洋经济上占得优势，发展中国家彼此之间的分化、斗争明显加剧。当前，大部分划界争端都发生在相邻、相向的沿海发展中国家之间。发展中国家间的海洋权益之争已经成为国际海权竞争的热点之一。

第三，发展中国家与发达国家在海洋问题上的合作、斗争加速向纵深发展。一方面，双方在一系列原则性问题上仍存在深刻矛盾、斗争，反遏制、反海洋霸权仍是发展中国家海洋战略的主要内容之一；另一方面，伴随发展中国家内部分化的加剧，一些发展中国家为了在海洋竞争中获取主动，有意借助域外海洋大国的力量，增加外交筹码。此外，发展中国家与发达国家在海洋环境治理、打击海盗、反走私等跨国性问题上面临的共同挑战也有所凸显，加强彼此合作的紧迫性、必要性增加，以往在海洋问题上泾渭分明的阵营划分有所模糊。

二、国际海权竞争下的中国安全利益

伴随国际海权竞争的新变化，中国承受的安全压力明显增大。一些周边邻海国家或伺机蚕食我传统海域、巩固既得利益，或与域外大国合作开采我油气资源、"挟洋自重"，不仅导致中国维护海洋权益与建设和谐周边的外交努力面临重大挑战，而且导致中国的海权环境从没像现在这样严峻。

1. 中国传统海域频遭周边国家染指。进入 21 世纪以来，随着《联合国海洋法公约》中有关专属经济区、大陆架划界问题条款的深入实施，中国周边国家掀起了新一轮海域"划界"热潮。目前，中国与多个海洋相邻国、海洋相向国存在潜在或现实争端，范围涉及东海、黄海、南海三大海域 300 多万平方公里，占中国所辖海域的一半以上。

特别是近 5 年来，伴随联合国对外大陆架划界申请的审议日趋深入，日、越、菲、马等周边国家利用《联合国海洋法公约》相关条款仅笼统规定大陆架、专属经济区划分原则，未能充分照顾相关国家所拥有的历史性海洋权利的漏洞，采取各种方式加紧侵占、声索中国的传统海域，试图以既成事实迫使中国做出让步。在东海，日综合海洋政策本部公布"海底资源能源确保战略"，以所谓"日、中中间线"

为界，拟在中国传统东海海域实施“海底热水矿床”勘探[①]。同时，日还利用其在相关海洋机制中的影响力，不断游说联合国大陆架界限委员会、国际海洋法法院等相关国际组织，推销其在东海划界问题上的“中间线原则”。在南海，越向联合国提交侵占中国南沙岛礁的大陆架划界案。菲通过《群岛基线法》，将中沙群岛中的黄岩岛与部分西沙岛礁划入领海。马来西亚副首相兼国防部长登上南沙弹丸礁宣示主权。截至目前，位于南海“断续线”内中国传统水域中的42个南沙岛礁被侵占，其中越占29个、菲占8个、马占5个[②]。

2. 域外大国加紧插手中国周边海洋事务。

一是美作为头号海洋强国，加紧推进海军力量东移，以维护、强化其在区域及国际事务中的主导权。大力营建以关岛为核心的西太平洋军事防御体系，加紧部署以新型巡航导弹核潜艇、F—22战机为代表的新一代海空武器。预计到2014年，美海军部署在亚太的弹道导弹核潜艇将达20多艘；60%的核动力攻击型潜艇和航母将部署在太平洋舰队。与此同时，美以美日、美韩同盟为基础，不断在东北亚海域举行海空军演，维持强大军事存在，刺探相关国家军事情报；以维护海洋通道安全为由，借与菲、越、马、新等国的合作，强化对南海的渗透和干预态势。

二是英、俄、印等国也在我周边扩充影响力。其一，不断强化同相关国家的海洋军事合作，借以影响东亚事务。英、澳、新西兰积极通过五国联防组织（FPDA），加强与新加坡、马来西亚在南海的区域安全合作，暗示介入南海争端的可能性[③]。印海军积极向东拓展，将加强与马、越、泰的军事合作作为影响东亚海洋事务的重要着力点；

---

① 日本共同社，2010年4月25日报道。

② 檀有志：“南海问题风波再起的背景”，《国际资料信息》2009年，第6期。

③ 2009年6月1日，第7届五国联防组织防长会议在吉隆坡召开，6月2日《吉隆坡安全评论》网站以“新加坡说：五国联防不排除未来包括南中国海争议”为题，报道了这次会议。见《青年参考》2009年6月6日。

自1994年，印每年与新加坡举行海上反潜演练，并使之发展为涵盖空中、水面和水下的综合军演。俄大力推进与东亚沿海国家的军事合作，以凸显其在这一区域的战略存在。2010年3月俄国防部长谢尔久科夫访越时表示，俄将向越出售苏—30战斗机与“基洛级”潜艇等先进武器。其二，通过跨国公司与我周边国家合作开采海洋油气资源。英、法、加等西方国家普遍重视东亚海域的经济价值，不断加大对该地区海域油气资源开发的技术、资金支持力度，与有关国家的“利益捆绑程度”也不断加深。截至2009年，在美、俄、法、加、英等国积极参与下，南沙海域被划分为上百个油气招标区。目前，在南海拥有石油承租权并从事石油勘探和开采的国际公司超过200家，年产量超过5000万吨，相当于我国大庆油田的年产量[①]。从整体上看，通过与东亚国家合作开采这一区域的油气资源，相关国家既从经济上捞足了好处，也利用跨国公司的商业行为对东亚海洋事务施加了影响。

3. 海上通道安全面临严峻考验。伴随经济全球化及我“走出去”战略的深入实施，中国对海洋通道安全的关注程度日益增加。目前，中国80%以上的外贸需经海上运输，90%以上的进口石油需走海路[②]。其中，马六甲海峡、直布罗陀海峡、霍尔木兹海峡、曼得海峡和龙目海峡，已经成为中国对外贸易的重要运输通道。特别是随着中国对能源、资源的需求不断增长，从中国大陆出发，途经台湾海峡、南海、印度洋，前往中东、北非的航路安全日益重要。但中国在维护海上通道安全过程中，也面临着一系列制约因素：

首先，中国对维护海洋通道安全的政策准备、能力建设仍处于初级阶段，与美、日等发达国家相比存在较大差距。从中国军队现有海空装备水平来看，尚不具备进行大规模远程投送的能力，难以完全依靠自身力量有效维护海上通道安全。从外交现状来看，我与重要通道

---

① 吴士存、朱华友主编：《聚焦南海——地缘政治·资源·航道》，中国经济出版社2009年1月第1版，第5页。

② 檀有志：“南海问题风波再起的背景”，《国际资料信息》2009年第6期。

沿岸国家的合作、协调机制建设也严重滞后。特别是在保障经南海、印度洋前往中东、北非、欧洲地区航线安全问题上，缺少同沿岸国家长期、稳固的合作机制。

其次，当前中国海外运输线大多经过海上冲突、危机频发地区，安全形势不容乐观。中国60%的进口能源需经过全球公认的海盗频发地区，如东南亚、红海和亚丁湾等重要海域。在此情况下，中国海军面临着繁重的护航任务。截止目前，中国护航编队仅在索马里海域就完成172批次、1643艘中外船舶的护航任务，解救遭袭船舶23艘。但由于护航海域面积过大、国际协调不足等原因，海盗问题始终困扰着国际海上通道安全。

第三，远洋航运能力不足，难以适应不断扩大的对外贸易需求。尽管中国目前远洋航运能力发展很快，但仍然难以满足迅猛增长的海外贸易。航运队伍建设也相对落后，缺少有经验的航运人员。大规模远洋运输往往不得不雇佣外籍船员，甚至外籍船队，保障远洋运输安全的能力尚显不足。

4. 台海两岸分治影响海上安全维护与海权拓展。台湾问题的走向始终与中国海权的维护、拓展密切相关。从地缘位置上看，台湾岛不仅是中国大陆进出西太平洋最重要的战略“门户”，也是扼守西太平洋南北航线的要冲，守住台湾海峡即可切断从菲律宾到日本、朝鲜半岛的航线，也可使中国海军冲破美、日“第一岛链”的封锁。由于台湾临近钓鱼岛，台海局势的发展也深刻影响着中、日东海划界、钓鱼岛问题的走向。此外，台湾当局至今控制着南沙群岛中最大的岛礁太平岛，该岛作为南沙群岛中唯一存在淡水资源的岛屿，在军事上具有重要价值。然而，两岸长期分立的现状却对中国海洋权益的维护带来了不利影响。台湾当局对祖国大陆发展海空力量心存疑虑，双方在海洋维权上的合作相对滞后，两岸加强海上合作仍面临诸多挑战：

其一，台独势力阻挠。长期以来，岛内台独势力一直公开反对两岸在南海、东海问题上的合作，试图将美、日引入相关海洋争端，促使争端国际化，以凸显台湾的“国际存在”。李登辉与陈水扁当政时期，就曾极力推行将台所驻守南海岛屿“非军事化”，以显示“和平国际形象”，为“台独”造势。马英九上台后，两岸海洋合作虽有所起色，但受制于岛内政治环境，短时期内两岸海洋合作仍难有实质性突破。

其二，相关国家利用台急于获得“国际承认”心理，试图迫使台在海洋争端中让步。台当局对公开主权宣示活动始终持消极态度，担心两岸在领海问题上的合作使台不得不向大陆靠拢，导致南海、东海问题转变为两岸合作问题。在此情况下，日、越、菲等一些国家利用台当局既不愿与大陆紧密合作，也无法参与政府间区域组织讨论领海争端的现实，与两岸分别洽商，试图从中渔利、迫台做出更大让步。

其三，美、日等域外因素干扰。美将长期维持其在东亚海域的霸权视为重要战略利益，试图以两岸分立、对峙作为制约中国发展的着力点。台当局曾公开鼓吹在“权力平衡”、“和平解决争端”的原则下，通过以美主导的区域多边机制解决争端，企图既将美拉入东亚海洋争端，为台海问题国际化埋下伏笔，又使台获得与大陆、相关争端方同等的谈判地位，扩大“国际生存空间”，以此制衡大陆的影响。

5. 围绕公海及国际海底区域的无序争夺损害中国正当海洋权益。公海及国际海底区域属于人类共同财产。一些海洋强国及周边国家的争夺瓜分，使公海及国际海底区域大大缩小，侵害了包括中国在内的国际社会的海洋权益：一是公海航运自由面临冲击。以北极西北航道为例，俄、加等沿岸国家将其划入领海的行为将严重影响该海域未来的航运自由。而日以“冲之鸟”礁为基点划定的专属经济区与外大陆架则将西太平洋大片海域划为己有，切断了东亚海域与西太平洋的完整性。二是冲击中国在公海与国际海底区域的科考与资源开发权利。如我在西太平洋深海海底的多金属结核采矿区将被日划入其外大陆架范围。此外，一些极地周边国家在北极、南极的划界活动也严重影响了国际社会在这一地区的资源开发和科考活动。三是严重的海洋生态危机。根据监测，中国80%以上的海洋生态监控区处于亚健康或不健康状态，其中跨界海洋污染是造成这一状态的重要原因[①]。一些大国在极地等“全球公用地”的过度勘测开发活动，已成为导致全球气候异常的重要因素。能否有效推进公海及国际海底区域环境的治理，已经成为制约中国生态环境安全的瓶颈。

上述现实表明，中国应在海洋秩序、海洋生态环境保护方面承担更多责任，也将在海洋权益维护中面临更大的压力。同时，随着中国综合国力增强、国际地位不断提升，国民的民族自信心、自豪感也在增长。在此背景下，面对海洋权益频遭侵害、正当发展诉求难以得到伸张的现实，国内民众的海权意识开始觉醒，要求在争端中采取强硬立场的呼声有所升高，成为牵动中国国内社会政治生活的重要因素。面对新的竞争压力，能否在新形势下有效维护、伸张海洋权益，不仅是对中国政府执政能力的新考验，也将成为影响中国崛起进程的重大战略课题。

三、构建体现时代特征的中国海洋大战略

随着中国与世界经济一体化趋势不断加深，中国从来没有像现在这样倚重海洋。海洋不仅成为中国未来发展的重要依托，也将大大拓展国家安全的内涵。作为一个负责任的经济、政治大国，中国的海洋战略不仅要为走向海洋、利用海洋提供理论支撑，还要体现和平与发展的时代特征，充分展示全球化背景下经略海洋的构想。

1. 从战略高度认识海洋重要性，加快构建新时期中国海洋战略。中国拥有1.8万公里大陆海岸线、1.4万公里岛屿海岸线、300万平方公里主张管辖海域[②]。进入新世纪以来，伴随中外关系历史性变化，

① 参见“中国海洋环境质量状况”，《标准科学》2009年第2期。

② 高之国、张海文主编：《海洋国策研究文集》序言，海洋出版社2007年版。

中国对外交往的广度和深度空前拓展，海洋对中国政治、经济活动的重要性与日俱增，海洋已经成为影响中国可持续发展的关键性因素。然而，面对海洋重要性的提高，中国的海洋战略构建却相对滞后，海洋理论亟待充实。为实现在2010—2020年建成海洋中等强国的战略目标，中国应充分借鉴美、日、俄等传统海洋强国经验，力争用10年左右时间初步完成国家海洋政策法规体系。为此，应重点推进两大方面的工作：

其一，尽快由相关职能部门牵头，制定出台21世纪中国海洋发展战略，为中国海洋建设指明大方向，将海洋建设真正提升到国家战略的高度。统一规划、协调中国在维护海洋权益、发展海洋经济、推进海军力量建设、加强国际海洋合作、发展海洋科技教育事业、推进海洋公益和海洋防灾、减灾等领域的工作。

其二，要尽快完善国家海洋政策法规体系，为国家海洋战略的具体实施、细化落实提供强有力的支撑。现代海洋建设与管理早已发展成专门的学科。美、日等海洋传统强国经过长期发展，特别是近20年来的建设，已经基本构建完成现代海洋政策法规体系。作为海洋事业的后来者，中国可以通过借鉴先进者的经验，在短时期内，特别是未来10年实现海洋建设的跨越式发展。国家各类相关经济发展战略规划也应适度向海洋倾斜。

2. 建立健全统一、高效的现代海洋管理机制。统一、高效的现代海洋管理机制是实现国家海洋战略目标、有效维护和拓展海洋权益的重要基础。美、日等海洋强国的经验也证明，构建现代海洋管理机制是推进海洋建设的必经之路。目前，中国的涉海职能管理被分散在军队、武警、海关、国土资源、农业、交通运输、能源、旅游、气象等多个部门。为了实现未来10年初步建成中等海洋强国的目标，有必要借鉴国内外经验教训，加快涉海行政体制、机制建设与改革。

首先，考虑设立全面协调、管理国家海洋事务的最高机构及行政机制。目前，国家除南海协调机制外，在其他领域、区域还没有建立起制度化的部门间协调机制。尽管今后一段时期，中国尚难以实行高度集中的涉海行政管理体制，多部门共同承担涉海事务的局面将长期存在，但探索构建具有中国特色的海洋综合管理机制，已经成为海洋建设的重要方向和突破口。

其次，重点强化海监、海事、渔政、海警等执法队伍的协调联动，建立警、军、政协作的综合维权执法体制，强化海上紧急突发事件应对机制建设，加强各部门的协调、配合。

第三，进一步充实、提升海上执法队伍在器械装备、人员素质、船只吨位、执法经验等方面的实力。充分发挥其在和平时期既能灵活处置海洋争端，又能有效规避冲突升级的特点，将海上维稳、维权相结合，从建设“和谐周边”的大局出发，有效维护、拓展海洋权益。

3. 推进海上国际合作，加大与国际海洋组织交流。尽管历史上海洋强国的崛起都伴随着对外战争，然而在21世纪的今天，中国的海洋发展战略应充分体现时代特征，走出一条有别于西方海上霸权的发展道路，即在“和谐世界”理念的指引下，通过国际协调、合作以及自身“内涵式”发展，实现对海洋的开发与利用。

首先，积极开展海洋外交，推进国际海洋合作。加强与主要海洋大国在军事、海洋科研、海洋保护及资源开发等方面的协调合作，避免战略误判，消除疑虑，为中国走向海洋、利用海洋营造和谐的国际环境。特别要以维护海洋通道安全为抓手，推进与相关国家的合作。以台湾海峡、马六甲海峡、孟加拉湾、巴基斯坦、波斯湾、红海沿岸沿线为重点，增加在交通枢纽及航线附近港口的立足点和准入权。通过灵活的双多边合作，提升经营远洋、远海的战略能力。

其次，积极推进地区海洋事务协调合作。以建设“和谐周边”为指向，遵循睦邻、富邻、安邻的方针，积极参与周边海洋事务。今后相当长一个时期，中国面临的周边海洋形势仍会比较复杂，个别国家蚕食我海域的活动不会停止。在此情况下，中国应继续坚持“主权属我、搁置争议、共同开发”的方针，依照先易后难、循序渐进、突出重点、有所作为的原则，逐步缓解、解决争端，把中国周边海域建设成合作、友谊与和平之海，力争在区域海洋机制建设中发挥主导作用。

第三，要加大对联合国大陆架界限委员会、国际海洋法法院等国际组织的工作。加大人员与信息交流，积极宣传中国在海域划界、资源开发等重大问题上的立场和主张。积极参与《联合国海洋法》体系的讨论与修改，参与、引导有关规则的制定，更好地为维护拓展国家海洋权益服务。

4. 强化全民海洋意识，加强海洋资源利用，保障发展安全。海洋发达国家经验表明，强化国民海洋国土与主权意识是推进现代海洋建设的重要一环。为此，首先应全面推进全民海洋教育体系、网络建设，深化海洋教育体制改革，大力发展涉海高新技术类与应用类学科，深化海洋科研工作，为海洋事业发展提供前瞻性和战略性的专业人才储备。尽早设立“国家海洋日”，举办全国性海洋知识科普展览，更多、更好地创作以海洋为题材的影视、动漫作品。在中小学推广海洋教育，组织海上夏令营，适度增加中小学课本的海洋教育比重。加快海洋科技发展，整合企业、科研、教育、国防等部门研究力量，设立国家重大专项，逐步建立起与中国国际地位相称的海洋科技与教育体系。

其次，优化海洋产业结构，培育和发展海洋循环经济，将海洋经济作为推动经济增长方式转变的重点。加快海洋第二产业升级，推动海洋制造业实现跨越式发展。加快海洋服务业发展，重点建设一批国际航运中心，推进优化海洋旅游事业。大力发展海洋保护、海洋监测、船舶制造、资源勘探、海水淡化等方面的技术。保护近海资源，加强对远洋、远海的调研、勘探、开发，积极参与国际社会在极地的勘探开发工作。

第三，特别要加强海域、海岛使用管理等方面的政策法规建设。结合我国海洋资源和生态环境特点，以推进优化海洋资源开发利用为重点，强化对海洋事业发展的宏观调控和综合管理，建立、健全海洋开发规划体系。大力整治以牺牲环境为代价的填海造地，严禁对海洋的无序开发。

5. 充实海上力量，打造综合防护体系。国内外历史经验、教训证明，拥有强大的海上力量是顺利实施国家海洋战略的先决条件。在新的时代背景下，中国建设海洋中等强国的目标，必须坚持促进海洋经济建设与加强海洋国防建设协调发展的方针，遵循海洋硬实力和软实力并行推进的原则。在坚持和平、合作利用海洋的前提下，继续完善边海防危机管理，加快海空武器装备研制与更新换代，适度发展现代化“蓝水海军”，确保战略威慑，有效维护中国海外利益。可以预见，伴随中国海上力量建设，“中国海上威胁论”不会销声匿迹，中国所面临的海洋安全环境也将日益复杂，其中既包括台独势力带来的战争威胁、由海洋边界争端引发的军事冲突，也包括域外大国的海上武装干涉。为此，有必要进一步深化、创新中国的海洋安全战略研究，制定新形势下的综合海洋安全战略，同时也要树立坚定的战略意志，增强随时应对海上各种挑战的心理准备。

第二十二章 港澳台关系发展态势*

随着台海两岸关系出现积极变化，因应地区与全球经济新变局的挑战，以及提升各自经济竞争力的需要，港澳台关系也迈入发展的新阶段，呈现出新特点。但进一步提升三地关系依然面临诸多制约因素，尚需持续不断、更加务实地加以引导和推动。

一、港澳台关系的新发展及新特点

当前，港澳台关系发展步入新阶段：政治交流取得重大突破，经贸合作不断拓展，民间

---

* 张运成，中国现代国际关系研究院涉台港澳事务研究中心主任，研究员；李贞兵，中国现代国际关系研究院涉台港澳事务研究中心助理研究员；郭琦，中国现代国际关系研究院涉台港澳事务研究中心助理研究员。

交往更加顺畅，特别是三地交流逐步迈向机制化，全方位、多层次的交流格局初步显现。

一是港澳台官方交流取得实质性进展。港台官方交流率先“破冰”。2008年国民党重新执政后，两岸关系取得明显改善，港澳台之间缺乏官方层面交流的局面被打破，台湾海基会董事长江丙坤、时任国民党秘书长吴敦义、高雄市长陈菊及台中市长胡志强等先后访港。2009年4月1日，香港民政事务局长曾德成以第二届世界佛教论坛港澳代表团名誉团长身份赴台，成为1997年以来首位公开访台的香港特区政府官员。6月3日，时任“金管会主委”的陈冲访港，成为1997年后以正式官衔访港的首位“部长”级官员。6月5日，香港政制及内地事务局局长林瑞麟应台“陆委会”邀请访台，港台首次完成正式的高官互访，标志着港台关系步入新里程。2010年6月3—6日，台湾媒体报道赖幸媛以“陆委会”主委的身份访港。澳台官方接触从无到有并逐步展开。2009年11月1日，澳门贸易投资促进局组织工商界代表团赴台湾考察访问，与台湾商业总会、台湾外贸协会、台北世贸中心及海基会代表座谈。这是澳门回归后，特区经贸部门首次以官方身份联同工商界代表赴台访问，也成为澳台官方交流的一个重要的突破。

二是港澳台经贸关系进一步深化，合作的领域和深度不断得到拓展。目前，港台双方在开展专业人才和资金交流、推动港台指数股票型基金（ETF）相互挂牌等合作事宜方面已经先行一步。香港财政司司长曾俊华计划于2010年内访台，准备就加强金融监管合作，避免双重征税安排，以及服务业、旅游、文化、体育、公证文书认证等议题与台方进行先期合作。澳台经贸合作也逐渐找到新的切入点。受澳门微型经济体的局限和其他因素影响，澳台经贸合作规模一直相对较小，双方直接投资较少，但澳台工商界一直保持着密切联系，经常组团互访、交流。近期以来，澳门逐渐成为台湾向大陆各地推介地方特色产品、促进特色产业发展的窗口和展台。不少澳门工商业者赴台寻求商机和合作者，一些台湾知名的连锁特色餐饮纷纷进驻澳门，两地经贸交流与合作尝试打开新局。

城际交流成为三地合作的新渠道。港澳与台湾县市间的直接交流成为加强三地经贸联系的新亮点和新方式。2009年4月，首届以商贸和旅游合作为主题的“香港—台中城市论坛”在香港召开，成为港台两地政府首次直接合作举办的交流活动，11—12月，第二届“香港—台中城市论坛”移师台中举行。澳门方面，2009年1月9日至13日，台中四县市（台中市、台中县、彰化县、南投县）在澳门举办“中台湾四县市澳门精致物产展”，加强与澳门经贸联系。

三是民间往来更加频繁便利。港台民间交流更加顺畅。目前在港长期居留的台湾人约有4万，平均每年有超过200万人次的台湾人士来港经商或旅游。2009年以来，香港逐步放宽台湾民众入境限制：1月，取消台湾旅客入境香港30天只可申请2次网上快证的限制，并将持有网上快证和多次入境许可证的台湾旅客在港停留时间由14天延长至30天；4月，再次放宽台湾民众的入境限制，凡持有台胞证的台湾居民无需签证即可到港停留7天。澳台交流活动的数量由回归之初的每年30余项增加到2009年的200余项，其中在澳门举办的交流活动约占总数的3/4，广泛涉及诸多行业和领域。同时，一些涉及两岸关系问题的论坛、研讨会频频在澳举办。

总体来看，当前港澳台关系发展呈现出不同以往的新特点：首先，港澳官方对于发展港澳台关系，由相对被动逐步转为主动推动和寻求突破，力度前所未有。2008年9月，香港行政长官曾荫权首次明确表示，要加强港台交流与合作。2009年10月，曾荫权在施政报告中详细列出港台合作的方向和目标，在随后举行的新闻发布会上还表示，将在“适当时间和场合”访台。10月21日，澳门前行政长官何厚铧在“澳台关系十周年研讨会”上表示，澳门将加强相关举措和采用更具前瞻性的思维，推动澳门与台湾的经济、文化和社会交流。2010年3月15日，澳门新任行政长官崔世安发表任内首份施政报告称，要把涉台事务纳入政府日常施政的范畴，不断推进澳台关系发展。

其次，机制化的交流模式逐步形成，港台机制化的交流平台基本成型。2010年4月1日，香港成立“港台经济文化合作协进会”；而台湾方面的对等机构“台港经济文化合作策进会”，于5月26日由台湾“行政院长”吴敦义揭幕成立，香港特区政府政制及内地事务局与台湾“陆委会”港澳处负责日常联系。港方在“协进会”下设立“港台商贸合作委员会”，而台方则在“策进会”下设立“经济协作委员会”及“文化协作委员会”作为对口单位，以促进港台商贸、投资、旅游等方面的交流。人事安排上，香港的“协进会”由财政司司长曾俊华担任荣誉主席，前香港交易所主席李业广担任主席，“港台商贸合作委员会”由李大壮担任主席；“策进会”由台湾前“财政部部长”林振国担任董事长，“陆委会”副主委高长为副董事长，“陆委会”港澳处处长朱曦担任秘书长。

澳门与台湾之间的正式交流机制也在逐步推进。2010年4月24日，中华文化交流协会与台湾中华港澳之友协会举办了“澳台关系论坛”。期间，行政长官崔世安会见了国民党副主席曾永权，表示特区政府正加紧研究设立澳台正式沟通机制。

第三，港澳台关系初步呈现全方位、多层次的发展新局。较长时间内，港澳台关系发展主要集中于经济文化领域，政治领域很少；三地关系发展主要靠民间推动，官方参与很少；主要是自发行为，缺乏规划和模式。目前港澳台关系的发展逐步向政治、经济、文化、社会等全方位方向迈进，呈现官方、商界、民间关系发展的不同层次和体系，初步形成全方位、多层次的新局面。

二、推进港澳台关系的三大动因

全球和地区经济变局带来的压力与挑战、两岸四地关系发展的新形势，以及港澳台自身发展的要求，是推动当前港澳台关系发展的主要因素。

首先，地区与全球经济新变局带来的压力和挑战是推动港澳台关系的重要外部动因。一方面，东亚地区经济整合进程加快，增大港澳台“边缘化”的危机感。东亚自由贸易区、东盟“10＋1”、“10＋3”等多种区域合作机制正加紧推进；2010 年 1 月，中国—东盟自由贸易区成立，对于推动中国与东盟的经济发展作用巨大。东亚经济整合的迅速发展，既带给港澳台地区巨大的发展良机，又带来巨大的挑战。据有关机构预测，如果港澳台能够加入东亚区域合作的行列，每年将分别增加香港、澳门、台湾地区 GDP 的 0.8%、0.6%、0.8%。但是由于参与主体均为主权国家，港澳台由于其身份限制，面临被排除在东亚区域合作之外的尴尬境地，也面临着在东亚经济整合中被“边缘化”的困难。截止 2010 年 1 月为止，东亚地区共有 214 个经济合作协定已经生效或在酝酿中，其中新加坡已生效 18 个，另有 12 个在酝酿中，其他如韩国、中国大陆、印度、泰国、马来西亚等，已生效及酝酿中的合作协定均超过 20 个，而台湾仅 7 个，港澳仅 2 个。①加强三方合作，探索参与东亚合作的模式和途径，对于港澳台的经济发展具有现实意义和巨大的促进作用。

另一方面，合作应对全球金融危机成为港澳台关系加快发展的“助推器”。全球金融危机给同属外向型经济、对欧美市场依赖严重的港澳台造成了巨大的负面影响，三地出口大幅减少、金融市场巨幅波动、失业率不断上升，经济成长面临巨大挑战。加快港澳台地区关系的发展，三地能够“抱团取暖”，通过互相支持，增强经济发展的动力，减轻危机的冲击，相互借鉴良策，共同应对经济危机。

其次，两岸关系发展将持续打开港澳台交流与合作的空间。台湾民进党“执政”期间，推行“台独”政策导致两岸关系紧张，中央政

---

① 陈添枝主编：《不能没有 ECFA》，台湾远景基金会出版，2010 年，第 11 页。

府和港澳特区政府在处理港澳涉台关系时，“反独”是首要考虑，政策执行以维持关系现状为主，港澳台关系发展空间有限。国民党重新“执政”后，台湾局势发生了重大积极变化，两岸关系实现历史性转折，取得突破性进展，步入和平发展的轨道。两岸关系进入大交流、大合作、大发展的新时期，为港澳台关系的发展提供了新动力，三地交流与合作的空间明显扩大。

在两岸关系的带动下，港澳开始主动调整对台关系以趋利避害。在两岸未实现“三通”时，港澳成为两岸关系的桥梁，港澳台关系始终走在两岸关系的前头；在两岸实现“三通”情况下，港澳台关系落后于两岸关系的进程。经济上，“三通”客观上削弱了港澳传统的中介地位，“三通”后台港往来人数减少30%，2009年香港从台湾进口总额1756亿港元，对台出口19亿港元，转口至台1406.29亿港元，比2008年分别减少164、20、156.45亿港元[①]。澳门航空原主要依赖台湾市场，2009年转机台客下降60%，货运下降40%以上。香港多个机构预测，“两岸经济合作架构协议”（ECFA）签订后，香港在两岸经贸交流上的中介、桥梁功能将进一步削弱。政治上，两岸交流平台及高层互动机制迅速发展，在交往层次和广度、深度上均超越了港澳台关系发展的现状。目前，港澳两地越来越认识到在两岸关系的新形势下，当务之急是寻求加强和促进港澳在两岸关系上传统中介作用的转型、提升，保持港澳继续成为联系、推动两岸关系的重要中介之地。

第三，港澳台关系的迅速发展也是其自身发展的客观需要。一是三地民间与经贸渊源深厚是港澳台关系发展的基石。长期以来，港澳台民间联系十分密切，三地关系六十年来从未中断，即使在海峡两岸处于长期隔绝、高度紧张的时期，港澳台之间仍一直保持相对稳定的“小气候”。经济上，香港作为重要的转口贸易中心和国际金融中心，

---

① 香港政府统计处网站（http：//www.censtatd.gov.hk）。

不仅是台湾出口商品的重要中转地，而且也是台湾企业融资重地。澳门也是台湾居民旅游休闲的重要目的地。此外，港澳台三地都实行资本主义制度，在基本的社会制度、价值观念和生活方式等方面，基本相同和相近。这种深厚的历史和经贸联系，为港澳台关系的稳步发展发挥了重要的基础作用。港澳回归后，台湾方面拟定《香港澳门关系条例》，将留存在港澳的机构分别更名为“中华旅行社”和“台北经济文化中心”，无论两岸关系经历何等波动，港澳台民间交流始终顺畅。

二是港澳台经济互补性强，具有很大的发展空间。港澳台之间存在巨大的经贸市场，经济的相互依赖性很强，目前台湾是香港第 5 大贸易伙伴、第 3 大产品出口市场及第 4 大进口来源地，2008 年港台双边贸易达到 2580 亿港元。澳台方面，1999 年以来，澳台双方贸易额每年保持在 3 亿美元左右，2008 年达 4.35 亿美元，潜力有待进一步开发。港澳台加强合作可以实现优势互补、提高竞争力。港澳开拓台湾市场可以减轻两岸“三通”的影响冲击，也可借鉴台湾在发展科技和工业方面的经验。台湾加强与港澳联系可为企业的融资与国际化提供良好平台。特别是香港拥有位于“大中华经济圈”中心枢纽的优势，将有助台湾实现“亚太营运中心”的目标。

三是港澳台还面临如何推动在内地企业转型升级的共同问题。港澳台在大陆的企业，主要为劳动力密集型、加工出口型企业，技术含量低、环保成本高、利润较少，而且多为欧美地区出口服务。全球金融危机、内地产业结构调整和竞争加剧，使港澳台企业在内地经营困难。特别是港台在广东的产业分工格局中表现出的脆弱性，比想象中大很多。劳动力密集、加工出口型企业受外需冲击大，很多企业在危机严重时倒闭。

据有关机构统计，2008 年末以来，内地港澳台中小企业大量倒闭，已达数千家，还有很多企业虽然尚未倒闭，但面对劳动力成本、环保成本上升以及出口大幅萎缩等问题，普遍经营困难。旧有的产业结构和经营模式已经成为制约港澳台在内地企业发展的重要瓶颈。港澳台企业在内地共同面临的这一问题，需要三方加强合作、共同应对。2008 年 7 月，江丙坤与曾荫权会晤后表示，港商和台商要相互借鉴经验，共同应对在珠三角所面临的经营困境。目前，有关港澳台企业转型升级的问题已成为三方学界重点跟踪研究、企业界加强协作、官方共同关注的重点问题。

三、当前制约港澳台关系的政经因素

当前，港澳台关系虽然取得突破性进展，但在角色定位、政策执行、经济合作和两岸关系等方面仍面临诸多问题与制约因素。

港澳的传统中介地位面临“边缘化”的危险。在两岸关系紧张之际，港澳在经济上长期扮演了沟通两岸的桥梁的角色，负担了两岸间大多数的人员、物资、经贸的往来；在政治上又时常成为两岸沟通的渠道，“九二香港会谈”、“港台航运谈判”、“澳门模式”等合作方式，都曾在历史上对两岸的和平和解做出了巨大贡献。但随着两岸关系取得突破性的发展，两岸官方高层互动频繁，港澳对于两岸和平的政治作用相对下降；在经济方面，随着两岸“三通”的实现，港澳的中介功能也大为削弱。面对两岸政治交流的加深和经济整合的进一步深入，港澳已无法再回到原先的中介角色，在两岸关系中面临“边缘化”的挑战，两地如何准确调整自身定位及发展方向，将对港澳台关系的发展产生重大的影响。

在政策及执行层面的限制因素主要表现在三个方面：首先，台湾当局处理港澳台关系依然存在政治顾虑。港澳回归后，台当局虽对发展台港、台澳关系持正面看法，采取鼓励政策，从而保证港澳台关系在两岸关系紧张时仍得以持续平稳发展，但在政治上仍坚持两条所谓的“底线”：一是强调台湾与港澳的不同，坚持“两岸是对等的政治实体”，反对将台湾“香港化”、“澳门化”；二是对“一国两制”持怀疑和否定态度，反对将“一国两制”模式用于台湾。这两条政治“底线”，在李登辉时期确定，陈水扁时期予以继承，2008 年国民党重新执政后依然坚持。由于这些障碍的存在，台当局在处理港澳台关系时十分小心，担心自己“被矮化”。如台媒透露，台当局在讨论成立“台港经济文化合作策进会”与香港进行交流时，就有官员表态反对，认为台港建立新对口单位，虽有助打开过去台港交流的僵局，但台湾可能自陷于“区”对“区”的格局。

其次，港澳特区政府在处理港澳涉台事务时保持距离，政策执行谨慎。[①]李登辉和民进党当局肆意推行“台独”政策，两岸关系趋于紧张，港澳特区政府在处理对台关系时，不仅基本上断绝官方交流，而且也没有推出新政策促进对台经贸合作和民间往来。当前，由于两岸关系和缓并呈现新的互动形势，也使港澳对台关系相对变化不那么突出。台湾有学者更直接指出，港澳台关系已经明显滞后于两岸关系发展。

第三，港澳台关系缺乏长效合作机制和模式。由于两岸四地特殊的历史和政治背景，港澳台关系一直没有建立相应的机制，也没有稳定的合作模式，存在着诸多障碍和限制。比如一直没有建立正式的官方交流机制和模式，即使一些需要官方出面的事宜，如航权合作，也委托双方航空公司商谈签订有关协议。总体讲，尽管港澳台关系有所进展，港台高层互动取得突破，港台官方间交流沟通渠道也逐步建立，但是港澳台三方在交流和合作领域依然处于初始阶段。目前港澳台三方对于未来经贸合作的方向、目标和领域依然未有共识，对于文化、体育等领域的合作也缺乏相应规划引导，对于未来三地合作的方

① 回归前，港英和葡澳当局与中国内地及台湾保持距离，没有推进港澳台关系的积极性。回归后，港澳特区政府根据《基本法》和“钱七条”处理涉台事务。“钱七条”根据当时两岸关系的实际情况制定，其总体思路可以归纳为两个方面：一是放开和鼓励港澳台之间的民间交往；二是把港澳对台官方交往的权力上收中央，既发挥港澳地区“一国两制”对台湾的示范作用，又要防范台湾当局破坏“一国两制”、推行台独政策的政治图谋。总体而言，“钱七条”确保了港澳的平稳过渡以及回归后港澳台关系的基本稳定。

法模式也缺乏协商设计，这将对港澳台关系未来的稳定有效发展形成巨大掣肘。

经济层面，因经济规模存在明显差异，造成两岸四地经贸关系的不均衡状况，表现在港澳台各自与大陆互动强烈，但相互间合作动力不足。一方面，内地市场广阔，对港澳台企业更具吸引力，而香港、澳门和台湾的本地市场相对狭小，本地企业及国际品牌之间的竞争十分激烈，打入难度较高。如台湾统一集团的产品，以前在香港有很大销路，但现在市场则萎缩得很厉害，原因除了统一集团开拓大陆市场，经营重点发生转移外，还由于其产品在香港面临高质量日本品牌的激烈竞争，市场被挤占。另一方面，港澳台之间传统联系从未中断，市场相互开放，经贸往来较为成熟，当前则面临着开拓新市场的任务，难度相对较大。香港—台湾商贸合作委员会主席、港台经济文化合作协进会副主席李大壮认为，香港和台湾的商家由于有了大陆市场，相互忽略了对方的市场。①此外，内地政府出台大量优惠政策吸引港澳台企业，如与港澳签订了更紧密经贸关系安排（CEPA）等协议，推进粤港澳合作，建立海西经济区，并派团到台湾采购大宗商品等。中央政府主导下的大量招商引资、让利互惠等政策和行为，自然拉近了港澳台与内地的距离，相比之下，港澳台之间加强合作的意愿与力度仍存在较大差距。

港澳台关系依然受到两岸关系的制约。两岸关系始终对港澳台关系发展构成影响，甚至在一些情况下成为首要制约因素。两岸关系紧张之际，港澳台三边的关系发展也受到很大的制约，官方交流长期缺失，经济交流也主要依靠民间推动，三地关系发展迟缓。近期港澳台三地关系出现突破，这是在国民党重新执政、两岸关系出现缓和并取得历史性进展的大背景下取得的。未来一旦两岸关系出现紧张状况甚

① 江迅："专访香港—台湾商贸合作委员会主席、港台经济文化合作协进会副主席李大壮"，《亚洲周刊》，2010年4月18日。

至倒退，港澳台也很难形成互信以及良好的互动局面。

值得注意的是，台湾方面“政治小动作”不断，也给港澳台关系造成困扰。台方有意借港澳申请在台设立官方机构的机会，为其驻港澳机构“正名”，在两岸关系上寻求政治突破。早在港英和葡澳时期，台湾当局在港澳分别设有所谓的“正式机构”，即“中华旅行社”和“台北贸易旅游办事处”（葡文译名为“台北贸易旅游商社”）。“中华旅行社”隶属于“台行政院大陆委员会”，台内部称之为“香港事务局”，但在港英当局基于政治敏感性的要求下，该机构才以“中华旅行社”的名称而注册，以摒除官方色彩。对此，台当局只得接受，但极不满意，认为“旅行社”的称谓完全无法反映该机构的性质和服务内容，一直希望能予以“正名”。澳门回归时，台驻澳门机构也由“台北贸易旅游办事处”更名为“台北经济文化中心”。随着港澳台官方交流的突破，台湾方面为“中华旅行社”“正名”之心更为迫切。2010年4月2日，台“陆委会”副主委刘德勋公开表示，台方希望“香港事务局”未来不再需要用“中华旅行社”这块招牌。显然，台当局希望能借港澳发展对台关系的机会，将作为“半官方机构”的“中华旅行社”“扶正”为“官方机构”，直接使用“香港事务局”的正式名称，并伺机将驻澳机构“台北经济文化中心”“扶正”为“官方机构”的“澳门事务处”，以图彰显“两岸是对等的政治实体”，在两岸关系上实现“突破”。

四、进一步加强和拓展港澳台关系前瞻

两岸四地正逐步形成多层面、多角度和全方位的对应关系，你中有我，我中亦有你。港澳台既认识到三地均受惠于内地经济的发展，同时认识到加强彼此关系和互动也是共赢的应有之义；内地要加强两岸关系，香港、澳门在其中依然能够发挥独特优势；台湾要改善两岸关系，也没有办法跳越香港、澳门。港澳台之间的关系不属于外交层

面的接触，进一步加强和拓展港澳台关系，内地扮演举足轻重甚至是决定性因素的角色，未来应继续营造更宽松的环境，主动引导、务实推动和积极整合三地关系，并向前推进。

基于内地经济对港澳台已经形成强大“磁石”效应，以及港澳台关系已落后于港澳与内地、台湾与内地关系的现实，中央政府应从战略高度和政策层面推动港澳涉台事务，协助港澳特区政府逐步制定港台、澳台交往的行政法规，成立专责的涉台事务工作办事机构，推动港澳台关系进入官方直接操作的“快车道”。

探索灵活、多元、机制化的举措，推动港澳台关系进入全面发展新阶段。当务之急是要强化港澳地区的桥梁与平台功能，发挥港澳“一国两制”优势，为两岸长期、常态接触搭建桥梁；以港澳为平台，促进两岸三地经济、文化、教育领域交流合作；利用港澳在法治、廉政、金融、专业服务、旅游会展等方面的突出优势，加强与台产业合作，为建立“大中华经济圈”服务。

以金融合作为例，中国大陆、香港、澳门与台湾地区的金融服务整合已是大势所趋。这方面，香港的金融基础设施完备，无论证券市场、结算手段、支付系统，还是司法制度、商业服务和产权保护等，在亚洲都堪称一流。顺应两岸四地关系的新形势，可强化香港作为两岸投融资重要平台的作用。例如可促进两岸银行在香港进行对接，继续吸引大陆台企在港上市，使港台公司互相以对方为第二上市地；在商业服务、投融资、资金运营和资产管理等方面，应使内地和台资企业进一步依赖香港；争取成为人民币海外清算中心和两岸货币清算中心，推出适合两岸三地的金融与衍生产品；启动港台间金融监管合作机制的协商；在人民币国际化和两岸三地金融发展过程中，考虑在港设立服务于两岸三地企业的资信评级机构等。

港澳台经济的互补性多于竞争性。澳台方面，对台湾在文化创意、环保、家居废物回收、科技、医疗保健、志工机制、生命教育等方面的发展，澳门有兴趣；台湾则对澳门推动农特产品、旅游、会展等方面有兴趣。因此，有台湾学者建议由双方专家学者组成“产业智库咨询小组”，就政府选定的产业项目“一年交流、两年洽商、三年合作”，推动双方的产业合作更迅速有效，不仅可以深化两地合作，也有利于澳门经济的适度多元化。[①]港台方面，香港有智库建议，推动港台先于两岸签订“综合性共同市场安排”，保证港台间贸易商品、资金、人员等的自由流动。港台的“综合性共同市场安排”可率先进行试点，积累经验，为“两岸共同市场”探路。[②]

切实发挥港澳地区与台湾合作“先行先试”的独特优势。港澳可成为两岸经济、文化、法律合作的先行先试地区。经济上，港澳可以先行探索加入东亚合作的模式，作为台湾今后加入东亚合作借鉴；文化上，港澳台都是多种文化的融合体，加强交流可为两岸文化融合、创新提供示范作用；法律上，港澳台的法律实践可成为探讨两岸四地法律间关系的先锋。

港澳台均在东亚经济区中处于重要位置，未来发展应与周边地区的经济发展相结合。为因应周边形势的发展，香港智经研究中心建议，争取迅速启动港台经贸合作协议谈判。该协议首先是类似自由贸易协定（FTA）的制度安排，其次应类似于“内地与香港关于建立更紧密经贸关系的安排”（CEPA），是一个动态开放、先易后难、由浅入深、由点到面的渐进式发展过程。当前，首要的工作是港台需确定双方经贸安排的路线图和优先次序。

从更为现实的角度看，发展港澳台关系还需要突破三地的地理范围内涵，港澳台关系从广义上讲还应该包括辐射闽、粤甚至广西等地，已有或正在构建的粤港澳、深港都市圈、珠江三角洲、横琴岛、海峡西岸、北部湾等经济区之间的合作，都可以看作涵盖港澳台关系的“叠加”关系。这一系列沿海经济区和产业带积极整合，发挥优

---

① “台学者倡澳台组产业智库小组促经济”，《澳门日报》，2010 年 4 月 2 日。

② 香港智经研究中心：《因应两岸关系缓和，促进港台经贸关系发展》，2009 年 5 月 11 日。

势，抢占先机，如加快在气候变化、环境、新能源等全球性议题上做出部署，以此带动提升产业竞争力，力争在“低碳经济”上率先实现新突破。假以时日，必将携手打造出亚太地区最具活力的经济带和具有区域竞争力的城市群，最终形成全球最具竞争力的经济圈。

港澳台互动要更加重视文化联系纽带，避免把文化开发视为“包袱”，最终让自己的文化遗产被淹没甚至消失。港澳要适度扩大对文化领域的投入，使三地之间的文化交流保持日益扩张的势头。以澳门为例，澳门是孙中山先生事业的起点，是中山文化资源的富集区。学习中山精神、宣传中山文化，是促进两岸实现和平统一的重要动力，是提升民族尊严、增强民族素质的重要切入点。

编后记

2010年是中国现代国际关系研究院（简称现代院）建院30周年。现代院是在中国改革开放的大背景下建立的，是有重要影响的当代国际关系研究机构。

作为放眼全球的思想库，现代院尤其注重当下国际政治、经济、安全等领域的发展动态和有关战略问题的分析研究。30年来见证了中国改革开放的“摸着石头过河”和对外关系的峰回路转，冷观两极格局崩溃和世界风云激荡，纵论中国和平发展的机遇与挑战。随着“后冷战时期”的远去与全球化时代的来临，世界再次面临政治经济大变局。柏林墙、纽约世贸中心的坍塌作为影响国际关系变化的重大事件载入了历史，但世界秩序的解构与建构过程远未完成，传统安全与非传统安全挑战不时交织并发，不同的发展模式之竞争方兴未艾，而全球金融危机与其他全球性挑战又迫使国际社会树立“同舟共济”意识，合力寻求有效应对方案。

作为纪念中国现代国际关系研究院建院30周年重要学术活动之一，本院专家学者撰文纵论世界变局，以飨读者。特此感谢各撰稿人在繁重的工作之余点灯熬油以襄此书。文章观点当然是作者所见，不代表现代院的立场。编辑的缺点与不足敬请专家同仁赐教。

编者

2010年7月

图书在版编目（CIP）数据

世界大变局/中国现代国际关系研究院．—北京：时事出版社，2010.8
ISBN 978-7-80232-342-1

Ⅰ.①世… Ⅱ.①中… Ⅲ.①国际问题—研究 Ⅳ.①D815

中国版本图书馆 CIP 数据核字（2010）第 150301 号

出版发行：时事出版社
地　　址：北京市海淀区万寿寺甲 2 号
邮　　编：100081
发行热线：（010）88547590　88547591
读者服务部：（010）88547595
传　　真：（010）68418647
电子邮箱：shishichubanshe@sina.com
网　　址：www.shishishe.com
印　　刷：北京昌平百善印刷厂

开本：787×1092　1/16　印张：24　字数：322 千字
2010 年 8 月第 1 版　2010 年 8 月第 1 次印刷
定价：58.00 元
（如有印装质量问题，请与本社发行部联系调换）

图书在版编目（CIP）数据